日光東照宮の成立

近世日光山の「荘厳」と祭祀・組織

山澤 学 著

思文閣出版

目次

序章……3
1 研究史および本研究の問題視角 2 本研究の構成
第一章 日光東照宮祭祀の存立原理
はじめに……28
第一節 東照大権現の鎮座と祭礼の形成……29
1 東照大権現の鎮座 2 東照社祭礼の成立とその特質
第二節 寛永大造替による将軍座居の成立……43
1 将軍が着座する間 2 寛永大造替社殿の意義
第三節 将軍家光期における東照大権現祭祀の位相……48
1 「東照社縁起」の成立とその清書 2 新田源氏への志向
3 第三宗廟への志向
第四節 「宗廟」日光東照宮の確立……66
1 正保二年宮号宣下 2 宮号と宗廟
3 氏祖新田源氏の定着 4 再生産される勅会

小　括……78
第二章　近世日光山惣山組織と法会の編成
はじめに……91
第一節　中世末期の衆徒・一坊……93
1　一山組織と惣山組織　2　惣山の組織形態
第二節　中世末期日光山の真言僧……103
1　一山菩提所清滝寺　2　真言僧の台頭
3　法会における真言僧の存在形態
第三節　天海による法会と惣山組織の編成……115
1　衆徒・一坊名義の起立　2　惣山組織の編成と法会の改廃
3　諸職支配規定の成立　4　天海在世中における惣山組織の特質
第四節　日光山法会と惣山組織の確立……142
1　宮門跡の擁立と諸職の再編　2　新宮境内と法会の再編
3　惣山組織諸職再編の相克　4　輪王寺門跡の成立
小　括……168
第三章　日光東照宮建築の系譜
はじめに……184

第一節　徳川家霊廟建築の空間構成……186
1　権現造建築と奥院建築の構造　2　徳川家霊廟建築の構成
第二節　権現造建築の展開……192
1　北野社の八棟造建築　2　豊国社の社殿建築
3　日光山・久能山東照社の権現造建築
第三節　職と技術の拡散……204
1　北野社の大工職　2　北野社大工職弁慶家の始動
3　御大工中井正清の出現と北野社大工職の再編
4　権現造建築の拡散
第四節　徳川将軍家による権現造建築の独占……230
1　権現造建築の規制と独占　2　幕府作事方の編成
3　職人の家職の成立
小　括……258
第四章　日光惣町における御役の編成
はじめに……273
第一節　職人・商人の日光山来住……275
1　日光新町の出現　2　日光新町職人・商人の性格

第二節　日光山惣山組織下の職人組織と町……281
1　六職人と日光方棟梁
2　六職人・棟梁の「常之御用」
3　「日光大工」の再編
4　六職人・棟梁の居住形態
第三節　東照社造営後における町の拡大……302
1　中世末期の町
2　「日光山古図」の景観
3　鉢石町・西町の再編
4　日光新町の形成
第四節　日光惣町の御役編成……325
1　寛永町割の施行
2　日光惣町の編成形態
3　御役の編成
4　御役編成の原理
小　括……347
終　章……362
参考文献一覧
あとがき
索　引

〔図表一覧〕

図1-1　寛永一三年（一六三六）御経供養着座以下の図……44
図1-2　元和三年（一六一七）御経供養着座以下の図……46
図1-3　寛永九年（一六三二）御経供養着座以下の図……46
図2-1　承応二年（一六五三）近世日光山とその周辺の見取図……92
図3-1　日光東照宮の建築配置……185
図3-2　台徳院殿御霊屋の建築配置……188
図3-3　北野社の権現造建築……193
図3-4　万延年間（一八六〇～六一）幕府作事方の職制……249
図3-5　寛永九年（一六三二）台徳院殿御霊屋の造営組織……249
図4-1　一八世紀日光惣町の景観……274
図4-2　天正年間（一五七三～九二）日光山の景観……305
図4-3　寛文年間（一六六一～七三）鉢石町の景観……309
図4-4　寛文年間（一六六一～七三）西町の景観……311
図4-5　「日光山古図」の景観……314
図4-6　寛永初年稲荷川町の景観……315
図4-7　寛永初年鉢石町の景観……316
図4-8　寛永初年西町・河原町の景観……318
図4-9　寛永初年山内の景観……323

表1―1　元和三年（一六一七）日光東照社遷宮の官宣旨……34
表1―2　元和三年（一六一七）日光東照社遷宮の天皇・朝廷発給文書……37
表1―3　元和三年～寛永一九年日光東照社祭礼の天皇・朝廷発給文書……41
表1―4　「仮名縁起」詞書の清書衆……53
表2―1　永禄六年（一五六三）～明暦四年（一六五八）の本宮上人……98
表2―2　元和元年（一六一五）一二月衆徒教城坊分の屋敷とその年貢高の内訳……99
表2―3　近世以前清滝寺入定窟の供養塔……110
表2―4　寛永一三年（一六三六）日光東照社神輿渡御における惣山諸職の配役……137
表2―5　寛永一九年（一六四二）四月長楽寺中興祝儀にみえる日光山惣山の諸職……139
表2―6　寛永二一年（一六四四）～慶安四年（一六五一）日光山堂社の作事……151
表2―7　承応二年（一六五三）日光山の法会……161
表2―8　明暦元年（一六五五）九月「日光山条目」「日光山下知条々」の内容……166
表2―9　明暦元年（一六五五）九月日光山の諸職規定……折込
表3―1　徳川家霊廟建築の建立……187
表3―2　一五～一七世紀錺師体阿弥の活動……223
表3―3　伊達政宗の作事における職人……227
表3―4　元和三年（一六一七）～享保二年（一七一七）日光東照宮以降の権現造建築……232
表3―5　元和～承応年間（一六一五～五五）諸国に勧請された東照宮……235
表3―6　末寺宛の天海発給文書……239
表3―7　京都町棟梁衆由緒にみえる京都大工御用……253
表4―1　日光山の御扶持六職人……282
表4―2　日光方の大工棟梁・木挽棟梁……285
表4―3　一六世紀以前日光山作事の大工職人……289

表4－4　日光大工新井周防守の建築……291
表4－5　鹿沼大工渋江縫殿助・高野修理亮の建築……291
表4－6　西町の町年寄……301
表4－7　寛文一一年（一六七一）四月主要公家・饗応役武家の宿割……338

〔凡　例〕

一　本文中の年号は、元号を主とし西暦を適宜併記する。ただし、参考文献の発行年はすべて西暦に統一してある。明治六年（一八七三）改暦以前の年月日は旧暦のまま記す。

一　本文、引用史料および註記の記述は現在通行の字体による。

一　引用史料は、できるだけ忠実に原本を再現するように努めるが、適宜句読点を付すなどの整理を加える。また、筆者が付す註記は（　）でくくって示す。

一　引用史料の出典は、煩雑になることを避けるため各章初出時に記し、以下では省略する。また、原本または影写本・写真版によったものでも、翻刻・刊本がある場合には掲出する。翻刻・刊本によった場合には、可能な限り原本・影写本・写真版と校合のうえ引用する。なお、頻出する「江戸幕府日記」、「東照社縁起」（「真名縁起」・「仮名縁起」）、「日光山東照宮御造営帳」、常行堂旧蔵文書については、序章本文および註においてあげることとし、他の各章ではそれらの出典註記を省略する。

一　参考文献の書誌は、おもに最新の収録文献について記し、最後に初出の発行年を掲げることにする。ただし、研究史を整理する序章においては初出の書誌を詳記する。

一　本文中の地名については、原則として二〇〇八年四月一日現在の行政地名を註記する。

一　図表には、掲出順に章ごとの通し番号を「図1-1」のように付す。

一　人名の敬称は原則として省略させていただく。

一　東照宮の社号は、正保二年（一六四五）一一月三日後光明天皇宣命による宮号宣下まで、正式には東照社である。本文中においては、これを正確に東照社と称し、宮号宣下以降の東照宮と明確に区別する。

一　本文中に引用する史料、およびそれに基づく叙述には、本研究が対象とする身分制を容認していた時代における人身上の差別を示す語句が含まれている。それは決して差別の存在を許すものではない。不当な差別を解消するためには、過去に存在した差別を隠蔽してはならず、その歴史を正しく理解することが必要であるとの配慮から、そのまま引用、叙述する。

日光東照宮の成立――近世日光山の「荘厳」と祭祀・組織――

序　章

1　研究史および本研究の問題視角

近世日光山（下野国都賀郡、現・栃木県日光市）は、元和三年（一六一七）四月に徳川家康を東照大権現として二代将軍秀忠により勧請された東照宮が鎮座し、徳川将軍家・幕府による崇敬の地となった場であり、かつ宗教的権威としての輪王寺門跡を冠し天台宗三本山の一つとされた宗教拠点である。本研究はこの近世日光山の成立過程とその史的特質を、その成立を規定する東照宮の存立原理と祭礼創出のあり方、祭礼を運営・執行してきた門跡以下の祭祀組織と既存法会の再編、祭礼の場としての建築、その山下に立地する日光惣町、これら全体を構造的に把握することを通じ、究明することを課題とする。

近世日光山の成立史を論じるにあたり、まず、その位置づけにあたり不可欠な、東照宮の成立過程とその特質を論じてきた研究史を検討し、本研究の問題視角を提示する。

東照宮成立に関する学術研究は、明治中期、伊藤忠太[1]、塚本靖・大沢三之助ら[2]が、本殿・拝殿を石の間でつなぐ権現造と称される複合型の中心社殿を覆う彫刻・意匠・彩色などを近世初期美術の好標本と位置づけたことに始まる。その後一九一五年、東照宮第三〇〇回御神忌の記念事業を期に、将軍家光による、寛永大造替における権現造建築の確立および東照大権現の神格化が論じられるようになった[3]。

その事業の一つである東照宮史編纂に従事した平泉澄[4]は、日光東照社の寛永大造替の収支決算書である「日光山東照宮御造営帳」[5]、家光が天海に編纂させて奉納した「東照社縁起」[6]などの同時代史料に厳密な史料批判を加え、寛永大造替の開始が通説の寛永元年（一六二四）ではなく同一一年（一六三四）であること、その費用が家光の下命により大名課役ではなく幕府御蔵を出所としていたことを指摘した。また、東照大権現の神格化について、家光個人の崇敬にも目を向けつつ、政治史上の位置をも問いただした。その成果は、大熊喜邦[7]、田辺泰[8]らに継承されて、中心社殿の大造替の期間が寛永一二年（一六三五）正月からの一年三か月であったことが解明されたほか、三上参次・宮地直一の指導のもと、研究上の基礎史料を集成する「日光叢書」[9]の刊行をも促した。

平泉の研究は、まさしく文献史学における研究の起点であり、第二次世界大戦後も高柳光寿[10]・広野三郎[11]・中村孝也[12]らに引き継がれた。しかし、その後東照宮研究は停滞した。社会経済史が隆盛するなかで関心が薄れ、かつ学界からは皇国史観、そして平泉の業績とともに無視されたのである。

その間、建築としても、厳しい評価に晒された。装飾よりも機能を重んじるモダニズム建築が流行するなかで、日光東照宮を「威圧的で少しも親しみがない」「いかものだ」「建築の堕落だ―しかもその極致である」と酷評したブルーノ・タウト[13]の評価が跋扈したのである。東照宮の対極にあったのは桂離宮である。桂離宮は日光東照社と同じく元和二年（一六一六）、八条宮智仁親王の山荘として造営が開始された建築である。

東照宮と桂離宮を二項対立的にとらえたのは、文献史学においても同様であった。当該期の文化をはじめて寛永文化と概念化した林屋辰三郎[14]は、東の日光東照宮を封建権力の霊廟として華麗な威厳を強調する建築で、儒教的・倫理的・体制的、西の桂離宮は古典的な宮廷人の別業として優雅な情緒を漂わす建築で、古典的・遊楽的・反体制的と評した。

しかし一九六〇年代中葉以降、その二項対立的構図には熊倉功夫[15]らにより疑義が出された。建築史研究においても、日光二社一寺国宝修理事務所の嘱託を一九五八年から八年間務めた大河直躬[16]は、日光東照宮の建築表現を同時代ヨーロッパのバロック様式に比し、古代社寺建築様式を古典として模倣、継承する伝統的性格と、意匠を変化させて用いる革新的性格が同居し、一見して非対照的・流動的にみえる不統一な表現により、建築としての固有の性格を示したものとし、東照宮と桂離宮の同質性を主張した。

大河の指摘のうち、筆者は次の三点に注目する。その第一は、建築およびその空間が社交の場、すなわち祭礼の場として設けられていること。第二は、第二次世界大戦以前に阪谷良之進[17]・田辺泰[18]なども指摘していたように、東照宮の権現造建築が京都の北野社を源流とし、以後、一六世紀末から一七世紀初頭、豊臣秀吉を祀った豊国社、仙台大崎八幡宮を経て日光東照宮、そして二代将軍秀忠から七代将軍家継にいたる徳川将軍家の霊廟建築（徳川家霊廟建築）へと続く、仏式と神式の要素が混在する霊廟建築上の系譜にあること。第三は、これら建築を生成したのが、社会変質、すなわち座や職など旧来の特権の解体を通じ、自己を反映させうる製作主体として出現した個人たる職人であること。これらは、東照宮の建築が祭礼、そして社会形態に規定されていたとする重要な指摘である。

権現造建築の確立については、一九七二年に内藤昌[19]が、二代秀忠以降、仏式の徳川家霊廟建築にも用いられたことに注目して論じている。すなわち、文和元年（一三五二）造営の永保寺（現・岐阜県多治見市）開山堂以来の禅宗寺院建築と、北野社以来の神社建築の、それぞれの系譜を引く複合社殿が将軍家光の日光大猷院殿御霊屋において止揚され、徳川家霊廟建築としての権現造建築が確立されたと論じた。しかも、禅僧以心崇伝が将軍秀忠に提示した言説を掲げ、権現造建築の採用に家光の意志が作用したことをも示した。

大河・内藤の指摘は、東照宮の建築が祭礼の空間として存在し、かつ当該期の政治と社会とに規定されて成立したとするもので、近世日光山の成立史に関する重要な視点を提示している。しかし、文献史学においては、その史料解釈に検討の余地があるとはいえ、両者の指摘を今日まで等閑視し、目を向けることはなかった[20]。

文献史学で、再び東照宮を研究対象としたのは、一九七〇年代、北島正元[21]・秋本典夫[22]らである。なかんづく幕藩制構造論の克服を目指していた北島は、将軍家の護持と天皇・日本国土の鎮護を期待された家康の神格化が天皇の伝統的な宗教的権威により可能になったことを確認したうえで、古代国家の鎮護に奉仕した天台宗とその習合神道が宗教的支配イデオロギーとしての役割を果たしたこと、民心済度のために東照大権現の本地仏たる薬師如来が位置づけられたことを指摘した。ここに東照宮を、幕藩制国家を護持する国家神とみる視角が示された。

東照大権現の神格化は、宮地正人[23]、宮沢誠一[24]、深谷克己[25]、高木昭作[26]、高埜利彦[27]などにより、将軍と天皇、幕府と朝廷との関係のもと論じられるようになった。とくに高埜は幕府による朝廷支配という観点から、天皇・朝廷発給文書の性格を規定するにさいして東照宮の権威化の構造に言及した。高埜は、天皇・朝廷による文書発給が、寛永四年（一六二七）の紫衣事件以降、近代の天皇制の萌芽が発する幕末にいたるまで、あくまで古例に従った形式のみで、決して行政力をともなった実効性を持たないものとし、かつ、幕藩権力による国家支配に有用な、将軍・東照大権現の権威化のため宗教性を発揮する場合に限り効力を発揮したと指摘した。ただし、それも「形式的」であるとし、きわめて限定的に評価した。

もちろん天皇・朝廷は政治的には権力ではなく、天皇の勅を奉《うけたまわ》り発給された文書に直接的な政治的実効力を見出せないとすることに異論はない。とはいえ、日光東照宮の神宝を納める奥宮（奥院）銅神庫に、家康在世中の五一通を含め計五五九通もの天皇・朝廷発給文書が伝存していることは見逃せない。しかも、原態としては、明治六年（一八七三）一一月の教部省指令を通じて日光山輪王寺が現蔵するところとなった薬師堂（本地堂）供養関係の宣旨・太政官符一九通も含んでいたので、元来、総数は五七八通を数えるものであった[28]。この異様な数量と神宝としてのあり方は等閑視できない。宗教的・観念的なレヴェルにおいて天皇に統治者意識を見出し、幕府が自ら支配の強化のために利用しうる朝廷と一体となって全国的かつ完全な王権を構成していたとする山本博文[29]の言及もふまえるならば、日光東照宮の存立上、「形式的」に表現された天皇の勅とその文書が発現する宗教的な機能は、より積極的に評価されるべきと考える。

このことは、徳川将軍家による幕藩制国家の構想と直接連関する。将軍権力の構造的把握を進めた朝尾直弘[30]は一九七五年以降、「東照社縁起」を分析し、東照大権現が家光政権によって新たな神格化を図られ、家康の遺言であった「八州之鎮守」から日本、そして東アジア世界全体に威光を及ぼす一大神格へと転化され、幕藩制国家における将軍権力のイデオロギー形態として完成されたと指摘した。朝尾の見解は日本型華夷秩序論の起点であり、その後の幕藩制国家論・対外関係史研究の方向をも規定したものである[31]。

このように、一九七〇年代以降、幕藩制国家を体現する国家神としての東照宮研究が進展し、天皇・将軍との関わりへと視点が向いた。この間にも宗教学の側から、関連する発言が相次いだ[32]。とくに菅原信海[33]は、平泉澄の研究をふまえ、寛永一三年（一六三六）に「東照社縁起」の他の七巻に先行して編まれ「神道之一軸」「東照宮記」などの異称を有する「真名縁起」巻上に注目し、天台系の習合神道としての山王一実神道を天海創唱の神道であると定義し、そのテキストの宗教学的な読みを深化させた。しかし、同じ「東照社縁起」を解析しているにもかかわらず、文献史学の研究はこれとは乖離して進められてきた。両者は、同じテキストを読み解いたにもかかわらず、思想の読みとしては大きな落差を抱えていたのである。

かかる研究状況は一九九〇年代に入って転回した。曾根原理[34]が、一九八九年の高木昭作[35]の研究を批判したことから始まる両者の論争は、「東照社縁起」の有する認識構造をめぐるものである。山王神道の教説の根拠たる「山家要略記」と対比することにより「東照社縁起」にいかに訓詁を行うか、同縁起の研究に対して宗教学的なテキストとして読みなおすことをもはや否応なしに迫ったのである。高木は、「東照社縁起」は将軍家光の政治信念ないし目的を反映したもので、天皇は将軍の上位に位置づくとした。一方の曾根原は、「東照社縁起」は天海の思想によるもので、東照大権現ないし将軍に対し、天照大神ないし天皇に優越する権威を付与する方向性を示したとした。曾根原は、二〇〇四年度の日本史研究会大会近世史部会では御神忌法会、すなわち東照大権現を仏教における年忌に供養する法会の執行形態に注目し自説を補強したが、高木も反批判を繰り返した。

この近世史部会では、将軍家光期の対外関係をめぐる国家構想を、正保二年（一六四五）一一月三日、後光明天皇による東照宮の宮号宣下と当該期幕政の動静を通じて検討する、野村玄の報告もなされた[36]。野村は、寛永一三年（一六三六）から正保三年（一六四六）にいたる一〇年間の段階差に注目し、宮号宣下が、伊勢神宮別宮風宮への宣下を先例とし、対外情勢の悪化をうけての異国降伏祈禱の意を有したものと指摘した。これまで等閑視されてきた宮号宣下が初めて問題視されたのである。

将軍家光期の幕政研究の到達点は、藤井讓治[37]による老中制を軸とした幕府機構の研究である。藤井によれば、寛永九年（一六三二）正月の大御所秀忠の没後、家光は同一一年に官僚制的な諸職を設定し、翌一二年にはそれら諸職を直轄するようになった。さらに、寛永一五年には、前年来の、家光の病状悪化にともなう政務の麻痺、そして幕閣内の確執を経て、老中を中枢とする老中制が成立したとする。寛永大造替、江戸城二の丸東照社の勧請、そして宮号宣下と例幣使の差遣など当該期の東照宮に対する施策について、藤井[38]は家光の伝記叙述でとりあげているが、家光の敬信を論究するにとどまっており、その政権の推移との連関は説かなかった。これらの施策が家光政権の画期である寛永一一年に始まり、老中制の成立を経て家光が病床より快気した寛永一六年以降に集中していることを見るならば、家光政権との連関を説き明かさなければなるまい[39]。この点において野村の研究は画期的である。

ただし、野村の指摘には疑問も残る[40]。宮号宣下をただちに異国降伏祈禱の意とするのは性急に思われ、藤井が先述の近世史部会報告における討論で指摘したように、例幣使の創設、あるいは天海の遷化をめぐる状況をも考慮することが必要である。また、宮号授受の文書として宣命でなく太政官符をあげるが、これは古文書学的にはあくまで宮号宣下を五畿七道諸国国司・郡司へ下達する文書様式である。さらに、野村の解釈では、東照宮は社格的に伊勢神宮の摂社・別宮レヴェルと同格となり、その前提は国家神の構想としては相応しくない。

一方で、東照宮の国家神としての性格もまた、近年の争点となっている。これを民衆心性にまで降ろして検討したのは、一九七〇年代中葉、宮田登である。[41]宮田は、東照大権現を俗権的象徴、集中化された政治権力そのものが神格化された政治神と規定する。東照大権現は将軍家の守護神ではあっても、民衆心性との距離は大きいとし、近世日本における政治神観念の薄弱さをも見通した。東照大権現は徳川将軍家の祖神にとどまり、国家神の域には達しないという見解である。

しかし一九八〇年代以降、国家儀礼研究[42]が隆盛するなかで、高藤晴俊[43]、中野光浩[44]、高橋修[45]、黒田日出男・ロナルド・トビ[46]、倉地克直[47]、曾根原理[48]、福原敏男[49]、久留島浩[50]、高野信治[51]などが諸国に勧請された東照宮の祭礼が有する個別具体的な儀礼構造を検討し、おおむね東照宮に国家的・社会的統合機能を認める見解が出さるようになった。とくに中野は、民衆が勧請したきわめて小規模な東照宮から大名が勧請した東照宮まで幅広く個別実証を積み上げ、東照宮の諸国勧請を通じて社会統合を目指す意図は将軍家光政権固有の現象であること、諸大名による勧請も自主的で、その神観念も個々の藩の政策により一貫していなかったことを指摘した。それら東照宮に配置された御用仏画師四代木村了琢筆の東照大権現像については、中川仁喜[52]、守屋正彦[53]、斎藤夏来[54]らによりその様式化のあり方が指摘されている。

ところが、それらの本社であるはずの日光東照宮の祭礼の構造は、これまでほとんど分析対象とはされなかった。日光東照宮の祭礼には、家康の年忌に執行される御神忌法会と、四月・九月の二季御祭礼と称されてきた例祭が存在する。四月の祭礼は家康の命日である四月一七日に執行される例祭（大祭）であり、九月の祭礼は一七日に執行され、臨時祭と称された。いずれも恒例の祭礼である。前述の例幣使が天皇の勅により発遣されるのは、このうち四月の例祭である。諸国に勧請された東照宮の祭礼も、日光山の祭礼に準じて四月・九月の一七日に執行される。

上記の先行研究が対象としてきた諸国東照宮祭礼と、本研究が対象とする日光東照宮祭礼の違いは、祭礼（本祭）に付帯する付祭の有無である。諸国の東照宮祭礼には、藩主と家臣団、別当寺のみならず、その所在する城下町の町人が参加し、練物を繰り出す付祭があり、その内容は、祭礼記録として文字化されるだけでなく、絵巻物に描かれ、また、地誌や絵入りの番付として板行された。近年の諸国東照宮祭礼研究とは、これらに基づく付祭の構造分析に関心が集中し、祭礼本来の意味を問いただす視点は希薄であったといわざるを得ない。したがって、右に掲げた将軍と天皇、幕府と朝廷という視点は極めて弱かったのである。

祭礼に注目する場合、中世寺院社会研究において永村真(55)・山岸常人(56)らが提起しているように、祭礼を構成する種々の要素を分断的に検討してはならず、また、祭礼とこれを取り巻く聖と俗の種々の要素を総合的に、かつ相互に連関させて構造的に把握することが有効である。近世日光山と東照宮祭礼についても、個別具体的に諸要素を明らかにした先行研究は枚挙に暇がないが(57)、それらを総合し構造的に把握しようとする視点はなく、そのために近世日光山全体の構造はかえって不分明になった。さらに、近世日光山成立期の相貌を混乱させるのは、近世以前の日光山の存在である。先行研究の多くは、旧記史料・地誌を根拠に、近世以前の日光山およびその祭祀組織が近世日光山に基本的にはそのまま継承されたことを前提とした叙述に終始している。近世以前の日光山の祭祀組織とその執行した法会が東照宮の成立とともに変質したことは疑いなく、それらと東照宮祭礼・法会との関係性の検討もまた、現状としては不十分なまま残されているのである。

それでは、近世日光山の成立、そしてこれを意味づける東照宮祭礼の成立を解明するための要素としては何を分析すればよいだろうか。以上の研究史の検討をふまえると、等閑視できない論点は、三点に集約できる。すなわち、(1)宮号宣下にいたる、幕藩制国家を護持する国家神としての日光東照宮の樹立を、将軍家光個人の崇敬としてだけでなく、家光政権の権力としての確立・展開における所産として読み解く必要があること、(2)日光東照宮の成立には、将軍と天皇、幕府と朝廷という国家の枠組みが反映されていること、(3)東照宮祭礼には諸国の東照宮と同様に社会統合の機能が付与されていた可能性があること、以上の三点である。この点に留意しつつ、近世日光山の諸要素を検討してきた諸研究を総覧した場合、次の四点を欠くことができない、特徴ある要素として掲げなければなるまい。本研究ではこれらを検討対象としていく。

①日光東照宮祭礼の形成過程における、幕藩制国家を護持する国家神としての樹立とその神威を再生産する原理。ここに述べる神威の再生産とは、具体的には、恒例の年中行事として例祭を執行することである。しかも、それは将軍家光個人の崇敬の次元ではなく、家光政権の権力としての確立過程、さらには将軍と天皇、幕府と朝廷という国家の枠組み・力学と関連させてとらえることが必要である。

②東照宮祭礼を執行する日光山の祭祀組織の構造。年中行事となる日光東照宮祭礼を恒常的に執行する組織が定立されるあり方を明らかにすることは、近世日光山成立史上、必須の事項である。ただし、日光山固有の問題として、近世以前から法会が存在し、その祭祀組織が存在していることを失念してはならない。それら祭祀組織と法会の存在形態・再編の過程を、東照宮の成立過程に関わらせ、明らかにしていく視点が必要である。

③東照宮祭礼の執行される空間としての建築の特質。東照大権現の神格を演出する社交の場、祭礼の場として、権現造建築を中心社殿とするその固有性が造形されるあり方をその文化的系譜上に解明することが必要である。とくに日光山の固有性を造形した社会的背景として、その創出を担った職人組織の編成を見ることが不

可欠である。また、家光政権固有の現象とされる諸国への東照宮勧請、あるいはその他の建築との関係にも留意して検討しなければならない。

④日光東照宮祭礼において俗人とその組織の果たす役割とその編成志向。俗人とその組織、すなわち日光山下に位置する町人とその町は、東照宮の祭礼役（御役）を勤めている。宗教者の構成する祭祀組織にのみ固執して町および町人の組織とその行為の分析を欠いては、近世日光山およびその祭礼の分析としては不十分である。とくに諸国の東照宮祭礼に検証されてきたように、東照宮祭礼に社会統合の機能が付与されているならば、この要素を抜きにして近世日光山成立史を論ずることはできない。町人の存在形態と町の形成過程を、要素①〜③をふまえて東照宮祭礼の形成との連関から解くことは、近世日光山成立の全体像の解明につながる。

近世日光山の成立過程とその特質は、これら四つの要素を解明し、総合化することによってはじめて明らかにできるはずである。近世日光山成立の全体像は、東照宮を支えた将軍ないし天皇を頂点にすえる力学、その祭礼を再生産すべく構築された祭祀組織の編成という、極めて端的な祭礼の特質とその形成過程の検討を縦糸にし、権現造建築に示された建築・空間を創造させた同時代社会、さらにはその裾野に拡がる町の形成の考察を横糸として紡ぐことにより、はじめて明らかになるのである。

2　本研究の構成

本研究の本論は、前項で示した問題視角に基づき、以下の四章一六節により構成する。

第一章「日光東照宮祭祀の存立原理」は、要素①に基づき、日光山に樹立された国家神としての日光東照宮の存立を規定する原理を、例祭確立の過程のなかに解明することを目的とする。とくに元和三年（一六一七）四月に行われた久能山から日光山への遷宮より、正保二年（一六四五）一一月三日、後光明天皇の勅による宮号宣下までの間に行われた祭礼である御神忌法会と例祭の形成過程およびその両者の差異を点検しつつ、日光東照宮の神威を再生産するあり方、その生成した主体、さらには生成する力学を考察する。

本章の検討の中心は、日光東照宮の大造替を行い、東照大権現の神威を確立させた家光の営為の解明である。将軍権力と幕府機構の確立過程をも視野に入れ、家光の名により表現された語彙に注目しながら、段階的に位置づけていく。そのさいには、将軍と天皇、幕府と朝廷という幕藩制国家の構想そのものとの相関にも着目する必要がある。

したがって、検討の中心におく史料は、勅を受けて発給された官宣旨をはじめとする天皇・朝廷発給文書と、家光の下命により編纂され、日光東照宮祭礼を天皇の御願、勅により執行される勅会と明示する「東照社縁起」である。いずれも同時代の史料であり、かつ東照宮奥宮に設けられた銅神庫に伝わる東照宮の存立にかかわる神宝である。天皇・朝廷発給文書はこれまで「形式的」と等閑視され、ほとんど検討の俎上には載せられなかった史料である。また「東照社縁起」において東照宮を皇祖神である伊勢神宮・石清水八幡宮の二所と同列の神になぞらえる「宗廟」という語にも注目したい。これらは明らかに東照宮を構築する力学に天皇が直接的に関与していたことを示唆する。これらを、同時代に記された公家の日記、幕府による法会記録などとも対比しながら、徳川将軍家・幕府による、東照大権現の国家神としての位置づけを明確にする。

第二章「近世日光山惣山組織と法会の編成」は、要素②に基づく。日光山惣山組織と日光山における法会の編成過程を検討し、輪王寺門跡を冠し東照宮祭礼を執行する惣山組織編成の特質を明らかにすることを目的とする。前章で究明される家光の営為を具現化する日光山という場そのもの、そしてその祭祀組織の解明である。日光山の祭祀組織は、座主として寺務を担う門跡を頂点とし、学侶たる衆徒二〇か院から選出された諸職を中核とする組織である。その形成は、第一章において明らかになる日光東照宮祭祀の存立原理、祭礼の成立過程に対応するのみならず、日光山の内部事情もまたこれに複雑に絡み合って成されることになる。惣山組織のうち、中核になる衆徒の構成と、一坊と呼ばれる日光修験の存立形態、真言僧の天台化、そして堂社および既存の法会の再編などの具体的な事象から段階的に把握を進めることにより、日光山の全体像における東照宮の位置づけもまた明らかになる。

本章においても、前章と同様、同時代史料に極力基づく実態解明が求められる。しかし、従来は、一七世紀後半から一八世紀前半、主に衆徒教城院（後、竜光院）天祐により編纂された旧記史料の叙述を無批判に典拠とし、その論理通り、東照宮鎮座以前から存在した場や祭祀組織の延長線上に述べられてきた。旧記史料作成の背景には何らかの作為が存在するはずであり、これをそのまま全面的に信頼することは危険である。それは、近世以前、中世日光山の相貌を解明してきた近年の研究成果にも明らかである(58)。そこで本研究では、将軍家・幕府側の動向については表右筆所日記の良質な写本で、近年影印により公刊された「江戸幕府日記」(59)、また日光山内部の問題は近年とみに公開が進められた輪王寺文書(60)、さらには法類たる群馬県太田市の長楽寺文書、寛永年間（一六二四～四四）の天海による本末編成にかかわる発給文書など、同時代史料を検討していく。ただし、衆徒・一坊の歴代住持に関する同時代史料は少ない。そこで、各院の歴住記や年代記・旧記史料についても、補任記事・出自など、金石文・文書などとの整合性を検証し、信頼がおけるものについては引用する。これにより、天海在世当時、またその遷化を機とした輪王寺門跡擁立にいたる法会と組織の再編過程を、経年的に明らかにすることができ、近世日光山惣山組織固有の纏縛をも明示できると考える。

ここで、輪王寺文書について言及しておく。先行研究にとりあげられた輪王寺文書とは、実際には一六〇点超の中世文書・記録がほとんどを占める、常行堂に伝来した文書・記録を指すことが多い。東京大学史料編纂所に架蔵される大正一〇年（一九二一）作成の影写本でも、文書を収める三冊の表題に「常行堂旧蔵」と付している。広義の意味において輪王寺文書と呼ぶべき、輪王寺が現蔵する文書・記録は整理途上にあり、また、整理が済んだ文書についても研究者に対しては目録が公開されないため、現状では全体像が明らかでない。しかし、栃木県立文書館において公開されている栃木県史編さん室撮影の写真帳、日光市史編さん室作成の仮目録[61]、『明治維新神仏分離史料』[62]など現状で入手しうる最大限の史料情報から推し量ると、常行堂旧蔵分以外に少なくとも、本坊・法華堂・大猷院（別当竜光院を含む）[63]・慈眼堂（別当無量院を含む）など諸堂社の旧蔵文書・記録、衆徒・一坊が個別に所蔵してきた文書・記録、明治初年の神仏分離時に東照宮（別当大楽院を含む）・新宮（別当安養院を含む）・滝尾・本宮・中禅寺・寂光寺などの諸社・別当（別所）から移管された「仏事分」の文書・記録群、本坊家来の引継記録である「表日記」などが含まれている。とはいえ、これら各所に旧蔵された文書・記録群を完全に復原することは現状においては困難な状況にある。ところが、常行堂旧蔵とされる文書・記録群は、先述した天祐の整理による目録[64]が現存しているため、一括して伝来された原態を復原することが可能であり、この点において他の文書・記録とは異質である。したがって、以下、これら常行堂伝来の文書・記録群はとくに常行堂旧蔵文書と呼称して引用する。

要素③による第三章「日光東照宮建築の系譜」は、日光東照宮を演出する祭礼の空間となる建築の固有性を、その背景にある将軍家の営為と、その創出を担った職人の存在形態を通じて明らかにしつつ、その権現造建築の前史となる北野社・豊国社、後史となる徳川家霊廟建築にいたる文化的系譜に位置づけることを目的とする。権現造建築の採用には、先に大河・内藤の指摘に寄せて述べたように、当該期の家光の営為が直接に相関するはずであり、かつ、同時代の文化的位相が示されていることが予想される。

当該期の権現造建築は、従来、諸国に勧請された東照宮や徳川家霊廟建築にのみ注目が集められていたが、建築史の成果によらずとも、それ以外の神社建築に用いられていることが明白である。これら権現造建築を総覧しなければ、日光東照宮における権現造建築の固有性、引いてはこの建築を抱える日光山の成立の特質は見出せまい。日光東照宮および日光山の建築上の固有性を明らかにすることを通じ、近世日光山を特徴づける一七世紀前半の文化的位相の解明が可能になる。

本章では、近世日光山の周縁に位置する京都の公家・宗教者、さらには諸国に勧請された諸国の東照宮と、日本各地に散在する直接的・間接的な史料を集積して検討することになる。それら建築に掲げられた棟札および部材・金具などに施された銘文史料、東照宮の祭祀を推進した天海の発給文書などとともに、祭祀および権現造建築の創造に関与してきた僧侶・神職・職人の日記・記録など、同時代史料を極力博捜して用いて実証を積み重ねる手法を採る。これにより、従来は看過されていた日光東照宮における権現造建築の採用および将軍家による建築の独占という歴史的実態が明らかになり、将軍家光が近世日光山の建築に求めた特異性を究明することが可能になると考える。

第四章「日光惣町における御役の編成」では、要素④に基づき、日光山および東照宮の山下に編成された日光惣町が御役と呼ばれる日光東照宮の祭礼役を分掌することを、他国から来住した職人・商人の定着にともなう各町の形成過程をふまえて究明する。役の編成とは、近世社会の成立にあたり、身分や職業に応じた個別的な公的役割の遂行を求めたもので、かつ与えられた分に安んじて生きることを旨とする社会構成原理を構築したものである。(65) 祭礼役が存立する構造を明らかにすることにより、将軍家光による天皇をも巻き込んで行われた国家神たる東照宮の創出に、民衆心性にまで根ざさせようとする社会統合の方向性が存在したのか、また、そうした存在となりえたのか。この点の分析を視野に入れることにより、従来、門前町の類型に押し込められてきた日光惣町固有の特質、さらには日光山を近世社会のなかに成り立たせる特質に迫ることが可能になる。(66)

当該期の日光惣町の検討にあたっては、幸いなことに、寛永大造替の収支報告書で、大造替に参与した職人・商人の経営形態を想定しえる「日光山東照宮御造営帳」がある。これは、日光東照社の造営・大造替において他国から導入された技術と、それまでの日光山で培われていた在来の技術の相克を読み取ることができ、東照宮祭祀の成立過程における技術編成を職人・商人の具体像から解明しえる史料になる。また、当該期の景観を示す絵図も格好の史料である。これらは日光山にその原本が伝来していた可能性が高い鳥瞰図で、それらに表現された空間の変遷を分析することを通じ、新たな技術を持ち込んだ職人・商人により町が形成された様相はもちろん、御役編成の実相をも可視的にとらえることを可能にしえる史料である。これらとともに、将軍家光が編纂させた東照宮御神忌の法会記録や、町人の意識を示す願書をも分析することを通じ、東照大権現の功徳が民衆にまで及ぶ過程とその特質を見極められるなら、家光の目指した国家神としての東照宮とその祭礼による社会統合のあり方が明らかになると予想される。

なお、本研究で成立過程として取り扱う時代の下限は明暦元年（一六五五）とする。この年、輪王寺門跡の寺号が後水尾上皇の院宣により定められ、同時に日光山諸職の支配規定が成文化されており、東照宮祭祀の完成形態の目安となる年代として判断できるからである。明暦年間（一六五五～五八）から寛文年間（一六六一～七三）という時期は、通説として、政治史的には武断政治から文治政治への転換期、また文化史的には寛永文化から元禄文化への移行期[67]と位置づけられており、時代区分としても妥当であると考える。

註

（1）伊東忠太「建築」（農商務省編『稿本日本帝国美術略史』国華社、一九〇一年。小路田泰直編『ナショナリズムと美――稿本日本帝国美術略史――』ゆまに書房、二〇〇三年として復刊）、同「美術より観たる日光」（史蹟名勝天然記念物保存協会編『日光』画報社、一九一五年。『日本建築の研究』下 伊東忠太著作集一、原書房、一九八二年に再録）、同「建築より観たる徳川家霊廟」（『史蹟名勝天然紀念物』一九二九年。同上『日本建築の研究』下に再録）。伊東は、当該期の建築の特質を「本邦の『ロココ』派」と評し、東照宮をその好標本とした。

（2）塚本靖・大沢三之助『日光廟建築論』（『東京帝国大学紀要』一―二、一九〇三年）。ただし、久米邦武「京都は国美の庫なるを論ず」（『太陽』一―四、一八九五年）のように、「荘厳の宏麗精細は目を驚かすと雖も、一度が二度三度と度重なる程に興味の索るを免れず。其は只寛永元禄両代の巧緻を聚るたるにすぎざればなり。美は金銭のみにて造らる、ものに非ず」とする消極的な負の評価があったことも事実である。

（3）辻善之助「歴史より観たる日光」（前掲註1史蹟名勝天然記念物保存協会編著書。後に『日本仏教史之研究』正篇下、日本仏教史研究二、岩波書店、一九八三年に再録）、同『日本仏教史』八 近世篇之二（岩波書店、一九五三年）、赤堀又次郎執筆、日光東照宮編『日光山東照宮三百年祭記念誌』（やまと新聞宇都宮支局、一九一五年）、平泉澄他執筆、東照宮社務所編・発行『東照宮史』（一九二七年）、古谷清執筆、東照宮社務所編・発行『東照宮宝物志』（一九二七年）、同『日光東照宮修営志』（一九二五年）など。

（4）平泉澄「誤られたる日光廟」（『史学雑誌』三三―二、一九二二年。『我が歴史観』至文堂、一九二六年に再録）、同「東照大権現縁起考　附狩野探幽改名年代考」（『国華』三七四、一九二一年。同上『我が歴史観』に再録）。

（5）日光市山内 日光東照宮文書（影写本、日光市史編さん委員会編『日光市史』史料編中、日光市、一九八六年）。原本は造営奉行秋元泰朝の子孫秋元興朝家に伝来したが、一九二三年の関東大震災で焼失した。現存するのは東京大学史料編纂所（明治三二年八月写）、京都大学大学院文学研究科古文書室（明治四〇年三月写）、日光東照宮（大正八年二月写）などが所蔵する影写本である。以下、本書ではこれらと校合のうえ引用した。

（6）小林一成他編『神道大系』神社編二五 上野・下野国（神道大系編纂会、一九九二年）。以下、本書では小松茂美編『東照社縁起』（続々日本絵巻大成 伝記・縁起篇八、中央公論社、一九九四年）所収写真版と校合のうえ引用した。また、真字による三巻本は「真名縁起」、仮字による絵巻五巻本は「仮名縁起」と略記する。

（7）大熊喜邦「日光東照宮の寛永造替に就て」（『建築雑誌』五一五、一九二八年。『江戸建築叢話』東亜出版社、一九四七年に再録）。

(8) 田辺泰『芝・上野徳川家霊廟建築論』(東京府史蹟保存調査報告書一一、東京府、一九三四年)、同『徳川家霊廟』(彰国社、一九四二年)、同『日光廟建築』(彰国社、一九四四年)。

(9) 「日光叢書」の企画・収載予定書目については藤巻正之「はしがき」(東照宮社務所編・発行『御番所日記』一、一九三一年)参照。既刊の「日光叢書」には、東照宮社務所編・発行『御番所日記』一～九(一九三一～三九年)、その続巻である日光東照宮社務所編・発行『社家御番所日記』一〇～二二(一九七〇～八二年)、「寛永諸家系図伝」真名本の東照宮献上本を影印で収める同編『寛永諸家系図伝』一～六・索引(続群書類従完成会、一九八九～九一年)がある。

(10) 高柳光寿「日光廟の成立――政治は必ずしも純理で行はれない――」(『日本歴史』六〇、一九五三年)。

(11) 広野三郎執筆、日光東照宮社務所編・発行『徳川家光公伝』(一九六一年)。

(12) 中村孝也『徳川家康公伝』(日光東照宮社務所、一九六五年。『家康伝』国書刊行会、一九八八年として復刊)。

(13) 篠田英雄訳『日本――タウトの日記――一九三三年』(岩波書店、一九七五年)一九三三年五月二一日条。

(14) 林屋辰三郎「寛永文化論」(『立命館文学』九八、一九五三年。『中世文化の基調』東京大学出版会、一九五三年に再録)、同「天文と寛永と――歴史の変革と時代区分――」(『日本史研究』一〇八、一九六九年。『近世伝統文化論』創元社、一九七四年に再録)、同「池坊二世専好とその歴史的意味」(講談社編・発行『池坊専好立花図』解説、一九七〇年。同上『近世伝統文化論』に再録)など。

(15) 熊倉功夫「寛永文化の継承者――『洛陽名所集』の著者とその父――」(『史潮』一〇一、一九六七年)、同「桂離宮――その作者と時代――」(石元泰博編『桂離宮』岩波書店、一九七八年)、同「寛永文化と知識人層」(会田雄次・中村賢二郎編『知識人層と社会』京都大学人文科学研究所、一九七八年)、以上も再録する同『寛永文化の研究』(吉川弘文館、一九八八年)、同『後水尾院』(朝日新聞社、一九八二年。『後水尾天皇』岩波書店、一九九四年として復刊)。熊倉は、寛永文化の基本的な性格が、幕府・武家がその権力構造のなかに知識人を組織化し、安堵することにより天皇から町人下層まで包括、総合化したこと、また、知識人が権力に奉仕し、狭隘なサロンに集いつつも、幅広い教養人、教養を授与する啓蒙者として存在していたことの二点にあるとし、桂離宮の建築を幕府・武家の経済的支持によって開花した公家文化とした。日光東照宮に関する積極的な見解は直接示さないが、重要な指摘である。

(16) 大河直躬編『東照宮』(秘宝一一、講談社、一九六五年)、同『東照宮』(鹿島研究所出版会、一九七〇年)。

(17) 阪谷良之進「芝徳川家霊廟　附権現造について」（『建築雑誌』五五八、一九三二年）。

(18) 前掲註(8)田辺『日光廟建築』。

(19) 内藤昌『江戸の都市と建築』（江戸図屏風別巻、毎日新聞社、一九七二年）。

(20) 拙稿「徳川家霊廟建築の史的分析――入札と投機の時代史――」（『関東近世史研究』五三、二〇〇三年）および本書第三章参照。

(21) 北島正元「徳川家康の神格化について」（『国史学』九四、一九七四年）。その後、曾根原理『徳川家康神格化の道――中世天台思想の展開――』（吉川弘文館、一九九六年）、同『神君家康の誕生』（吉川弘文館、二〇〇八年）は、「東照社縁起」における東照大権現（ないしその本地薬師瑠璃光如来）が、仏教に基づく利益衆生（利生）を体現する存在として叙述されていることを指摘した。また大桑斉「徳川将軍権力と宗教――王権神話の創出――」（安丸良夫他編『宗教と権威』岩波講座天皇と王権を考える四、岩波書店、二〇〇二年）は、世俗王権である徳川将軍家が宗教性を取り込む観点から、仁政を要求する民衆の神に位置づける王権神話が権力周辺において醸成されたことを解明した。

(22) 秋本典夫「幕藩体制下の日光神領――民政の展開と一揆・打こわし、および騒擾――」（『宇都宮大学教養部研究報告』第一部五、一九七二年。『近世日光山史の研究』名著出版、一九八二年に再録）、同「近世日光東照宮と民衆の参詣」（同上第一部八、一九七五年。同上『近世日光山史の研究』に再録）。

(23) 宮地正人「朝幕関係から見た幕藩制国家の特質――明治維新政治史研究の前提として――」（『人民の歴史学』四二、一九七五年。『天皇制の政治史的研究』校倉書房、一九八一年に再録）。

(24) 宮沢誠一「幕末における天皇をめぐる思想的動向」（『歴史における民族の形成』歴史学研究別冊特集一九七五年度歴史学研究会大会報告、一九七五年）、同「幕藩制期の天皇のイデオロギー的基盤――擬制的氏族制の問題を中心に――」（北島正元編『幕藩制国家成立過程の研究』吉川弘文館、一九七八年）。

(25) 深谷克己「寛永期の朝幕関係」（北島正元編『幕藩制国家成立過程の研究』吉川弘文館、一九七八年。同『近世の国家・社会と天皇』校倉出版、一九九一年に再録）。

(26) 高木昭作「寛永期における将軍と天皇」（歴史学研究会編『民衆文化と天皇』歴研アカデミー五、青木書店、一九八九年。『将軍権力と天皇――秀吉・家康の神国観――』（シリーズ民族を問う二、青木書店、二〇〇三年に再録）。

（27）高埜利彦「江戸幕府の朝廷支配」（『日本史研究』三一九、一九八九年）。
（28）前掲註（3）古谷執筆著書。これらはいずれも家康の任官、日光東照宮の造営・例祭・御神忌法会の執行を内容とする（拙稿「東照宮祭礼と民衆――祭礼成立期を中心に――」『国史学』一九〇、二〇〇六年、および本書第一章参照）。この点において、畿内近国に所在する伊勢神宮・石清水八幡宮をはじめとする二十二社や御願寺に発給された天皇・朝廷発給文書とは質的に異なる。東大寺宛の文書については、富田正広「近世東大寺の国家祈禱と院宣・綸旨」（綾村宏編『東大寺所蔵聖教文書の調査研究』平成一三年度〜平成一六年度科学研究費補助金（基盤研究（A）（1））研究成果報告書、二〇〇五年）参照。
（29）山本博文「徳川王権の成立と東アジア世界」（水林彪・金子修一・渡辺節夫編『王権のコスモロジー』比較歴史学大系一、弘文堂、一九九八年）。
（30）朝尾直弘『鎖国』（日本の歴史一七、小学館、一九七五年。『朝尾直弘著作集』五　鎖国、岩波書店、二〇〇四年に再録）、同「将軍と天皇」（永原慶二・ジョン・W・ホール・コーゾー・ヤマムラ編『戦国時代――一五五〇年から一六五〇年の社会転換――』吉川弘文館、一九七八年。『朝尾直弘著作集』四　豊臣・徳川の政治権力、岩波書店、二〇〇四年に再録）、同『将軍権力の創出』（岩波書店、一九九四年。後に『朝尾直弘著作集』三　将軍権力の創出、岩波書店、二〇〇四年に再録）。
（31）太田勝也「糸割符仲間献上の唐銅灯籠」（『大日光』二八、一九六七年）、荒野泰典「大君外交体制の確立」（加藤栄一・山田忠雄編『鎖国』講座日本近世史二、有斐閣、一九八一年。後に『近世日本と東アジア』東京大学出版会、一九八八年に再録）、真栄平房昭「幕藩制国家の外交儀礼と琉球――東照宮儀礼を中心に――」（『歴史学研究』六二〇、一九九一年）、紙屋敦之『大君外交と東アジア』（吉川弘文館、一九九七年）、川勝守「近世日本における日本型華夷秩序の構想」（『日本近世と東アジア世界』吉川弘文館、二〇〇〇年）など。
（32）福井康順他執筆、日光山史編纂室編『日光山輪王寺史』（日光山輪王寺門跡教化部、一九六六年）、福井康順「東照大権現の神格について」（『日光山輪王寺』三〇、一九六九年。後に同『日本天台の諸研究』福井康順著作集五、法藏館、一九九〇年に再録）。鎌田純一「東照宮の成立」（『神道史研究』一二―六、一九六九年）。額賀大輿「日光東照宮について」（同上、一九六九年）。高藤晴俊「日光東照宮の信仰について」（宮田登・宮本袈裟男編『日光山と関東の修験道』

山岳宗教研究叢書八、名著出版、一九七九年)。
(33) 菅原信海『山王神道の研究』(春秋社、一九九二年)、同『日本思想と神仏習合』(春秋社、一九九六年)、同『日本人の神と仏――日光山の信仰と歴史――』(法蔵館、二〇〇一年)、同『日本人と神たち仏たち』(春秋社、二〇〇三年)、同『神仏習合思想の研究』(春秋社、二〇〇五年)。
(34) 前掲註(21)曾根原著書、同「徳川王権論と神格化問題」(『歴史評論』六二九、二〇〇二年)、同「徳川家康年忌行事にあらわれた神国意識――家光期を対象として――」(『日本史研究』五一〇、二〇〇五年)。
(35) 前掲註(26)高木論文、高木昭作「共同研究報告近世史部会批判」(『日本史研究』五一二、二〇〇五年)。
(36) 野村玄「徳川家光の国家構想と日光東照宮」(『日本史研究』五一〇、二〇〇五年。『日本近世国家の確立と天皇』清文堂出版、二〇〇六年に再録)。
なお、本書の校正中に野村玄氏から近著「東照宮号宣下をめぐる政治過程再考」(『史海』五五、二〇〇八年)を御恵与いただいた。同論文は、本書の一部を基に成稿して先に公表した前掲註(28)拙稿における同氏への批判に反論するもので、とくに伊勢風宮宮号宣下を東照社宮号の先例とする氏の説を新出史料を加えて補強し、拙論に対して再検討を要請している。氏も述べるように、当該期の研究は史料上の制約を乗り越えるために、互いに尊重しあった批判が必要であり、宮号をめぐる問題の重要性を改めて認識した次第である。御批判の一部は本書により解決されると思われるが、氏が提出された個々の問いかけにすべてお答えすることは紙幅および時間的制約から叶わない。稿を改めて論じたい(二〇〇八年一〇月一五日補)。
(37) 藤井譲治『江戸幕府老中制形成過程の研究』(校倉書房、一九九〇年)、同『徳川家光』(吉川弘文館、一九九七年)、同『江戸時代の官僚制』(青木書店、一九九九年)。
(38) 同右藤井『徳川家光』。
(39) 拙稿「東照宮造営期日光山における職人の編成と門前町形成」(『年報日本史叢』二〇〇一、二〇〇一年)、前掲註(28)拙稿。
(40) 牧知宏文責、日本史研究会近世史部会「討論と反省」(『日本史研究』五一〇、二〇〇五年)。
(41) 宮田登「人神の一課題――政治神の観念をめぐって――」(笠原一男編『日本における政治と宗教』吉川弘文館、一九七四年)、同「カミとしての東照大権現」(和歌森太郎編『日本宗教史の謎』下、佼成出版社、一九七六年。『民俗宗教論の課題』未来社、一九七七年に再録)。

(42) 渡辺浩「『御威光』と象徴——徳川政治体制の一側面——」(『思想』七四〇、一九八六年。『東アジアの王権と思想』東京大学出版会、一九九七年に再録)、大友一雄『日本近世国家の権威と儀礼』(吉川弘文館、一九九九年)、井上攻『由緒書と近世の村社会』(大河書房、二〇〇三年)、岡崎寛徳『近世武家社会の儀礼と交際』(校倉書房、二〇〇六年)。

(43) 前掲註(32)高藤論文、高藤晴俊「東照宮信仰の一考察——神遊幸の信仰と東照宮勧請を中心として——」(『国学院雑誌』八七—一一、一九八六年)、同『家康公と全国の東照宮』(東京美術、一九九二年)。

(44) 中野光浩「東照宮信仰の民衆受容に関する一考察」(『地方史研究』二三七、一九九二年)、同「諸国東照宮の勧請と造営の政治史」(山本信吉・東四柳史明編『社寺造営の政治史』神社史料研究会叢書二、思文閣出版、二〇〇〇年)、同「諸大名による東照宮勧請の歴史的考察」(『歴史学研究』七六〇、二〇〇二年)、同「諸国東照宮の歴史的考察」(早稲田大学史学会二〇〇四年度大会日本史部会報告要旨、『史観』一五二、二〇〇五年)ほか。

(45) 高橋修「紀州東照宮の創建と和歌浦」(和歌山県立博物館編・発行『紀州東照宮の歴史』一九九〇年)。

(46) 黒田日出男・ロナルド・トビ編『行列と見世物』(朝日百科日本の歴史別冊 歴史を読みなおす一七、朝日新聞社、一九九四年)。

(47) 倉地克直「東照宮祭礼と民衆」(『日本思想史研究会会報』七、一九八八年)、同『近世の民衆と支配思想』(柏書房、一九九六年)。

(48) 曾根原理「会津地域における東照宮信仰」(『神道古典研究所紀要』四、一九九八年)、同「会津における東照宮信仰と修験」(『山岳修験』二三、一九九九年)、同「金沢東照宮と寛永寺常照院」(『日本学研究』七、二〇〇四年)。

(49) 福原敏男「祭礼の練物——岡山東照宮祭礼——」(『国立歴史民俗博物館研究報告』七七、一九九九年)、同「名古屋東照宮祭礼の編年史料『御祭礼旧記』」(『社寺史料研究』八、二〇〇六年)。

(50) 久留島浩「長崎くんち考」(『国立歴史民俗博物館研究報告』一〇三、二〇〇三年)。

(51) 高野信治『民俗神や民族神との関係分析を通した近世武家権力神の基礎的研究』(平成一三〜一六年度科学研究費補助金基盤研究(C)(二)報告書、二〇〇四年)、同「武士神格化と東照宮勧請」(『国史学』一九五、二〇〇八年)。

(52) 中川仁喜「天海と深秘の絵仏師木村了琢について――三代了琢の現存作品を中心として――」(『大正史学』三二、二〇〇一年)。

(53) 守屋正彦「東照大権現像の成立」(真保亨先生古稀記念論文集編集委員会編『芸術学の視座――真保亨先生古稀記念論文集――』勉誠出版、二〇〇二年)。

(54) 斎藤夏来「家康の神格化と画像」(『日本史研究』五四五、二〇〇八年)。

(55) 永村真『中世東大寺の組織と経営』(塙書房、一九八九年)。

(56) 山岸常人『中世寺院の僧団・法会・文書』(東京大学出版会、二〇〇四年)。このほか同書所収「中世後期薬師寺の法会」の初出(講演録)を含む奈良女子大学古代学学術研究センター設立準備室編『儀礼にみる日本の仏教――東大寺・興福寺・薬師寺――』(法蔵館、二〇〇一年)所収の佐藤道子・永村真・高山有紀・楠淳証・綾村宏の研究もある。

(57) 上述の文献のほかに、東照宮例祭に関しては高藤晴俊「東照社縁起に描かれた祭礼行列」(『下野民俗』四二、二〇〇二年)、同「日光東照宮の神輿渡御行列について――その成立過程の考察を中心として――」(『儀礼文化』三二、二〇〇三年)、例祭の行列を構成する個別の役割については大熊哲雄「近世関東における猿引の存在状況」(『部落問題研究』一二〇、一九九二年)、同「日光神領の猿引について」(同上 一二五、一九九三年)、同「東照宮祭礼行列と供奉の猿引をめぐって」(『大日光』六六、一九九五年)、塚田孝「近世猿飼の身分と職分」(塚田孝・吉田伸之・脇田修編『身分的周縁』部落問題研究所、一九九四年)、内藤正敏「日光千人武者行列(一)・(二)・(三)」(『フォークロア』二~四、一九九四年。『江戸・王権のコスモロジー』内藤正敏民俗の発見三、法政大学出版局、二〇〇七年に再録)、祭祀組織に関しては阿部昭「日光山領所務定法の成立過程」(『国士舘史学』八、二〇〇〇年)、大野瑞男「日光神領の成立と支配」「東照宮と輪王寺・二荒山神社」(日光市史編さん委員会編『日光市史』中、日光市、一九七九年)、奥田謙一「『聖地』日光の誕生」(栃木県史編さん委員会編『栃木県史』通史編四 近世一、栃木県、一九八一年)、河内八郎「日光領の支配」(今市市史編さん委員会編『いまいち市史』通史編Ⅰ、今市市役所、一九八二年)、同「近世日光領の成立について」(『大日光』五七、一九八七年。『幕末北関東農村の研究』名著出版、一九九四年に再録)、柴田豊久『柴田豊久著作集――近世日光・下野刀剣考――』(柴田豊久著作刊行会、一九八三年)、竹末広美「日光山支配組織の成立と展開」(今市市史編さん委員会編『いまいち市史』通史編Ⅱ、今市市役所、一九九五年)、星野理一郎『日光史』(日光第二尋常高等小学校、一九三七年）、門跡輪王寺宮に関しては杣田善雄「近世の門跡」（『岩波講座日本通史』一一近世一、岩波書店、一九九三年。『幕藩権力と寺院・門跡』思文閣出版、二〇〇三年に再録）、衆徒（学侶）・一坊（修験）については秋本典夫「近世日光山の窮乏とその諸対応(一)～(三)」（『宇都宮大学教養部研究報告』第一部一一～一三、一九七八～八〇年。前掲註22秋本著書に再録）、同「近世日光山に於ける一坊の一考察」（『宇都宮大学教養部研究報告』第一部一七、一九八四年）、中川光熹「日光山修験道史」・小暮道樹「近世日光山領支配機構の変遷」・柴田立史「日光山の入峰修行――華供峰を中心として――」（前掲32宮田他編、一九七九年）、町および職人については沢登寛聡「都市日光の神役と町役人制度――稲荷町の町政運営の変動を中心として――」（村上直編『幕藩体制社会の展開と関東』吉川弘文館、一九八六年）、拙稿「日光・鉢石町における大工職の編成形態」（『年報日本史叢』一九九七、一九九七年）、同「一七世紀日光の町と商人・職人」（『関東近世史研究』四七、一九九九年）、前掲註20・39拙稿、日光社参およびその役については阿部昭「享保の日光社参における公儀御用の編成」（『人文学会紀要』二六、一九九三年）、泉正人「天保期日光社参と宇都宮藩――宿城地の負担と藩政への影響――」（『栃木県史研究』二三、一九八二年）、大友一雄「日光社参と国役」（『関東近世史研究』一八、一九八五年）、同「日光社参と身分――大名行列の編成をめぐって――」（『国史学』一九〇、二〇〇六年）、河内八郎「安永五年日光社参と下野農村――村々人馬役負担の構造――」（『栃木県史研究』一六・一七合併号、一九七九年）、根岸茂夫「江戸幕府の祭祀と東照宮」（文部科学省二一世紀COEプログラム国学院大学「神道と日本文化の国学的研究発信の拠点形成」編・発行『神道と日本文化の国学的研究発信の拠点形成研究報告』二、二〇〇七年）、同「寛文三年徳川家綱日光社参の行列と政治的意義」（『国史学』一九五、二〇〇八年）、山口啓二「日光社参寄人馬についての一考察」（永原慶二・稲垣泰彦・山口啓二編『中世・近世の国家と社会』東京大学出版会、一九八六年）などがある。

(58) 菅原信海「平安末の日光山と額田僧都寛伝」（大久保良順先生傘寿記念論文集刊行会編『仏教文化の展開――大久保良順先生傘寿記念論文集――』山喜房仏書林、一九九四年。前掲註33『日本思想と神仏習合』に再録）、千田孝明「日光山の組織化と鹿沼」（鹿沼市史編さん委員会編『鹿沼市史』通史編原始・古代・中世、鹿沼市、二〇〇四年）は下野守義朝から鎌倉将軍家三代にいたる源氏の信仰、同「輪王寺蔵の大般若経について――応永三年十月十八日頃写経の成立をめぐって――」（『栃木県立博物館研究紀要』五、一九八八年）、同「応永・永享期の日光山」（地方史研究協議会編『宗教・民衆・伝統――社会の歴史的構造と変容――』雄山閣出版、一九九五年）、同「日光山をめぐる宗教世界」（浅野晴樹・斎藤慎一編『中世東国の世界』一 北関東、高志書院、二〇〇三年）は応永三年（一三九六）一〇月一八日の武蔵・上野・下野・常陸四か国に及ぶ一日頓写経の奉納、曾根原理「『関左之日枝山』考」（『東北大学附属図書館研究年報』二五、一九九二年。前掲註21曾根原『徳川家康神格化への道』に再録）は一六世紀後半に常陸国内の有力天台宗寺院が真言宗寺院の絹衣着用をめぐる相論時に「関左之日枝山」（関東の比叡山）と仰いだ権威としてのあり方、皆川義孝「戦国期日光山の動向」（『史学論集』二二、一九九二年）、同「日光山別当昌淳発給文書の基礎的考察」（『かぬま歴史と文化――鹿沼市史研究紀要――』一、一九九七年）、同「日光山の組織と意思決定――慶守の活動を通じて――」（同上六、二〇〇一年）、前掲千田「応永・永享期の日光山」、千田孝明「中世日光山の光と影――幻の『光明院』、その栄光と挫折――」（橋本澄朗・千田孝明編『知られざる下野の中世』随想舎、二〇〇五年）、新井敦史「室町期日光山の組織と運営――堂講相論・皆水精念珠紛失事件の検討を通して――」（『古文書研究』四〇、一九九五年）、同「室町期日光山の所領支配機構――座主と（惣）政所の位置づけを中心として――」（『かぬま歴史と文化――鹿沼市史研究紀要――』二、一九九七年）、同「応永期日光山領符所郷関係文書の再検討」（同上六、二〇〇一年）、江田郁夫「武力としての日光山――昌膳の乱をめぐって――」（『日本歴史』六三八、二〇〇一年）、新川武紀・新井敦史「日光山領府所郷・西鹿沼郷における農民の抵抗」（前掲鹿沼市史編さん委員会編『鹿沼市史』通史編原始・古代・中世）は中心的位置にある常行堂とその法会の祭祀組織の構造を明らかにしている。

(59) 藤井讓治編『江戸幕府日記――姫路酒井家本――』一〜二六（ゆまに書房、二〇〇三〜〇四年）。以下、本書では、本史料集から引用する。

(60) 鹿沼市史編さん委員会編『鹿沼市史』資料編古代・中世（鹿沼市、一九九九年）・資料編近世一（鹿沼市、二〇〇〇年）。

(61) 日光市史編さん室編『史料所在目録』自昭和四十五年四月 至昭和四十六年十一月調査（日光市、一九七一年）。

(62) 彦坂諶照「維新以来の日光山輪王寺と彦坂諶厚大僧正」・平泉澄「日光に於ける神仏分離」・平泉澄・古谷清「日光に於ける神仏分離調査資料」（村上専精・辻善之助・鷲尾順敬編『明治維新神仏分離史料』中、東方書院、一九二六年）、「二荒山神社並東照宮及満願寺処分の件〔太政類典〕」（同上 続篇上、東方書院、一九二八年）。いずれも『新編明治維新神仏分離史料』二 東北編・関東編（一）（名著出版、一九八三年）に再録。

(63) 日光山内の三代将軍家光廟は、大猷院殿御霊屋と称すべき霊廟であるが、現行では大猷院と呼ばれている。本書では、日光山の堂社として叙述するさいには大猷院と表記する。また、日光山では、その他堂社も含めて別当を別所と呼称するが、明暦元年九月の徳川家綱判物（第一章第四節４参照）など、本書の扱う一七世紀前半には新宮・本宮・滝尾・中禅寺の各別所を除いて別当と呼称する文書が多いため、別当と表記していく。

(64) 「日光山常行三昧堂故実箱目録」（常行堂旧蔵文書、前掲註60鹿沼市史編さん委員会編『鹿沼市史』資料編古代・中世）。

(65) 尾藤正英「徳川時代の社会と政治思想の特質」（『思想』六八五、一九八一年。『江戸時代とは何か――日本史上の近世と近代――』岩波書店、二〇〇六年に再録）。

(66) 日光惣町は、大島延次郎『日本都市発達史』（宝文館、一九五四年）、原田伴彦「近世門前町研究序説」（『経済学年報』三一、一九七一年。『原田伴彦論集』二、思文閣出版、一九八五年に再録）などの都市史研究においては、「門前町」の類型において論じられてきた。藤本利治『門前町』（古今書院、一九七〇年）は、門前町を地理学の立場から、「神社や寺院への参詣者を対象として旅館・飲食店・土産物店・娯楽施設などが社寺の門前の街道の両側に発達した町」と「一応」定義したうえで、宗教的機能を中心に成立・発達した町の場合、社寺奉仕者の集住した社家町・御師町・寺内町も含まれると言及する。さらに原田・藤本は、日光の「門前町」について、東町を商業・交通集落（聚落）、西町を職人町とし、景観・都市機能から東町を門前町と規定している。しかし、拙稿「元和～寛永期日光における新町の形成」（『歴史と文化』五、一九九六年）、同「門前町日光における御役屋敷ついて」（『都市史研究』六 宗教と都市、一九九八年）、前掲註(39)拙稿、前掲註(57)拙稿「一七世紀日光の町と商人・職人」などで指摘してきたように、東・西両町の性格はこれらの性格規定に収まらない。

(67) 前掲註(15)熊倉『寛永文化の研究』。

第一章　日光東照宮祭祀の存立原理

はじめに

本章は、日光山に樹立された国家神としての日光東照宮の存立を規定する原理を、毎年定日に執行される例祭の確立過程に注目して明らかにすることを目的とする。とくに元和三年（一六一七）四月に行われた久能山から日光山への遷宮より、正保二年（一六四五）一一月三日、後光明天皇の宣命による宮号宣下までの間に行われた大権現年忌に執行される御神忌法会と毎年恒例の例祭の形態を検討し、東照宮の神威を再生産するあり方、その生成を推し進めた主体、さらには生成に作用した力学を明らかにしていく。

検討の中心におく史料は、勅に基づく天皇・朝廷発給文書と、日光東照宮祭礼を天皇の御願、勅により執行される勅会と明示する「東照社縁起」である。前者はこれまで等閑視されてきた史料であるが、東照宮の祭祀と天皇が連関していたことを示す史料である。また、「東照社縁起」にみられる、皇祖神と同列の神になぞらえて東照宮に冠された「宗廟」という語も注視して考察する。

第一節　東照大権現の鎮座と祭礼の形成

1　東照大権現の鎮座

大御所徳川家康は、元和二年（一六一六）四月一七日に没した。その霊廟である日光東照社が下野国日光山内に鎮座したのは翌三年（一六一七）四月のことである。鎮座の根拠は、家康自身が死の直前に出頭人本多正純と天台僧天海、臨済僧以心崇伝を召し出して述べた遺言にある。家康の遺言は次に掲げる元和二年四月四日京都所司代板倉勝重宛の崇伝書状写の一条にみえる。[1]

一　一両日以前、本上州《（本多正純）》・南光坊《（天海）》・拙老《（以心崇伝）》、御前へ被為召、被仰置候ハ、臨終候ハヽ、御体をハ久能へ納、御葬礼をハ増上寺ニて申付、御位牌をハ三川《（三河）》之大樹寺ニ立、一周忌も過候て以後、日光山に小キ堂をたて勧請し候へ、八州之鎮守に可被為成との御意候、皆々涙をなかし申候

家康没後、遺骸を駿河国久能山（現・静岡県静岡市）に納めること、葬礼を徳川将軍家の菩提寺である芝（現・東京都港区）の浄土宗三縁山増上寺で執行し、位牌を三河国岡崎（現・愛知県岡崎市）にある松平家累代の菩提寺浄土宗大樹寺に立てること、さらに、一周忌を過ぎた後に日光山に小堂を建立して勧請することが求められた。正純・天海・崇伝は、この遺言に、家康自らが「八州之鎮守」、すなわち関東に樹立された徳川将軍家の政権を護持する守護神になろうとする意志をみたのである。

家康の遺言は、その没後、二代将軍秀忠によって直ちに実行された。家康の遺骸を納めた柩は、没したその日のうちに久能山に遷され、また、五月一七日から一四日間、増上寺で法会が催され、大樹寺には位牌が立てられた。[2]

家康は、久能山で神に昇華された。その法儀を執り行ったのは、神竜院梵舜であった。梵舜は、吉田神道をつ

かさどる神祇管領長上吉田（卜部）兼右の男子であり、豊臣秀吉を豊国大明神という神とし、豊国社の創設にあたった神道家であった。当時、不遇の死を遂げた後に跳梁する怨霊とは異なり、通常の死を迎えた人間を直ちに神霊として復活させ、神に祀る法儀を有していた神道は吉田神道のみであった。吉田家では永正八年（一五一一）二月一九日に没した兼倶以降、代々の当主を遷宮の儀式に擬して葬送し、その遺骸を葬った墓所の上に霊社を設け、神に祀る法儀を執行した。梵舜は、現実にその法儀を用いて天下人豊臣秀吉を神に昇華した。梵舜の執行する法儀によって徳川家康が神格化されたのである。そして、翌元和三年四月の一周忌には日光への遷宮へといたることになる。

その間、家康の神格化を推進したのは天海である。朝廷の陰陽頭土御門泰重の日記である「泰重卿記」(3)の元和二年七月五日条には、「家康公遺言ニまかせ、南光坊勧請一切之作法まかせおかれ候よし候」とあり、天海は直接聞いた家康の遺言を唯一の根拠として日光への勧請（遷宮）までの一切を将軍秀忠から一任され、実行したのである。天海は、家康から家光までの三代にわたる将軍家の護持僧であり、かつ天台宗門の実力者であった。「八州之鎮守」となるべき神格の創造は、この天海によって進められた。

その神格化を決定的なものにしたのは、後水尾天皇による神号「東照大権現」の勅許である。その勅許については、日光山への遷宮のこととともに、元和二年五月三日ころから取り沙汰される。天台宗を護持する山王神道に立脚する大僧正天海と、吉田神道による神格化を推し進める梵舜との間での論義の結果、天海の主張する権現号を家康の神号とする方針が幕府内で決定され(4)、六月二二日、京都所司代板倉重昌と天海、林永喜が将軍の意向を天皇・朝廷に執奏するために入洛している(5)。このとき、神号だけでなく、さらに法名である院号を公家から進《まい》らすことをもまた執奏された。朝廷では、これを受け、六月二九日以降、神号勅許・院号進上の可否が詮議されることになった。

ただし、神号の勅許は、決して天海ないし幕府側の意向通りではなかった。朝廷側は、神号・院号の可否を主体的に議していたのである。それは、官務壬生孝亮の日記である「孝亮宿禰日次記」に詳しい。幕府に近しい関白二条昭実ですら、その六月三〇日条で「神号又院号被下無例」と、神号・院号が同時に出された例はないこと、また、七月一六日条では、日光山に日光権現がすでにあり、重ねて権現の名を有する神を祀ることはできないこと、高僧に授与される菩薩号であれば了解できることを主張したとある。朝廷側は、先例と照らし合わせて議し、最終的に権現号の勅許を決定したものの、院号の授与については拒絶することに決した。この結論は七月一三日、天海に伝えられた。

九月になると、勅使として武家伝奏広橋兼勝・三条西実条が、また、曼殊院宮良恕法親王、一乗院宮尊覚入道親王の名代了雪、八宮良純法親王ら天台宗門の門跡、そのほか希望者のなかから鬮引きによって決められた公家衆が京から下向した。このとき下向した公家衆の多くは、日野資勝、柳原業光、山科言緒、高倉永慶、勧修寺経広など将軍の参内や院参への供を命じられる武家昵懇衆であったが、そのほか西園寺実益、転法輪三条公広、中院通村も含まれていた(6)。こうして一〇月三日、江戸城内において、門跡および公家西園寺実益、転法輪三条公広、中院通村、その他武家昵懇衆の臨席のもと、勅使から将軍秀忠に神号勅許の勅旨が正式に伝えられた(7)。

同時に、日光山での社殿造営が動き出すことになる。家康の出頭人であった年寄本多正純（下野国小山藩主、後に宇都宮藩主）、城郭普請の巧者藤堂高虎（伊賀国津藩主）が造営奉行に任じられて現地に遣わされ、元和二年一〇月二六日、社地が見立てられ、地形縄張《ちぎよう》が実施される。翌月、普請が始められ、四月二日に上棟、同一七日に正遷宮が執行されることになる(8)。

家康の神柩は、元和三年三月一五日久能山において「金輿」に遷されて出発した。四月四日には日光山御留守座禅院の屋敷に入り、仏生会にあたる八日、「奥院石窟(9)」に安置された。そして同月一四日、天海が本坊とする光明院内に建設された仮殿に神霊が遷され、宣命使中御門宣衡により、神号を授ける二月二一日付の後水尾天皇宣命が捧げられた。このとき後水尾天皇の名の下に東照大権現という神格が成立したのである。

久能山から日光への遷宮については、これに供奉した昵懇衆の一人、大納言烏丸光広は紀行文「御鎮座之記」(10)に著している。その文中には、次のような記述がある。

抑元和三年の年　尊体を日光山へうつし奉らるゝ事は、大職冠を摂津国阿威山より多武峰に定恵和尚のわたし申されけるためしなり、これ御さう（族）のいやつきにおはします故なるへし、天てる御神（天照大神）も後にそ倭姫命五十鈴の河上には鎮座有ける、男山（石清水八幡宮）の御をは行教宇佐宮よりかの和尚の三の衣にやとらせ給ふ、此たひはことのやう御現存の時より、くはしく大僧正天海に御神約ありて、かくまのあたり道ひかれおはしますをは、さそうれしとや見そなはすらん、いにしへ今さることとわりゆめたかふましくなん

日光山への遷宮は、藤原摂家の氏祖鎌足の霊を一周忌に摂津国阿威山の墳墓（阿武山古墳。現・大阪府高槻市）から多武峰《とうのみね》（談山神社。現・奈良県桜井市）へ、鎌足の息定恵が遷したことを先例とする。また、伊勢神宮と石清水八幡宮の両社の遷座の例も意識している。

遷宮にあたり目を引くのは、これら先例との対比である。元和二年七月、神号勅許の執奏のために上洛していた大僧正天海は、壬生孝亮に遷宮にかかわる旧記の穿鑿を依頼し、結果として同月二一日および九月一四日に宇佐宮（宇佐八幡宮）・八幡宮（石清水八幡宮）における遷宮・造営日時定にかかわる旧記を閲覧している。(11)また、後年のものではあるが、日光山滝尾社の年中行事帳で、同社に伝来した延宝六年（一六七八）八月教城院天祐「滝尾山年中行事」(12)には次の一条がある。

一　東照宮御別所床之浄火、滝尾床ノ浄火被移之、并東照宮三品立之御供滝尾之御儀式被移之、但　東照宮当山江御勧請之最初　秀忠公御供之儀式御定之節、伊勢・春日・八幡・当社之儀式以書付御上覧

之上滝尾御供被ルト移之也

日光山一山の老僧の間では、東照宮別所（大楽院、別当）の床の浄火および三品立七十五膳と称する御供は、日光三所権現のうち滝尾権現を主祭神とする滝尾（現・滝尾神社）の儀式を移したものと伝えている。また、それは将軍秀忠の裁定によるもので、伊勢神宮・春日社・石清水八幡宮・滝尾の儀式を比較した結果であったとする。このように、東照大権現の神格化をすすめるにあたり数社の先例が穿鑿・参照されたのである。

日光東照社には当初、権現造建築による本社、東照大権現の本地薬師如来を祀る本堂薬師堂（本地堂）、瑞籬、仮殿、廻廊、御供所、楼門、御馬屋、石鳥居などの建立が計画され、造営された[13]。しかし、社殿はこれで完成したわけではなかった。元和六年（一六二〇）閏一二月一九日に天海が青蓮院宮尊純法親王に宛てた書状で[14]「内々修造無際限」と述べるように、断続的に社殿の造営が続けられたのである。現在の中神庫に残る棟木銘[15]によれば、元和五年（一六一九）九月には、神庫が上棟された。また、元和七年（一六二一）一一月には、翌年の東照大権現の第七回御神忌にあわせて奥院に「御廟塔」、すなわち木造の多宝塔を建立することが企図された。これらの造営は、中井正清が没した後のことであり、徳川家譜代の御大工鈴木長次によって指揮された。奥院の造営始の日時については、鈴木長次から以心崇伝に照会があり、崇伝の見立てによって一一月一一日に定められた[16]。この造営は翌八年（一六二二）四月に成就している。

2　東照社祭礼の成立とその特質

日光東照社の祭礼は、造営のなった社殿において執行された。ここでは、東照社成立期の祭礼として御神忌法会と例祭に注目し、これらの形成過程および特質を、両者の相違点に留意しながら検討する。

第一にとりあげるのは、御神忌法会である。これは第一回、元和三年駿河国久能山からの遷宮以降、正保二年

表1－1　元和3年(1617)　日光東照社遷宮の官宣旨

天海の受領日	官宣旨の内容	数量	典　拠
4月19日	(1)東照社日時宣旨	15通	3月16日条 4月19日条
	(2)持参之宣旨 (神号参向宣旨、正遷宮参向宣旨、神宝御装束宣旨、奉幣使参向宣旨、神位参向宣旨 他)	7通	
	(3)堂供養宣旨 (薬師堂供養宣旨、同開眼供養宣旨 他)	3通	
10月9日	(4)薬師堂供養之時宣旨 (五畿七道行赦宣旨7通、同殺生禁断宣旨7通)	14通	10月9日条
合　　計		39通	

註1：典拠は元和3年の「孝亮宿禰日次記」所載月日により示した。
2：「孝亮宿禰日次記」元和3年5月1日条によれば、(2)「持参之宣旨」は、壬生孝亮に返却されている。

宮号宣下までの間、元和八年（一六二二、第七回）、寛永五年（一六二八、第一三回）、九年（一六三二、第一七回）、一三年（一六三六、第二一回）、一七年（一六四〇、第二五回）、一九年（一六四二、第二七回）に執行され、宣下後は慶安元年（一六四八、第三三回）にはじめて執行された。

これらの法会は「東照社縁起」では勅会と呼称される。勅会とは、天皇の御願により、その発する勅を法源とし、勅使が参向して執行される祭礼である[17]。例えば元和三年遷宮の場合、官宣旨の発給を掌った官務壬生孝亮の日記「孝亮宿禰日次記」を見ると、社殿の造営から遷宮の諸神事・法会にいたるまで、後水尾天皇の勅を奉る官宣旨が三九通も発給され、それらが天海のもとに届けられている（表1-1）。そのうち一二通は、同日記中に案が載る（表1-2）。また、日光東照宮・輪王寺には、元和三年遷宮にかかわる官宣旨二三通、太政官符二通、宣命一通、位記一通、合計二七通の文書が伝存している（表1-2）。

ただし、日光東照宮・輪王寺に伝存するこれら文書は、すでに先学[18]が明らかにしたように、大半が正保二年（一六四五）意図的に再発給されたもので、紛失状である。とくに官宣旨に注目すると、元和二年一一月四日付の「造東照社木作始宣旨」は、表1-2に示したように、官務として発給に関わったことが明白な壬生孝亮の日記「孝亮宿禰日次記」には発給を示す記事を見出すことができず不自然である。この一通のみは、正保二年、武家伝奏前大納言今出川経季・飛鳥井雅宣が孝亮の後継者壬生忠利に命じて「更加」（追加発給）した「脱漏」分であり[19]、現実に元和二年時点にも発給されていたのか否か、検討の余地を残す。

また、「孝亮宿禰日次記」に写が載り、発給されたことが確実な官宣旨であっても、現存する官宣旨と写との間には文言の異同が若干ある。一例として、次に元和三年三月三日、東照社正遷宮の日時を定める官宣旨を、（ア）日光東照宮文書、および（イ）「孝亮宿禰日次記」元和三年三月三日条によりあげる。

（ア）

左弁官下　下野国
　応任日時令勤行　東照社正遷宮事
　　四月十七日辛亥　時戊亥
右内大臣藤原朝臣宣、奉　勅、宜任日時令勤行当社正遷宮者、社宜承知、依宣行之
元和三年三月三日　大史小槻宿禰（孝亮）奉（花押）
右大弁藤原朝臣（花押）

（イ）

左弁官下　下野国東照社
　応任日時令勤行当社正遷宮日時之事
　　四月十七日辛亥　時戊亥
右内大臣藤原朝臣宣、奉勅、宜任日時令勤行者、社宜承知、依宣行之

元和三年三月三日　　　左大史小槻宿禰
右大弁藤原朝臣判　　　　　　　　　判奉

官務小槻宿禰（壬生孝亮）の官途が大史、左大史と異なるが、様式上は両者どちらの表現もありえ、内容を検討する上では大きな問題とはなるまい。問題となるのは宛所である。宛所は、（ア）は下野国、（イ）は下野国東照社と異なり、これにともなって事書・事実書にも微少な異同が見受けられる。官宣旨本来の様式からいえば、宛

本文掲載史料	発　給　記　事
東	
東 東 「孝亮」同日条	「孝亮」同日条 「孝亮」同日条 「孝亮」同日条
「孝亮」同日条。東 「孝亮」同日条。東	「孝亮」同日条 「孝亮」同日条
「孝亮」同日条。東 「孝亮」同日条。東	「孝亮」同日条 「孝亮」同日条
「孝亮」同日条。東 「孝亮」同日条 東 東 東	「孝亮」同日条 「孝亮」同日条 「孝亮」３月５日・８日条(少内記安倍盛勝に渡す。３月６日少内記より宣命使阿野実顕へ伝う)、４月14日条(神号宣命使中御門宣衡が天海に渡す)
「孝亮」同日条。東	「孝亮」同日条
「孝亮」同日条	「孝亮」同日条
「孝亮」同日条 東	「孝亮」同日条 「資勝卿記」元和３年４月17日条
「孝亮」同日条 「孝亮」同日条 輪 輪 輪 輪 輪 輪 輪 輪 輪 輪 輪 輪 輪 輪	 「孝亮」同日条 「孝亮」同日条 「孝亮」同日条(検非違使に下す) 「孝亮」同日条(検非違使に下す) 「孝亮」同日条(検非違使に下す) 「孝亮」同日条(検非違使に下す) 「孝亮」同日条(検非違使に下す) 「孝亮」同日条(検非違使に下す) 「孝亮」同日条(検非違使に下す) 「孝亮」同日条(検非違使に下す) 「孝亮」同日条(検非違使に下す) 「孝亮」同日条(検非違使に下す) 「孝亮」同日条(検非違使に下す) 「孝亮」同日条(検非違使に下す)

再発給分）

表1－2　元和3年(1617)　日光東照社遷宮の天皇・朝廷発給文書

発給年月日		様式	内容
元和2年(1616)	11月4日	官宣旨	木作始日時(11月15日時辰)
	12月3日	官宣旨	仮殿造始日時(12月27日時卯、正月16日時卯、2月3日時辰)
		官宣旨	地曳日時(12月27日時卯巳、正月16日時寅卯)
		官宣旨	行事所雑事始日時(12月3日時辰未、同9日時辰)
元和3年(1617)	正月22日	官宣旨	御正体仮殿遷日時(4月3日時戌、同9日時酉亥)
		官宣旨	居礎日時(正月16日時卯、同22日時辰)
	2月3日	官宣旨	立柱日時(正月28日時卯、2月3日時辰)
		官宣旨	上棟日時(4月2日時未、同6日時未)
	2月21日	官宣旨	葺甍日時(3月17日時宜卯、同28日時卯)
		官宣旨	東照大権現神号日時(4月9日時酉、同14日時酉戌)
		太政官符	神位記奉授使(納韓櫃1合宛夫2人、使参議阿野実顕従12人、神部1人従1人)
		太政官符	奉幣帛使(参議藤原朝臣共房、左近衛権中将藤原朝臣嗣良)
		宣命	東照大権現神号
	3月3日	官宣旨	正遷宮日時(4月17日時戌亥)
	3月6日	官宣旨	奉幣日時(4月18日時卯、同21日時巳)
	3月9日	官宣旨	神位日時(4月18日時卯、同26日時申酉)
		位記	正一位
	3月17日	官宣旨	薬師堂供養日時(4月22日時辰巳、同30日時巳午)
		官宣旨	薬師開眼供養日時(4月22日時辰巳、同30日時巳午)
		官宣旨	五畿内諸国へ、4月22日より東照大権現本地薬師堂供養につき5箇日間国郡司等殺生禁断
		官宣旨	東山道諸国へ、同上殺生禁断
		官宣旨	北陸道諸国へ、同上殺生禁断
		官宣旨	山陰道諸国へ、同上殺生禁断
		官宣旨	山陽道諸国へ、同上殺生禁断
		官宣旨	南海道諸国へ、同上殺生禁断
		官宣旨	大宰府へ、同上殺生禁断
		官宣旨	五畿内諸国へ、4月22日より東照大権現本地薬師堂供養につき大赦
		官宣旨	東山道諸国へ、同上大赦
		官宣旨	北陸道諸国へ、同上大赦
		官宣旨	山陰道諸国へ、同上大赦
		官宣旨	山陽道諸国へ、同上大赦
		官宣旨	南海道諸国へ、同上大赦
		官宣旨	大宰府へ、同上大赦

註：「孝亮」=「孝亮宿禰日次記」、東＝日光東照宮文書(正保2年再発給分)、輪＝輪王寺文書(正保2年

所は前者の下野国宛が正しい。しかし、「孝亮宿禰日次記」、あるいは同時代の北野神社文書[20]、石清水文書[21]などをみると、当該期の寺社の遷宮に関する官宣旨では、宛所を当該寺社宛とするのが一般的である。したがって、(イ)の下野国東照社とする方が自然である。これにより、現存する文書の文言を同時代史料として全面的に信頼するわけにはいかない。しかしながら、表1-2に示したように、「孝亮宿禰日次記」「日野大納言資勝卿記」などと対校することにより、「造東照社木作始宣旨」以外の二二通、宣命一通、位記一通と大部分については該当する内容の文書が実際に発給された事実が確認できるし、また、現存しない官宣旨一七通についてもそのおおよその概要が判明する。したがって、太政官符と「造東照社木作始宣旨」以外については検討に耐えうると判断する。以下ではとくに官宣旨に注目して検討を進める。

まず官宣旨の内容と効力についてみる。内容は、「孝亮宿禰日次記」においては、四つに類型化されている(表1-1)。すなわち、(1)東照社日時宣旨(該当する現存の官宣旨は一二通)、(2)持参の宣旨(同なし)、(3)薬師堂供養宣旨(同二通)、(4)薬師堂供養日時の宣旨(同一四通)がある。

(1)東照社日時宣旨および(3)薬師堂供養宣旨は、東照社本社およびその本地堂である薬師堂の造営の日時、およびそれらの堂社において執行される法会の日時を定めるものである。その発給手続きについては、平安時代初期の令外官の新設にともない発生した公家様文書の手順を完全に踏襲している。例えば、先に掲出した東照社正遷宮日時定の宣旨の手続きは「孝亮宿禰日次記」元和三年三月三日条からみると、同日に陣定、すなわち日時定めのために内裏左近陣座が開かれている。後水尾天皇が諮問し、上卿の内大臣西園寺実益公、蔵人頭で奉行職事である右大弁広橋兼賢、弁左少弁竹屋光長、大外記中原師生、左大史壬生孝亮、少外記阿倍亮盛、史英芳、少内記三善英芳が参仕する。これに先立ち陰陽頭土御門泰重とその父久脩に照会があり、次の勘文が出されている。

択申正遷宮之日時

四月十七日辛亥　時戊亥

元和三年正月吉曜日　　従五位上行中務少輔安倍朝臣泰重

従四位上行天文博士兼左衛門佐安倍朝臣久脩

この勘文にしたがって日時が定められる。日時定陣の参仕者は、陣の前日までに習礼を実施している。二月三日の上棟・葺甍日時定の勘文の場合、前々日に武家伝奏広橋兼勝から疑問の声が出されている。それは、後水尾天皇の当年の御衰日である卯・酉の日が除かれていなかったためである。これに対して、土御門泰重は、天皇家の男子が行う入室・深除などの儀礼における日時定では天皇の御衰日を選ばないのであるから、東照社の場合も「主人」、すなわち施主である将軍の衰日のみを除けば良いと回答し、兼勝を合点させている(22)。

前述の三月三日の陣においては、奉行職事広橋兼賢に勅が伝えられ、さらに上卿の内大臣西園寺実益に伝達される。その宣が弁官局に伝えられ、行事史として左大史壬生孝亮が起草、作成して書判し、行事弁としての広橋兼賢が書判する。その結果、上述の官宣旨が発給される。

この一連の発給手続きをみれば、東照社の遷宮は、勅を奉り、太政官の委嘱を受けた弁官局が下す官宣旨を法源とし、機能させることにより執行されたことがわかる。

この点に関し、文書自体は残されていないが、⑵持参の宣旨にも触れておく。前掲の表1-1にあるように、これに該当するのは神号参向、正遷宮参向、神宝御装束、奉幣使参向、神位参向の官宣旨五通である。これらが宣命史・奉幣使など後水尾天皇の勅使として一社奉幣に参向する者や、東照社の祭神に捧げる神宝・御装束を取り扱う神祇官職員を補任し、発遣を命じるものであったことは明白である。彼らは、武家昵懇衆やそれに近い公家であり(23)、現実に法会を遂行した。例えば四月一七日正遷宮は、広橋兼賢を奉行とし、武家伝奏広橋兼勝、権中納言冷泉為満・西園寺公益、参議右衛門督西洞院時慶、そして神位宣命使の参議左中将阿野実顕、奉幣使の参議清閑寺共房の着座のもと執行され、翌日には清閑寺共房を奉幣使とし一社奉幣が実施される。また神前において御経供養（宸筆御経供）、すなわち後水尾天皇宸筆による禁裏御贈経が広橋兼賢・烏丸光賢を奉行に、山科言緒を日光山堂供養御誦経使として執行される。この間、後水尾天皇の遣わした刀剣をはじめ神宝・装束の奉献も行われる。

彼らの参向に関して注目すべきは、「孝亮宿禰日次記」に見られる三月一二日、一社奉幣のため上卿中御門資胤（神号宣命使）をはじめ神祇官の官員一向が京を出立するにあたっての記事である。三月七日条に「神祇官代之事、今度吉田者不可被用、仍内野ニ神祇官屋敷四町有之、彼地今度八神殿被勧請由、有風聞」とある。神祇官代として天神地祇の祭祀を掌るべき吉田家は排除された。通例であるなら、吉田家ないし神祇伯白川家が役割を果たしたはずである。しかしながら、勧請一切の作法は家康の遺言として天海に委ねられていたために、「我等ならてハ日本あるましき」と主張する吉田・白川両家は埒外に置かれ、面目を失ったと、土御門泰重は日記に記している[24]。そして、神祇官屋敷がその古跡と伝える内野に再興され、しかも八神殿が勧請された。一社奉幣は、律令制衰退後の権威たる吉田家の職能をいっさい否定したうえ、古代律令制にまで遡源し、実態なき神祇官の官庁を仮設し、古式に則ることにより実施されたのである。東照大権現の神格化を決定的としたのは、後水尾天皇の勅であり、その下に再興された神祇官の古式であった。

そして(4)薬師堂供養時の宣旨一四通である。これは、東照大権現の本地仏薬師瑠璃光如来を祀る薬師堂において四月二〇日から二二日まで執行された法華万部供養（万部会）の結願後に大赦と五日間の殺生禁断を命じる官宣旨で、四月一九日の本地仏開眼供養後に堂の庭上において伝宣された[25]。その宛所は、五畿七道、具体的には五畿内・東山・北陸・山陰・山陽・南海道の諸国、および西海道諸国を管轄する大宰府で、全国を対象とする法令になっている。ここで実在しない支配単位が用いられていることについて、高埜利彦[26]はあくまで古例に従ったのみで、行政力をともなうものではないと切り捨てる。しかし、神祇官の再興に顕著に示されるように、古代律令制の古式に則るものと見たとき、このような上意下達の表記をとったことにこそ意味があると考えざるをえない。この「形式的」な文書の発給こそが、天皇の勅のもと、下野国東照社の遷宮という行事を国家レヴェルでの儀礼へと深化させたのであり、東照大権現の神格化から一貫する文脈のなかに組み上げられたものなのである。

このように、元和三年の遷宮は、天皇の勅を法源として、その発給文書の通りに執行された。先学(27)は、それらも将軍ないし天海の要請によるものと指摘するが、それでは不十分である。その過程で院号進上の要請を却下するなど朝廷側の主体的な意志が容れられたこと、また、吉田家のような現今の権威を排し、古代律令制下での古式を採用したことをふまえるならば、勅のもった意味はきわめて重い。遷宮において東照大権現の神格を創出し祭祀を執行したのは天皇であったといわざるを得ない。以後の御神忌法会においても天皇・朝廷から宣命が必ず発給され、官宣旨・太政官符などを用いた勅使・奉幣使の発遣（表1-3）、御経供養、宝剣奉献が実施された。すなわち御神忌法会最大の特徴は、天皇の勅を法源とするところにあった。

次に、例祭について、その成立と特徴を考察してみる。年中行事に含まれる例祭とは二季御祭礼、すなわち家康の祥月命日四月一七

表1-3　元和3年～寛永19年　日光東照社祭礼の天皇・朝廷発給文書

年　代 （西暦） 御神忌	元和3 （1617） 第1回	元和8 （1622） 第7回	寛永5 （1628） 第13回	寛永9 （1632） 第17回	寛永13 （1636） 第21回	寛永17 （1640） 第25回	寛永19 （1642） 第27回
位記	1	—	—	—	—	—	—
宣命	1	1	1	1	1	1	1
太政官符	2	1	1	1	2	1	1
宣旨	—	—	—	—	1	1	—
官宣旨	39	—	—	—	7	—	—

註1：日光東照宮文書、「孝亮宿禰日次記」、「日光山御神事記」、『久能山叢書』により作成。
2：単位は通。確実に存在を確認できるもののみ掲げた。

日の四月御祭礼（大祭）と、九月一七日を祭日とする九月御祭礼（臨時祭）[28]である。「元和年録」[29]元和四年（一六一八）四月一七日条にある本多正純の代参、「本光国師日記」同年九月一四日～一八日条にある以心崇伝の神事出仕の記事を参照するならば、四月・九月御祭礼ともに同年以降の開始とみられる。

例祭の神事の一つに、御旅所への神輿渡御（現・千人行列）がある。従来、「台徳院殿御実紀」巻四五、元和三年（一六一七）四月一七日条から、元和三年遷宮のさい、現在みられるような御旅所への神輿渡御が実施され、「是より後、この式を以て永制と定ら」れ、定型化されたと概説されてきた。[30]しかし、これには疑義がある。高藤晴俊[31]が指摘したように、それは否定されなければならない。その定型化は寛永大造替により本社の成った寛永一三年（一六三六）以降まで待たねばならないのである。

例祭における神輿渡御の開始は、「台徳院殿御実紀」巻五二、元和六年（一六二〇）四月一七日条に「日光山御宮祭祀によて、本多上野介正純代参す、今年始て御旅所へ神幸有により、鹵簿の器械を正純奉納す」とあるように、元和六年とみるのが妥当である。しかも、現在使用されている渡御の道具類が有する最古の年紀は寛永一三年四月一七日であり、定型化はこれ以降と見なければならない。また、恒例の例祭は、御神忌と異なり、勅使の下向や、天皇・朝廷による奉幣、宣命・官宣旨などの発給はなかった。したがって、勅会ではなかったのである。

以上のように、天海が家康の遺言を根拠として東照大権現の神格を創出し、以後の祭祀にあたり、もとより重要な役割を果たしたのは天皇であり、その勅であった。しかしながら、当初の例祭は、御神忌法会と異なり、勅会ではなかった。この相違点の止揚こそが東照宮祭礼の課題となるのである。

第二節　寛永大造替による将軍座居の成立

1　将軍が着座する間

では、東照社祭礼において将軍はどのような位置を占めていたのであろうか。次に勅会たる御神忌法会、とくに四月一八日に実施される宸筆御経供養における座居のあり方から検証する。

現在の日光東照宮拝殿には、左座に将軍着座の間、右座に法親王着座の間と呼ばれる間がある。このうち将軍着座の間は、狩野探幽が描いた麒麟の板戸絵が他の拝殿内の空間との間を仕切っている。麒麟は仁政の象徴とされる霊獣であり、将軍の座居に相応しい装飾をなしている。

この拝殿は、第二一回御神忌を機とする寛永一三年大造替により建立された建築である。その御普請始は寛永一一年一一月一七日であるが[32]、実際の普請は翌年正月仮殿造営に始まり、同一三年三月までの実質一年三か月で奥院を除く本社の社殿が完成された。普請奉行は秋元泰朝であり、寛永九年（一六三二）に成立した幕府作事方が施工にあたった。

寛永一三年の完成を目指されたのは、「真名縁起」巻下および「仮名縁起」第五に明らかなように、東照大権現の第二一回御神忌にあたるからである。その御神忌法会の記録である「日光山御神事記」[33]には、次のような記述がある。

抑大社廿年ニ一度造替遷宮ノ事ハ伊勢内外　皇天ノ宝基ヨリ事ヲコレリ、因茲四方ノ大社、宗廟・社稷共ニ二十歳ノ星霜ヲムカヘテ遷御アリトイヘトモ、神税次第ニ散失シテ其道ヲトロヘ、其事スタレテ礼奠ステニ怠リ、又方今恭シク聖君上ニ在シテ仁海隅ヲ覆給フカユヘニ諸社造替ノ故事ヲ若干歳ノ下ニ継興シ給フ、然レハ則、今年　当社修営ノ天メクリ来ルニ依テ　上意ヲ下シテ秋元但馬守ニ課ス

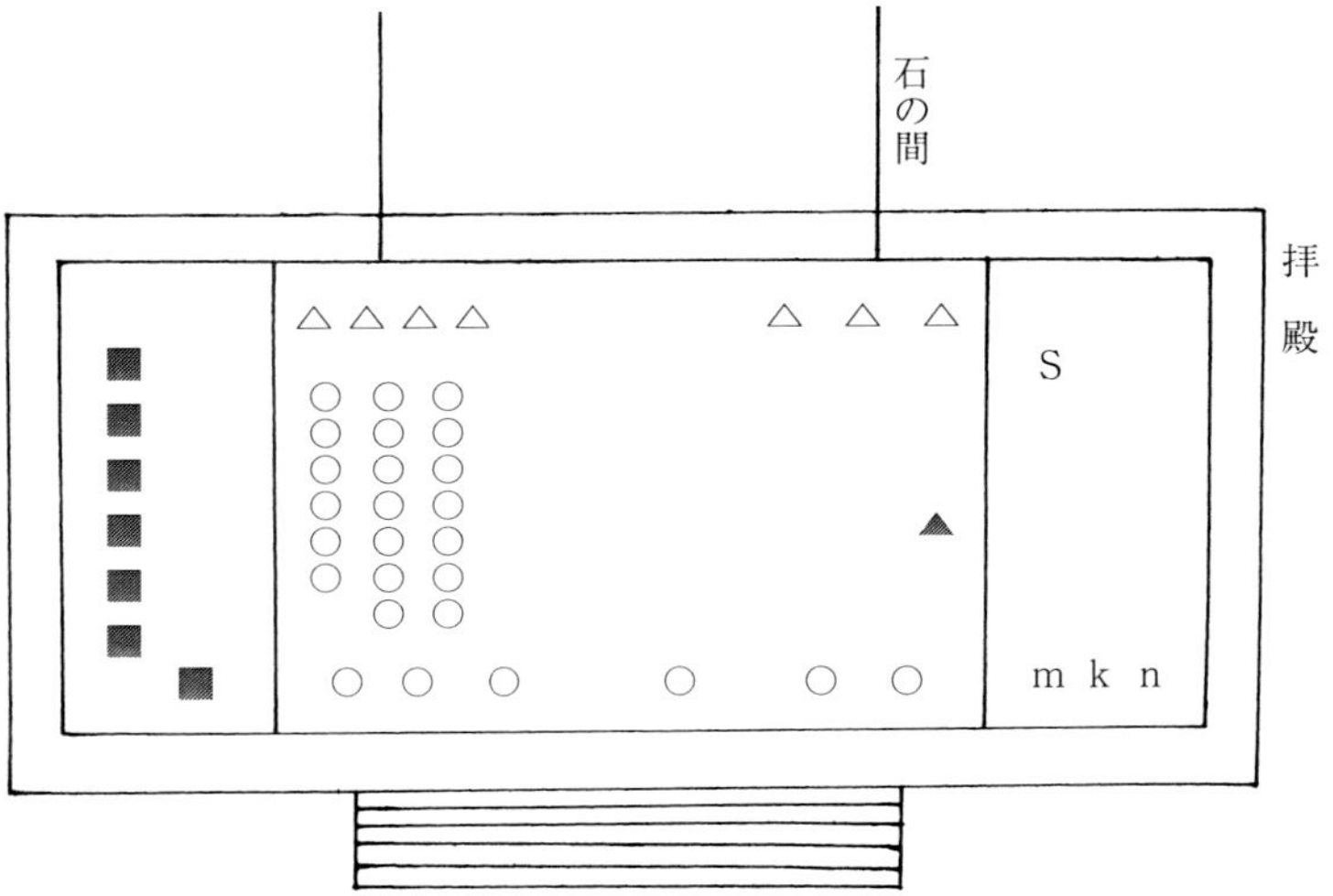

図1－1　寛永13年（1636）　御経供養着座以下の図

凡例：S＝将軍家光、n＝徳川義直、k＝徳川頼宣、m＝徳川頼房、▲＝天海、■＝勅使、△＝門跡、○＝天台僧（以下、図1－2・3も同様）

註：「日光山御神事記」寛永13年4月18日条により作成。

大社が二〇年に一度、造替遷宮を行うことは、伊勢神宮を起源とする。大社や宗廟・社稷と称される日本国内の神社はみな、かつては二〇年に一度、遷宮を実施していたものの、その入用に充てる「神税」が徴収できなくなったために、その風は廃れてしまった。しかしながら現在、将軍家光が治世を預かり、「仁海」がすみずみを覆う、すなわち仁政が行き渡っているために諸社造替の故事を継承した、というのである。ここに、東照社の大造替は、既存の大社の諸制を踏襲したことが強調され、かつ家光政権のもとでの偃武が唱われている。

将軍着座の間、すなわち将軍の座居をみる場合、慎重にならざるをえない。なぜならば、これと併存する法親王着座の間という呼称は、日光門跡として守澄法親王が東向する正保四年（一六四七）以前に遡りえないからである。したがって、大造替当初の着座の間の用途を確認しなければならない。

そこで、この拝殿において実施された最初の御神忌法会で将軍家光が社参を実施した寛永一三年、第二一回法会の記録である「日光山御神事記」をみる。「日光山御神事記」は、家光をはじめとする武家、参向した公家・門跡の行動を刻銘に記録している。その御経供養における座居も図示されている（図1-1）。御経供養は、東照大権現に奉納された明正天皇宸筆による禁裏御贈経、および仙洞（後水尾上皇）・国母（東福門院、皇太后）の贈経を真読し、供養する法会である。この図によれば、左座に将軍家光と随従する尾張徳川義直・紀伊徳川頼宣・水戸徳川頼房の御三家、右座に明正天皇の勅使たる右大臣鷹司教平・前内大臣三条西実条・権大納言日野資勝・広橋兼賢・権中納言柳原業光、後水尾上皇の院使権大納言烏丸光広、東福門院和子の国母御方使左中将姉小路公景が着座している。将軍着座の間は、この社殿に将軍着座の用途のために計画的に設けられた空間であったことが確認できる。

2　寛永大造替社殿の意義

これに対して元和三年造営の社殿はどうであろうか。この社殿についても数種の平面図があり、大河直躬[34]・内藤昌[35]らによる指図の復原案もある。これらの復原案を見ても、当該の社殿には、将軍着座の間や法親王着座の間のような拝殿の両側に張り出す部分は存在しない。大河らがすでに指摘するように、元和三年・寛永九年御神忌法会時に参向した公家日野資勝の「日野大納言資勝卿記」および「凉源院殿御記」と題される日記[36]には、その御経供養の着座図があり（図1-2・3）、寛永一三年における同じ法会の着座図である図1-1と比較することが可能である。

図1-2・3を見ると、拝殿には、導師と勅使などの座居しか用意されておらず、空間は公家を中心に構成されている。これに対し、施主である将軍秀忠の座居は存在していない。

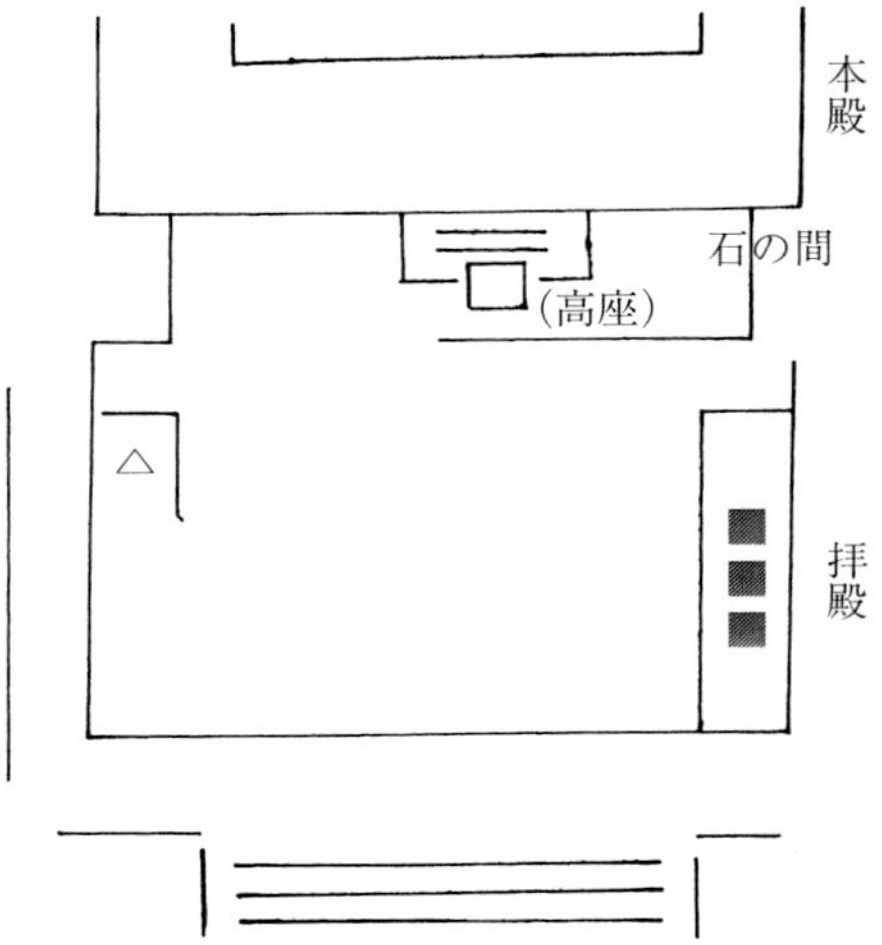

図1－2　元和３年(1617)御経供着座以下の図

註：「日野大納言資勝卿記」元和３年４月18日条により作成。

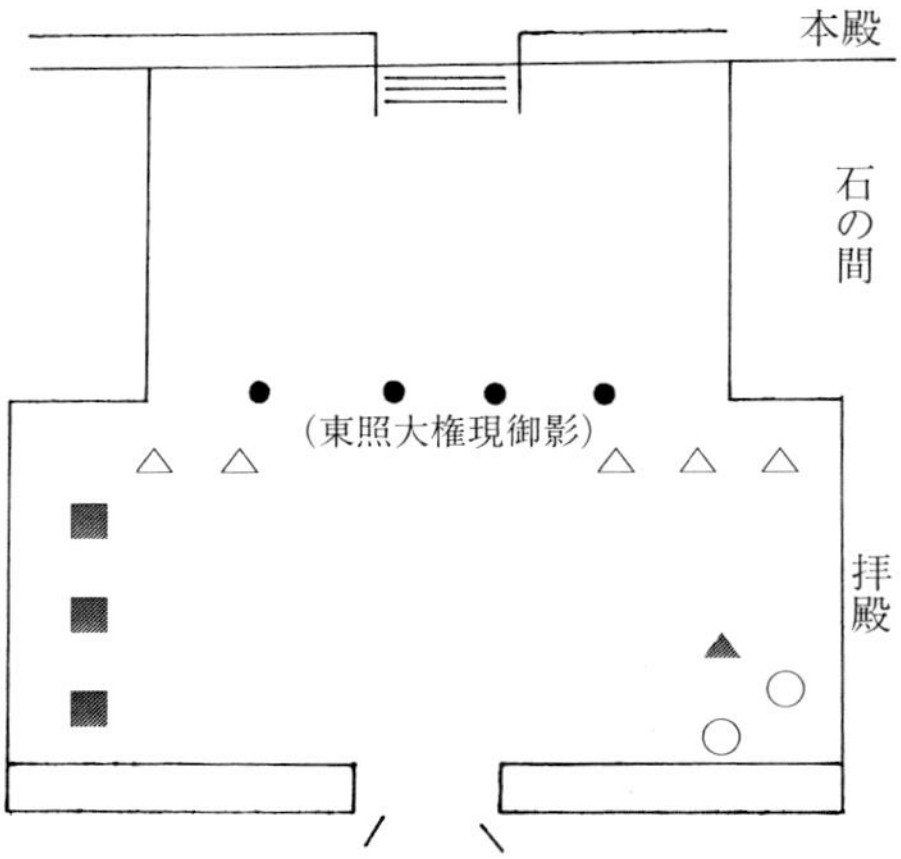

図1－3　寛永９年(1632)御経供着座以下の図

註：「凉源院殿御記」寛永９年４月18日条により作成。

寛永大造替後、寛永一三年の図1-1と、元和造営の社殿で秀忠の死後、家光が実質的な将軍位を手中に得た寛永九年の図1-3を比較してみると、次の五つの相違点を指摘することができる。

①門跡は、両者ともに拝殿の畳一枚目に、左右に分かれて着座している。

②大僧正天海の座（記号▲）は、両図ともに門跡（△）よりも下手、東方に設けられており、将軍着座の間を除いて考えれば、拝殿内のほぼ同位置に置かれている。

③天台僧（記号○）は、図1-3では拝殿の東南側に二名分のみみえるが、このほかは拝殿西側に張り縁を仮設して着座していた。しかし、図1-1では拝殿内の西側と南側に整列している。

④勅を受けて参向した公家衆（記号■）は、図1-3では拝殿の西方を占めているが、図1-1では現在法親王着座の間と呼ばれる間に着座している。

⑤将軍家光の座（記号S）は図1–3には存在しないが、図1–1では着座すべき座居が建築上に確保されている。また、図1–1ではその下手に、将軍に供奉する尾張徳川義直（n）、紀伊徳川頼宣（k）、水戸徳川頼房（m）の御三家が控え、着座している。

元和三年法会において、確かに将軍秀忠は一七日の正遷宮、一八日の奉幣・神位授受、一九日の御廟塔供養の席に着座し、その側には尾張徳川義利（後の義直）、駿河徳川頼将（後の紀伊頼宣）、家康の直孫で越前松平家連枝の信濃国松本藩主松平忠昌と、将軍家と血縁的にもっとも近い連枝が従していた。[37]これらは、東照社そのものの鎮座と東照大権現の神格化に直接かかわる法会であり、秀忠が施主としての立場にあることを考えれば当然のことである。しかし仏教的色彩の強い行事である、一八日の御経供養においては薬師堂からの「聴聞」、一九日の薬師堂供養では社頭から「見物」をするのみで、二〇日から二二日までの法華万部供養にいたっては、江戸への帰路につき、高家吉良義弥を使として参列させるのみにとどまった。つまり、将軍秀忠は勅を奉り参向した公家に比べれば、その主体的な役割が相対的に低い。それが座居にも現れていたのである。

このように社殿と法会時の座居のあり方を見てくると、将軍家光が実施した寛永大造替のもつ意味は大きい。すなわち社殿において将軍が着座する空間を創出し、法会における積極的な位置づけをも獲得したのである。いうまでもなく、家光は将軍権力の強化を進め、また幕藩制国家の骨格を確立させた将軍である。家光はその間、日光社参の回数を増加させ[38]、また、幕藩制国家の確立に対応して東照社の造替を進めた。[39]さらに、寛永一七年の第二五回御神忌法会にさいしては直接下命し、日光山内における火除地の整備を進め、その一環として町家を山外に配置する町割の実施へといたった。家光は、幕藩制国家の確立にさいし、それまで天海が主導し天皇の勅に基づき祀られてきた日光東照社に対し積極的に関わり、その社殿もこれに相応しい空間として整備したのである。寛永大造替は、単に社殿を豪壮華麗に建て替えたものではなく、将軍家光が積極的に日光東照社の祭祀を行う姿勢を示したものであった。

とはいえ、将軍家光が、天皇の勅および公家衆の役割を軽視したわけではない。寛永一三年以降の御神忌法会も、明正天皇の勅によって執行される勅会であり、宣命・宣旨・官宣旨・太政官符などが発給されている（前掲表1-3）。明正天皇は、家光の同母妹である東福門院和子と後水尾上皇との間に生まれた皇女で、紫衣事件後の寛永六年（一六二九）、後水尾天皇からにわかに譲位され即位した女帝である。本社大造替の成った第二一回御神忌および寛永一七年第二五回御神忌にさいしては、明正天皇の勅により、東照社への一社奉幣にともなう三か日の廃朝と音奏警蹕の停止を伝える宣旨が発給されている。廃朝と音奏警蹕停止は、東照社の御神忌法会が天皇の御願による国家的な祭礼であることを、より一層強く宣言するものに他ならない。これにより、御神忌法会の勅会としての性格も強化されたのである。

このように、寛永大造替を機に、日光東照社に将軍家光の座居が明確かつ恒常的に設けられた。東照社祭祀における寛永大造替の意義は、まさに将軍着座の間の成立に他ならない。将軍家光は、元和年間以来基軸にすえられてきた天皇の勅をいっそう重視しつつ、はじめて日光東照社の祭祀における座居を手に入れ、積極的に祭祀を推進していったのである。

第三節　将軍家光期における東照大権現祭祀の位相

1　「東照社縁起」の成立とその清書

将軍家光は日光東照社に積極的な関与を見せた。それは同時に東照大権現祭祀の思想的な意味づけをも深化させた。当該期、日光東照社祭礼の思想を意味づける諸史料が数多く編まれている。とくに将軍家光の下命による編述で、林羅山の著した寛永一三年「東照大権現新廟斎会記」[40]、寛永一七年「東照大権現二十五回御年忌記」[41]、慶安元年「東照宮三十三年御忌記」（真名本）[42]、同鵞峰による同年「東照宮三十三回御忌記」（仮名本）[43]などもあるが、とりわけ重要であるのは「真名縁起」三巻・「仮名縁起」五巻の計八巻から構成される「東照社縁起」である。これは、将軍家光の下命により日光山の祭祀を構築してきた大僧正天海が自ら起草し、青蓮院門跡尊純法親王による校閲のうえ、後水尾上皇や摂政二条康道以下の摂家、八条・伏見両宮家の親王、門跡、そして天海自身の清書によって完成されたもので、幕府による編纂物としての性格が強い。それらは寛永一三年および同一七年に家光自らによって東照社に奉納された。この「東照社縁起」に注目し、将軍家光が提示した東照大権現祭祀の位相を検討する。

「東照社縁起」は、徳川家康の三河国岡崎での生誕から征夷大将軍補任、大御所時代を経て没した後、久能山を経て日光山で祭祀されるにいたる過程を叙述するとともに、東照大権現を祭祀する基幹となる山王一実神道の奥義を説き、その目的とする徳川将軍家の治下における利生（利益衆生）のあり方を説くものである。とくに「神道一軸」とも称され、寛永一三年、一巻のみ先行して奉納された「真名縁起」巻上は、家康の帰依した仏道、強いては天台宗・山王神道に対する信仰を述べ、東照大権現を祭祀する山王一実神道の教学・理論を説くものとして、多くの先行研究[44]がある。また、「仮名縁起」については、御用絵師狩野探幽の描く絵巻物として、とくに畑麗[45]により、嵯峨清涼寺の「釈迦堂縁起」「融通念仏縁起」、奈良当麻寺の「当麻寺縁起」などを参考に、平安時代以来の物語性の強い絵巻物として成巻されたことが明らかにされているが、縁起本文の分析を中心に置いた研究はほとんど皆無に等しい。

当該期の家光および幕府による記録編纂においては、真名本を公式の史書の体裁と見なしていたとするのが一般的であるが[46]、寛永一八年二月に下命されて編まれた「寛永諸家系図伝」、慶安元年に編纂された「東照宮三十三回御忌記」などでも真名・仮名両本が作成されている。林羅山が草した「寛永諸家系図伝」の「示諭」には、両本作成を命じた家光の勧説として、平安時代以来の公家文化を先例とすることがあげられている。[47]「東照社縁起」については、「涼源院殿御記」寛永一三年二月二七日条に、「真名縁起」巻上の校正を命じられた朝廷の文章博士五条為適の言として、「マナ付候事を被仰付候得者、宣命・中臣ハラヒナトニ付申候、縁キ（起）ナトニハヒラカナ可然カ」とある。これによれば、家光は当初、「真名縁起」の編纂のみを構想していたことになる。しかし、このことは、朝廷側から、寺社縁起の体裁としては違和感をもって迎えられた。そのため、当寺一般的な寺社縁起の体裁となり、しかも「真如堂縁起」「融通念仏縁起」などの先例にも則る縁起絵である「仮名縁起」が、より整備された形式をもって完成されたのである。したがって、縁起としての完成度は「仮名縁起」の方が高い。したがって、「仮名縁起」を中心に検討を進めてみることにする。

ところで、これら縁起八巻が完成され、奉納されたのは、寛永一七年の第二五回御神忌法会にさいしてであり、将軍家光自身により奉納された。従来、寛永一七年という年代はほとんど看過されてきた。しかし、この年代は、寛永一三年以上に重要な時期にあたると考えられるのである。

前節でとりあげた寛永大造替は、通説では本社社殿が完成した寛永一三年をもって完了したとされる。ところが、その収支決算帳簿である「日光山東照宮御造営帳」が造営奉行秋元泰朝から幕府御金奉行に提出されたのは寛永一九年閏九月である。これは、平泉澄[48]や大熊喜邦[49]が大造替の開始にあたる仮殿造営の開始を寛永一二年正月と特定するのに用いた同時代史料であり、その内容は極めて信憑性が高いものである。これには、同一九年（一六四二）、奥院御宝塔供養の執行された「御奥院」普請の収支決算が一部含まれている。

この間、東照社普請は断続的に続けられており、造営奉行秋元泰朝もしばしば日光山に派遣されている。奥院の造替は、寛永一八年に将軍家光から命じられ、石造宝塔およびその拝殿の普請が開始された。翌一九年四月にはその供養のために明正天皇により奉幣使が遣わされ、宣命が発せられている。[50]奥院造替普請の成った寛永一九年は奥院最初の多宝塔の完成した元和八年から数えて二〇年目に相当する。この期間は本社の大造替と同様、「日光山御神事記」が遷宮を二〇年に一度執行すると述べる「古実」に沿う。したがって、奥院を当該期に造替することは寛永一一年段階からの構想と推定され、寛永大造替は「日光山東照宮御造営帳」が提出される寛永一九年までの一貫した事業であったととらえることができる。

幕府表右筆所の日記である「江戸幕府日記」寛永一七年（一六四〇）五月二三日条には、「今度日光　御成、大造之御法事　御執行、其上御病気大形御本復之事被　思召、御満足付而、御籏本中不残御振舞、御能被　仰付」とある。これは、「大造之御法事」、すなわち前月の東照大権現第二五回御神忌に実施された日光社参から家光が江戸へ帰城した後の振舞の記事である。家光は、寛永一四年（一六三七）に病状が悪化し、以後一年ほど政務から遠ざかっていたが、同一六年ごろにようやく本復、政務に復帰した(51)。家光は政務復帰を経て第二五回御神忌以降、日光東照社祭祀を積極的に推進していたのである。

祭礼の形態が変化するのも、当該期のことである。寛永一三年の第二一回御神忌法会には四月・九月の例祭の神輿渡御で現在まで使用される甲冑、弓・鑓《やり》・鉄炮《てっぽう》・刀剣などの武具、衣服など行粧《こうしょう》の諸道具が新調され、以後の渡御行列の構成が猿牽と鷹匠を除きほぼ完成されている(52)。林羅山が著した「東照大権現新廟斎会記」(53)には、これら諸道具による神輿渡御のようすは、「奇麗煥発、倍於尋常比」と表現されている。管見の限り、猿牽と鷹匠の初見は、奥院大造替を終えた第二七回御神忌、寛永一九年四月の神輿渡御である。御旅所への神輿渡御の形態が整い、その構成が定型化されたのは、まさに当該期であった。

寛永一六年の家光の政務復帰から同一九年の寛永大造替の完了、そして祭礼の定型化にいたる過程をみるならば、当該期における「東照社縁起」の完成と奉納は、まさにこれらと関連し、日光東照社の祭祀を意味づける思想を表した編述と見なさなければならない。

その膨大な叙述から東照大権現の位相を示す重要な箇所を見出す術として、縁起各段の清書者に注目する。すでに述べたように、「真名縁起」および「仮名縁起」の詞書は、後水尾上皇、摂政二条康道以下の公家、八条・伏見両宮家の親王、門跡、そして天海の手により清書された。「仮名縁起」の清書衆とその担当した段はその目録[54]により明白である。

目録に載る「仮名縁起」全二五段の清書衆は、後水尾上皇、親王・摂家、門跡および日光山座主天海の二四名である（表1-4）。これに先立ち「真名縁起」巻上全体を寛永一二年に清書した後水尾上皇のみ、第一段「御立願」・第一八段「鶴」の二段分が当てられている。公家からは、幕府による朝廷支配の要で、他の公家とは隔たった存在であった摂家[55]のみが加わっている。ただし、家光の正室（本理院）の生家である鷹司家は含まれていない。門跡については、寛永一六年（一六三九）天台宗門の最高権威である天台座主に就任したばかりの曼殊院宮良恕法親王をはじめとする当該期の宮門跡一〇名が全員参与しているが、摂家門跡は含まれず、足利家最後の将軍義昭の嫡孫である岩倉実相院門跡義尊・園城寺円満院門跡常尊（以下、足利家門跡と称する）のみであった。つまり日光山座主天海以外の清書衆は、後水尾上皇・親王および宮門跡ら天皇家、摂家、足利家門跡と、きわめて限定された出自の者に限られていたことになる。

これら清書衆の選定が綿密に計画されていたことは、その経過に明らかである。次に抜粋する二か条は、寛永一七年と推定される年欠二月七日付の大僧正天海宛、青蓮院門跡尊純法親王書状写[56]の一節で、尊純が京都所司代板倉重宗とともに清書依頼に奔走する情況を天海に報告し、あわせて将軍家光への伝達を依頼するものである。

一　仮名縁起之草案、仙洞備叡覧候、此比迄御前被留置候、一段御意入申候間、可御心安候、此旨、大樹御前
　　御次之刻可被申入候哉

一　仮名縁起、少々仙洞被染筆候様ニ、板倉周防守以権大納言内々言上候処、従江戸被仰入候者御筋気ニ候故、

表1－4　「仮名縁起」詞書の清書衆

	清書衆(比定される人名)	歳	清書した詞書	
上　皇	宸筆 (後水尾上皇)	45	第1第1段「御立願」	家康生前
			第4第18段「鶴」	権現祭祀
公　家 (摂家・ 親王家)	摂政殿 (摂政　二条康道)	34	第1第2段「御霊夢」	家康生前
	九条内府殿 (内大臣　九条道房)	32	第1第3段「御誕生」	
	近衛左大将殿 (左大将　近衛尚嗣)	19	第1第4段「因地」	
	松殿 (正五位下　九条道基)	26	第1第5段「小牧陣」	
	近衛殿 (前関白　近衛信尋)	42	第2第6段「関ヶ原」	
	九条殿 (前関白　九条忠栄(幸家))	54	第2第7段「御参内」	
	一条殿 (前摂政　一条兼遐(昭良))	36	第2第8段「駿河花見」	
	八条殿 (八条宮　智忠親王)	22	第2第9段「大坂陣」	
	二条右大将殿 (右大将　二条光平)	17	第2第10段「相国宣下」	
	伏見殿 (伏見宮　貞清親王)	44	第3第11段「御他界」	
門跡衆	仁和寺殿 (法中第一座・仁和寺門跡　覚深法親王)	53	第3第12段「久能」	権現祭祀
	妙法院殿 (妙法院門跡　堯然法親王)	39	第3第13段「日光道行」	
	知恩院殿 (知恩院門跡　良純法親王)	37	第3第14段「御勧請」	
	聖護院殿 (聖護院門跡　道晃法親王)	29	第3第15段「山菅橋」	
	実相院殿 (実相院門跡　大僧正義尊)	40	第3第16段「勝道」	
	一乗院殿 (興福寺別当・一条院門跡　尊覚法親王)	33	第3第17段「玄奘」	
	竹内殿 (天台座主・曼殊院門跡　良恕法親王)	67	第4第19段「祭礼」	
	大覚寺殿 (東寺長者・大覚寺門跡　尊性法親王)	40	第4第20段「御法事」	
	竹内新宮 (曼殊院新宮　良尚法親王)	19	第4第21段「朝鮮人」	
	円満院殿 (円満院門跡　大僧正常尊)	37	第4第22段「奥院」	
	青蓮院殿 (青蓮院門跡　尊純法親王)	50	第5第23段「中禅寺」	
	梶井殿 (三千院門跡　慈胤法親王)	24	第5第24段「花厳滝」	
—	大僧正 (日光山座主　大僧正天海)	105	第5第25段「跋」	総　括

註：「仮名縁起」清書衆目録(日光東照宮所蔵)を基に、黒板勝美・国史大系編修会編『公卿補任』3(新訂増補国史大系55、吉川弘文館、1991年)、註(54)神崎論文、註(82)杣田著書により加筆して作成。

一円御筆難被叶思食候へ共、可被染筆宸筆之由仰ニ付、板周防守ゟ酒讃州へ右之趣被申越候付、則被得上意候処、為末代第一之初段并白鶴之段被染宸翰候様ニとの義、申来、御同心之事候、表向者、我等ニ申上候様ニとて、昨日院参候て言上候、弥無相違候通候間、可御心安候、千万〳〵目出度儀候、先月廿三日板周防爰元へ被来候而、宸筆之儀何とそと内々談合被申候間、後柏原院宸翰之縁起、真如堂ニも有之由、語候へハ、いにしへも左様之儀候者、猶以権現之縁起候条、被遊候様有度との事にて、色々被入精候故、如此候、其御心得候而、板防州へ次之時分能々御申、尤存候、今明日中ニ料紙等仙洞へ持参可令申通候、其外清書之衆へ者、板倉より可被申入旨候、万事板防州入魂にて申談候間、縁起も早々出来可申、可御心安候也

この要点は次の五点にまとめることができる。

①「仮名縁起」の草案は、仙洞、すなわち後水尾上皇の叡覧を得ており、二月ごろまで上皇の御前に留め置かれていた。

②「仮名縁起」の清書に、「少々」は後水尾上皇が染筆するように京都所司代板倉周防守重宗が権大納言（未詳）を通じて内々に言上したところ、江戸からの申し入れでは筋気のため染筆は叶わぬものと思われたが、上皇自ら宸筆とする言質を得られた。このことは板倉より大老酒井讃岐守忠勝を通じて将軍家光に申し越した。

③家光から、末代のため、「仮名縁起」第一の初段（第一段「御立願」）および、第四の白鶴の段（第一八段「鶴」）の宸翰が得られるようにとの上意があった。同心した尊純法親王は、このことを二月八日院参し後水尾上皇に言上したところ、同意を得ることができた。ここでは、「千万〳〵目出度儀候」と法親王の所感が述べられている。

④これに先立つ前月二三日には、板倉が尊純法親王のもとへ訪れ、宸筆が得られるよう頼みにやってきており、内々に談合が行われた。その席で尊純法親王が、先例として、大永四年（一五二四）後柏原院（後柏原天皇）の

宸翰を得て成立した、真正極楽寺（真如堂）とその本尊阿弥陀如来立像の由緒・霊験について述べる「真如堂縁起」の絵巻物が存在することを紹介し、板倉は、そのような先例があるならば、東照大権現の縁起であるから、なおのこと後水尾上皇の宸筆を得たいと述べた。

⑤今日明日中に「仮名縁起」の清書に用いる料紙等を仙洞御所へ持参する。その他、「清書之衆」、すなわち公家で清書にあたる者へは板倉から申し入れをする。

ここに、「仮名縁起」の第一段「御立願」と第一八段「鶴」の詞書を宸筆とすることが、将軍家光の上意によるものであったことが明らかになる。天海は家光の上意を受けながら、所司代板倉重宗を通じて青蓮院門跡尊純法親王にはたらきかけ、尊純法親王から後水尾上皇に奏上した。二月二一日には京より江戸に下向した板倉重宗から天海に宛てた書状写(57)で、家光が宸筆を得られたことを聞いて「別而御機嫌」であったことを伝えている。「仮名縁起」の各段の清書衆の選定は、明らかに将軍家光の意向によるものであり、しかも、末代のため、として清書する段まで指定された。このことは、清書という行為に意味があり、特定の段の叙述を権威づける意図があったことをくみ取れる。なかんずくこの書状で家光と尊純がこだわりを見せた後水尾上皇宸筆の「御立願」「鶴」の二段が重要と見なければなるまい。とするならば、上皇は筋気を理由に渋ったというが、単に体調不良と解釈すべきではなかろう。寛永四年（一六二七）に勃発した紫衣事件以降の政治的な緊張関係も想起するなら、「御立願」「鶴」の両段には同意しにくい内容が含まれていたことを想定することができる(58)。

以上の検討から、「仮名縁起」のうち後水尾上皇による宸筆に家光がこだわった「御立願」「鶴」の両段は、縁起中の核心を示す箇所と考えることができる。これら両段を、関連する内容を含む天海の清書した「跋」、および両段と同内容を含む「真名縁起」の記事と対照しつつ検討することにより、新たな論点を抽出することが可能になるはずである。

2　新田源氏への志向

以下、後水尾上皇宸筆の「御立願」「鶴」の二段を順に検討する。

第一段「御立願」の前半部分[59]は、将軍家光ないし天海の国家構想・神国観を述べる段として、「真名縁起」の同内容の記事とともにこれまで注目されてきた。筆者は、前述の通り、編纂を下命した家光の意志の表れとみる立場に立つ。内容は、一二世紀末のものと推定される、比叡山の記録・口伝を抄録した「山家要略記[60]」の一節、すなわち「日本書紀」に基づく国生み神話を前提に記されたもので、「日域」（日本）は「山王三聖」が化生した神国で、「移革」せぬ「一刹利種系」、すなわち万世一系の「神世」（神代の神々）・「人皇」（天皇）がしらしめしてきた地であるとし、これらを補佐する「相」の後胤もまた一系であることを述べ、さらに印度・支那にも優れた根本であるとも主張している。ここに見られる「相」とは、徳川家康とその子孫である徳川将軍家を暗に示す語である。

筆者が注目するのは、徳川将軍家の立場をより明示していく、段の後半部分の叙述である。ここにおいて徳川将軍家は、水尾帝（清和天皇）の後裔であり、君を守り国を治める固有の家職を有する存在で、その祖神が東照大権現であると述べられる。

> 抑、本朝帝皇の苗裔、姓氏あまたにわかれし中にも、第五十六代水尾帝の御末の源氏ハ、たけきいきほひありて、君を守り国をおさむること世に超過せり、殊更当家の祖神に祝ひたうとひ給ふ東照大権現の名高き世のほまれハ、言説にものへかたく、筆端にも尽しかたし、今この本縁を顕すも巨海の一滴、九牛か一毛のミならし《(ん)》、そのかみ、彼慈父贈大納言広忠卿、若君のなきことをなけき、北方もろともに参州煙巌山鳳来寺の医王善逝に参詣ありて、丹誠を凝し、諸有願求悉令満足の誓約を深くたのミ給ひき

本朝帝皇、すなわち天皇家から分流した多くの皇胤のうち、水尾帝（清和天皇）の子孫である清和源氏が前面に

引き出される。ここにおいて、剛き勢いのある、君＝天皇を守り、国を治めることで秀でた存在とする清和源氏の家職観が示される。その流れをくむ当家＝徳川将軍家の祖神東照大権現たる家康はとくに秀でた存在であった。そしてその誕生は、父広忠が正室水野氏とともに嫡子の誕生を岡崎の鳳来寺に立願したことに始まると説く。

徳川将軍家が清和源氏であり、固有の家職を有するという認識は、天海が清書した第二五段「跋」にも、家康自身の言行として記される。徳川将軍家が万世一系の皇胤であることから始まる次の部分を掲げる。

源君の仰者、当家は神武天皇より五十六代清和天皇第六の王（皇）子貞純の親王、六孫王、経基始て源の姓を給り、多田満仲、頼信、頼義、八幡太郎義家、義国の嫡子義重新田の祖也、次男義康足利先也、惣して源平両家は宝車の両輪のことく天下を輔佐し違逆を対（退）治す、其の職に当たれり、保元・平治のミたれの時、平家世を取て廿余年、寿永・元暦のころ平家を追罰し、源氏、日本惣追補（捕）使・征夷大将軍に任せらる、其後同姓なりといへとも、新田・足利確執す、武勇に勝劣なしといへ共、聖運によつて足利世を取る、中間に千変万化すといへとも、時のよろしきに随所なり、敢て其職にあらす、我今将軍となり、氏の長者となる、且ハ先祖の素懐をとけ、且ハ累代弓箭の恥を雪む、宿因の催す所、天道のあたふる処なり、倩清和天皇の御即位を案るに、恵亮なつきを砕しか者二帝位につく、併法力なり、義貞、山王権現に鬼切をさゝけて子孫の征夷将軍をいのる、神慮感応あつて、予其職にのほる、是神徳なり、現在の願望すてに満す、豈後世をしらさらんや

同じ内容は、後水尾上皇が清書した「真名縁起」巻上にもある。とくに、君を守り国を治める家職を源平合戦での平家追罰から説き、さらに南北朝時代の足利尊氏と確執した新田義貞の祈誓について叙述している。ここに現れるのが鬼切の太刀の由緒である。鬼切は、新田義貞が足利尊氏に追われ北陸に敗走するさい、比叡山鎮守山王権現に奉納したもので、そのさい、子孫が征夷大将軍となることを祈誓したという由緒である。ここに足利源氏から新田源氏へと交替する征夷大将軍就任の因縁が語られる。しかも、その背後に仏教、ことに天台宗を擁護

する山王権現の功徳を位置づけ、東照大権現祭祀をも意味づけていく。徳川家は、家康が藤原姓から源姓へ改姓[61]して以降、新田義重の男子で上野国新田郡得河郷（現・群馬県太田市）を根拠地とした得河四郎義季の末裔と称していた。

この物語は、後水尾上皇の宸筆により寛永一三年に成った「真名縁起」巻上にもみえる。それは、やはり家康自身の言行として記される。家康が「現世安穏後生前処」を護ることを旨としたことにより家門が繁昌することになったと語る記事中である。家門繁昌の因縁として、新田義貞の所為がとりあげられる。義貞は、「謀略」をめぐらして後醍醐天皇を追い詰める足利尊氏と確執したさい、「天下乃落居者聖運仁任世候」と述べ、北国へ下向する途中で山王権現に詣でたと叙述する。それは以下のように、「仮名縁起」よりも詳しい内容となっている。

> 下向北国時、潜尓奉詣山王権現、啓白志天、臣苟毛和光乃御願乎憑天、日乎送利、縁乎結布事、日已尓久之、願具者、征路万里乃末迄毛、擁護乃御眸乎廻良佐礼弖、再比大軍乎起之、朝敵乎亡須力乎加辺給辺、我縦比不幸尓之天、命乃中尓此望乎不達止云登毛、祈念冥慮尓不違者、子孫乃中尓必大軍乎起須者有天、父祖乃尸乎清免牟事乎請布、此二乃内一毛達須留事乎得者、末葉永倶当社乃檀度止成天、霊神乃威光乎耀奉流辺之止、信心乎凝志弖祈誓志、当家累家之重宝、鬼切止云太刀乎、社壇尓曾被籠計留止記世理、遍所知其儘載也、時節久近、且在妄情、観彼久遠、猶如今日矣、雖云上古以近、奇哉、義貞丹精願、而無不成就云々、妙哉、山王擁護、霊験竭焉、無窮、予不求自得天下、身已為勇士、家又武虎也、仕竜顔、招千秋仮齢、必昇三台之崇班、侍鳳闕、遊万歳寿域、将護一家繁昌、是累劫妄情猒難捨、（後略）

山王権現への鬼切の太刀の奉納は、足利尊氏の入京によって越前国（現・福井県）へ退却するときの話とされる。そのさいの祈願の内容は二つある。その一つは、再び大軍を率いて「朝敵」尊氏を滅ぼす助力を求めること。そしてもう一つは、義貞自身が落命したとしても子孫の中に必ず大軍を起こして尊氏を滅ぼし、祖先の屍を清める者が現れること。この二者のうちいずれかが成就するならば、子々孫々まで山王権現の檀越となり、また、信心を凝らして祈念するために、新田家累代の重宝である鬼切の太刀を奉納するとある。そして、家康自身が天下人となったことを、かかる義貞と重ね合わせ、義貞の祈誓を実現させたとして山王権現の霊験を説くのである。この物語は、足利源氏から新田源氏たる徳川将軍家への政権交代の因縁を山王権現の加護により説明するものといえる。

この鬼切の太刀は徳川将軍家に実在した重宝であった。「日野大納言資勝卿記」寛永三年（一六二六）一二月四日条に「自関東大御所様（徳川秀忠）、若宮様（高仁親王）へ鬼切ト申御太刀参候由也、曳燭御案内、以奉行申上、陣義始申候」とあり、大御所秀忠は、誕生直後の高仁《すけひと》親王に、この鬼切の太刀を献じた。高仁親王は、秀忠の女子で後水尾天皇に嫁した東福門院和子《まさこ》所生の皇子であり、その誕生は朝幕を問わず歓迎されるものであった。徳川将軍家伝来の太刀鬼切は、朝幕をつなぐ象徴であった。「仮名縁起」「真名縁起」の由緒は、この鬼切の太刀に、新田義貞の山王権現信仰を結節させ、足利源氏から新田源氏への政権交代、将軍位の継承をも正当なものとする因縁として託したのである。しかも、それは清書という行為を通じ、文字通り後水尾上皇のお墨付きを獲得したことになる。

このような叙述にいたるまでに、家光自身も、自らが新田源氏であることを意識していた。それは家光が寛永九年（一六三二）大御所秀忠の没後、自らの権力を確立していく過程において確認される。秀忠が没して半年後、外祖父浅井長政に中納言の贈官を画策するが、そのさい、慶長一六年（一六一一）家康が行った「将軍様御先祖」への贈官の先例を博捜している。武家昵懇衆日野資勝の日記「凉源院殿御記」には寛永九年九月六日条には、次の記述があり、京都所司代板倉重宗が日野資勝および武家伝奏にはたらきかけ、摂家とも談合し、外記局・官務局から記録を取り寄せている。

板倉防州（板倉重宗）へ山形同心申（山形右衛門大夫）、主水（中島主水）参候、防州ゟ返事ニハ、将軍様御先祖御贈官之事御談合之義、惣別万事之儀、

防州手前・両伝奏へフリカクルヤウニ被成候間、其処之分別可然由也、ヶ様之事不存候事候、先々ノハ外記・官務可存候間可有御尋由返事也、又表向職事衆を以、摂政殿五摂家方御談合尤之由也、則頭中将を以右之御衆へ御談合由、承候也

又主水、大外記・官務へ参り、御先祖之御贈官共写参候

　源広忠

　正三位行権中納言藤原朝臣光豊宣、奉　勅件人宜令任贈権大納言者

　　慶長十六年三月廿二日　　掃部頭大外記造酒正助教中原朝臣師生奉

慶長十六年三月廿二日
新田家康公先祖云々、贈鎮守府将軍大炊助義重、上卿広橋大納言兼勝、奉行右中将実有、家康公父公を贈大納言云々

　右両局ヨリ書上申候写也

ここに家光の曾祖父広忠は源姓、家康は新田の名字で記されており、また、新田家康の先祖として贈鎮守府将軍大炊助義重、すなわち新田源氏初代義重が登場する。この記事から、家光自身が実質的に権力を確立する段階から、自らを新田源氏として認識する記録を入手していたことを確認できる。

以降、新田源氏としての家光の認識の深まりは、新田義重の男子得川義季の開基と伝える上野国新田郡世良田村（現・群馬県太田市）長楽寺に対する施策に現出する。すなわち長楽寺の中興と、その境内への東照社の勧請である。長楽寺は顕密禅三学兼修の臨済宗寺院であり、一四世紀以降、関東十刹の一であった。この寺は、その中興文書[62]によれば、「真名縁起」「仮名縁起」奉納の前年にあたる寛永一六年、将軍の「御先祖之御寺」「公儀之御寺」として、天海によって天台宗寺院として中興された。そのさい、「権現様御やしきの縄張、又ハ客殿之縄張なと」、すなわち家光を檀那とし東照社を建立するための地割がなされたのである。同社には、日光東照社で寛永の大造

替により解体された元和八年造営の奥院拝殿・木造多宝塔が移築され、寛永二一年（正保元＝一六四四）に正遷宮が執行された(63)。長楽寺の中興は、「東照社縁起」の叙述をふまえるならば、家光が新田源氏であることを自覚するなかで出現した祖先祭祀であった。

このように、「仮名縁起」の第一段は、徳川将軍家の存立を、皇胤かつ足利源氏と交替すべき新田源氏であるとする認識下において正当な存在として定置する因縁を説く物語である。国生み神話をも含む前半部分はその前提でしかなく、むしろその後半部分の叙述こそが第一段「御立願」の主旨なのである。

3　第三宗廟への志向

次に全文を掲げるもう一つの宸筆による段、第一八段「鶴」は、寛永一四年（一六三七）四月一日(64)、江戸城二の丸に勧請されていた、東照社の造替にともなう地形（整地）の場に降り立った二羽の真鶴を祥瑞として読み解く段である。

寛永丁丑（一四年）夏のはしめ、征夷大将軍家光公、東照大権現の霊威をあかめられ、城墎のうちにもとよりありし神殿（二の丸東照宮）を、猶孝敬のふかきあまりに、瑞籬の内外いま一しほの荘厳をそへ、造替あるへきにて、其所を定給ふ、折しもまな鶴二つとひ来り、しはらくありて東のかたにさる、かくあやしく妙なることをおもひて、世に鳴騒人墨客おのく心々に、やまと・もろこしのめて度ためしを勘へてほめ奉る、中にも大僧正天海の祭文の詞にハ、神の御社を都率（兜）内院と号し、仏のみてらを金剛浄刹と名つけ、敬神を以て国のさかへとし、祭祀を以て国の法とすとかけり、又、宣帝世宗廟をまつれる日、白鶴きたりて後庭にあつまりし瑞を引て祝せしをハ、やかて内陣にそ納をき給ひける、されは霊神此鳥に駕し来て、万代不易の所をしめし、大樹のことふきハ千年のゝちまてもたもち給はむ事を告給ふよと、世こそりてゑみさかへけると也大僧正天海が捧げたこのときの祭文の詞は次の通りであったという。神社を、欲界六天の第四位にあたる兜率天の内院、すなわち将来、仏となる菩薩が最後の生を過ごす空間で、現在は弥勒菩薩が住して法を説いている所と位置づけ、仏寺を金剛の浄土、すなわち一切の煩悩を破る堅固な智慧に充ち満ちた大日如来の浄土とする。神を崇敬することが国の繁栄をもたらし、また祭祀こそが国を動かす方法であると。

山王一実神道において、東照大権現の本地仏薬師瑠璃光如来は大日如来と同体であり、大日如来の垂迹神として天照大神が存在する。[65] この教説が東照社を奉ずる祭文に示されている。

ところでこの祥瑞は、同時に編纂された「真名縁起」巻下（清書者は未特定）では、家光が江戸城改築に先んじて「宗廟」たる二の丸東照社を造替したさいの出来事とし、またこの真鶴が東照大権現の乗ったもので、ともに降臨し、影向したものとする。祥瑞の読み解きは本段後半にみられる。同様の読み解きは「真名縁起」巻下では「可謂君子化鶴、国主長久而可祝千歳鶴、書曰、宣帝即位、尊孝武廟、為代（世）宗、所巡狩至郡国、皆立廟、告祠代（世）宗廟日、有白鶴、集後庭矣、鶴徳広故、取略不記也、大奇云云」と記している。いずれも東照社を宗廟または世宗廟に準拠する。

読み解きの典拠たる「書」とは『漢書』[66]巻二五下の郊祠志で、「立三年、尊孝武廟、為世宗、行所巡狩郡国、皆立廟、告祠世宗廟日、有白鶴、集後庭」を引用したものである。前漢の宣帝は武帝（孝武帝、世宗）の正統として即位したため、宣帝の三年（本始二年、紀元前七二）武帝を世宗として尊び、巡狩した郡や国にはその廟を勧請した。このことを世宗廟に告げて祀った日、白鶴が現れて後庭に降り立ったという。その全文を次に示す。

云、宣帝即位、由武帝正当与故、立三年、尊孝武廟、為世宗、行所巡狩郡国、皆立廟、告祠世宗廟日、有白鶴、集後庭、以立世宗廟、告祠孝昭寝、有雁五色、集殿前、西河築世宗廟、神光興于殿旁、有鳥、如白鶴、前赤後青、神光又興于房中、如燭状、広川国世宗廟殿上、有鐘音、門戸大開、夜有光、殿上尽明、上迺下詔、

赦天下

時大将軍霍光輔政、上共巳、正南面、非宗廟之祀不出、十二年廼下詔曰、蓋聞、天子尊事天地、修祀山川、古今通礼也、間者、上帝之祠闕而不親十有余年、朕甚懼焉、朕親飭躬、斎戒、親奉祀為百姓、蒙嘉気獲豊年焉

宣帝（諡号孝宣皇帝、廟号中宗）は、武帝（諡号孝武皇帝、廟号世宗）の曾孫で、戻太子の孫である。宣帝は、武帝の跡を継いだ昭帝が男子のないまま没した後、大将軍霍光の建議により齢一八歳で即位した。しかし、即位までの道のりは決して平坦ではなかった。宣帝は、赤子のとき、武帝の時代、祖父戻太子に謀叛の嫌疑がかかったことに連座し、獄につながれたものの、唯一処刑を免れることができ、以後、宮中で養育された。また、昭帝の後継者と定められるさいも、いったん帝位に就いた昌邑王賀が淫乱を理由に廃立された後に擁立されたという経緯がある。擁立されるにあたっては、支宗中の賢者であることを理由とされた(67)。

宣帝の地位は、帝位継承までの経緯から、武帝の正当な後継者であることに根拠がおかれた。そのために行われたのが、武帝廟である世宗廟の祭祀であった。世宗廟こそが宣帝にとっての宗廟であったのである。宣帝は、武帝が巡狩した郡や国に皆、世宗廟を勧請した。世宗廟に報告した日、白鶴が現れ、後庭に集まった。このことを昭帝の「寝」（霊屋）に報告すると、五色の雁が廟殿の前庭に集まった。西河郡・広川国の世宗廟建立時にも瑞祥があり、宣帝は、天下に赦令を発した。

また、政は大将軍霍光が輔佐し、宣帝は、自身をうやうやしくして南面の政を正し、宗廟の祀りでなくては出御しなかった。その一二年（元康四年、紀元前六二）に発した詔では、次のように述べた。「思うに、天子が天地を尊んでこれを祭り、山川の神を祀るのは、古今を通ずる儀礼であると聞いている。このごろ上帝の祠が廃れ天子自ら祀らないまま十余年になり、朕はこれをはなはだ恐懼している。朕は自ら我が身をいましめ斎戒し、自ら奉

祀して百姓のために嘉気をこうむり、豊年を得たい」。

こうして見てくると、「仮名縁起」「真名縁起」において、宣帝に重ねられたのは将軍家光であり、その宗廟になぞらえられたのは、家光が正統を継いだ東照大権現の廟たる東照社であった。

「仮名縁起」の「鶴」の段に続く第一九段「祭礼」は、竹内門跡（曼殊院宮）良恕法親王の清書により成る。良恕は天台座主で、清書を行った門跡中最高齢かつ筆頭格である。この宗教界の権威が清書した段でも、東照社は「宗廟」になぞらえられる。

宗廟をまつる事ハ、もろこしにもこれを専とせり、殊更本朝はあまてるおほん神の御末にて、皇孫降臨し給しよりこのかた、八百万の神たち、国家をしつめまほり給ふ、就中廿二所の神祠ハ、おほやけの恭敬他に異なるにより、大社にあかめおはします、今此　東照三所大権現もこれにひとしくなそらへ、当社開基より廿一年にして、寛永十三丙子造替の時至りて、征夷大将軍家光公ひたのたくみに課て、不日に成功をとく、社壇の厳飾は反宇金銀を鏤め、権扉丹青を尽して、玉垣の外までも、玲瓏くはかり也、これによりて四月十日新造の御社に神体を遷御なしたてまつり、掛まくもかしこき勅使をたてられて、宣命をよみ官幣をさゝく、散斎致斎の行儀も厳重にして、十七日神輿臨幸の期には、社司以下の供奉人まて、美つくし善つくせり、さて家光公御社参ありて、神拝の御作法甚以神妙なり、人みつから安にあらす、神の助によりてやすきわさなれは、末代に及ても、豊年凶年のけちめなく、礼奠のつとめ退失有へからすとそさためたまひける

ここでは本朝の「宗廟」として、天皇家の祖神「あまてるおほん神」（天照大神）が掲げられる。天皇家は天照大神の末裔であり、天孫降臨から今にいたるまで、八百万の神が国家を守護してきた。東照大権現は、朝廷の崇敬を受けてきた二十二社の祭祀になぞらえられつつも、とくに段の冒頭では「宗廟」との対比に重点を置く。

そもそも「宗廟」とは一般に皇祖神を指す。一二世紀以降、天照大神を祀る伊勢神宮を「第一宗廟」、誉田天皇

（応神）を祀る石清水八幡宮を「第二宗廟」とし、あわせて「二所宗廟」と称する例が見られる(68)。東照社の祭礼記録の編述にあたった林羅山も、正保二年板行の「神社考詳節(69)」に次のように記す。

伊勢・石清水、称宗廟皇帝祖神故也、賀茂・松尾・平野・春日・吉田等、称社稷、又凡勅願崇敬之神社、総名社稷

伊勢・石清水のみが宗廟と称しており、賀茂・松尾・平野・春日・吉田など勅願尊崇の神社およびその他すべての神社である社稷とは区別される。このことは、一四世紀前半の成立とされ、寛永一九年に板行された有職故実書『拾芥抄(70)』巻下にも次のように見え、当時広範に流布していた認識である。

兼豊注進云、宗廟ノ事、太神宮・石清水御事也、社稷事、賀茂・松尾・平野・春日・吉田等社事也、凡勅願崇敬ノ霊神総名云云

口伝云、宗廟・社稷之号、分別事云云、皇帝祖神号宗廟、又勅願社称社稷

こうした「東照社縁起」執筆当時の宗廟に対する認識をふまえると、「鶴」の段には、東照社を皇祖神たる宗廟と同格とし、いわば第三宗廟としようとする志向性をとらえることができる。東照社を、朝廷による単なる神社祭祀の対象とするにとどめず、宗廟にまで格上げしようとする志向性である。

東照社と伊勢・石清水二所との対比は、先述したように、元和三年の遷宮時に参向した公家烏丸光広が著した「御鎮座之記」にも見られることから、決して唐突なものではない。また、輪王寺大猷院廟に伝えられる将軍家光所持の守袋に封入された切紙は、次のような家光個人の信仰世界を浮かび上がらせる。

いせ天小大しん《伊勢天照大神》
八満大ほさつ《八幡大菩薩》
とう小大こんけん《東照大権現》将くん《将軍》、しん《心》もたい《体》も一ツ也
三しや《社》

ここには伊勢神宮・石清水八幡宮と東照社の三社が並置されている。このような将軍家光個人の信仰にも、東照社を二所宗廟と同格にみる意志が確認される。

このように、「東照社縁起」は、寛永一〇年代、将軍家光の意志をふまえ天海によって編み出された。なかでも、清書を後水尾上皇から得ることに腐心した「仮名縁起」中の二段には、政治性が色濃く刻印されているといわざるをえない。徳川将軍家を皇胤とし、新田源氏の後裔として君を守り国を治めるべき家職にあることを説き、同時に東照社を第三の宗廟とすること、すなわち東照大権現を皇祖神と同格にまで高めることを志向しているのである。前節で明らかにしたように、将軍家光は日光東照社の祭祀に対し積極的に関与するようになった。その態度は、寛永一六年の病床からの復帰を画期としていっそう強いものとなり、この「東照社縁起」を完成させるにいたったのである。

第四節 「宗廟」日光東照宮の確立

1 正保二年宮号宣下

寛永一六年を画期として、将軍家光が日光東照社の祭祀によりいっそう積極的に関与して「東照社縁起」を完成させた。前節でみたその志向、すなわち将軍家光がねらう日光東照社祭祀の完成は、皇祖神たる宗廟としての樹立である。とはいえ東照社が宗廟であることを明快に提示しえるはずはない。その例祭もまた相も変わらず勅会でなく、この点において第三の宗廟としては相応しくなかった。この情況を止揚するものは何であろうか。結論を先に述べるなら、それこそが正保二年（一六四五）一一月三日、後光明天皇の勅による宮号宣下であると筆者は考える。

その宮号宣下は、後光明天皇の勅により実現する。後光明天皇は、後水尾上皇の第四皇子で、寛永二〇年（一六四三）一〇月三日、明正天皇の譲位により践祚した天皇である。このときわずか一〇歳であり、後水尾上皇の院政が継続されていた。したがって、この宣下もまた、背後に後水尾上皇が存在していた。

宮号宣下は、正保二年一一月三日、後光明天皇の宣命により実現した。宣命による宣下は、元和三年の神号宣下にならったものとみられる。このとき臨時奉幣使として武家伝奏今出川（菊亭）経季が発遣され、関東に下向した。

天皇我詔旨度、掛畏岐日光乃東照大権現乃広前尓、恐美恐美毛申賜者久止申久、元和三年勧請世留良辰尓奉授正一位礼留、以降海内安全尓之氐年序毛積礼利、殊朕以薄徳氐天之日嗣乎承伝給布、又武運毛延長尓之氐、子孫相続之、公武繁栄奈留者、偏是権現乃広御恵美、厚御助奈利、故是有所念行事氐、今改社氐、宮止崇奉留吉日良辰乎択定氐、正二位行前権大納言兼前右近衛大将藤原朝臣経季（武家伝奏、今出川）乎差使氐、古御位記乎改氐、令捧持氐、奉出給布、権現此状乎平久安久聞食氐、天皇朝廷乎宝祚無動久、常磐堅磐尓、夜守日守尓護幸賜比氐、一天安穏尓、万国豊稔尓、護恤給倍止、恐美恐美毛申賜者久止申

正保二年十一月三日

後光明天皇の名の下に、公武の繁栄が東照大権現の広き恵みによるものとし、その加護による天皇と朝廷の安泰、そして天下の安穏と豊稔をめぐむよう祈るものである。宗廟という語は用いられていないが、天皇の御願により東照大権現の祭祀が天下の安穏を祈禱するものとして規定された。

ここに日光東照宮が誕生した。また、同日付で東照宮を正一位とする位記が発給された。

勅

従一位東照宮

奉授正一位

正保二年十一月三日

あわせて後光明天皇宣命にみえるように、「古御位記」、すなわち家康の在世中から東照社成立後までに発給された位記が再発給された。(71)

そして、太政官符が出され東照社に宮号が授けられたことが下野国を宛所として発せられる。これは、次に掲げるように五畿七道諸国の国司・郡司らに対し東照宮への崇敬を命じたもので、全国に及ぶ内容になっている。

太政官符　下野国

　応預奉　東照社改社号授宮号事

右左大臣宣、奉　勅称依有御願之旨、東照社改社号奉授宮号、自今以後五畿七道諸国郡司等克崇克敬、無懈、其勤者、宮司等、宜承知之、依宣行之、符到奉行

正四位上行右大弁藤原朝臣（花押）　従四位上行主殿頭兼左大史小槻宿禰（花押）奉

　正保二年十一月三日

これら三通は、同年一一月一七日、勅使として参向した武家伝奏今出川経季によって日光東照宮に納められた。このとき、後水尾上皇の院使前権中納言園基音、明正上皇の新院使前権中納言清水谷実任も参向し、それぞれ宝剣を献じた。(72)

2　宮号と宗廟

宮号は、後光明天皇宣命によって宣下された。野村玄(73)は、この宣下が、伊勢神宮別宮風宮への宣下にならい、対外情勢の悪化をうけての異国降伏祈禱の意を有するものと指摘する。しかし、そのように解釈するなら、東照社の神格は伊勢神宮の別宮レヴェルと同格になり、降格してしまう。それでは先の家光の意志とも齟齬すること

になるため、同意しがたい。

そもそも宮号とは何であろうか。野村も言及するように、これまでほとんど議論がないが、宮号に内在する神祇信仰を読み取らなければ本質は見えてくるまい。

東照社の宮号宣下における宮号の認識を、第三三回御神忌法会の記録の一つ、「慶安元年東照宮法華八講記」の写本[74]からみてみよう。この法会は、宮号宣下後最初の御神忌法会である。

抑　宮号之神社者、日本三千七百余社之中僅三社、所謂天照皇大神宮・八幡宮・東照大権現宮是也、凡百倍（億）四万二千六十四神之大小神祇中、際三社云々

日本に三七〇〇余の神社（官幣社・国幣社に相当するものと考えられる）があるが、そのなかで三社のみが特別な位置にある。それは伊勢神宮（天照皇太神宮）と石清水八幡宮（八幡宮）、そして東照宮である。日本六〇余州に一〇〇億四万二〇六四神を数える大小の神祇のなかで、宮号を名乗る神社は、この三宮のみに限られる。

この記事に基づくならば、東照宮が宮号を冠する意味はきわめて重い。日光東照社に宮号が宣下されると、諸国に勧請されていた東照社もまた一斉に宮号を名乗るようになった[75]。このことからも宮号が社会的、政治的、文化的に一定の意味をもっていたことは疑いない。

京に所在する北野神社（北野天満宮）を一例にするならば、北野神社文書には北野宮、北野社、天満宮、北野宮寺などさまざまに表記される。確かに宮を俗称する神社は数多くある。しかしながら、「二十一社記」にみられる有職故実をみれば、宮号とはより厳密な意味を有するものである。「二十一社記」は、一四世紀前半、北畠親房が著したもので、その諸社事条[76]には次のような記事がある。

本朝、伊勢・八幡二所宗廟号、（中略）又此二所、宮号、不称社、神宮摂社中ニモ宮号ノ神坐也、近代宮号被加事、其時ハ宣下、此外諸神、於其所各宮号称事、然而皆社也

伊勢および石清水の二所宗廟の号は、社ではなく、宮である。伊勢神宮の摂社（別宮）にも宮号の神があるが、それらは「近代」に加えられた号である。宮号はみな、天皇の宣下によって与えられる。伊勢・石清水以外の諸神に宮と号するものがあるが、それらは自称であり、本来はみな社号である。

以上に掲げた「慶安元年東照宮法華八講記」および「二十一社記」の見解に従えば、宮号は、本来、皇祖神たる宗廟のみが天皇の宣下にもとづき称する号となる。前述したように、東照社の祭礼記録を家光の命により編んだ林羅山の著述、また、当該期に板行され広まった『拾芥抄』が説く宗廟を伊勢・石清水両社とする有職故実があり、これに通じる認識である。当該期の認識に基づくならば、東照大権現に対する宮号宣下は、天皇が東照大権現を宗廟として公認するものに他ならない。すなわち、東照社を宗廟と見なす「東照社縁起」の志向を現実のものとするものであった。天皇の名の下に、第一宗廟伊勢神宮、第二宗廟石清水八幡宮に並び立つ第三宗廟日光東照宮が樹立されたのである。

3　氏祖新田源氏の定着

宮号宣下と同時に、後光明天皇宣命にみえるように、古御位記、すなわち在世中の家康宛から東照社成立後までに発給された位記や宣旨・宣命が再発給された。同時に秀忠が生前受けた朝廷の叙位任官にかかわる宣旨・位記・宣命なども再発給された。

これら再発給の手続きは、同年四月二三日、数え年でわずか五歳（実年齢は三歳）であった世嗣家綱の元服と従三位大納言への任官、これと同日の正二位への昇進を機に開始され、既存の宣旨・位記・宣命の調査が始められた[77]。すなわち将軍家の世継問題を背景におくものであった。

米田雄介[78]の指摘に学べば、この再発給は、単に位記・宣旨・宣命を散逸してしまったためだけではない。家康・秀忠の生前に発給された位記・宣旨などの宛所に藤原姓を記載するものがあり、これを源姓に改めることを目的とするものであった。再発給された位記・宣旨は、家康分は日光東照宮に、秀忠分はその御霊屋のある芝三縁山増上寺に奉納された。これは、将軍家が新田源氏であることを確認する作業に他ならない。これもまた、「東照社縁起」の叙述を現実世界において整合させるものであった。将軍家の次代への継承という課題があるからこそ、東照宮と徳川将軍家の存立の根拠である天皇の勅を「東照社縁起」に整合させたのである。

新田源氏としての意識は、当該期将軍家周辺の史書編纂でさらに具体化される。それは、尾張徳川義直が撰した「御年譜」[79]である。これは、家康一代の事績を表し徳川将軍家の創業を叙述したものである。宮号宣下後初の日光東照宮四月例祭の日、翌正保三年四月一七日の年紀があり、その成立もまた宮号宣下を意識したものであった。同日、義直はこの「御年譜」を江戸城内において将軍家光に献上した。家光はこれ以前、義直が史書を編纂するさいには内容を確認しており[80]、「御年譜」についてもその意向が反映されているとみてよい。「御年譜」は家光に献上された後、先述の通り家光が江戸城内に自ら建立、造替した二の丸東照宮へ納めていることからも、家光の意に沿った内容のものと見て誤りはあるまい。

その序文である「東照大神君年譜序」[81]は、たびたび家光の命を受けて日光東照社の御神忌法会の記録を編んでいた林羅山が著したものである。その冒頭において、羅山は、世系において皇帝（天皇）を出自とする者は皆、皇胤であると述べる。それは、「姓氏録」、すなわち嵯峨天皇が万多親王・藤原園人らに弘仁六年（八一五）に編纂させた「新撰姓氏録」に載る皇別を根拠として述べる。家康を皇胤とするとともに、「真名縁起」「仮名縁起」にみられた清和源氏、とくに新田源氏の子孫としてのあり方を以下のように論じていく。

徳川将軍家は、「神武天皇五十六世清和天皇第六皇子、諱貞純、号桃園親王」の子で源姓を賜った経基王（六孫王）から始まることをあげ、満仲、頼信、頼義、義家までの五代にわたる兵乱鎮圧の武功とそれにともなう鎮守府将軍補任の事績を明らかにする。

義家の子義国は、威儀曲礼を撰び、もって武家の法式を定めたこと、さらにその子である新田太郎こと贈鎮守府将軍義重は自ら源家嫡流を名乗り、頼朝にしたがわず、自立する志を持ちつつも果たせなかったことを述べ、新田源氏が皇胤清和源氏の嫡流であると位置づける。そして、義重の子である徳河義季にはじまり、新田頼氏、世良田次郎教氏、世良田又次郎家時、世良田孫次郎満義と続く歴代をあげる。世良田満義は、南北朝時代、新田義貞の与党となり軍功をあげたこと、義貞が没した後は乱を避け、世良田に居住したことを述べる。

さらに、政義、親季と代を重ね、次の親氏が徳翁と号して諸国を遍歴し、永享元年（一四二九）三河国松平郷の郷主太郎左衛門尉在原信重の女婿となり松平太郎左衛門尉を名乗ったとし、松平氏の系譜に結節する。その後、泰親、信光、親忠、長親、信忠、清康と、歴代の城取りをはじめ功名をあげ連ねる。そして清康の嗣子であり、「前大相国之皇考」、すなわち家康の実父広忠を掲げる。序の末文は、これら先祖の事績を継承し、徳川将軍家を創業した家康への讃辞につなげる。

この序で注目すべきは、広忠の呼称である。広忠は、前大相国、すなわち前太政大臣徳川家康の「皇考」と呼称されている。皇考とは、天皇が亡父を称する敬称である。序の冒頭では、徳川将軍家は皇胤と位置づけられる。この表現には、明らかに家康を皇胤かつ天皇に凝らす作為がある。

「東照大神君年譜序」にみられるこれらの認識は、徳川将軍家の存立を「東照社縁起」における志向の延長線上に位置づけるものである。しかも先鋭化している。それは、「御年譜」の性格を考えるなら、著者林羅山ないし徳川義直のただ独りの思考ではあり得ない。これが位記・宣旨・宣命の再発給と同時期に進められたこともあわせて考えるなら、この編纂も宮号宣下と一体のものであったと見るより他はない。四代家綱の世嗣としての位置を定めることを期に、徳川将軍家が皇胤たる新田源氏の末裔であることを立証していったのである。

このように、宮号宣下は、天皇の名の下に、日光東照宮を「宗廟」、「皇祖神」として確立すると同時に、「東照社縁起」の叙述にある徳川将軍家の皇胤、そして新田源氏としての位置づけを現実化する作為のもと成されたものであった。将軍家光の作為の実現が宮号宣下であったのである。

4　再生産される勅会

この宮号宣下に先立ち、日光山一山組織のあり方にも変化がみられる。寛永二〇年（一六四三）一〇月二日天海が遷化すると、一山組織が将軍家光によって再編される。翌二一年五月、将軍家光は、江戸城内において御目見した天海の弟子・家来衆から、はじめて設置した執当・学頭など一山の重職を任命し、また天海在世以来の東照社別当・日光目代などを再任命する。そして同年一〇月、後水尾上皇第三皇子幸教親王が日光東照宮の祭祀者として一山組織の頂点に擁立される。この月、幸教は青蓮院に入室、尊敬法親王（後、守澄法親王）と名を改め、第三三回御神忌法会の前年である正保四年（一六四七）正式に関東に迎えられる。宮門跡たる輪王寺宮の擁立である(82)。この間、寛永二一年には東照大権現領が加増・完成され、祭祀料も確定された（次章第四節参照）。

天海は、生前から宮門跡を一山の頂点にすえることを構想していた(83)。天海遷化後直ちに実現されたのは、単に東照社祭礼の維持のためだけではなく、「宗廟」樹立に向けた準備のためであり、またそれに先立つ一山組織の再編成とともに「宗廟」に相応しい祭祀の確立とその再生産をめざすためのものであったと考えるほかはない。

祭祀の確立と再生産への家光の意志は、宮号宣下の直後に記された徳川家光書状写および同「おほえ」写(84)により確認される。書状は将軍家光が、一一月二七日、勅使として参向した武家伝奏今出川経季が江戸を発ち帰洛するにあたり差し出した礼状である。「おほえ」は、家光の使者に対し、翌日この書状を今出川に渡すとともに、文中に示された家光の内意を伝えるよう求めるもので、江戸城から使者宛に前日二六日夜に届けられたものとされる。その写を所蔵していたのが稲葉家であることから、使者は家光の近臣稲葉正則であったと考えられる。次に、家光の内意を記す「おほえ」第二条を示す。

一　せんとう《(仙洞)》へきう《(急)》に中上候事ハ無用におほしめし候、ことし《(今年)》中ニなりとも、らいねん《(来年)》中になりとも、御つゐて、又ハ御きけん《(機嫌)》よき時、御見はからひ候て、御中あけやうにと申わたさるへく候、こんげんさま《(権現様)》御事、きうかう《(宮号)》しん《(進)》せられ候ほとの御しつし《(鎮)》にて候まゝ、此うへはいよ〳〵きん中《(禁中)》より御そうきやう《(尊敬カ)》なされ、此御代にはしまり、はんし《(万事)》まつ代《(末代)》まて、神の御ゐくわう《(威光)》つき《(尽)》せさるやうに、きん中《(禁中)》より御とりもちなされ候やうにおほしめし候よし、くわしく申わたさるへく候、また、なる事に候はゝ、年に一度ツ、ねんとう《(年頭)》の御つかひ《(使)》に、ちよくし《(勅使)》ゑと《(江戸)》へまいら《(参)》れ候まゝ、日光へもちよくちやう《(勅掟)》とあつてちよくし《(勅使)》つかハ《(遣)》され候やうに、此たひきうかう《(宮号)》のまいらせ《(進)》られ候まゝ、このきわ《(際)》にはしまり《(始)》、日光へもちよくし《(勅使)》たち候へハまつ代《(末代)》までかやうのれい《(例)》つゝ《(続)》き候物にて候まゝ、かやうの時からはしまり《(始)》、すゑ〳〵《(末々)》までも日光へちよくし《(勅使)》たち候へ者、めてたくまつ代《(末代)》までも神の御いくわう《(威光)》つゝ《(続)》き候まゝ、さやう二なる事ならはなされ《(成)》たく、ふか《(深)》くおほしめし候、たとへとし〳〵《(年々)》まてなく候とも、三ねん《(年)》に一度ほとつゝ、さた《(定)》まりて、のち〳〵《(後々)》のれい《(例)》に成候やうにと、おほしめし候とをり、申わたさるへく候、めてたくかしく

「おほえ」の趣旨は、今出川が仙洞、すなわち後水尾上皇へ家光の内意を伝達することである。家光の内意を性急に申し上げることは無用であり、今年中でも来年中でも、ついでのとき、または上皇の機嫌がよいときを見計らい申し上げるようにと求めている。

その家光の内意は、次の三点である。第一に、東照大権現は宮号を与えられるほどの神であるから、禁中が崇敬し、この治世から末代にいたるまで大権現の御威光が尽きぬように取り持ってほしいこと。第二に、権現の御威光が続くよう、年頭に勅使が江戸に参向するように、日光へも勅掟により恒例の勅使をなるべく送ってほしい

こと。第三に、日光への勅使参向は、毎年でなく三年に一度くらいでもよいが、恒例化したいこと。

これは、家光が、日光東照宮を、宮号に相応しく祭祀していくために、勅使の参向を求めたものといえる。しかも、三年に一度でもよいとしているように、ともかく勅使参向の恒例化が課題であった。すなわち一社奉幣の恒例化である。

当時、天皇による神社への一社奉幣が毎年実施されていたのは、豊臣政権以来続く南都春日社（現・春日大社、奈良県）の春日祭のみであった(85)。宗廟である伊勢神宮の神嘗祭、石清水八幡宮の放生会への奉幣使ですら、戦国時代に中絶したままであった。

これまで述べてきたように、東照社への勅使の参向、一社奉幣は、勅会として執行される御神忌法会のときのみであった。例祭に勅使が参向することが恒例化することは、東照宮の例祭を恒例の勅会とすることであった。そこに家光のねらいはあった。

この家光の内意は、毎年四月一七日の例祭において、日光東照宮へ幣帛を捧げ、宣命を奏上し、太刀を献ずる、日光例幣使の創設をもって実現をみることになる。

まず正保三年四月、日光東照宮例祭(86)にさいし、臨時に、持明院基定が奉幣使として、また武家伝奏今出川経季・飛鳥井雅宣が勅使、小川坊城俊完が後水尾上皇からの院使、清水谷実任が明正上皇からの新院使として参向した。三月一〇日に臨時奉幣使を発遣する任ずる太政官符、奉幣使から奏上される後光明天皇宣命が発給された(87)。奉幣使らは、「江戸幕府日記」によれば四月二日に江戸に参府し、五日に将軍家光に対面後、一二日に江戸を発ち、一五日に日光に到着した。そして翌一六日に日光東照宮の神前に幣帛を捧げ、宣命を奏した。また、勅使等が持参した天皇・上皇から奉納される太刀とその目録が納められた。

臨時奉幣使発遣に続き、翌四年以降、日光例幣使が発遣されるようになる。それは、次に掲げる「江戸幕府日記」正保三年七月九日条によれば、仙洞、すなわち後水尾上皇の勅掟によるものであった。

一（前略）今川刑部大輔、御前江被為　召、去比如被　仰付之、　禁裏・　仙洞江為御使被遣之間、明後日当地可発足之旨、被　仰遣之、是当春日光山江　宮号付而臨時之　奉幣使参向之儀　御満悦之処、向後年々例幣使可被立之由、　仙院（洞）　勅掟之趣、今度吉良若狭守帰参之節自両伝　奏注進付而、不大形御喜悦之思召付而、為御礼被差上之旨也、因茲女院御所江　御内書被差進之、及　禁裏江銀子千枚、　仙洞江同断、新院江同三百枚、女院江同断、并二条摂政殿江銀百枚、両伝　奏江銀五十枚充被　遣之、刑部大輔黄金五枚・帷子単物三被下之、終而　入御、（後略）

以後毎年、例幣使は、三月中旬に発給された太政官符と宣命を携えて発遣された。例幣使による奉幣、勅使等による太刀および目録の奉納は、神輿渡御の前日にあたる四月一六日に以下の次第により執行された[88]。卯上刻、東照宮本殿では内陣を開いて金幣（金紙の御幣）を立て、拝殿では案（机）二脚と軾（円座）を設ける。別当大楽院、祝部（社家中の上位職）、その他社家が奉仕し、本殿内の幣殿（外陣）に御膳を献備する。例幣使は束帯を着し、卯後刻、西廻廊に設けられた休息所に入る。この間に、京都から例幣使とともに参向した史生・衛士等が幣帛一本・唐櫃二合を持参して唐門内の東方に置く。史生等は、唐櫃を拝殿の案の向に並べ、幣帛を案の上右にすえる。ついで大楽院は階下に降り、同じく京都から参向した雑掌から、持参した例幣使発遣の太政官符が入った覧筥を受け取る。

そして、いよいよ例幣使が上宮、すなわち拝殿に昇る。例幣使は、階下に降りてきた大楽院・社家等に迎えられ、拝殿の軾に着座し、続いて縁に大楽院以下が列座する。例幣使は、持参した宣命を読み上げる。読み終わると、案上に宣命を置き、座揖《ざゆう》する。座揖とは笏を取って行う礼である。その後、例幣使はいったん退出する。

ついで、日光山の承仕が拝殿の案上に置かれた唐櫃を取り上げ、社家に渡す。社家は、この唐櫃と幣帛を幣殿に献備する。承仕が拝殿に残された案を片付け終わると、例幣使が再び拝殿に昇り、自分の拝礼を行い、その後、大楽院等に目通りする。

また、例幣使とともに京から参向している雑掌が天皇・上皇等から献上される太刀目録を唐門内に持参し、承仕を介して社家に渡す。社家はこれを受け取ると、幣殿に奉納する。

つづいて、祝部が金幣を内陣から捧げ出す。例幣使は、拝殿に着座する一同が低頭するなか、金幣を受け取り、自身奉幣を行う。金幣は、例幣使の自身奉幣の後、祝部に渡され、再び内陣に納められる。座揖の後、例幣使は退出し、一社奉幣の儀礼を終える。

この奉幣もまた、天皇の勅をうけたまわり発給された太政官符および宣命を法源としたものである。それは、これまで御神忌法会にみられた勅会の構造そのものである。つまり、日光例幣使の発遣は、例祭をも天皇の勅により執行される勅会と化するものであった。日光例幣使は、以後、大政奉還まで、すなわち慶応三年（一八六七）四月の例祭まで断絶なく執行され東照宮に宣命を奏上し、奉幣するようになった(89)。東照宮祭礼の形態は、宮号宣下を期に質的な変化を遂げた。

高埜利彦(90)が明らかにしたように、江戸時代における神社への一社奉幣は、一七世紀末段階では、日光東照宮の四月御祭礼のほか、伊勢神宮の神嘗祭、石清水八幡宮の放生会、賀茂社の葵祭、春日社の春日祭のみである。春日祭を例外として、他はすべて日光例幣使創設以後再興されたものである。野村玄(91)によれば、家光は正保三年七月二五日、伊勢・石清水・賀茂三社への一社奉幣を朝廷に求めたという。このうち東照宮九月御祭礼の前日十六日（外宮）と当日十七日（内宮）に執行される伊勢神嘗祭への奉幣使のみ、日光例幣使の創設と同じ正保四年幕府が入用を下行して再興された。将軍家は、宗廟祭祀に積極的であり、承応二年（一六五三）例幣使料として伊勢国津藩藤堂家の領知から山城国相楽郡瓶原郷奥畑村・口畑村・仏生寺村・登大路村・西村内分郷（後の東村）の五か村（現・京都府加茂町）一〇一〇石（日光分六八八石、伊勢分三二二石）を割いて寄進した[92]。

このように、東照大権現は、徳川将軍家を皇胤で君を守り国を治めるべき新田源氏とする家職観のもと「皇祖神」とされ、日光東照宮は、将軍家世嗣の確定期、宮号宣下により伊勢神宮・石清水八幡宮と同格の「宗廟」として樹立された。同時に四月御祭礼は勅会となり、日光東照宮の祭祀は確立されたのである。

小括

本章では、近世日光山の位置を規定する、日光東照宮祭祀の根幹にある存立原理を明らかにすることを目的とし、論じてきた。

日光東照社は、家康が没した翌年、天海の主導により徳川将軍家の政権を護持する「八州之鎮守」として鎮座した。その神格化は、他の大社の先例を見出しながら、後水尾天皇の勅により行われた。御神忌法会は勅会であり、その執行にあたっては現今の権威である吉田神道を退け、古代律令制の古式にもとづき神祇官を復興のうえ、宣命や官宣旨など天皇の勅を法源として執行された。一方、例祭も鎮座の翌年から執行され、元和六年には神輿渡御が創出されたことが確認されるが、勅会ではなかった。

将軍の日光東照社の御神忌法会における役割は、当初、勅を奉ずる公家と比べると相対的に小さく、専用の座居が設けられぬ場面もあった。しかし、将軍家光が政権を掌握すると、様相は一変する。将軍家光が祭祀の前面に表れ、積極的に関与していくのである。寛永一三年第二一回御神忌法会にあわせて執行された大造替においては、社殿に将軍着座の間が設けられ、法会における地位を向上させた。その一方で廃朝・音奏警蹕停止を実現するなど勅会としての性格も強化された。

将軍家光の関与は、病床から復帰した寛永一六年を画期とし、よりいっそう強化される。寛永一七年に完成され将軍家光が奉納した「東照社縁起」はきわめて政治性の強い縁起であり、後水尾上皇の清書した「御立願」の段において、徳川将軍家の存立を、皇胤かつ君を守り国を治めるべき家職を有する清和源氏、ことに足利源氏と交替すべき新田源氏とし、政権を握る正当な存在として定置する因縁が説かれた。また、同じく後水尾上皇が清書した「鶴」の段では、『漢書』を引用しつつ東照大権現を伊勢神宮・石清水八幡宮と鼎立しえる「皇祖神」とし、東照社を第三の宗廟とする志向を示していくのである。

その志向を実態化させたのが、正保二年の宮号宣下である。宮号は、有職故実に従えば、皇祖神の号である。これにより東照社は「宗廟」東照宮として樹立された。宮号宣下後、「東照社縁起」の世界に合致させるべく、徳川家を新田源氏に擬らすために位記・宣旨・宣命の再発給を受け、また、尾張徳川義直が撰した「御年譜」において皇胤としての位置づけを論じた。これらは四代将軍の継承作業とも同時に進められ、徳川将軍家の存立を規定した。さらに宮号宣下の翌年以降、東照宮への一社奉幣を恒例化する日光例幣使が創設される。これにより、毎年天皇の発する宣命が例祭で奏上され、金幣が捧げられるようになり、例祭が勅会化されたのである。

天海が主導し成立した日光東照宮の存立を規定する原理は、天皇の勅にあった。そして将軍家光が政権を握ると同時に、その意志のもと、徳川将軍家の存在をも意味づけるものとしてよりいっそう天皇が意識され、天皇・朝廷による神社祭祀の枠組みのなかに定置しようとし、それを実現させていった。日光東照宮祭礼の存立は、天皇という権威に規定されていたのである。

ただし、「宗廟」、「皇祖神」といっても、天皇・朝廷による日光東照宮の扱いが、伊勢・石清水の二所宗廟、さらには他の畿内近国で御願の対象とされた寺社に対するものとは異なっていたことに注意する必要がある。明治六年（一八七三）一一月時点で日光東照宮奥院銅神庫に神宝として伝存していた五七八通の天皇・朝廷発給文書を再見すると、五一通が家康在世中の任官文書、そして残りの五二七通はいずれも日光東照宮の造営・御神忌法会・例祭の執行を命ずる内容である。他の宗廟、あるいは畿内近国に所在する御願の寺社に発給された文書には、天皇・皇后、その他天皇家の身辺にかかわる無為祈禱、天皇の治天・政務にかかわる天変地異・怪異の祈禱などを下命するものが含まれている[93]。しかし、日光東照宮にはこのような祈禱命令を含む文書は発給されなかった。天皇・朝廷にとって、東照宮を祖神とし宗廟とし、ついには御願の寺社とする認識は希薄であったとしか言いようがない。

日光東照宮を「宗廟」、「皇祖神」と見たのは、あくまでも将軍家光であり、幕府側であった。将軍・幕府と天皇・朝廷との間での認識は明らかに乖離していた。それでもなお、日光東照宮の存立原理に天皇の勅を置かざるを得なかったのである。すなわち将軍家光の志向において、天皇は宗教的には将軍の上位に位置づけられていたことになる。そして、東照宮を最高の神格とするために、皇祖神と同格に並ぶものにしなければならなかったのである。しかし、天皇・朝廷側では、東照宮をあくまでも宗廟・皇祖神とは別格に扱い、それ以上のものとは見なさなかった。天皇・朝廷側は、一定の自立性を保持していたといえる。この意味において、日光東照宮は、将軍家にとっての、という限定的な意味においての「皇祖神」であり、「宗廟」としての位置にとどまってたのである。

かかる祭祀のあり方は、同時代の史料上にどのような語彙により示されていたのであろうか。本章の最後に、将軍家光が寛永一三年四月一九日、日光東照社の薬師堂における法華曼荼羅供に着座したさい、その名前において読まれた願文[94]をとりあげる。

夫日光者、東壌奇絶之霊区也、峰朶崚嶒、備二青崖白谷之嶮一、林木蓊爵、映《ス》二金枝玉葉之雲一、湖水開二明鏡一、而平景象展二画《ノ》屏一、而勝神仙所二棲遅一仏陀之浄域也、況往昔勧二請三所大権現《ヲ》、方今崇敬　本地薬師如来東照三所大権現故、風斤経二営、廟社渠々、而絢山月斧締講《シテ》二堂宇《ニ》一翼々、而凌レ渓帷珠惟珠玲瓏儼飾、以レ金、以レ銀、嶢晛《トシテ》仰高《ハシ》、華藻極《メ》レ工、稠人奪《フ》レ目、伏帷《ハ》　東照大権現威気、震二外域一、徳日照《ス》二吾邦一、或時用二武略於戦場《ニ》一、英雄膽落、或時聴二義論於法々席《ニ》一、郡衲肩差、経緯之才、播《ホトコシ》二名於八荒一、帷幄之機、折二衝於千里《ニ》一、権迹巍々垂《レ》二于人世一、感応照々《トシテ》　尊二于神宮《ニ》一、嗚乎盛哉、爰弟子幸《ニ》蒙《テ》二　蘿図之栄膺一、早登二槐鼎之台位一、表二名信一、厳《シ》二遷宮規式一、行二白業《ヲ》一、結二出塵善回一、茲迎二御忌《ヲ》一、荘二厳《ス》道場《ヲ》一、奉二造立一　本師釈迦如来尊像一体・普賢菩薩像一体・文殊師利菩薩像一体、奉書写紺紙金字妙法蓮華経一部八巻并無量義経一巻・観普賢経一巻・般若心経一巻・阿弥陀経一巻、斯経巻者、或始二於摂政・関白一、蘭殿侍臣分二品々《ニ》一繕写、或始二於天台座主一、竹園・摂家・門跡次二軸々一、染書一字、猶仏陀如レ生二貝葉之一葉一、千偈咸実相同レ開二鉢華之千華一、廼屈二探題大僧正法印大和尚位天海一、為二唱導師一、顕密之学研《キ》レ精《ヲ》、真俗之書染レ眼《ニ》、英檀傾二誠信一、伽藍爵峙美輪観奇、衆徒仰二徳容《ヲ》一、長松森矗偉材茂碩弁瀾、依二俙懸河漲一、慈沢髣髴甘雨濃、于時緑陰夏涼風、答《シ》二漠山之清梵一、精廬境勝《タリ》、雲添二仏土之荘厳《ヲ》一、輪蹄交臻冠佩相集、然則　大権現具二足如々之本性一、円月斬新掃二空却々之妄縁一、諸天快楽余薫広大利益平均、敬白

寛永十三年四月日　　弟子征夷大将軍左大臣従一位源朝臣、、敬白

この願文によれば、御神忌法会の執行される空間は「道場」、その飾り立てた営為は「荘厳」と表現されている。その内容は、諸仏の造立、摂家・門跡の書写した聖経の奉納、そして天海が導師となり顕密の僧が参集し執行された法会であり、それは「仏土之荘厳」とも称されている。御神忌の執行にあたる空間の造形は「荘厳」と称されている。

そもそも、荘厳とは仏語であり、呉音で「しょうごん」と読む。その原義は、物質的には仏像・仏堂を天蓋・幢幡・瓔珞などで美しく厳かに飾り付ける行為であり、観念的には妙法蓮華経序品に「悉見彼仏国界荘厳」とあるように、智慧・福徳など善美をもって身やその住まう国土を飾る営為を指す語である。「日光山御神事記」を

みると、右の家光の願文が捧げられた法華曼荼羅供では「奉行ノ職事右少弁弘資《（日野弘資）》、前一日ヨリ堂荘厳ノ事ヲ示サル、」とあり、天皇の勅により命じられ参向した奉行職事の日野弘資が外記・弁官両局の出納らを率いて、その空間である薬師堂の「荘厳」を差配した。堂の四隅に宝幢を釣り、長押に錦繡の幡・金花鬘を垂らし、壇机・案に金襴蜀錦を覆い、庭上には糸旛一二流・繡幡一二流を立てる。堂の外では、掃部寮の役人が道に莚を敷き、舞楽の舞台・楽屋を準備する。まさに天皇の勅を奉る公家が日光東照宮の祭礼を「荘厳」したのである(95)。

将軍家光が目指し、天皇の勅により執行されるようになった日光東照宮の祭祀は、まさに日光東照宮の「荘厳」であった。この「荘厳」こそが近世日光山の存立を規定したのである。

註

（1）「本光国師日記」（副島種経編『新訂本光国師日記』三、続群書類従完成会、一九六八年）元和二年四月三日条。以下、「本光国師日記」は同書および同編『新訂本光国師日記』四（同前、一九七〇年）による。

（2）「舜旧記」（鎌田純一編『舜旧記』五、続群書類従完成会、一九八三年。以下同様）元和二年五月一七日条。「本光国師日記」元和二年五月三〇日条、六月一二日条所収同日付土井利勝宛以心崇伝書状案。

（3）「泰重卿記」（式部敏夫・川田貞夫・本田慧子編『泰重卿記』一、続群書類従完成会、一九九三年。以下同様）。

（4）「舜旧記」元和二年五月三・三〇日条。「本光国師日記」元和二年五月一二日～二一日条。近年、神号問題については浦井正明「徳川家康の葬儀と天海の役割」（圭室文雄編『政界の導者天海・崇伝』日本の名僧一五、吉川弘文館、二〇〇四年）、菅原信海『山王神道の研究』（春秋社、一九九二年）、同「山王一実神道と天海」（前掲圭室編著書）、同『神仏習合思想の研究』（同前、二〇〇五年）、高藤晴俊「東照宮創建と神竜院梵舜の役割」（『地方史研究』二五〇、一九九四年）、同『日光東照宮の謎』（講談社、一九九六年）ほかの研究がある。

（5）以下、「舜旧記」元和二年六月一一日条。「孝亮宿禰日次記」（独立行政法人国立公文書館所蔵。以下同様）元和二年六月二三日条、六月三〇日～七月二七日条。「言緒卿記」（東京大学史料編纂所編『言緒卿記』下、大日本古記録、岩波書店、一九九八年。以下同様）元和二年七月六日条。「泰重卿記」元和二年七月六日条。

（6）　昵懇衆については、藤井譲治「江戸幕府の成立と天皇」（高埜利彦他編『講座・前近代の天皇』二 天皇権力の構造と展開その二、青木書店、一九九三年）。

（7）「言緒卿記」元和二年八月二五日・九月一六日・一〇月三日条、他。

（8）「東武実録」（史籍研究会編『内閣文庫影印叢刊』二、汲古書院、一九八一年。以下同様）元和二年一〇月二六日条。宝暦三年九月 教城院天全「旧記」（日光山史編纂室編『日光山輪王寺史』日光山輪王寺門跡教化部、一九六六年。以下同様）元和二年四月一七日条では、九月下旬に社地見立があったとあるが、勅使下向の日時を勘案するならば、整合性がない。奉行他の人員については、平泉澄他執筆・東照宮社務所編・発行『東照宮史』（一九二七年）参照。

（9）　慶安三年八月 妙心寺福寿院東源「東叡開山慈眼大師伝記」（寛永寺編・発行『慈眼大師全集』上、一九一六年）。万治二年 東叡山現竜院諶泰「武州東叡開山慈眼大師伝」（同前）。宝暦三年九月 日光山教城院天全「旧記」元和三年四月八日条。

（10）　小林一成他編『神道大系』神社編二五 上野・下野国（神道大系編纂会、一九九二年）。同史料には「日光山紀行」「東照権現御遷座之記」の別書名がある。

（11）「孝亮宿禰日次記」元和二年七月二一日・九月一四日条。

（12）　日光市山内 輪王寺文書。

（13）　元和二年一〇月「日光御宮すへ石・せり石之覚」（高橋正彦編『大工頭中井家文書』慶応通信社、一九八三年）。

（14）　吉田黙氏所蔵文書（東京大学史料編纂所編『大日本史料』一二―二五、東京大学出版会、一九五三年）。

（15）　日光二社一寺文化財保存委員会編・発行『重要文化財東照宮御神楽殿・上中下神庫・御旅所社殿・仮殿鐘楼その他修理工事報告書』（一九六七年）。

（16）「本光国師日記」元和七年一一月六日、同八年正月二九日条。なお、この造営については、「台徳院殿御実紀」（黒板勝美・国史大系編修会編『徳川実紀』二、新訂増補国史大系三九、吉川弘文館、一九八一年。以下同様）巻五五 元和七年此秋条に、永井直勝、佐藤継成、長崎元通、小倉正次が造営奉行、本多正純が御手伝にあたったとある。しかし、より信憑性の高い、「長楽寺由緒覚書」（群馬県太田市 長楽寺文書、東京大学史料編纂所編『大日本史料』一二―三八、東京大学出版会、一九五六年）に収められる、このときの御廟塔の九輪覆鉢銘では、造営奉行を本多正純と刻んでおり、他の名前は見えない。第七回御神忌の元和八年に本多正純は改易されているため、後世の記録から抹殺された可能性がある。

(17) これは豊臣秀吉を祀る豊国社が先例となるが（西山克「豊臣『始祖』神話の風景」『思想』八二九、一九九三年。同「中世王権と鳴動」、今谷明編『王権と神祇』思文閣出版、二〇〇二年）、後述する吉田家の採否という点において日光東照社の遷宮とは質的な違いがある。

(18) 古谷清執筆・東照宮社務所編・発行『日光東照宮宝物誌』（一九二七年）、中村孝也編『新訂徳川家康文書の研究』下之二（日本学術振興会、一九八二年。初出は一九七一年）、米田雄介「徳川家康・秀忠の叙位任官文書について」（『栃木史学』八、一九九四年）、同「日光東照宮文書の一側面――徳川家康公の叙位任官文書再発行の真相――」（『大日光』六六、一九九五年）、笠谷和比古「徳川家康の源氏改姓問題」（同『関ケ原合戦と近世の国制』思文閣出版、二〇〇〇年。初出は一九九七年）。

(19) 元禄三年二月壬生季連編「弘誓院御記」（東京都千代田区 宮内庁書陵部所蔵壬生家文書、東京大学史料編纂所所蔵影写本）一、元和二年一二月九日条。これは、「孝亮宿禰日次記」と同様、壬生孝亮の日記から抄出した記事から編纂されたものであるものの、編者により文面が大幅に加除修正されている。とくに元和三年遷宮に関する官宣旨については、正保二年再発給の官宣旨の案文と差し替えられ、あるいはその再発給の対象外となった官宣旨は削除されており、同時代史料としては扱えない。

(20) 慶長一二年一二月五日官宣旨（北野天満宮史料刊行会編『北野天満宮史料』古文書、北野天満宮、一九七八年）。

(21) 慶長一一年三月二三日、同年一二月七日、寛永八年一二月一五日、同一一年八月一三日、寛文五年六月一一日、同六年一一月二六日官宣旨。なお、石清水文書を通覧すると、同様に石清水八幡宮寺宛となる遷宮に関係する官宣旨の初見は嘉暦元年一一月一七日の一通で、一四世紀初頭までに国宛から変化したようであるが、詳細は後考を期したい（官宣旨はいずれも東京帝国大学編『大日本古文書』家分け第四 石清水文書之一～六、東京帝国大学史料編纂掛、一九〇九～一五年）。

(22) 「泰重卿記」元和三年二月一日条。

(23)　前掲註(6)藤井論文。
(24)　「泰重卿記」元和二年七月六日条。
(25)　「孝亮宿禰日次記」元和三年四月一九日条。
(26)　高埜利彦「江戸幕府の朝廷支配」(『日本史研究』三一九、一九八九年)。
(27)　例えば同右高埜論文。
(28)　臨時祭とは九世紀末、宇多朝以降にみられる祭礼の名称である。天皇の御願により殿上人を勅使として遣わすことにより執行される文字通り臨時の祭礼であったが、後に恒例化した後も臨時祭と称された(岡田荘司「王朝国家祭祀と公卿・殿上人・諸大夫制」『平安時代の国家と祭祀』続群書類従完成会、一九九四年。初出は一九九〇年)。日光東照宮の臨時祭では一社奉幣は実施されないが、同日が伊勢神宮で奉幣使による一社奉幣が実施される神嘗祭の祭日にあたるため、この祭祀を意識して呼称された可能性が指摘されている(岡田荘司「コメント」『国史学』一九〇、二〇〇六年)。なお、九月御祭礼を臨時祭と呼称し始める時期は詳らかではない。
(29)　史籍研究会編『内閣文庫所蔵史籍叢刊』六五(汲古書院、一九八一年)。
(30)　最近では、横田冬彦『天下泰平』(日本の歴史一六、講談社、二〇〇二年)。
(31)　高藤晴俊「日光東照宮の神輿渡御行列について――その成立過程の考察を中心として――」(『儀礼文化』三二、二〇〇三年)。
(32)　「東武実録」寛永一一年一一月一七日条。
(33)　筑波大学附属図書館所蔵。翻刻は山澤学「『日光山御神事記』について」(『歴史人類』二八、筑波大学歴史・人類学系、二〇〇〇年)および曾根原理編『続神道大系』神社編 東照宮(神道大系刊行会、二〇〇四年)。
(34)　大河直躬「元和創建の東照宮本社について(上)・(下)」(『大日光』二九・三〇、一九六七・六八年)。
(35)　内藤昌・渡辺勝彦・麓和善「元和創建日光東照宮の復原的考察」(『建築史学』五、一九八五年)。
(36)　独立行政法人国立公文書館所蔵。以下同様。
(37)　「日野大納言資勝卿記」「凉源院殿御記」「孝亮宿禰日次記」。
(38)　曾根原理「徳川家康年忌行事にあらわれた神国意識――家光期を対象として――」(『日本史研究』五一〇、二〇〇五年）。

(39) 拙稿「東照宮造営期日光山における職人の編成と門前町形成」（『年報日本史叢』二〇〇一、二〇〇一年）。

(40)「羅山林文集」（京都史蹟会編『林羅山文集』弘文社、一九三〇年。以下同様）。

(41) 前掲註(33)曾根原編著書。

(42) 独立行政法人国立公文書館所蔵。

(43) 前掲註(33)曾根原編著書。

(44) 主要なものとして、平泉澄「東照大権現縁起考　附狩野探幽改名年代考」（同『我が歴史観』至文堂、一九二六年。初出は一九二一年）。前掲註(8)平泉他執筆著書、前掲註(18)古谷執筆著書、古谷清「山王神道と東照宮（上）・（下）」（『歴史地理』四四―五・六、一九二四年）、前掲註(4)菅原著書、高木昭作『将軍権力と天皇――秀吉・家康の神国観――』（シリーズ民族を問う二、青木書店、二〇〇三年）、曾根原理『徳川家康神格化の道――中世天台思想の展開――』（吉川弘文館、一九九六年）、同「徳川王権論と神格化問題」（『歴史評論』六二九、二〇〇二年）、同『神君家康の誕生』（吉川弘文館、二〇〇八年）、前掲註(38)曾根原論文、大桑斉「徳川将軍権力と宗教――王権神話の創出――」（安丸良夫他編『宗教と権威』岩波講座天皇と王権を考える四、岩波書店、二〇〇二年）、野村玄「徳川家光の国家構想と日光東照宮」（同『日本近世国家の確立と天皇』清文堂出版、二〇〇六年。初出は二〇〇五年）。

(45) 畑麗「東照宮縁起絵巻の成立――狩野探幽の大和絵制作――」（『国華』一〇七二、一九八六年）。

(46) 山本信吉「『寛永諸家系図伝』について」（日光東照宮社務所編『寛永諸家系図伝』一、日光叢書、続群書類従完成会、一九八九年）。

(47) 同右日光東照宮社務所編著書に影印が収められた日光東照宮献上の真名本の「示諭」に「写漢家之鳥跡、記域之凰暦者、日本書紀之類也、倭字・漢字相並而行者、古今集・新古今集序之類也、六条宮、以真字而模臆伊勢物語、菅為長、雑倭語而解説貞観政要、古既如此、今亦宜然、以其所無易、其所有謂之訳語、欲其相通也」とある。

(48) 平泉澄「誤られたる日光廟」（前掲註44平泉著書。初出は一九二一年）。

(49) 大熊喜邦「日光東照宮の寛永造替に就て」（『建築雑誌』五一五、一九二八年）、同『江戸建築叢話』（東亜出版社、一九四七年）。

(50) 寛永一九年三月太政官符、明正天皇宣命（日光東照宮文書）。これらは、いずれも正保二年（一六四五）に再発給されたものである。

(51) 藤井讓治『江戸幕府老中制形成過程の研究』（校倉書房、一九九〇年）。

(52) 前掲註(31)高藤論文。

(53) 「羅山林文集」。

(54) 日光東照宮所蔵。神崎充晴「『東照社縁起』製作の背景」（小松茂美編『東照社縁起』続々日本絵巻大成 伝記・縁起篇八、中央公論社、一九九四年）参照。

(55) 前掲註(26)高埜論文。

(56) 「贈眼大師尊純親王消息」（賜芦文庫所蔵文書、東京大学史料編纂所所蔵影写本、日光市史編さん委員会編『日光市史』史料編中、日光市、一九八六年）。

(57) 「贈眼大師御老中消息」（同右）。

(58) 「真名縁起」の編纂時には、三条西実条・阿野実顕・日野資勝が「南光（天海）僧正書被申様子、悪事数多有之、源君、或ハ台徳院殿なと、有事、宸筆之所へ如何」（「凉源院殿御記」寛永一三年二月一日条）と議し、「源君」「台徳院殿」などの表現が宸筆となることを問題視している。「仮名縁起」の場合も、朝廷側が同意しにくい表現を宸筆とすることに改めて疑義が示されたものと考えられる。

(59) 参考として「御立願」の段の前半部分を掲げる。

伝聞、いにしへ溟涬の蒼海に、三輪の金光有て浮浪す、あめつちひらけ、陰陽わかるゝに至て、三輪の金光同しく三光の神聖となつて、其中に化生す、此故に神国たり、神世万々人皇千々にいたり、一刹利種系聯禅譲して、いまたかつて移革せす、相胤も亦しかなり、閻浮界の裡、豈如是至治の域あらんや、されは日域を根本として、印度・支那を枝葉とせる事、良有以哉

この叙述について、前掲註(44)高木著書は、「東照社縁起」の編纂を命じた将軍家光における、天皇を将軍の上位に位置づける国家観として評価し、また、前掲註(38)・(44)曽根原著書・論文は、編者天海が東照大権現・将軍に天照大神・天皇に優越する権威を付与する方向性を示したものとし、見解が分かれている。

(60) 田村芳朗・末木文美士編『神道大系』論説篇三 天台神道（上）（神道大系編纂会、一九九〇年）。
(61) 家康の源姓改姓は、前掲註(18)笠谷論文、岡野友彦『源氏と源氏長者』（講談社、二〇〇三年）によれば、発給文書においては江戸打入後、天正一九年一一月の寺社領安堵の朱印状を初見とする。ことに笠谷は、改姓の契機を、天正一六年前将軍義昭の出家にともなう足利将軍家の消滅の時点とする。義昭の嫡孫を清書衆に連ねさせたこともまた、新田源氏意識とかかわるものと思われる。
(62) 長楽寺の中興文書は、中興の時期の文書を集成、成巻したもので、現在は五巻から成っており、小此木輝之編『長楽寺文書』（続群書類従完成会、一九九七年）に翻刻されている。そのうち二月一六日双厳院豪倪書状（東叡山執当は正保元年成立の職であるため改題した）、年月日未詳大僧正天海覚などを参照。本稿では、群馬県太田市の東毛歴史資料館に展示される原本および群馬県立文書館所蔵写真版と校合のうえ使用した。
(63) 大河直躬「元和創建東照宮の建築について（三）――奥社拝殿と世良田東照宮拝殿――」（『大日光』二六、一九六六年）。尾崎喜左雄「長楽寺と東照宮（『上野国長楽寺の研究』尾崎先生著書刊行会、一九八四年）。
(64) 日付は「日野大納言資勝卿記」同月一三日・二三日条による。
(65) 菅原信海「天海と山王一実神道」（前掲註4菅原『山王神道の研究』）。
(66) 長沢規矩也編『和刻本正史漢書（影印本）』一（汲古書院、一九七二年）。
(67) 『漢書』（同右）巻八 宣帝紀 第八。
(68) 村田正志「解題」（同編『神道大系』神社編七 石清水、神道大系編纂会、一九八八年）。村田によれば、皇祖神たる天照大神を祀る伊勢神宮以外で、石清水八幡宮を「宗廟」と称する事例は、一二世紀から存在し、嘉禎二年（一二三六）八月二八日別当田中宗清祭文では「大日本国第二宗廟」と自称されていた。村田は、石清水八幡宮が伊勢両宮につぐ「第二宗廟」とされた理由について、貞観元年（八五九）に宇佐宮から男山の地に帝都の護として勧請され、しかも祭神八幡神が応神天皇に比されたためとする。
(69) 石田一良・高橋美由紀編『神道大系』論説編二〇 藤原惺窩・林羅山（神道大系編纂会、一九八八年）。
(70) 京都大学附属図書館所蔵。
(71) 前掲註(18)米田論文。

(72)「宮号宣下之記」(『晃山拾葉』巻一、独立行政法人国立公文書館所蔵)。
(73)前掲註(44)野村論文。
(74)独立行政法人国立公文書館所蔵。同館目録によれば冷泉為景(藤原惺窩実子)著。同様の記事が「寛明日記」(史籍研究会編『内閣文庫所蔵史籍叢刊』六七、汲古書院、一九八一年)正保三年一二月三日条にある。
(75)末社が本社に準ずる扱いを受ける事例は八幡宮に顕著である。建保年間(一二一三～一九)ころ石清水八幡宮別当田中宗清が編んだ「宮寺縁事抄」第一(前掲註68村田編著書)には、諸国に勧請された八幡宮である「八幡分身末社」も、仮にそれが私祝の社であったとしても、本社と同様に宗廟であるとしている。
(76)平田俊春・白山芳太郎編『神道大系』論説編一八　北畠親房(上)(神道大系編纂会、一九九一年)。
(77)「江戸幕府日記」正保二年五月八日・一五日条。「榊原家日記」正保二年五月一日～一一日条(前掲註72史料)。「大猷院殿御実紀」(黒板勝美・国史大系編修会編『徳川実紀』三、新訂増補国史大系四〇、吉川弘文館、一九八一年。以下同様)巻六〇、正保二年五月八日条。
(78)前掲註(18)米田論文。
(79)独立行政法人国立公文書館所蔵。
(80)「大猷院殿御実紀」巻四〇、寛永一六年六月五日条。
(81)「羅山林文集」にも収められている。
(82)杣田善雄『幕藩権力と寺院・門跡』(思文閣出版、二〇〇三年)。
(83)天海は一二月一九日(推定寛永三年)梶井門跡宛書状(埼玉県川越市　喜多院文書)で宮門跡の擁立を表明している(次章第四節1参照)。
(84)寛政一一年一一月「譜牒余録」巻第三五　稲葉丹波守之一条(国立公文書館内閣文庫編・発行『譜牒余録』中、内閣文庫影印叢刊、一九七四年)。「譜牒余録」は幕府若年寄堀田正敦が「寛政重修諸家譜」編纂のため、奥右筆に命じて「貞享書上」を転写させたものである。
(85)高埜利彦「近世奉幣使考」(『近世日本の国家権力と宗教』東京大学出版会、一九八九年。初出は一九八二年)。同「江戸時代の神社制度」(同編『元禄の社会と文化』日本の時代史一五、吉川弘文館、二〇〇三年)。

(86)「江戸幕府日記」正保三年二月一五日条によれば、宮号宣下直後にあたる同年の例祭に、将軍家光自身も社参を企図していたが、翌四年、七歳となる嫡子大納言家綱を同道しての社参を行う予定とのかかわりから、延期した。

(87) 正保三年三月一〇日太政官符、同日後光明天皇宣命（いずれも日光東照宮文書）。

(88) 前掲註(8)平泉他執筆著書。

(89) なお、その後、慶安元年（一六四八）の第三三回、寛文五年（一六六五）の第五〇回、正徳五年（一七一五）の第一〇〇回、明和二年（一七六五）の第一五〇回、文化一二年（一八一五）の第二〇〇回、元治二年（一八六五）の第二五〇回の各御神忌法会時、および承応三年（一六五四）の檜皮葺から銅葺とする修復時には、通常の例幣使による奉幣とは別に、臨時の奉幣が実施され、臨時奉幣使が参向し、別途、宣命・太政官符の発給も行われた。いずれも日光東照宮文書に原本が現存する。

(90) 前掲註(85)高埜論文。

(91) 前掲註(44)野村論文。

(92) 広野三郎執筆・日光東照宮社務所編・発行『徳川家光公伝』（一九六一年）。

(93) 差し当たっては、奈良の東大寺に宛てられた天皇・朝廷発給文書、ことに国家祈禱を命ずる近世文書一四〇通をはじめて検討した富田正広「近世東大寺の国家祈禱と院宣・綸旨」（綾村宏編『東大寺所蔵聖教文書の調査研究』平成一三年度～平成一六年度科学研究費補助金（基盤研究（A）(1)）研究成果報告書、二〇〇五年）参照。

(94)「日光山御神事記」。引用した将軍徳川家光願文の原本は輪王寺所蔵。

(95) 前述したように、このとき同時に神輿渡御の諸道具が整備されている。神輿渡御は、例祭のうち、百姓・町人が見物することが可能な唯一の神事である。したがって、家光の「荘厳」には、祭礼を見せ、東照宮の威光を示す要素もあったと容易に予想される。

第二章　近世日光山惣山組織と法会の編成

はじめに

近世日光山には、「宗廟」東照宮の祭礼、ついで承応二年（一六五三）に建立された三代将軍家光廟大猷院の祭祀を恒常的に執行するために、寺務を司る座主たる門跡を頂点とし、学侶たる衆徒二〇か院から選出された諸職を中核とする組織が設けられた。座主＝門跡は、寛永二年（一六二五）以降は江戸上野の東叡山本坊にあり、後に執当と呼ばれ同山に常住する二名の近習が日光山の寺務にあたった。前章で明らかにした語に基づけば、それは「荘厳」の執行者である。門跡を頂く諸職は、それと同時に既存の日光山の法会の執行をも担っていた。

本章では、この日光山の祭祀組織の編成上の特質を、日光山における東照宮例祭の形成と既存の法会の再編過程に着眼し、前章に究明した幕藩制国家ないし将軍権力の動向と、日光山内部の事情との双方をふまえ明らかにしていく。とくに、天台宗本山となる過程において変質を迫られた、二〇か院の衆徒、そして、衆徒から蔑視されていたといわれる一坊（いわゆる日光修験）、さらには改宗され消滅する真言僧の実態を検討する。

使用する史料について、「江戸幕府日記」、輪王寺文書、長楽寺文書、各地に残存する天海の発給文書や金石文など同時代史料を用いることに極力努める点は前章と同様である。ただし、慶長～正保年間（一五九六～一六四八）における各院・坊の詳細については、同時代史料と対校したうえで比較的信頼がおけると判断できる場合に

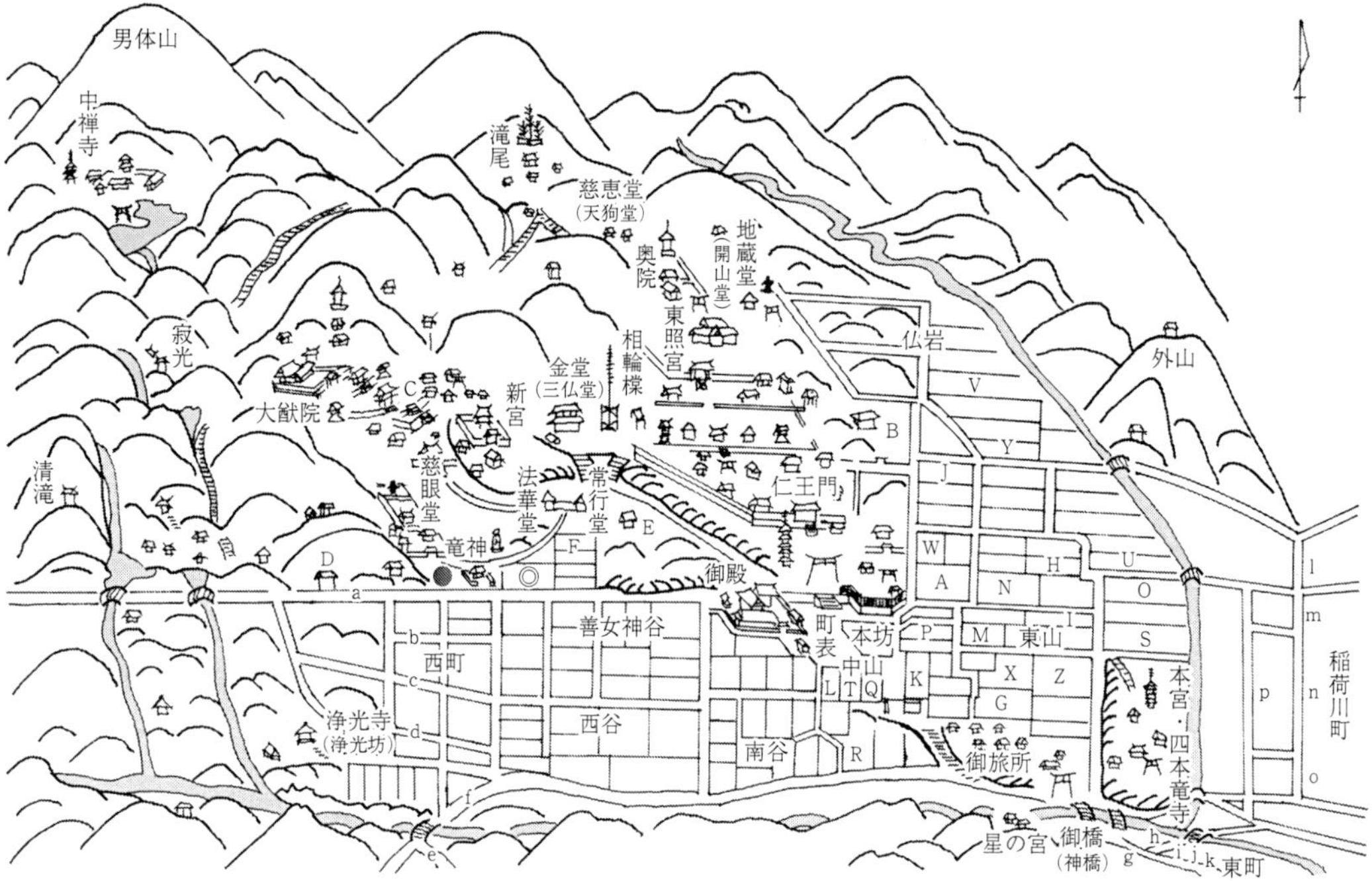

図2-1　承応2年(1653)　近世日光山とその周辺の見取図

凡例：●日光目代山口図書役宅 ◎日光定番梶定良(金平)役宅
A修学院(学頭) B大楽院(東照宮別当) C竜光院(大猷院別当) D妙道院 E安養院(新宮別所) F無量院(慈眼堂別当)
衆徒　G唯心院 H藤本院(藤本坊) I教城院(教城坊) J華蔵院(旦勝坊) K浄土院 L光樹院(光樹坊)
M日増院(日増坊) N護光院 O禅智院(禅智坊) P遊城院(遊城坊) Q観音院 R照尊院(照尊坊) S桜本院(桜本坊)
T実教院(実相坊) U医王院 V養源院 W法門院(法門坊) X安居院(安居坊) Y恵乗院(恵乗坊) Z南照院
町　a馬町(馬の丁通) b袋町(こふくろ丁通) c本町(本丁とおり) d大工町(大工丁とおり) e向河原町(ミや原丁)
f河原町(川原丁) g鉢石町(はつ石) h大横町(よこ丁) i御幸町(しん丁) j石屋町(こく丁)
k松原町(松はら丁) l稲荷川(いなり川)一丁目 m同二丁目 n同三丁目 o同四丁目 p同うら町(うらまち通)
註：承応2年12月板「下野国日光山之図」(栃木県立博物館所蔵柴田豊久家文書)により作成。

は、歴住記・年代記・旧記史料も適宜参照して行論する。

なお、併用される房と坊の表記は、引用史料においてはそのまま引用するが、それ以外の本文においてはすべて坊に統一して表記する。また、衆徒名は延宝年間（一六七三～八一）ごろから院号に統一されるが、(1) 史料に現れるその時期の呼称をそのまま使用することにする。

第一節　中世末期の衆徒・一坊

1　一山組織と惣山組織

まず、近世日光山の祭祀組織と法会を検討する前提として、そのあり方を同時代における組織内部の認識から整理しておく。とくに、日光山僧の最下位に位置づけられていた一坊の認識を検討してみる。

一坊とは、清僧修験の八〇か坊で、衆徒の支配を受けつつ、日光山の堂社祭祀の一翼を担う存在であった。一坊は、「日光山堂社記」(2)によれば、東照宮・大猷院への勤番をもっとも重要な職掌とされ、一〇石程度の配当を受けていた。また、冬峰《ふゆのみね》（晦日峰、逆峰）・華供峰《はなくのみね》（春峰、順峰）の両峰および禅頂《せんじょう》（八月禅頂）から成る回峰修行、山内を駈ける大千度行法、強飯《ごうはん》（日光責《にっこうぜめ》）の執行など、寺役と称される修験本来の修行・修法の執行、そして、町宿に宿泊した参詣堂者の吟味を職掌とした。(3) 彼らは、はじめて両峰に入峰するさいには新客と呼ばれ、入峰する回数に応じ先達の位階が与えられた。先達の位階には、両部先達・正先達などがあった。

一坊は一八世紀以降、寺役の執行にあたり、配当のみでは経済的に不十分であるとし、また衆徒から冷遇されているとして、数次にわたって訴訟を行っている。とくに一九世紀中葉には繰り返し歎願書を提出している。輪王寺に残るこれら歎願書は、秋本典夫(4)により系統的に検討されている。

その一通に安政二年（一八五五）「御内密申上候覚」がある。これは帽子・紋白袈裟の着用を願い出たさいの全一二か条からなる口上書である。[5] 一坊の正装は素絹・五条袈裟であるが、それは卑賤な処遇であるとし、改善を要求したのである。その根拠を述べるなかで、自身が日光山の住職の一つで「御宗廟」東照宮へ奉仕し、かつ修験の寺役を種々勤めているにもかかわらず、交衆・比叡山竪義《りゆうぎ》などを停止されているため宗門内における昇格がなく、「法中平等」にない状況をあげている。一坊は幕藩制国家により負わされた職分として宗廟東照宮への奉仕を第一に掲げ、その職分に相応しい衣文の着用を許可するよう求めたのである。

ここにおいて一坊は、自己の負わされた立場から日光山の組織形態の特徴を指摘している。それは、次の二点である。

その第一は、「衆徒・一坊者同根之一樹」であったのに、慶長一八年（一六一三）天海の入院以降、その職掌をもって身分的、格式的に分断されたことである。天海はこのとき一〇〇余坊あった坊のうち大坊七か坊を衆徒、残りを一坊と称した。東照宮鎮座後、衆徒は、寛永年間（一六二四～四四）に三か坊、承応年間（一六五二～五五）に五か坊を一坊から加え、その他新規取立も含め都合二〇か院となった。以上の経緯からすれば「衆徒・一坊者同根之一樹」である。にもかかわらず、衆徒は一坊を卑賤におとしめている。一坊は、安永年間（一七七二～八一）ころ仲間の身分引立を願い出たさいにも、衆徒は「当山一坊之儀往古より坊人と相唱、衆徒抱之もの（者）共」と書き上げているが、それは山内の記録に違えると主張している。

先行研究[6]を引くまでもなく、天海入院以前にも衆徒（惣徒）・一坊の別が存在していたことは疑いない事実である。しかし、一坊の自己認識からすれば、それ以前と以後において明確な線引きがあり、その間に大きく改変されたとする見方がここに示される。従来の日光山の祭祀組織研究[7]においては、竜光院（前教城院）天祐が編んだ元禄四年（一六九一）五月「日光山常行三昧堂新造大過去帳」の巻末に付される「日光山本房并惣徒旧跡之記」を唯一の根拠とし、天海入院以前と以後の衆徒・一坊がそれぞれ系譜的に連なる存在と見なされてきた。中世の衆徒にあたる惣徒六一坊、すなわち衆徒三六坊およびその部屋坊二五坊が近世日光山衆徒の原型であり、その坊人が一坊となったとする同史料の文脈を前提に描かれてきたのである。その文脈は、一坊の批判する衆徒の主張そのものである。

天祐の叙述は、自らを含む衆徒を中世日光山の衆徒からの系譜を引く正統な存在として位置づけることに終始している。このことは、同じ天祐の著になる延宝六年（一六七八）八月「滝尾山年中行事」(8)にも共通する。ところが、「滝尾山年中行事」では、衆徒を三六坊とするものの、部屋坊は一九坊しかあげていない。天祐が六一坊とする惣徒の定義は、その著作においても一致していないことになる。天祐の叙述の根拠とするところは薄弱であり、衆徒自らによる我田引水の文脈に他ならない。一坊の主張する「衆徒・一坊者同根之一樹」という論理は、「日光山本房并惣徒旧跡之記」などの叙述と齟齬することを理由に、信用するに足らないものとは即座に断ずることはできない。むしろ天祐の叙述相互の矛盾を突く点において、その真偽を問いただすことを求められる。

第二は、日光山の祭祀組織の形態である。衆徒は、一坊を引き続き別派のように扱いたい存意から、「一山」を衆徒の名目にし、一坊を山外の者のように扱っている。しかし公辺の役人は一山を日光「惣山」の名義としている。にもかかわらず衆徒は最近、出入りの町人にも諭し、衆徒のみを「御山内様」と唱えさせているというのである。

一坊が主張するように、一山組織は通常、僧侶集団に限定しても、衆徒（学侶）、行人、聖など多様な僧侶集団から構成されるものであり(9)、日光山の場合も、衆徒・一坊、社家、神人などの諸職、あるいは職人などまで含み込む運営組織に相当する分析概念とすべきである。しかし、日光山における「一山」は、史料上の用例においては、衆徒により構成される日光山運営のための連合体を呼称する語として用いられている(10)。したがって、いわゆる一山組織に相当する、一坊の歎願書にいう日光山僧全体を包含する組織は、衆徒中の「一山」と区別する必要がある。本稿ではこの歎願書に基づき、以下、これを惣山組織と呼ぶことにする。この、衆徒から成る一山と、衆徒のみならず一坊など諸職も含む惣山の両者の編成を解明することこそが、東照宮の祭礼、および日光山の既存の法会の執行を見るさいの鍵になる。

この二つの特徴は、従来の日光山研究では看過されてきた点にほかならない。以下、この一坊自身が提示した組織上の特徴に留意しつつ、中世末期における惣山組織の形態を検討してみる。

2　惣山の組織形態

中世の衆徒は、常行堂旧蔵文書[11]の分析から、それらの同宿・弟子・部屋坊などと呼ばれる後継候補者も含め、天台宗門上の中心的な堂である常行堂の上・下執事以下の堂僧（見衆《けんしゅう》）や、本宮・滝尾などの堂社の上人職に就任し、法会と祭祀を運営していたとされる。既述のように、一坊は、その抱である坊人と見なされてきた[12]。

ここでは、このうち上人職を事例に考察する。上人職は、日光山の五か所、すなわち日光三所権現のうち男体権現（大己貴命《おおなむちのみこと》）を祀る新宮（現・日光二荒山神社本社）、女体権現（滝尾権現、田心姫命《たごりひめのみこと》）を祀る滝尾（現・滝尾神社）、同じく本宮権現（味耜高彦根命《あじすきたかひこねのみこと》）を祀る本宮（現・本宮神社）、山内と男体山の中の宮にあたる中禅寺（現・日光二荒山神社中宮祠）、男体権現の妾神とされる寂光権現（下照姫命《したてるひめのみこと》）を祀る寂光寺（現・若子神社）の各別所（別当）に参籠し、祭祀にあたる五つの職である。近世には滝尾上人は衆徒預かり、寂光寺上人（大聖）は一坊預かり、本宮上人は衆徒と一坊が交代で勤める職とされていた。三所権現の本社にあたる新宮の場合、上人職は本来、日光山座主が兼務し、その大聖・安養とよばれる名代職が境内に置かれていたが、寛文年間（一六六一～七三）に衆徒が上人職を勤めるように改められ、別所は安養院と呼ばれるようになった。

ところで、一坊は、前述の「御内密申上候覚」において、本宮・寂光寺の両「上人」だけでなく、往古は中禅寺「上人」、滝尾「上人」も勤めたと言い、その記録も残っていると主張している。このうち本宮上人を検討してみる。本宮上人は、一千日、または二千日参籠し、円仁から伝授されたと伝えられる如法経修行を執り行う。竜光院天祐による著述の一つで、宝永五年（一七〇八）五月の奥書を有する「日光山満願寺勝成就院堂社建立旧記(13)」の本宮条には、次のような記述がある。

従往古、中禅・滝尾・本宮三別所、惣徒輪番勤所タリ、故有テ元亀二年、一坊永南坊昌俊上人代トシテ参籠、大聖ト号ス、従此時、近年ハ一坊輪番ノ様ニ勤之

ここには、本宮上人は本来、惣徒、すなわち衆徒が輪番で勤めるものであったが、元亀二年（一五七一）一坊である永南坊昌俊が「上人代」として参籠し、大聖と称したこと、また、近年は一坊と衆徒が輪番のように交代で勤めていることが記されている。

本宮上人の歴代については、文化九年（一八一二）、浄土院義深の就任までを書き上げる「本宮上人籠山次第(14)」に詳しい。これは、その巻頭の書入れによれば、本宮に存在していた留書を基にした本宮上人の歴代記である。ただし、「勝道上人本宮開基以来、至永禄五年上人籠山記録不知、何時而失、因本宮留書之通記之矣」とあり、永禄五年（一五六二）以前の記録はない。表2-1は、そのうち明暦四年（一六五八）までを抄出したものである。上人の肩書に記される堂衆・比衆は一坊の座次である。「日光山堂社記」によれば、一坊の座次は三座と呼称された。これには、「座次ノ事、堂衆、比衆、行徒行人トモ云、古跡、寺ノ格ハ堂・比衆、行徒ト三段ニ分リ、其ノ三段ノ寺ノ内へ新入一代限ノ者ヲ古跡ト云」とあり、一坊には堂衆・非衆・行徒、および一代限りの同宿・門弟たる古跡が含まれていた。したがって、天祐のいうように、元亀二年以降、寛永初年までの本宮上人には、永南坊、真鏡坊、光増坊、朝乗坊、定実坊、祐南坊、鏡泉坊ら一坊が就任していたことになる。

天祐の言説に従えば、彼らは上人代であり、大聖と号していたことになる。しかしそれは、彼らの参籠中に寄

表2－1　永禄6年(1563)～明暦4年(1658)の本宮上人

参籠開始年(西暦)	参籠日数	上人名	座次	備考
永禄6年(1563)	三千日	桜本坊宗安	(無)	衆徒桜本院＊
元亀2年(1571)	三千日	永南坊昌俊	比衆	一坊
天正7年(1579)	三千日	真鏡坊昌証	堂衆	一坊
16年(1588)	三千日	光増坊盛俊	堂衆	一坊
慶長2年(1597)	二千日	朝乗坊宥円	堂衆	元一坊、衆徒恵乗院＊
10年(1605)	二千日	定実坊昌哲	堂衆	一坊
14年(1609)	二千日	桜本坊宗尋	(無)	衆徒桜本院＊
18年(1613)	二千日	朝乗坊応円	堂衆	元一坊、衆徒恵乗院＊
元和3年(1617)	二千日	祐南坊俊良	堂衆	一坊
7年(1621)	二千日	鏡泉坊淳綱	比衆	一坊
寛永2年(1625)	二千日	日城坊昌深	(無)	(衆徒日乗房)＊
6年(1629)	二千日	竜円坊天宥	堂衆	一坊
10年(1633)	二千日	忍性坊淳存	比衆	一坊
14年(1637)	二千日	通乗坊宗純	比衆	一坊
18年(1641)	一千日	教城坊天雄	(無)	衆徒教城院＊
20年(1643)	二千日	祐南坊俊秀	堂衆	一坊
正保3年(1646)	二千日	安居院信海	(無)	衆徒安居院＊
7年(1650)	二千日	乗音坊長雄	堂衆	一坊
承応3年(1654)	二千日	医王院舜応	(無)	衆徒医王院＊

註：備考のうち＊は「日光山本房并惣徒旧跡之記」、他は「本宮上人籠山次第」による。

進された本宮の什物に記される銘文をみれば、明らかに誤謬である。例えば、弥陀三尊蓮華形厨子箱底面の墨書[15]には「永禄十二己巳菊月日　当上人永南坊」、尉の古面銘[16]には「元和五年己未卯月八日　当上人祐南房俊良」とある。永南坊、祐南坊の参籠は表2-1にも確認できる。したがって、同時代においてはいずれも大聖ではなく、上人と呼称していたことになり、衆徒と区別はなく、むしろ同格であった。

しかし、他方では、一坊を衆徒の抱と見なしうる史料もある。それは、元和元年（一六一五）極月日の年紀を有する一通の常行堂旧蔵文書である。これは、端裏書に「教城坊」とあり、衆徒教城坊が所持する屋敷（坊舎）を書き上げ、それらにかかる年貢高の合計（永六貫五〇四文）を勘定した算用状である。教城坊自

表2-2　元和元年(1615)12月　衆徒教城坊分の屋敷とその年貢高の内訳

衆　徒	衆　徒 やしき分 永楽銭	衆徒分付	永楽銭	備　考
教城坊	—	堂中　祐南坊	332文	
		同　真鏡坊	332文	
		同　本滝坊	332文	
		鉢石やしき3間	650文	
道樹坊	300文	衆徒非衆　仲音坊	332文	
		非衆　教光坊	332文	
		行徒　悦蔵坊	332文	
		同　蓮勝坊	332文	
		杉本坊	200文	
		祐日坊	200文	
		やしき1間	100文	学然坊跡か
		渡内やしき	540文	間数記載なし
恵乗坊	300文	行徒　勝学坊	200文	
		非衆　妙月坊	200文	「是ハ近年やしきのねんくとり不申候」と註記あり
		やしき　2間	300文	
		はた　1間	250文	
		やしき　2間	100文	
妙法坊	300文	非衆　城弘坊	200文	
		やしき	64文	間数記載なし
		ハタ	64文	間数記載なし
円実坊	300文	—	—	

註：常行堂旧蔵文書により作成。

身の屋敷は除かれており、教城坊が得分として抱える屋敷のみが算用されている。その内訳は表2-2に示した。

この文書には、後述するように、衆徒道樹坊・円実坊・恵乗坊・妙法坊の屋敷も書き上げられているが、これらは当時中絶しており、空坊であった。しかし、それら個々の得分であったとみられる屋敷は、そのまま空坊であるはずの衆徒に分付されており、一六世紀末の状況を色濃く残したまま書き上げられてる。

その得分として分付される坊には、それぞれ堂中、非衆、行徒、衆徒非衆などの山内身分が肩書きに付されている。堂中・非衆・行徒は、堂中が他の文書にみられる堂衆の異称であるとみるならば、前述の三座に他ならず、したがって一坊を指し示すと考えられる。三座の呼称は、近世以前の日光山にも存在した。それは、衆徒桜本坊宗安（慶長六年＝一六〇一没）が編んだ、天正九年（一五八一）の記事を下限とする「日光山往古年中行事帳写」(17)の回峰修行についての一条にみえる。

晦日峰ハ十二月廿六日ニ入テ三月二日出成スル也、正月・二月閏月ハ数ニ不入、華供ハ三月十三日ニ入テ四月廿弐日出峰ス、三月閏アレハ後三月入、夏峰ハ五月晦日ニ入テ七月十四日出峰ス、是モ閏アレハ後ノ五月晦日ニ入、六月閏アレハ三十日臨時入峰スル也、峰勤役之次第ハ堂衆花供・晦日、比衆花供、行徒晦日・花供、比衆晦日是等之次第也、比衆ハ一峰宛、堂衆・行徒ハ二峰宛、此峰ハ人体役也、（後略）

堂衆は華供峰・冬峰（晦日峰）の両峰、比衆は華供峰のみ、行徒は冬峰・華供峰の両峰に勤役する修験であり、それらの座次は寺役に応じて定められたものであった。一坊は、まさに修験としての回峰修行を存立の基礎においていたことがわかる。

また、衆徒非衆についても同じ「日光山往古年中行事帳写」の使節の条にみえる。この条は、日光山から近国に送られる使節の分掌に関する故実を書き上げるものである。「衆徒ノ非衆」は、使節の一つとしてあげられる。これは役人五か坊から成り、衆徒が鎌倉などへの使節とした坊であった。算用状にみえる仲音坊は宮中（宇都宮氏）へ、そのほか円祐坊は越後輝虎（上杉氏）、光善坊（光禅坊）は常陸佐竹氏、鏡泉坊は川崎（塩谷氏）・壬生、深妙坊（慈妙坊）は宮（宇都宮氏）・鹿沼（壬生氏）への使者に立ったとある。彼らは、役儀のため、峰役や禅頂役・御橋供養・寄合への出仕を免除されたともある。回峰修行を基準として寺役の免役規定がなされていることから、これも一坊の内に数えられるものであったと考えられる。

このように、堂中以下、すべて日光修験であり、一坊である。算用状では特定の衆徒に分付されているが、両者がなぜ結びついたのか、直接うかがうことのできる史料はない。仮に師弟関係を想定したとしても、整合性が見出せない。なぜならば、堂中の祐南坊、非衆の城弘坊は真言僧なのである（次節1参照）。その祐南坊を分付する教城坊は、当時天雄が住持であるが、彼は紛れもない天台僧である（第三節1参照）。

さらに複雑なのは、「ハタ（はた）」と「やしき」とのみ記されるものである。「ハタ」については、衆徒光樹坊昌永が滝尾上人在職中、天正二〇年（一五九二）七月に編んだ滝尾の年中行事帳である「旧記（滝尾山旧記）」(18)によれば、例えば四月一〇日の滝尾講に出仕する一二か坊のうち、仏眼坊抱の月蔵坊は三宮畠、浄土院抱の実浄坊は理宣前畠、地頭道樹坊と肩書きにある大宝坊は理宣前ノ畠と註記される。これら坊が衆徒仏眼坊・浄土院・道樹坊を「地頭」とする「抱」であり、それが現状は「畠」となっているという書入れである。「ハタ」とは、もとは坊舎の境内であったが、その坊の廃絶により畑地化した屋敷地であり、その「ハタ」を所持するようになった月蔵坊・実浄坊・大宝坊が滝尾講に出仕していたのである。

また、「やしき」については、常行堂旧蔵文書中にある道樹坊分の年貢算用状が参考になる。これは、天正一八年（一五九〇）以前の文書と想定できる。元和元年算用状と比較すると、分付される坊について、仲音坊を朝音坊、蓮勝坊を連勝坊とするなど音が同じか似た違字により表記される箇所があるものの、筆数の合計および坊名はほぼ一致する。ただし唯一、大きく相違するのは、元和元年算用状に「やしき」とある箇所に、学然坊と具体的な坊名がある点である。学然坊は「日光山本房并惣徒旧跡之記」に天正年間（一五七三〜九二）に断絶したとある衆徒部屋坊である。これを否定する材料はなく、事実とするならば、惣徒であるはずの部屋坊が一坊と同格に「抱」とされていたことになる。また、元和元年までに学然坊の名義は完全に消滅し、単なる「やしき」になっていた。とするならば、算用状の文面においては、衆徒に準ずる部屋坊も一坊と代わらぬ、同格の「抱」であり、しかもその名義を失った坊があったことになる。

このように一瞥した限りでは、衆徒と一坊の関係は複雑である。この点を整合的に説明するために、江田郁夫[19]がその存在を究明した昌膳の乱に注目したい。これは、天文八年（一五三九）から翌九年のころ発生した、惣山を統括する権別当座禅院昌膳を失脚させるにいたった日光山内の抗争である。先に引用した「日光山往古年中行事帳写」の回峰修行の条には、次の叙述が続いている。

　然ニ、為《（昌脱）》膳乱ニ、下方衆悉取除、無好者計坊ヲ抱候間、古跡ニ指之、于今勤役非分也、結句可勤役者有之、古跡へ指事無法度次第也、（後略）

下方衆とは、江田も指摘するように一坊の呼称であるが、文字通り衆徒の視点から見下した、侮蔑的な呼称である。当該期、衆徒に匹敵するほど勢力を伸ばしたのが下方衆たる一坊であった。下方衆は、座禅院昌膳との結びつきと武力を背景に、惣山における発言権を強めていた。しかし、この乱で衆徒との抗争に敗北し、没落したのである。

引用した記事によれば、昌膳の乱において衆徒に敗れた一坊は惣山から排除された。それ以後は、好み、すなわち主張をいわぬ坊だけを衆徒が「抱」とした。そこで回峰修行は、一代限りの古跡に差定されるようになった。このような入峰のあり方は、「非分」かつ「法度」なき次第とし、歎かれる。

昌膳の乱の結果、惣山の秩序は揺り動かされた。その結果、とくに影響を受けたのは下方衆と蔑称される一坊であり、惣山に残った一坊も衆徒の「抱」となった。天祐が述べる衆徒の「抱」となる一坊は、このときに生まれた可能性が高い。その一方で先にみた本宮上人職にみられるように、衆徒と一坊の間には差が見出し得ない状況も引き続いて存在していた。

「日光山本房并惣徒旧跡之記」をみると、天海入院後、一坊の中には本宮上人を輩出した朝乗坊のように、衆徒に取り立てられる一坊もあった（本章第三・四節参照）。一方、桜本坊の部屋坊とされ、天正八年（一五八〇）から同一二年に滝尾上人宗尋を輩出した大輪坊の場合、「日光山本房并惣徒旧跡之記」に「元和年中ニ衆徒職断絶シテ留守居ノ桜眼房住居、自然ニ一房ト成ル、称号ハ不改」とある。衆徒醍醐坊も同様で、坊人妙栄が旧跡を継承して一坊となっている。天祐が編み、衆徒・一坊は前代から継承される別と説く記録の中にすら、その主張に整合しない記事がある。とするならば、先に見た「衆徒・一坊者同根之一樹」であるとする一坊の主張は、まったくの捏造と捨て置くことはできない。中世の衆徒・一坊は、そのままそれぞれ近世日光山の衆徒・一坊に連続するとは言い難いのである。また、そのまま単純に両者間における格式の差を論じることもできない。中世末期における日光山惣山の組織形態は、きわめて混沌とした状況にあったのである。

第二節　中世末期日光山の真言僧

1　一山菩提所清滝寺

近世日光山のあり方を考えたとき、天台宗の本山としての地位もまた重要であり、中世末期の関東天台において「関左之日枝山」（関東の比叡山）と呼称された地位がその前提にあるとみるのが通説である[20]。日光山の天台化について、前述の「日光山往古年中行事帳写」には以下のように叙述される。

一　日光山天台宗ニ成事ハ、嘉祥元年戊辰慈覚大師以勅命山門衆徒召連治定畢、慈覚ノ氏壬生也、出羽滝名寺ニテ御遠行、御頭ハ叡山ニアリ、正月十四日ハ長髪ナルヲ奉剃也、当山勝道ハ律家、弘法ハ真宗ナレハ両流打交タルヲ、慈覚叡山ノ末寺ニ被成者也

日光山には勝道以来の律家、空海が伝えたとする真言宗の両流があったが、円仁が来山して以降、天台宗となり、比叡山の末寺になったとする。同書には、天台宗において阿弥陀信仰に基づく不断念仏の道場である常行堂が日光山において建立されるのが久安元年（一一四五）とあり、一二世紀半ばに天台僧を中核とする組織が確立されたとする。

ところが、前節で見た本宮上人祐南坊俊良、光増坊（光蔵坊）盛俊を真言僧とする記録がある。「妙道院歴代記」[21]によれば、寛永四年（一六二七）の惣山天台化以前、山内の一坊光蔵坊・深妙坊・円観坊・祐南坊・城弘坊・円乗坊・妙達坊・通乗坊、および山外の栄蔵坊（後の観音寺）とその門徒宝珠院・円長坊・真乗坊・守蔵坊・守養坊・宝蔵坊は真言僧であった。日光山の真言僧は、上人職に就く坊がある以上、等閑視することはできない。

しかも、近世日光山には空海の来山伝承が色濃く残っている。それは、鎌倉時代の作といわれる「滝尾建立草創日記」[22]と題する寺社縁起に詳しい。これは、史料名に冠されている滝尾をはじめ、寂光寺、中禅寺湖畔の四条寺・木叉寺・転法輪寺・法華密厳寺・江尻華厳寺・般若寺、野口生岡の大日堂（現・生岡神社）が、空海および弟子真済により勧請された由来を説く縁起である。その内容は竜光院天祐の「日光山満願寺勝成就院堂社建立旧記」にも引用される。

このうち滝尾では、天正二〇年（一五九二）に光樹坊昌永が編纂した年中行事帳である「旧記（滝尾山旧記）」によれば、三月二一日に「正供」が執行されていた。これは空海の祥月命日に執行される御影供であり、以後、近世を通じてこの真言宗の開祖を祝う法会が執行されている。[23]このように日光山には、惣山が天台化された後にも、空海来山の伝承が維持され、真言宗の余香漂う堂社が実在していた。天海入院前夜における日光山の運営組織の特質を明らかにするためには、真言僧の存在形態を明らかにする必要がある。

「妙道院歴代記」を見ると、次の叙述がある。

当院者（妙道院）　天海大僧正開基之旧跡也、元和七酉歳　大師中山之釈迦堂ヲ以テ（今当東照宮御仮殿ノ地也）仏岩勝道上人之墓所之辺リニ移ス、　大師之命ニ依テ浄土院亮俊　釈迦堂ヲ兼帯ス、寛永五戊辰歳　大師釈迦堂ヲ再興シ給フ、同年之冬精舎ヲ建立シテ仏滝寺妙道院ト号ス、当山僧徒社僧タルニ依テ、往古ヨリ清滝寺ヲ以菩提所トス、然リト雖トモ清滝寺ハ遠所タルニ依テ　大師山之内ニ於テ妙道院ヲ建立シテ釈迦堂ヲ以テ本堂トシ一山之菩提所ニ定メラル、況復　大師以来当院ヲ以テ一山之密室ニ定給フ、是ニ依テ　座主三代之　御令旨有リ、当院住職之僧侶必ス清滝寺ヲ兼帯スルコトハ　大師清滝之法水ヲ以テ当院之密室ニ移シ給フ故也、将軍家ヨリ寺領三百石御寄附

これは、近世日光山の一山菩提所とされた妙道院の由緒を述べるものである。妙道院は、寛永五年（一六二八）釈迦堂を本堂とし、天海の弟子である衆徒浄土院亮俊を第一世として山内仏岩に創始された。しかしそれ以前、一山菩提所は遠所にある清滝寺とされていたというのである。清滝寺は、日光山内の西南西、約三・九キロ離れた清滝村内に立地する。「光嶺秘鑑」巻四によれば、元来清滝寺は「真言の道場」であり、真言僧であったと伝えられる。

清滝寺の一山菩提所としての具体的な機能は、同時代史料にはまったく見えない。ただし、天正一〇年（一五八二）から一八年（一五九〇）の間に日光山真鏡坊昌証が著したとみられる御伽草子「弁草紙」[24]に明確に描かれる。「弁草紙」は、平泉澄[25]・藤井万喜太[26]・古川清彦[27]の考証により、天正一〇年六月一四日に一六歳で没した主人公弁公昌信をはじめ、みな実在する人物とその実話に取材した作品であることが明らかにされている。弁公は、常陸国行方郡を領した竹原昌保の二男で、常陸府中の領主大掾貞国の孫にあたる。父が討ち死した後に誕生した男子は、その遺言にしたがい、日光山の座主坊（座禅院）に上り、衆徒円実坊昌誉に師事した。一二歳のとき昌誉が亡くなった後は同じく衆徒の教城坊昌長に学び、一五歳で受戒して弁公と号した。しかし、その翌年生涯を終えた。その臨終から香華にいたる場面に清滝寺の住持尊豪が登場する。

ミな月《（六月）》十四日、昌長《（教城坊）》・綱誉《（法門坊）》の御手をひし〱と取、御まゆのいとたゆけなる御目を開、いとなよ〱として、御母うへの恋しさなと仰られて、ほともなく消入やうにうせ給ひける、昌長・綱誉は申におよはす、一山の大衆あはてにはきさなから五月のくれやミのことくにして、夢に道行心にや、ものにミなあたりける、御母

上に伝へ申けれハ、そのまゝ起も上りたまハす、まさやすにはなれまいらせしハ、又ことの数にもあらさりしをとなけかせ給ひける、まハりにこそと人ミな申奉る、扨あるへきにあらされは、清滝寺尊豪法印と申貴きひちり《聖》をたのミ奉りて、一時の烟となし、たえまつる、はかなかりける事共成、さまくの御とふらひ、七日くにかきらすしたまひける、御なけきのあまりにや、昌長僧都、伝法くわんちやう《灌頂》をとりおこなひ、檀上に御いはひを立、過去幽霊平昌信とんせうほたひと回向し給ひける、御心さしことハりにしと袖をぬらさぬハなかりけり、次の日又綱誉僧都も灌頂執行し、過去幽霊一門蓮花にのほらせ給ひて、我等か終の行道にハ観音の御手の内のれんたい《蓮台》に登りのほせ、都卒の内院に引取給へと法施し給ひし御心さし、又すくれて人ミな哀におもひ奉る、召仕ハれしわらハもと取きり、出家して御骨を首に懸て行衛もしらす出にけり、其外めしつかはれし人々、ふかき思ひに引籠るも有、谷にまろひ落るもあり、哀成しことくも成

弁公が亡くなると、火葬にされた。荼毘に付したのは、貴き聖たる清滝寺尊豪であった。清滝寺には、天正一二年閏二月七日の命日を刻む尊豪の供養塔（五輪塔）がある。以後、四十九日までの法要が執行され、とくに師である教城坊昌長と衆徒法門坊綱誉は位牌を立てて伝法灌頂を執行した。この教城坊昌長は、同年七月一五日、常行堂念仏会への差定が命ぜられ、また翌年には上番頭に就任しており、常行堂の法会を運営する中核にいた衆徒の天台僧である(28)。

弁公の追善供養は、常行堂の御念仏でもなされた。「常行堂施入帳(29)」には、翌天正一一年八月一八日、「衣裓十二」が弁公昌信大徳の供養のために施入されたとある。また、元禄四年に整序された「日光山常行三昧堂新造大過去帳」にもその名が書き入れられている。

2　真言僧の台頭

「弁草紙」では、弁公没後に著者である真鏡坊昌証がその供養をしたことが記されている。昌証は堂衆で、天正一〇年当時は本宮上人であった（前掲表2－1参照）。

昌証法師かやうの哀ともにいさゝかなる身をうらみて、往生院といふれん《蓮》台に弘法大師あみた《阿弥陀》のれいそう《霊相》をつくり立て妙覚門と額をあそハしける、いまにたへ《絶》さる事共成、或外典を見るに、一日安閑得ハあたい千《万》金と有、又大隠ハ朝市にかくれ、小隠ハ岩藪にかくる、といへり、しかし只かのかたハらにすまひしく、在於閑処修摂其心いふ経文をさとり得て、方丈なる庵室をむすひ、朝夕にかの御ほたひをとふらひまいらせて、二六時中には法華妙典をよみ奉る、（後略）

山内善女寺谷にあった往生院は阿弥陀如来を本尊とする「当山惣坊中ノ墓所」であり、弁公の遺骨を埋葬した蓮台野であった。弁公ゆかりの真鏡坊昌証は、そのかたわらに庵室を結び、弁公を供養した。

「弁草紙」にもあるように、往生院の本堂には、空海の筆とされる「妙覚門」の題額が掲げられていた。往生院は、もとは離怖畏所と呼ばれる、開山勝道を荼毘に付した仏岩の一角に存在したとされる。現在、開山堂と呼ばれる地蔵堂や勝道の墓塔とされる五輪塔、勝道の跡を継いだとされる日光山座主第一世教旻の墓塔（無縫塔）がある一帯である。往生院は、「日光山満願寺勝成就院堂社建立旧記」には次のように記されている。

当山惣坊中ノ墓所ナリ、此旧跡ハ仏岩離怖畏所地蔵堂ノ辺ナリ、此所ニ於テ開祖道公ヲ荼毘シ奉リシヨリ惣坊ノ廟所トスト云々、依テ道公ノ門弟并惣山ノ廟塔ヲ此所ニ起立ス、雖然此所山中ノ鬼門ニ当ルヲ以、中古ノ衆徒相議シテ、寛喜三年此墓所ヲ西山ノ善女寺谷ニ引移之今ノ楽人町ナリ　応永年中ニ当山本坊光明院ノ三尊ノ弥陀運慶作并ニ本堂、同ク供僧六人、惣徒ノ衆議ヲ以テ善女寺ニ引之テ、往生院ノ本尊トスト云々、此地ハ旧坊ノ跡也ト古記ニ見タリ今ノ竜神ノ辺リナリ、大師空海真筆ノ妙覚門ノ題額、往生院ノ重宝也今浄光坊ニ預之、（後略）

往生院の態様が整えられたのは光明院が本坊としての地位を喪失した応永年間（一三九四〜一四二八）とされる。最後の光明院別当は、関白一条経嗣の子で将軍足利義持の猶子の持玄（慈玄）である。その確認される活動の終期は応永三三年（一四二六）〜三四年であり、[30] それ以降のことと推察される。光明院の本尊であった阿弥陀三尊とその本堂、六供と呼ばれる供僧が善女寺谷に移され、整えられたのである。この六供とは、浄光坊・知光坊・円林坊・放泉坊・宝蔵坊・清蔵坊の六か寺である。この往生院は、題額の伝承を見る限り、真言僧の関与する堂社と想定しなければなるまい。

桜本坊宗安「日光山往古年中行事帳写」には、往生院への出仕が触穢となることを記す条がある。

一　往生院へ入候へハ十二時ノ穢ノ由申候、然間、別所者ハ不入、千度衆も不入、日参者ハ不入也、故ニ（以下脱）

一　勧学講遶堂ノ人、其盆ヲハウ（打）テトモ、盆中必往生院へ不入、日参ノ故也

往生院へ入った場合には、一昼夜の穢となる。そのため、別所の上人以下の僧、大千度行法の行人、その他諸堂への日参者が入ることは禁じられた。また盆に詣でる習俗があったようであるが、勧学講の差定を受けた者は、それも禁忌とされたのである。かかる禁忌の初見は、嘉吉二年（一四四二）一〇月二〇日に成文化され一九条から成る「日光山物忌令」[31] であり、その最後の条には「日参三昧所へ不入、十二時忌之」とある。三昧所とは、往生院のことを指すと考えられる。

前掲「妙道院歴代記」には、清滝寺が一山菩提所となった理由として、一山の「僧徒」（衆徒）が社僧、すなわち日光三所権現の祭祀者であることがあげられている。この物忌令にも見られるように、一山の衆徒は、日光山の祭祀にあたり死穢を忌避した。一五世紀前半、このような禁忌が成文化されたのである。

清滝寺についても今一度検討を進め、その成立時期を考察してみる。そもそも清滝の寺号・地名は、真言宗の本山の一つ、山城国宇治郡醍醐（現・京都府京都市）の醍醐寺において空海が勧請した清滝権現を想起させる。清

滝寺のある清滝村にも同寺が別当を勤める清滝権現（現・清滝神社）が鎮座し、修験道と空海の伝承を引く縁起がある。「光嶺秘鑑」巻四の清滝権現条を次に掲げる。

清滝権現　此社頭は往古よりの鎮座にして、其最初を訳るに、文武天皇の大宝年中役小角と雲遍上人と二人して大鷲山の清滝に至るに、滝上に雲起り、雷鳴し、雨車軸を流し、進ミ兼たれハ、二人秘呪密言を以て祈禱すれハ、又忽に天晴、其所に大杉在り、其上に天狗の首長等数万の眷属をひきえて現し出て、先二人云、我等二千年前霊山にて仏の付属をうけ、大魔王となり、此山を領し、郡生を利益すといひ、言訖て見へす、因茲、二人杉樹を号して清滝四所明神と崇め、扨滝の辺に千手大士を案《安》置して其地を鎮むと云云、後世仏法擁護の壱区となれりとあれ者、弘法大師、此神を祀りて鎮護とせしめ、又清滝寺を建立すと云云、此ゆへに密宗の霊地に清滝権現を祀り、山内の鎮護とする事なり、往来の右の方拝殿、本社は其後に古杉樹茂り峻岩数十丈聳へたる所に滝あり、是を清滝と者号せり

ここに清滝寺と清滝権現が空海の開基の寺社として現れる。この地は、醍醐寺清滝宮と同様、役小角・雲遍上人が修行したと伝える中国大鷲山に擬せられ、清滝権現境内の背後には清滝と呼ばれる小滝がある。空海は、この権現を日光山の鎮守として勧請し、清滝寺を建立したとする。続く清滝観音堂条によれば、この近くにある清滝観音堂には空海自ら千手大士を祀ったとある。これらの伝承は、清滝寺の成立に醍醐寺系の真言僧が関与したことを示唆している。

実際、醍醐寺系の真言僧の活動は、日光山の周辺では、文明六年（一四七四）六月一五日、板荷郷板荷畠（現・鹿沼市板荷字板荷畑）において日光山の代官山前孫次郎の関与のもと建立された鎮守厳島明神の棟札に見出せる。その銘文によれば、当時の厳島明神の別当は、「醍醐三宝院末」、すなわち同院から伝法灌頂を受けた長明阿闍梨であった(32)。一五世紀中葉以降、日光山周辺には醍醐寺三宝院系の真言僧が確かに活動していた。彼らが清滝寺の

表2-3　近世以前　清滝寺入定窟の供養塔

年　月　日	住　持　名	形状
文明８年(1476)　３月　日	□□応海	五　輪　塔
享禄２年(1529)　10月14日	法印亮心	五　輪　塔
天文23年(1554)　６月　日逆修	大阿亮仙　当寺中興	宝篋印塔
天正12年(1584)閏２月７日	尊豪法印	五　輪　塔
慶長17年(1612)　10月24日	豪覚	五　輪　塔

註１：現地踏査により作成。
　２：年紀のある塔のみ掲げた。□は判読不明の文字。

草創にも関与した可能性が高い。

清滝寺の草創は、「光嶺秘鑑」巻四に「往古弘法大師開闢也、初祖を能海といふ」とある。初世能海の伝記は、同書に引く「清滝寺并妙道院歴代記」に次のように記される。

初世能海、海法印姓氏未タ詳、晩年ニ及テ当寺ノ境内西之山ニ於テ入定スト云云、俗其所ヲ呼テ入定場ト謂フ、海師ノ墓所有リ、古老ノ伝話ニ云フ、師入定ノ後、三十余日之間、墓ノ下ニ於テ鉦鼓ヲ打ツ、音有、是ヲ聞クト云云、入定年月詳カナラス、但シ当寺往古ノ大過去帳ニ亡日ヲ以テ十六日ニ記之同所ニ代々ノ石塔アリ、文明・享禄・天正ノ年月彫附アリ

入定場とは、現在、入定窟と称されている、境内西側の住職墓地のことである。能海は、ここに土中入定し、三〇数日間、墓の下で鉦鼓を打っていたという。即身成仏の伝承である。その法名は、出羽国湯殿山の一世行人に代表される、空海の血脈を相承する意から海字を採る海号であり[33]、即身成仏信仰を有する真言僧であったことを物語っている。しかし、その没年は不明である。

入定窟には「清滝寺并妙道院歴代記」の能海伝にある通り、近世以前の形式を有する五輪塔・宝篋印塔が現存している。そのうち五基については、その銘文から、供養された住持名と没年月日が判明する（表2-3）。最古の塔は、能海と同じく海号を名乗る応海の五輪塔で、文明八年（一四七六）三月の年紀を有する。このなかには、前述の尊豪のものと同定できる供養塔もある。

以上をふまえるならば、清滝寺の活動が本格化した時期は、文明年間（一四六九〜八七）以前、一五世紀中葉とみて良い。

清滝寺および往生院が成立した一五世紀中葉は、日光山においては死をめぐる来世信仰の転換期である。空海の開基とされる寂光寺における釘抜念仏の成立も文明年間のことである。釘抜念仏の札には黒い五輪塔が描かれ、その一面に四九の白い釘穴を示す白抜きの丸印がすえられる。その釘穴は、一万遍の念仏を唱えるごとに一つずつ墨塗りし、すべて埋めれば閻王（閻魔王）から釘を打たれることなく極楽浄土に往生できるとされ[34]、現在もその信仰は継承されている。その縁起である「寂光寺釘抜念仏縁起」[35]が編まれたのは文明一三年（一四八一）六月のことである。その修法を授けられたのは寂光上人覚源（竜泉坊）で、文明七年（一四七五）、いったん息絶えたさいにその修法を授けられて再生したと説かれる[36]。

また、同じ文明年間には、阿弥陀如来を本地仏とする滝尾に鉄多宝塔（現・輪王寺所蔵）が建立されている。この鉄塔は、文明二年（一四七〇）三月一五日、六十六部聖の納経塔として建立されたものである。六十六部聖は、各地の人々が写経した法華経を預かり、全国の霊山に納経した回国聖である。一二世紀に始まる日光山への経筒納経については、それ以前の応永三四年（一四二七）四月、下総州上幸島境村（現・茨城県猿島郡境町）の如意寺性笠により中禅寺へ納経された事例が確認されるが、この時期を画期として滝尾への納経が目立つようになる[37]。滝尾もまた、一五世紀、来世信仰の聖地として脚光を浴びるようになったのである。

このように、日光山においては、一五世紀における死穢の忌避および来世信仰の高まりのなかで、清滝寺をはじめとする真言僧が台頭した。日光山の真言僧は、その役割として死穢を扱い、来世を祝う存在として定置された。その結果、空海の開基伝承を有する堂社が新たな性格を帯びるようになった。中世末期の真言僧は、常行堂の運営にあたる天台僧とは異質な機能を有し台頭したのである。

しかし、先述した本宮上人を想起するならば、真言僧の特質は、決して死穢および来世にかかわる部分にのみ求めることはできない。清滝寺の機能もまた単に一山菩提所としての機能にのみとどまっていたわけではなかった。

常行堂旧蔵文書のうち、享禄二年（一五二九）三月一日、衆徒教城坊昌賀による「常行堂供養之次第」は、常行堂で執行された二日間の供養の配役を筆録したものである。三月二日は日光三所権現の例祭の日にあたり、それにともなう法会が常行堂においても執行されていたことになる。この法会では、初日に曼荼羅供、第二日に延年舞が執行された。初日の曼荼羅供の法事には衆徒桜本坊宗興を本願とし、二四名の惣衆（衆徒）が出仕したが、法事の導師を勤めたのは清滝寺の住持であった。

また同じく常行堂旧蔵文書の一つで、桜本坊宗安が筆記した「三十講表白」の奥書にも、天正一〇年四月の記事に尊豪の名が見える。

同年（天正一〇年）四月廿三日ヨリ於清滝寺灌頂、五月四日迄在之、衆徒撰参詣畢、新阿闍梨十人、授者八十人、当清滝寺

尊豪

この年の四月二三日から五月四日まで、清滝寺では阿闍梨号を授ける伝法灌頂が尊豪により執行された。ここには山内の衆徒も参詣していた。新たに阿闍梨号を与えられたものは一〇人、その他の授者は八〇人にも及んでいる。清滝寺の住持は、常行堂法会の導師を勤め、また、日光山僧の阿闍梨号印可の権限をも有する高僧であった。

また、日光修験の回峰修行にも入峰していた。一六世紀末に断絶した回峰修行に夏峰（補陀洛夏峰、順逆不二峰）がある。(38) これは冬峰・華供峰の両峰とあわせて三峰と呼ばれていた。夏峰における宿で、現在の日光市と群馬県

沼田市利根町の境の尾根上に所在する男嶽宿には、弘治二年（一五五六）六月建立の金剛堂石祠(39)がある。その青銅扉の裏面の銘文によれば、真照坊・清蔵坊を願主、高木右衛門尉を旦那、鏡徳坊亮栄・浄光坊心春・真鏡坊心賢を助縁として建立されたものである。また、扉の表面には、入峰衆、すなわち同年の夏峰に入峰した日光修験の名前が書き上げられ、入峰衆の編成が判明する。次にその銘文を掲げる。なお、正先は正先達、両先ないし両は両峰先達の略で、日光修験の位階を示す。

両先清蔵房亮伝　　泉行房範俊
桜泉房重俊　　城清房仙什
両真照房昌証　　重真房尊慶
正先亮仙清滝寺
奉新造男嶽金剛堂石社一宇所
両先遍乗房秀範　　両能月房秀円
両鏡観房秀設　　円盛房春清
深教房盛幸　　両鏡月房栄賢
弘治二丙辰六月日　入峰衆

入峰衆の正先達として、清滝寺住持の亮仙の名がある。亮仙の名は同寺の入定窟に立つ天文二三年（一五五四）銘の逆修供養塔にも見える。彼は回峰する入峰衆を率いる立場にあったことになる。清滝寺の住持が山内の日光山僧を率いて夏峰を実施したことがうかがえる。先に示した伝法灌頂の執行をも想起するならば、清滝寺は日光山僧を指導する立場にあるのである。

また、常行堂旧蔵文書のなかに、年代は特定できないが、清滝寺住持が衆徒教城坊に送った書状がある。

（端裏書）「（封）教城坊貴酬　　清滝寺　」

尚々、此方者御無音打過、本意之外候

就月次連歌、御書札忝候、乍老体参候而、可得貴意候、遠路遅参之事、令迷惑候、諸事、期面上、恐々謹言

初夏三日　　　　豪□（舜カ）（花押）

清滝寺住持は、教城坊が主催する連歌に招かれ出仕するが、老体のため遅参することをあらかじめ詫びている。清滝寺住持は、衆徒から対等に連歌に招かれ得る立場にあったことを示している。

前節で見たように、中世末期の日光山は混沌とした状況にあった。清滝寺は、その渦中にあって衆徒と同格に常行堂法会の導師を勤め、または伝法灌頂を執行する高僧として存在していた。日光山惣山には、天台僧以外の僧も含まれていたのである。そこには真言僧以外の僧も含まれていた可能性がある。例えば「滝尾山旧記」には、五月の滝尾講に出仕する衆徒遊城坊の「カ、イ（抱）」である妙光坊に註記された「十コク（穀）ヤシキ」が見える。十穀は、熊野修験の場合、穀屋（本願）に結集した勧進聖である。熊野修験の影響を受けた日光山にも同様の勧進聖が存在していても決して不自然ではない。

すなわち、惣山の内には、天台僧の衆徒だけでなく、真言僧や十穀など、思想背景も属性も多様な宗教者が含まれており、それらが一体となって執行されたのが中世日光山の法会であったことになる。このように、多様な宗教者の集合体が中世日光山の惣山であり、そのなかにあって清滝寺は一山の菩提所という固有の役割を分掌する存在であったのである。

第三節　天海による法会と惣山組織の編成

1　衆徒・一坊名義の起立

教城院（後に竜光院）天全が宝暦三年（一七五三）九月に編んだ日光山の年代記である「旧記」に、「同（慶長）十八丑年十月天海大僧正御入院」とある。天海は、慶長一八年（一六一三）に日光山へ入院し、座主となった。天海入院以前の日光惣山には、「日光山謂記覚」(40)に「永禄年中迄者当山三百六拾坊也」と、三〇〇を越える院・坊が林立していたとある。しかし、「天正十八寅年（中略）、坊中百坊余減少ス」と、天正一八年（一五九〇）にはその坊数が激減していたともある。これは、従来は、豊臣秀吉による日光山領の没収という経済基盤の喪失から説明されてきた(41)。確かに、日光山領の郷村は没収され、そのほとんどは結城秀康に与えられた(42)。その家臣長田治部には、日光山膝下の「日光領所野村参拾三石」を文禄五年（一五九六）正月二〇日に宛行われている(43)。そして、日光山座禅院・同衆徒中を宛所として天正一八年九月二〇日に秀吉が発給した朱印状写(44)は、従来の読解では、日光山領を没収したものとして位置づけられてきたのである。

しかし、この朱印状写は、文言に「当山寺屋敷并門前・足尾村・神主・社人・寺人屋敷等之事被寄附之、無異儀立置条、勤行等不可有懈怠候也」とあり、没収を命じるものではなく、明らかに座禅院以下日光山衆徒中の山内における地位を保証した安堵状なのである。前節までに明らかにした中世末期の日光山の混沌とした状況をふまえるなら、坊中の減少はその結末に他ならず、秀吉の朱印状は、その整序を狙ったものと読まねばなるまい。

当時、寺務を担う座主であった座禅院権別当は、壬生家出身の昌淳である。昌淳が遷化するのは、往生院の系譜を引く浄光寺境内（現・日光市匠町）に残る五輪塔の銘によれば慶長一二年（一六〇七）五月五日である。その間、昌淳は、没落した生家壬生家の旧臣に対して官途状を発給し、また鉢石宿屋敷の知行を安堵する判物を出している。[45]壬生家旧臣は日光山の近郷に帰農し、壬生家没落後も昌淳を支える存在であったとみられる。また、「旧記」によれば、慶長二年（一五九七）に本宮上人光蔵坊盛俊とともに本宮の別所・道場を、また同一二年には自ら上人を勤める中禅寺の諸堂社を修復している。後者の堂社の一つ、妙見堂については棟札の銘も伝えられている。[46]昌淳は、間違いなく秀吉朱印状の如く地位を安堵され、活動していたのである。

ただし、それは決して惣山の安定を意味しない。慶長九年（一六〇四）六月、常行堂の三十講を執行する役にあった小勧進昌讃は、その執行にさいして結衆が遅参したことを詫びる起請文を残している。[47]

起請

三十講結衆等遅参之事

右、従官長被下下（下衍）結衆等、相当之所作遅参仕之条、太以違例也、若於遅参之輩者、永可被停止大少出仕者也、仍如件

慶長九年甲辰林鐘十一日　小勧進法師昌讃

大　勧　進

常行堂の法会執行に差し支えるほど、日光山僧の離反が生じていたことをうかがわせる。

それは、昌淳の弟子で、慶長一二年に一八歳でその跡を襲い座禅院住持となった昌尊の時代にはいっそう顕著になる。昌尊は、宇都宮氏の一門である上三川左衛門の次男と伝える。上三川左衛門は、上三川城主と理解するなら、宇都宮家中の今泉高光にあたる。今泉高光は慶長二年、主君宇都宮国綱の改易に先立つ家中の内訌に巻き込まれ、没落していた。[48]昌尊には、昌淳とは異なり、生家の旧臣など、支援する後ろ盾がなかった。

慶長一四年（一六〇九）三月五日、大御所徳川家康が日光山座禅院・同衆徒中を宛所として発給した黒印状の写[49]は、秀吉朱印状を踏襲して再び座禅院および衆徒中の地位を安堵したものではある。しかし、本文中には「就

中、彼地為山中之条、自然卑賤之輩、猥於有之一統義者、可加制詞、若有違背之族者、急度可為言上」の文言が添えられている。家康黒印状は座禅院と衆徒中に対し、山中にいる「卑賤之輩」による「一統」を成敗する権限を付与している。中村孝也は、この「卑賤之輩」を、座禅院に対して乱暴をはたらく山中足尾村での一揆と解釈するが、これまでの検討をふまえるなら同意しがたい。「山中」とは日光山内、「卑賤之輩」とは座禅院・衆徒中に従わぬ日光山僧を指すものと解釈すべきである。すなわち、座禅院・衆徒中に従わない日光山僧の「一統」により、惣山が分裂していたのである。座禅院と衆徒中は、極めて不安定な立場に置かれていたのである。(50)

衆徒中の不安定さは、「日光山本房并惣徒旧跡之記」に道樹坊・恵乗坊が慶長年間に中絶したとあることからもうかがえる。昌尊は、就任して五年目となる慶長一六年（一六一一）四月下旬、堂社の棟札に「末乃世も神のめくミの絶やらて茂る深山を又も分はや」という一首を記している。「卑賤之輩」の「一統」は、権別当たる座禅院の地位をも脅かし、末世と嘆息させた。(51)

座禅院昌尊については、「日光山本房并惣徒旧跡之記」の座禅院の記事に慶長一八年一〇月「神領ノ支配、依有不義、被擯出」とある。昌尊は、日光山領の支配に「不義」があるとして排斥されたのである。その離山の日は、「日光山常行三昧堂新造大過去帳」一二日条によれば同月二四日であり、その後の消息は越前国福井城下（現・福井県福井市）において六〇余歳で没したとの所伝を残すのみである。(52)

そして、昌尊の代わりに迎えられたのが武蔵国仙波（現・埼玉県川越市）喜多院の住持南光坊天海であった。天海は、応永年間以来中絶していた日光山座主（別当）、光明院の旧跡を復興して入院した。

天海は、陸奥国会津高田（現・福島県大沼郡会津美里町）出身の僧で、慶長一五年に大御所家康の信任を得、また比叡山法華会広学竪義探題職に推挙、翌一六年には僧正に補任され、さらに洛北出雲路（現・京都府京都市北区）に毘沙門堂門跡を中興した。日光山入院の前年には喜多院に招かれ、翌一八年二月に将軍家から「関東天台宗法

度」を得ることにより、同院を比叡山に超越する関東天台宗の本山として確立し、その翌年山号を東叡山と改めた。(53)

かかる天海の入院は、日光山の態様を変質させていく。「日光山謂記覚」には、次のように記述される。

同十八(慶長)丑年天海大僧正当山座主、此時衆徒・一坊ノ名ヲ立ル、大寺七ヶ寺衆徒、号ス禅智坊・遊城坊・藤本坊・教城坊・桜本坊・法門坊・浄土院

天海は、入院すると「衆徒・一坊ノ名ヲ立ル」、すなわち、衆徒・一坊の名義を編成し直したのである。「同根之一樹」のうち大寺七か寺を衆徒と定義し、残りが一坊とされた。このとき衆徒は禅智坊・遊城坊・藤本坊・教城坊・桜本坊・法門坊・浄土院の七坊とされた。いずれもかつての衆徒からの取り立てであった。

では、この当時の衆徒の存在形態はいかなるものであったのであろうか。それを知ることのできる元和元年（一六一五）の文書が二通、常行堂旧蔵文書中にある。

その一通は、第一節2でとりあげた元和元年極月日の教城坊分屋敷年貢算用状である。もう一通は、これまで未紹介のものであるため、全文を示す。

教城坊分
一 年具(貢)永楽壱貫六百文

恵乗坊分
一 年具永楽八百五十文

妙法坊分
一 年具永楽仁百文

道樹坊分
一 年具永楽弐貫四百八十文

合五貫百卅文

一 円実坊・恵乗坊・妙法坊やしきの年具永楽合九百文也、但是ハ吾等とり不申候、下風を指置申候事、下

風をさし置、我等年具とり不申候

借金之覚

一　廿仁両仁分御座候、此内十両吾等とり申事

無尽之覚

一　壱両本・壱分本・壱貫本、合廿両三分京銭、十貫文とり申事
一　右之壱両本・壱分本二ツハ、三月・拾月通申候事
一　壱分本之無尽二ッ、代物之無尽三百本仁ツ、仁百本壱ツ、合無尽かす（数）五ツハ坊主とり此已前通被申候事
尓今二吾等かけつき（書付）申候算用

乙卯
　拾月廿六日　さいしやふ（宰相カ）　天　雄（花押）

法　輪　寺様
善　行　坊様

差出の天雄は教城坊である。これもまた教城坊が得分としている屋敷年貢を書き上げ、同時に借金、無尽などの出納についても書き付ける算用状である。乙卯は元和元年に相当し、したがって先の一通と対をなすものである。

天雄は、「日光山本房并惣徒旧跡之記」教城院の条によれば、教城坊昌学の弟子で、はじめ昌学と名乗っていた。天海の「護摩法流ノ弟子」となり、実名も天の字を入れて改名した。教城坊は、開山勝道の十大弟子の一人であ

る昌禅講師を初世とし、実名には代々昌字を用いる衆徒であった。「日光山往古年中行事帳写」の千部会の条によれば、昌・宗・綱・誉などの字を実名につけた旧衆徒は法類として「一党」または「一統」をなしていたとあり、とくに昌膳講師の法流を継承する昌字の「一統」は「御留守十八坊」と称されていた。昌字は、法流相承の証であった。ところが、昌学は天海から「貴諭」され、天字を用いることにしたという。すなわち、教城坊は、昌字という法類の集団から離脱し、天海の門弟へと転身したのである。以後、教城坊（後に教城院）は、天祐、天全などと天海の法流の継承者として天を通字とする法名を名乗っていく。この文書では天雄を名乗っていることから、すでに天海の門弟として活動していたことが示されている。

また宛所の法輪寺は弁海、善行坊（禅行坊）は円海とみられ、いずれも天海の侍者である。弁海は、「寒松院開基弁海権僧正伝」(54)によれば、「那須屋形」の招請により那須郡佐良土（現・大田原市）の法輪寺の住持となった僧であり、天海の侍者として家康から家光にいたる将軍家の御前での論義にも出仕している。後に東叡山東照社別当寒松院の第一世、芳賀郡長沼（現・芳賀郡二宮町）の宗光寺、常陸国茨城郡西小塙（現・茨城県桜川市）の月山寺などにも住した。また、円海は、「日光山本房并惣徒旧跡之記」護光院条によれば、出羽立石寺（現・山形県山形市）住持で、後に紀伊徳川頼宣の家臣彦坂丹波守光正の菩提を弔うために、天海により建立された衆徒護光院の第一世となった僧侶である。後には日光山・東叡山両山の惣山組織を統括する院家で、門跡の仰せを受けて惣山に伝達する奉者となる二名の執当が設けられるが、この時期にすでに同様の機能をもつ侍者が存在していたことになる。

この二通には、中絶・空坊化した衆徒の屋敷が教城坊の得分として書き上げられている。しかも衆徒の様態をもうかがわせる。衆徒道樹坊・円実坊・恵乗坊・妙法坊の行く末である。

「日光山本房并惣徒旧跡之記」によれば、円実坊は天正年間、道樹坊・恵乗坊は慶長年間に中絶、無住化した坊である。道樹坊は住持であった昌存が教城坊昌盛の甥であり、また、恵乗坊は教城坊と同じく実明に昌字を用い、その旦那と坊人二坊は恵乗坊の中絶した慶長年間に教城坊の「抱」となったとある。したがって、この三か坊は、教城坊と同じ昌字の「一統」、御留守一八坊であり、教城坊との族縁や法縁を確認することができる。それらの中絶後、屋敷や旦那などの得分は、族縁・法縁のある教城坊の管理下におかれたことになる。

妙法坊については、中絶という文言はないものの、坊人三坊が天正年間に教城坊に抱えられたとあるので、やはり天正年間に無住化し、教城坊の管理下に入ったものとみてよい。ただし「日光山常行三昧堂新造大過去帳」をみる限り、昌字の付く「御留守十八坊」ではない。妙法坊の寺内には曼荼羅堂があり、「日光山往古年中行事帳写」にもあるように、毎月旧衆徒の輪番により曼荼羅供が執行された。供料は八貫二〇〇文であり、布施の配分や鐘による出仕の案内は妙法坊の役であった。この供料は天正年間に没収されたものの、曼荼羅供は妙法坊の「名跡」において慶長年間までは衆徒によって執行されていた。妙法坊のような祭祀上固有の役割を有した衆徒については、族縁・法縁などと関係なく有力な坊が「名跡」を併呑したものと考えられる。

このように、教城坊は、これら中絶した旧衆徒を、族縁・法縁により、あるいは祭祀上重要な場合には法縁とは関係なく、その得分・役を含め継承ないし併呑したとみられる。しかも、円実坊・恵乗坊・妙法坊の屋敷については「下風」を差し置いたとある。すなわち天雄は、自らの弟子を配置した。この三坊の「旧室」は、後述するようにそれぞれ護光院・恵乗院・安居院へと新規に衆徒に取り立てられていく。すなわち、同じ衆徒、坊名を名乗ってはいても、天海の法類へと変質している。天海の入院は、その直後から新たな惣山組織編成へと胎動する、その始まりであった。

2　惣山組織の編成と法会の改廃

元和三年（一六一七）四月、日光東照社の遷宮にともない、惣山組織はその「荘厳」の執行者として位置づけられ、新たな段階を迎える。

「日光山謂記覚」は、次のように記す。

一 往古衆徒八人神事勤之、往古社家六人・一坊八十八坊大僧正天海被召出之、御宮御番一日一夜替リ可相勤旨、神人五十人・忰弐十六人合七拾六人・宮仕拾人、右往古ヨリ勤来 日光大権現諸祭兼之可奉仕云云、往古ノ八乙女被召出、鉢石・西町衆徒付被召上地代御赦免、 御宮庭上ノ御掃除并仁王門番所輪番ニ毎日両人宛勤之

天海の召し出しにより、衆徒は東照社の神事を勤め、社家六人、一坊八八坊は東照社に設けられた番所に一昼夜詰める勤番役を勤め、神人七六人・宮仕一〇人は日光三所権現の祭祀との兼務により奉仕する。巫女たる八乙女も召し出される。そして門前町である鉢石町・西町は地子を免許（免除）されて東照社庭上の掃除役と仁王門（表門）番所に輪番で詰める勤番役を勤める。また、東照社の別当として大楽院も創設されたとされる[55]。このほか、東照社御用と日光神領在・町の支配・仕置を職務とする日光目代に、奥州会津芦名家の旧臣で天海の縁戚である山口忠兵衛常信がはじめて任じられ、二〇〇石の扶持を与えられたのも同年六月と伝えられる[56]。日光山の旧記史料では、元和三年遷宮時点でこれら惣山組織の態様が整ったように描かれる。

しかし実際には、より大きな変化はこれよりやや遅れて起こったと見られる。「日光山本房并惣徒旧跡之記」をはじめ日光山の旧記史料には、元和三年以降、年中行事の法会が改められ、往古の例講が数多く断絶したことが記される。その具体像は、常行堂旧蔵文書の残存状況により明らかになる。「御念仏所作配」は常行堂の正月修正を構成する引声念仏の配役を明徳元年（一三九〇）から書き継ぐ記録であるが、その最後の記録は東照社遷宮の直前にあたる元和三年である。また、七月一三日に行われる延年の開口と大衆舞の配役を天文一〇年（一五四一）から書き継ぐ「当内堂大衆舞帳」は、元和四年を最後に擱筆される。そして、円仁の忌日に執行される御忌日

講の導師の差定も元和五年（一六一九）正月七日を最後に消滅する。ここに、常行堂において執行されてきた法会が改廃された。その画期は、元和五年にあることが判明する。

現在の常行堂および常行堂と渡廊でつながる法華堂の小屋真束《しんづか》には、この年の九月、両堂が造替されたことを示す銘文[58]がある。常行堂・法華堂は、東照社鎮座以前は現在の表門（仁王門）付近にあったが、このとき現在の本地堂（薬師堂）西側の地に引かれ、造替された。常行堂の法会はこのとき中絶されたことになる。日光山の法会の中心にあった常行堂は、従来の地位を否定されたのである。また、同月には日光三所権現祭祀の中心にあった新宮本殿も造替されたことがその棟木銘[59]にみえる。これらの作事の御大工は徳川家譜代の鈴木長次が勤めた。明らかに、元和五年は日光山における空間編成が開始され、同時に法会の改廃が断行された年であり、一大画期であった。


その直接的な原因を探るには、前章で明らかにした日光東照社祭礼の形成過程を想起すれば容易である。すなわち元和六年（一六二〇）四月、御旅所への神輿渡御をともなう例祭の形成にともなうものと見ることができる。その祭祀料として将軍秀忠判物[60]により「東照大権現社領」一七か村五〇〇〇石が寄進されたのも、その直前の元和六年三月一五日である。神輿渡御をともなう四月御祭礼の創出と連関することは明らかである。常行堂・新宮の造替、そして既存の法会の改廃は、東照社例祭の創出と連動したものであった。

このように、例祭の創出にともない、山内の空間および年中行事の再編が始められた。翌元和七年に入ると、東照社石鳥居東側の地の空間整備が着手された。本坊の建立である[61]。その付近にあった衆徒や堂社は移転された。例えば釈迦堂の場合、仏岩の地蔵堂（開山堂）の辺りに移転され、常陸国小野（現・茨城県河内郡新利根町）逢善寺から同四年に招請した検校浄土院亮俊の兼帯とされた[62]。

本坊の建立は、惣山組織の頂点を空間的に示すものである。と同時に、衆徒の編成が「段々」進められていく。

「日光山諸記覚」には以下の記事がある。

同《（元和）》六年（中略）、衆徒段々御取立、一坊之内ヨリ三坊引直シ、外ニ五ヶ寺衆徒御取立、都合十五ヶ寺衆徒者、光樹坊・実相坊・観音院一坊之内衆徒引直シ、寺新規ニ御取立護光院・養源院・日増院・安居院・医王院、此

時衆徒十五ヶ寺・一坊八十五坊也

主に「日光山本房并惣徒旧跡之記」を参照しながら一坊から衆徒に引き直された三坊を検討してみる。実相坊は寛永年間、一坊妙力坊の引き直しである。天海を戒師とする仙海（寛文九年（一六六九）八月二一日遷化）が奥州会津から迎えられ、衆徒実相坊の旧跡が中興された。観音院は、元和年間に衆徒宝蔵坊の旧跡に天海の弟子である武蔵国浅草寺別当智楽院忠尊（寛永一六年（一六三九）一一月一八日遷化）が造立した。光樹坊については、中絶を示す明確な記事はないが、衆徒宗佐が元和七年五月二八日に没し、その後継者が海号をもつ顕海（寛永二〇年（一六四三）四月七日遷化）であるから、天海の弟子ないし法類による中興であろう。

さらに新規取立の衆徒をみてみる。これらはいずれも院号を付与されている。日増院は、元和年間に比叡山日増院住持で尾張の名古屋東照社別当珍祐を迎え、衆徒普門坊の旧跡に建立された。護光院は、元和年間、紀伊徳川頼宣の家臣彦坂丹波守の菩提を弔うため、教城坊の所持していた衆徒円実坊の旧跡に建立された。住持は、先述した出羽国立石寺住持で天海に近侍する禅行坊円海である。養源院は寛永三年（一六二六）、水戸徳川頼房養母英勝院の妹で家康の侍女であった於六（寛永二年三月二八日没）の菩提を弔うために建立され、住持には天海の弟子で、後にその奉者として近侍する最教院晃海が就任した[63]。この三か院は以後、それぞれ徳川御三家を檀家とし、その在山中には宿坊として用いられていくことになる。

安居院は、元和年間、教城坊の所持していた衆徒妙法坊の旧跡が取り立てられ、比叡山の竹林坊賢清（寛永元年八月二八日遷化）を迎え建立された。医王院も元和年間、衆徒浄月坊の旧跡に比叡山東塔の東光坊俊海（元和八年

三月二日遷化）を迎え建立された。天保年間（一八三〇～四四）に東叡山開山堂別当真如院義厳が編んだ「慈眼大師御年譜」[64]によれば医王院の創立は元和六年で、はじめ東光坊と号したとある。

このように見てくると、当該期に取り立てられた衆徒は、養源院を除きいずれも衆徒の旧跡を中興した院・坊と伝えられている。しかし、住持には、天海の弟子か、天海と近しい比叡山僧が迎えられ、兼帯している。衆徒の旧跡といっても、それはほとんど形骸化したもので、現実には天海の法流により新規に構築された衆徒であった。このように、日光山の衆徒が新たに編成された。

ところで天海は、当該期、江戸城の鬼門にあたる上野を拝領し、東叡山寛永寺を創設している。これにともない、東叡山内には御三家をはじめ諸大名が旦那となり衆徒や諸堂社が断続的に建立されていく[65]。そのために、天海の弟子や台密諸流の碩学が上野に招かれ、「密法諸流兼学之地」[66]が形成される。

天海は、その弟子らが編んだ「東叡開山慈眼大師伝記」「武州東叡開山慈眼大師伝」「東叡山開山慈眼大師縁起」によれば、天文年間（一五三二～五五）に比叡山神蔵寺宝全から檀那一流（檀那流）を、元亀二年（一五七一）から天正五年（一五七七）の間に甲斐国（現・山梨県）において正覚院豪盛から恵心一流（恵心流）を、天正一七年（一五八九）上野国世良田長楽寺春豪から葉上流を、慶長八年（一六〇三）下野国芳賀郡久下田（現在 栃木県芳賀郡二宮町）宗光寺で三昧流を、同一二年（一六〇七）比叡山南光坊住持となった年、梨本門跡（梶井門跡、三千院）最胤法親王から法曼院流（法曼流）を、寛永三年東叡山において穴太流を相承していた。また、「台密九流相承」[67]に載る血脈によれば、天海は、最胤法親王から法曼流以外にも双厳房流・三昧流・大原流・石泉流・谷流を相承してた。天海自身も、円仁に始まる山門派から分流した台密諸流の多くを相承していたとされる。

東叡山には天海の意志を奉ずる奉者が山内の院家から二名選出され常駐することになる。この職は、正保元年（一六四四）以降執当として制度化されるが、「執当譜」[68]によれば、実際にはそれ以前、寛永二年の東叡山草創以降から、双厳院豪倪と最教院晃海の両名がつかさどっていたとある。彼らはこれ以降、日光東照社御神忌法会に従事したり、天海の名代として将軍の御前に参上したりしていたことが「江戸幕府日記」により確認できる。

天海が文字通り天台宗門の頂点に位置する本山を構築した時期、日光山においても惣山組織の編成が新しい段階を迎える。すなわち全山の天台化である。「妙道院歴代記」同院二世祐誉伝によれば、「寛永四年大師之命ニ依テ山上・山下之真言宗悉ク皆天台宗ニ改メ」ることになった。先述したように、このときまで真言の法流を守っていたのは山内の一坊八軒、および山外鉢石の栄蔵坊とその門徒六坊であったが、すべて天台宗に改められた。

ここで注目したいのは、前節で究明した一山菩提所清滝寺の取り扱いである。「妙道院歴代記」によれば、日光惣山が天台化される前年、寛永三年（一六二六）、常陸国佐竹白羽山の祐誉が天海の下命により清滝寺に転住している。祐誉は、山内および鉢石の真言僧の天台化にあたり、護摩の法流を教授した僧である。

そもそもこの記事が「妙道院歴代記」に載るのは、妙道院が清滝寺と兼帯の寺院であったからである。同史料によれば、寛永五年（一六二八）天海によって再興された仏岩の釈迦堂に、同年冬「精舎」、すなわち客殿・庫裏を建立して創設されたのが妙道院とある。以後、遠所の清滝寺に代わって「一山之菩提所」とされた。「日光山本房并惣徒旧跡之記」によれば、妙道院は天海により「於当山、法曼一流ノ密灌頂修行ノ室」と定められたとある。同院の初世は、仏岩に再興された釈迦堂を兼帯した浄土院亮俊とされる。亮俊は、常陸国江戸崎（現・茨城県稲敷市）の不動院、越後国妙高（現・新潟県妙高市）の関山宝蔵院の住持も兼帯し、また日光山の検校職にも就任した。亮俊は寛永五年に「退院」（隠居）したとされるから、[69]妙道院はその後、祐誉の後継にともない創設されたとみられる。

このように、元和五年、東照社例祭の形成とそれにともなう法会の改廃に対応し、日光山の惣山組織の編成が開始された。それは寛永四年の天台化、死穢を扱う妙道院の創設をもって成立したことになる。それは、混沌とした一六世紀日光山の態様を、弟子・法類を注入することにより整序した天海一人の手腕によるものであった。そして惣山組織は、東照社祭祀の執行者として機能し始めたのである。

3　諸職支配規定の成立

寛永一一年（一六三四）日光山の諸職支配規定がはじめて定められる。しかし、それにいたる天海の惣山組織編成に対しては、決して教城坊天雄のように積極的かつ従順な衆徒・一坊ばかりではなかった。矛盾を内包していたのである。

衆徒で天海の編成に異論を唱える者の存在は、早くも元和二年に表出した。「遊城院記」(70)には次の記事がある。

> 元和二年四月、源大君家康公、駿府ニテ薨御ナシ玉フ、此時諸宗ノ僧徒駿府ニ趣テ納経ス、然ルニ当山ヨリハ其ノ儀ナキニ因テ、大僧正天海公其旨ヲ御尋有シ時、当山ハ社僧タルニヨリ鎌倉代々公方ノ薨御ニモ納経ノ例ナシト申上ケレハ、天海聞召シ、何其謂アラン、山門・南都、豈社僧ナラスヤ、然リトイヘ共納経ス、其理立ヘケンヤト宣ヒ、同年七月上旬、右ノ罪ヲ以テ衆徒上座三人離山セシメ玉フ、所謂浄土院昌策、禅智坊昌能、当寺ノ昌永也、離山ノ後故郷会津エ帰リ、数年ヲ経テ寂

衆徒は社僧であるために納経しないという論理は、真言僧に死穢を取り扱わせていた一五世紀以来の状況に由来するものであろう。しかし、天海は、日吉神社・春日神社おのおの社僧たる比叡山・興福寺の例を引き、その主張を退ける。しかも、衆徒の上座にあった浄土院昌策・禅智坊昌能・遊城坊昌永など昌字の一統の老僧に離山を命じるにいたったのである。そして、それら衆徒の跡には、釈迦堂を預かる浄土院亮俊のように、自らに近しい僧侶を入れた。

天海による惣山組織の編成が本格化した元和五年以降は、さらに異論を唱える衆徒が目立つ。「日光山本房并

物徒旧跡之記」藤本院条には次のような記事がみられる。

此寺往古ヨリ断絶セス、（中略）旧跡ハ石鳥居ノ東、今ノ御仮殿ノ地ナリ、元和七年大僧正ノ寺地ト成ルニ依リ、藤本房ハ東山鏡泉房南ノ地ニ移サル、此時住持亮安怒ヲ含テ離山ス、時ニ昌重浄土院昌策弟子ナリ住職ス

藤本坊は、回峰修行の一つである冬峰の修法に用いる三本の扇之的《おうぎのまと》を調進する役務を有していた大坊であり、調進された扇之的の第三はその坊舎の門前に建てるものであった。[71] 役務と坊舎の立地は連関していたのである。ところが、その住持亮安（良安）は、元和七年、天海が本坊を建立するにさいし、その坊舎の移転を迫られた。坊舎の移転という空間の変質は、年中行事の変質にもかかわる一大事であった。怒りをこらえたのはそのためであろう。亮安は、「慈眼大師御年譜」に引用される「藤本院記」に、「立腹」して離山すると、故郷皆川（現・栃木市）に帰り、後に上野国前橋城主酒井忠世に招かれて五〇人扶持を賜り、前橋（現・群馬県前橋市）において寂したとある。亮安離山の後、天海に好意的な僧侶が置かれたのは、当該期の他の衆徒と同様である。

桜本坊もまた、天明六年（一七八六）一〇月に造立された「桜本院歴代物位牌」[72]に寛永年間に住持となった良海を中興と記す。その前の住持昌重は一日が命日とあるのみで、遷化の年月は不明である。良海は、「東叡山日記」[73]寛永年間条によれば、もとは真言僧で下野国足利庄栗谷郷昌蓮寺住持であり、寛永初年に東叡山で天海に随身し宗旨を改めた「器量ノ僧」という。やはり昌字の一統に代わり天海の弟子が住持になったのである。

また、「日光山本房并物徒旧跡之記」浄土院条にみえる亮俊の記事には、暗示的な一文がある。それは「其後ハ検校職ヲ天海大僧正衆徒ニ許シ玉ハス」という一文である。日光山の検校職は、寛永五年に隠居し、同七年に遷化した亮俊を最後に、衆徒の就任する職ではなくなった。亮俊の隠居にも、天海による妙道院の建立、そして真言僧の改宗にともなう、何らかの確執があった可能性が高い。

しかし、衆徒にも増して一坊からの異論は目を引く。常行堂旧蔵文書に一括されている輪王寺文書のなかに、

「衆議」により一統した一坊の八か坊が江戸へ上り、上野東叡山にいる天海に訴えようとした寛永九年（一六三二）の一坊議定書がある。

一　此度公事付而、衆中谷々雖御念入候、末々之儀共如何令存、連判以定申候、公事長引候共、右如申合、少も相違不可有之候、後日者江戸へ御上候共、老若共一筋之御心得肝要存候、此儀者衆議以、如此可定、仍如件

悦蔵坊　長円（花押）
蓮勝坊　長叶（花押）
唯教坊　昌宗（花押）
醍醐坊　淳広（花押）
宝泉坊　亮設（花押）
鏡観坊　天純（花押）
橋本坊　天栄（花押）
深教坊　泉海（花押）

衆中

寛永九年壬申九月吉日

連署する一坊のうち橋本坊は、後に衆徒に列せられる大坊の一つである。この公事の内容について直接知ることのできる史料はない。ただし、これと関連した可能性のある公事として、延宝七年（一六七九）二月「滝尾参籠之大帳」[74]に載る、寛永五年（一六二八）に発生した一坊鏡泉坊淳綱の滝尾上人職就任に対する一件がある。それは法門坊昌盛が勤めていた滝尾上人の後任をめぐる騒動であった。

鏡泉坊淳綱は、「内証」をもって訴え出た結果、天海から滝尾上人に補任された。ところが、参籠の直前、二月にこのことを耳にした法門坊は日光目代山口忠兵衛常信に申し入れ、次のことを天海に取り次ぐよう訴えた。

従上古已来、中禅寺・滝尾上人職一坊相勤之事、其例終無之、雖然　大僧正貴命之上不及是非、此時衆徒跡十二三坊雖有之、皆兼帯、或無住、而住寺之衆徒法門房昌盛・教城房天雄・浄土院昌重三人也、既三僧相議而、若今般一坊参籠之儀猶有之者、当山之古法今時断絶、然者滝尾神職伝授之法難成、且ハ今三人之僧末代之恥辱也、離山以後如何様ニも可被仰付

当時、衆徒の名跡は一二、三坊あるものの、現実には兼帯であったり無住であったりするものが多く、住持が日光山に常住している衆徒は法門坊・教城坊・浄土院のわずか三坊しかなかった。衆徒三坊は、滝尾上人が中禅寺上人と同様に衆徒の勤めるべき上人職で、もし一坊が相続することがあるならば、古法は断絶し、「滝尾神職伝授之法」も成し難くなり、「末代之恥辱」となる。離山するので、その後にどのようにでも命じればよい。まさに、三坊は「離山之覚悟」をもって訴え出たのであった。

江戸上野の寛永寺にいた天海は、三人の所存を聞き入れ、結局、教城坊天雄が滝尾上人職を襲うことになった。天雄は、その法嗣で、この記事を記した天祐にこの騒動について物語ったという。それは、以下のように回想

されている。

本宮別所も衆徒中輪番ニ持之、一坊参籠之儀往古ハ曾而無之、当山勤行丁寧ニ相勤、或峯之一宿等依建立之薫功、御留主居座禅院并衆徒相談之上ニて為其褒美別所一代権別当ニ被仰付之由、又ハ座禅院納所数年奉公之一坊座禅院より衆徒中江被相改、座禅院江之為芳志一代別所参篭之儀申渡候、然処当山之社領天正年中太閤被召上、衆徒段々ニ退転、依之所住之僧徒多無之故、其闕減之内一坊為権別当替り々指置候処、近代一坊求内証之縁、衆徒出堂々、一両年前より色々江戸江訴訟申シ、近年輪番持之様ニ罷成、一山之古法断絶浅間敷事也、本宮参籠之一坊如法経札供養等も往古より只今迄衆徒為招請札供養懸之、前代衆徒持之証拠也、一坊本宮参篭之事、元亀二辛未年永南房昌俊より初と相見え候間、一坊如法経之供養之札上人トハ不書、聖人ト書、上ノ字聖ニ書替ル事、一坊別所参籠之節者大聖りト呼ト云云、然ニ近代衆徒之札面同前ニ上人ト書、本宮大聖りヲ上人ト呼事近代誤也、本宮聖りト呼、寂光之札之面同奇進等之書付聖ノ字ヲ用、当時其札少々有之、これも近代ハ寂光上人ト書、聖ト不呼、往古ハ寂光聖りト呼事也、新宮も別所相勤候一坊ハ大聖りとて上人トハ不呼

天雄は、滝尾・中禅寺だけでなく、本宮・寂光・新宮のいずれの上人職も、本来は日光三所権現の社僧たる衆徒が勤めるべき職であると主張した。ただし、衆徒の退転にともない、御留守座禅院と衆徒の相談により一坊が勤めることがあった。それは、功労により、別所一代権別当、あるいは衆徒に改めて一代に限った別所参籠が命じられた場合に限られていた。そしてその場合には聖、あるいは聖人と呼ぶのが正しく、本宮については「本宮上人籠山次第」（前掲表2−1）と同様、元亀二年の永南坊昌俊が初見であったとする。

これは本章第一節でも述べたように、真偽はいずれにせよ、衆徒により近世を通じて説かれる上人職のあり方である。ここで確認しておかなければならないのは、天海が衆徒側の唱えを真とし、一坊の主張を偽と治定した

ことである。衆徒に有利な治定は、一坊にとって不満であったはずである。前掲の寛永九年の一坊衆議による議定もまた、直接的または間接的に、この騒動の延長線上にあることは間違いあるまい。

このような惣山組織編成にともなう相克は、寛永一〇年代に入ると見られなくなる。その時期に出現したのが寛永一一年（一六三四）五月二日「日光山法式」[75]である。これは三代将軍家光の朱印状で、日光山の惣山組織の諸職を成文によりはじめて規定したものである。同日には同じく朱印状[76]により東照社の「御供・常灯・祭礼・年中行事・修理料」に充てる「日光山　東照大権現御領并日光領」二二か村七〇〇〇石が天海宛に寄進され、天海が「門跡・検校并衆徒・一坊・社家・楽人以下、悉所支配」であることが指示されている。このことは、「江戸幕府日記」同日条にも、「南光大僧正、依召、参候、御対面、是　日光　東照大権現御社領、社僧・宮仕・楽人等支配并社法之　御朱印被成、遣之故也云々」とある。

「日光山謂記覚」によれば、日光神領の年貢徴収法は、この翌年から「地方石納」から「地方金納」へ、すなわち現物納から一〇〇石につき金七両とする定免石代納へと変化した[77]。このとき新たに寄進された南小倉村では朱印状発給の三日後、年貢請負証文[78]を関東勘定頭小林時喬・曾根吉次へ提出した。このとき南小倉村は、村高を寛永七年（一六三〇）前領主山川藩水野家による「新なわ之高」（検地打出し高）二一八石から検地前の本高一四〇石に戻し、年貢を大幅に減免されて、金二五両・鐚銭五三八文に固定された。その年貢勘定は、幕領ではないにもかかわらず、幕府の関東勘定頭が差配するようになった。山中療病院が日光山に提出した由緒書である享保二年（一七一七）七月「覚」[79]に「寛永十一甲戌年、御勘定頭并御代官小林重郎左衛門殿（勘定頭小林時喬）・曾根源左衛門殿（同曾根吉次）・曾我又左衛門殿（代官曾我古祐）、右三人之衆登山被致、知行村々名主・惣百姓より証文判形被受取、裏書写御座候」とあり、他の神領村々も南小倉村と同様に勘定頭から年貢勘定を示され、その請負証文を提出したようである。

これにより、日光山は毎年定額の年貢収取が保証された。それは、日光山の経済基盤の安定化を意味するもので、日光東照社の祭祀とその執行者たる惣山組織の諸職の安定化をもうながすものと考えられる。

この二通の朱印状発給は、三代将軍家光が将軍権力の拡充にともない日光東照宮「荘厳」の確立を計ろうとするなかで発給されたものであり、その施策の起点になるものである。したがって、日光東照社以外の東照社・徳川家霊廟建築に対しても、並行してさまざまな施策が進められていた。久能山東照社には、五重塔を新たに建立した。そのために三月二五日、その造営奉行である駿府城代松平豊前守勝政のもとから飛脚が江戸城に遣わされた[80]。江戸上野東叡山の東照社に対しては、四月二七日に天海を御前に召して社領三か村一〇〇〇石を寄進した[81]。家康の廟所安国殿および秀忠の台徳院殿御霊屋、秀忠正室浅井氏の崇源院殿御霊屋がある芝三縁山には五月二三日、それらの「御領」を寄進し、日光山と同様、「増上寺法式」を出した[82]。そして、近江国坂本（現・滋賀県大津市）に所在する東照社を造替し、八月五日、上洛中の家光はその遷宮にさいし発給された明正天皇宣命を天海に持参させて実見した[83]。当該期の将軍家光の立場に立てば、「日光山法式」の発令と社領の寄進は、寛永一一年三月三日の幕府年寄および六人衆への職務法度発令という権力構築[84]の直後にあたり、東照宮「荘厳」の確立をも計るなかでなされたものであった。

しかし、こうした家光の施策のなかで、日光山に対する「日光山法式」および領知の寄進のみは、事前の準備が詳細になされており、特異である。「江戸幕府日記」三月二五日条に「酒井讃岐守（年寄酒井忠勝）・林道春（羅山）・曾我又左衛門（代官曾我古祐）、日光御神領為改、被遣之」とある。万治二年（一六五九）一二月林靖「羅山林先生行状[85]」によれば、これは家光の下命による「神領検断」、すなわち日光神領における警察権の介入であり、とするならば、天海と、日光山惣山組織編成に対して異論を唱える勢力との相克を解消することが目的であったと思われる。羅山は実地踏査から帰還した後、朱印状二通を起草した[86]。四月二三日、家光は尾張徳川義直・紀伊徳川頼宣・水戸徳川頼房同席のもと、「日光東照大権現御社領、社僧并神主等支配之儀」を下命する意向を伝える[87]。そして、五月二日、将軍の御前において天海に朱印状が発給されていく。

では、その「日光山法式」は、惣山組織の諸職をどのように規定したのであろうか。その全文を次に示す。

日光山法式

門跡并検校

一　社役・祭礼不可有怠慢事

一　法流相続無退転、衆徒学道可被申付事

一　式日之出仕并衆僧勤行、無懈怠可有沙汰事

一　公事、無偏頗可有裁判事

付、悪僧可被擯罰事

一　衆徒并一坊、依其坊之相応、択器量、住持可被申付事

衆徒并一坊

一　年中行事、不可懈怠事

一　日次・月次之御供、厳重可備之事

一　百姓前所務、廉直可仕事

一　預置収納方并勘定、漫有之間敷事

一　宮寺洒掃并一坊番役、無油断可申付事

一　以類結党、依怙有間敷事

一　坊舎并領知、質券売買停止事

一　雖嗜学道・行儀、於不律者、可令追放事

一　社家・禰宜・宮仕・神人以下所役、可申付事

社家

一　祭祀、可相勤之事

一　物忌・触穢、可慎之事

一　社頭之番、不可懈怠事

右之条々、可相守此旨者也

寛永十一年五月二日

御朱印

門跡・検校宛五条、衆徒・一坊宛九条、社家宛三条と三つの枠組みから構成されている。同時に出された領知寄進の朱印状では、天海の支配する惣山組織は「門跡・検校并衆徒・一坊・社家・楽人以下」と記載されるが、右の法式に「楽人以下」は掲げられない。すなわち惣山組織の中核のみが規定されたことになる。

第一の枠組みでは惣山組織の頂点が規定され、そこには正式に門跡・検校が据えられる。ただし、検校は先述の通りすでに空職となっており、したがって実際には、門跡が唯一の頂点である。いうまでもなく、天海のことである。領知朱印状にも「山中法度令大僧正沙汰之」とあり、天海の絶対的地位がここにも定められている。

その次の枠組みに位置づけられるのが東照社の社僧としての衆徒・一坊である。その勤めの第一にあげられるのは東照社の年中行事の執行であり、祭礼への勤仕であった。年貢勘定を含む神領の百姓に対する所務も惣山のなかでは衆徒・一坊が責任を負うものとされた。そして、社家・禰宜、宮仕、神人以下に所役を差定する役目を規定され、職制上はこれら神職に優越するものとされた。この段階では、衆徒・一坊両者は、明確に分けておらず、「同根之一樹」として扱われている。

これら僧を除く諸職中、中心に位置づけられたのは社家である。社家は、東照社の祭祀を勤め、そのために物忌・触穢に触れぬことを命じている。

このように、惣山組織の諸職は、門跡である天海を筆頭に、衆徒・一坊、社家、その他と、階層的な組織として位置づけられた。それが東照社の年中行事の確実な履行を目的としたことはもちろんである。しかし、門跡并検校宛の第四条では公事で公正な裁判を求めたり、衆徒・一坊宛第六条では法類をもって一党し、片贔屓することを禁じたりしている。この二条には、以前におきた組織内の相克を念頭に置いた、神領検断に基づく個別的具体的な禁令としての性格がある。天海により元和五年を画期として進められた惣山組織の編成は、決して順調なものではなかった。その結果、天海は、東照社祭祀の確立を推進する将軍家光の施策と連動しつつ、その権威を背景におく惣山組織の規定を獲得し、これにより自らを頂点に位置づける惣山組織の確立を図ったのである。

そして、寛永一三年、日光東照社の第二一回御神忌法会において、この組織は可視化される。御旅所への神輿渡御の行列には、本社などで法会の執行にあたる門跡・衆徒を除く諸職が加わった。「日光山御神事記」(88)および「東照社縁起(仮名縁起)」(89)から配役を整理し、表2-4に示した。一坊・社家・神人・八乙女などの役割や衣文は、その格式として示された。配役される諸職が明記されていないものについては、高藤晴俊の考察が参考になる。(90)高藤によれば三綱は一坊の役であり、田楽・神楽男は神人・宮仕などが想定されるという。ただし神楽男は僧形でなく、黄浄衣を着しているため神人であろう。(91)また、田楽については、「東照社縁起」を見る限り僧形であり、神人には比定できない。高藤も指摘するように、日光山には一六世紀以前に田楽師がおり、宇都宮大明神造営時に出仕している。すなわち「慈心院造宮日記」(92)には、日光山の田楽師として長禄二年(一四五八)に一坊と思われる実教坊、天文七年(一五三八)に衆徒宝蔵坊の名がみえる。したがって、この田楽は一坊と判断しておきたい。

その衣文にも注意を要する。田楽の七名は金襴狩衣、三綱一名は金襴五条袈裟、山伏三〇名は一坊の回峰修行

表2－4　寛永13年(1636)　日光東照社神輿渡御における惣山諸職の配役

配　　役	人数	諸　職	衣　　文
田楽	7人	一坊か	僧形、金襴狩衣
神楽男	5人	神人か	黄浄衣・白袴
八乙女	8人	八乙女	小袖・千早衣
三綱	1人	一坊か	僧形、金襴・五条袈裟
社家	4人	社家	四位袍束帯
御厩別当	1人	御神馬別当	木賊色狩衣
御太刀持	1人	社家	四品束帯
御旗持	1人	社家	四品束帯
金大御幣1本(東照大権現神輿前)	1人	神人	黄浄衣・白袴
金大幣(山王神神輿前)	1人	神人	(黄衣か)
金大幣(摩多羅神神輿前)	1人	神人	黄衣
山伏	30人	一坊	(僧形か)、無紋柿・鈴懸

註：「日光山御神事記」「仮名縁起」により作成。

時と同様、無紋柿鈴懸を着した。一坊は、田楽や三綱という特異な配役時には、通常の衣文ではなく、衆徒と同格の衣文を着したことになる。一坊の一部には、東照社祭礼にあたっては、通常の格式を越えた衣文を着することが許されたのである。

また、このとき山伏が行列最後尾に随従している。このような随従の仕方は、他の日光山祭礼にも存在していた。一坊は、冬峰を出成すると、日光三所権現の例祭弥生会（弥生祭）における新宮から本宮への神輿渡御に随従した[93]。華供峰の場合も、「日光山往古年中行事帳写」によれば、出成した行者が中禅寺で執行される千部会に随従したという。つまり、天海入院以前の日光山の祭礼においては、回峰修行を終えた一坊が法会の行列に随従することになっていた。日光東照社祭礼はこれを踏襲し、一坊を組み込んだのである。このように、寛永一一年の諸職支配規定は、東照社の年中行事を確実に履行する諸職を生み出したのである。

4　天海在世中における惣山組織の特質

天海が元和五年以降、寛永一一年の「日光山法式」にいたる時期に編成した惣山組織の全体像を明快に示す史料は皆無に等しい。しかし、群馬県太田市世良田の長楽寺に残る寛永一九年（一六四二）四月「当山再興刻御祝儀到来之目録」[94]は、衆徒を中心とする主要な諸職の構成を示しており、手がかりとなる。これは折本で、内題に「良田山長楽寺大僧正天海御再興刻御祝儀到来之目録」とある。題簽に記される外題は後補のものである。寛永一六年、長楽寺は将軍の「御先祖之御寺」「公儀之御寺」として中興されたが（前章第三節2参照）、その天台宗寺院としての完成を告げる法会が、この寛永一九年に執行されたのである。

この目録には、長楽寺住持を兼帯する天海に祝儀の金銭を送った、毘沙門堂御門跡（公海）を筆頭とする弟子および御家来七三名、法会に僧侶を出仕させた「関東諸寺家衆」一九か寺・「世良田末寺・門中」九五か寺がほぼ寺格順に書き上げられている。公海は、慶長一二年（一六〇七）生、公家花山院忠長の男子で摂関九条幸家の猶子であり、慶長年間から天海に従い、天海が再興した毘沙門堂門跡を継承していた[95]。公海は上野東叡山の成立後はその境内に屋敷を与えられ、常住していた。このほか祝儀を出した天海の弟子衆のなかに、日光という肩書をもつ日光山僧一七名と天海の御家来八名（その女子を含む）の名前がみえる。表2-5はそれらを掲出順に抽出して作成した一覧である。

日光山僧は、東照社別当大楽院を筆頭とする。元和三年以来、住持は行恵で、衆徒医王院を兼帯していた。そのため衆徒医王院の名はここではあげられていない。大楽院に続いては「一山之菩提所」として建立された妙道院があげられている。

その次に衆徒が一二か寺あげられる。いずれも天海の弟子、またはその弟子であったり、他国出身の天台僧である。「日光山本房并惣徒旧跡之記」をみると、当時、上述の医王院のほか、遊城坊、観音院も存在していたはずであるが、慎重に検討すると名前のあがらない理由が推察できる。遊城坊は、慶長年間、前光樹坊住持で比叡山

表２−５　寛永19年(1642)４月　長楽寺中興祝儀にみえる日光山惣山の諸職

名　称	祝　儀	職	備　考
大楽院	白銀100両	東照宮ノ別当寺	第１世は医王院２世行恵(兼帯か。筆者註)。住持は衆徒中の然るべき僧から選出
妙道院	白銀100両	当山ノ葬送修行ノ寺	寛永５年(1628)創設。２世祐誉は常陸国佐竹白羽山から転住、法曼流相承
禅智坊	白銀100両	衆徒	(昌能は元和２年(1616)離山[本節３])。中興は天海の上足晋海
桜本坊	黄金1両	衆徒	
法門坊	黄金1両	衆徒	
教城坊	黄金2両	衆徒	天雄は天海を戒師、護摩法流の弟子
浄土院	黄金2両	衆徒	(昌策は元和２年(1616)離山[本節３])
養源院	黄金1両	衆徒	寛永３年(1626)建立。住持は天海弟子最教院晃海、竹翁
光樹坊	黄金1両	衆徒	顕海は東叡山現竜院元祖
安居院	黄金1両	衆徒	山門竹林坊賢清再興。(２世は天海弟子竹林坊盛賢が兼帯[本章４節２])
藤本坊	黄金1両	衆徒	元和７年(1621)亮安離山
護光院	黄金1両	衆徒	元和年間(1615〜24)天海侍者出羽国立石寺円海開基
実相坊	黄金2両	衆徒	寛永元〜９年(1624〜32)建立。仙海は日光目代山口常信甥で天海を戒師
日増院	黄金1両	衆徒	山門日増院珍祐が再興
定宝坊	白銀10両	一坊	恵海は大楽院行恵弟子。正保２年(1645)衆徒照尊院に取立。後に大楽院２世
鏡泉坊	白銀10両	一坊	(淳綱は寛永５年(1628)天海から滝尾上人に補任されるが、衆徒の訴訟により取り消される[本章３節３])
山口忠兵衛	白銀100両	(日光目代)	(初代常信は陸奥国会津芦名家旧臣、天海縁戚。以後世襲[本章３節２])
入江喜兵衛	白銀10両	(御家来)	(陸奥国会津出身、越前朝倉家旧臣。天海の御家来で御菓子職・箔方を兼帯[４章２節])
新井十太夫	白銀10両	(御家来)	
平井佐右衛門尉	白銀30両	(御家来)	
国府浜長太夫	青銅100疋 人足60人	(御家来)	
添田太左衛門	青銅100疋	(御家来)	

平井作左衛門尉	観音堂上葺	（御家来）	
同　　女	弁財天宮1宇	（御家来縁者）	
旦　勝　坊	黄金1両	一坊	公俊は双厳院豪俔門弟。正保2年（1645）衆徒華蔵院に取立

註1：「当山再興刻御祝儀到来之目録」により作成。
2：職名・備考は主に「日光山本房并惣徒旧跡之記」「日光山常行三昧堂新造大過去帳」により示し、その他によるものは（　）で示した。備考のうち［　］内は本書の当該章節を参照のこと。なお、白銀1両は銀10匁に相当する。

東光坊に住して執行代をも勤めた昌栄が帰山後住持となっていたとあるが、前項でみたように元和二年七月に離山を命じられている。以後の記事は欠落しており、ようやく寛永年間のこととして「山門ノ双厳院・東叡山真如院ノ開基、吉野山学頭権僧正豪俔住持ノ時茲寺ヲ造立ス」と記される。双厳院豪俔は、「当山再興刻御祝儀到来之目録」では六番目に白銀一〇〇両の祝儀を出したことが書き上げられている。この豪俔が住持となり遊城院を造立する以前は空坊であったことから、当時も無住であった可能性が高い。また、観音院は「正保年中ニ吉野山ノ学頭豪俔僧正ノ弟子俔海法印住持ノ時地ヲ築キ再興ス」とあり、これも当該期は空坊であったとみることができる。したがって、ここでは祝儀を届けた一二か寺が、実際に住持が常住し、一山を構成していた衆徒の全容ということになる。

ついで、一坊は定宝坊・鏡泉坊の二か寺のみがあげられる。表2-5に示したように、前者は後に衆徒に取り立てられ、また、後者は上人職に推挙されることをふまえれば一坊中の大坊であったと考えられ、いずれも天海および東照社別当を預かる行恵と結縁する僧であった。したがって、一坊中の有力者であったとみられる。祝儀の内容をみてみると、衆徒は黄金、一坊は白銀と異なっており、ここには両者の格式の差異が示されている。

さらに、天海の御家来が名を連ねる。筆頭は、日光目代山口氏であり、以下、後に御本坊御家来として本坊の納戸・庶務を預かる者たちが連名する。いずれも天海の入院以降、日光山に出仕した者たちである。彼らは、既述した寛永五年の滝尾上人職をめぐる一件のさい、衆徒から天海への取次を務めた日光目代にみられるように、天海に近侍する給人であった。

祝儀の書上の末尾三件は、筆跡から判断すれば、筆者は同一であるものの、後補の記事とみられる。そのうち僧侶は最末尾の旦勝坊（檀勝坊）のみである。旦勝坊は、一坊であるにもかかわらず、衆徒と同様に黄金で祝儀を出している。旦勝坊は、「日光山本房并惣徒旧跡之記」によれば、旧衆徒日城坊の旧室に建立された一坊である。その住持は、天海の侍者である双厳院（東叡山真如院第一世）豪倪の門弟で、毘沙門堂門跡公海を戒師とする公俊である。後に衆徒に列せられることをふまえるなら、これも大坊とみてよく、しかも祝儀を見る限りにおいては事実上、衆徒と同格の位置づけを有している坊といえる。

こうしてみると、天海在世中に確立された日光山の惣山組織は、その諸職を将軍家光の発した寛永一一年「日光山法式」によって制度化されてはいたものの、衆徒の実情にみられるように、緩やかな流動的な部分が残されていたことが指摘できる。したがって、それらの諸職の存立は、制度に依存するようなものでは決してなかった。存立を支えていたのは、衆徒・一坊・御家来いずれにもみられるように、天海との師弟関係ないし法縁としか言いようがない。諸職の採用にあたっては天海の私的裁量によるところが大きく、天海個人との間に築かれた私的信頼に基づいており、出頭人的性格が色濃かった。これが当該期日光山の惣山組織の特質である。

とはいえ、この特質こそが天海の編成した日光山惣山組織に限界性を与えている。天海が遷化すれば、師弟関係・法縁を基盤におく組織は崩壊しかねない要素をはらんでいたのである。このことは日光東照宮「荘厳」を執行する組織としては未熟である。こうした限界性の払拭が次なる課題として浮上することになる。

第四節　日光山法会と惣山組織の確立

1　宮門跡の擁立と諸職の再編

天海が在世中に築いた日光山惣山組織の限界性を考えた場合、次の段階に再編される必要が生じたことは容易に想定できる。とくに重要になるのは、後継門跡である。杣田善雄[96]が指摘するように、近世の門跡を考えた場合、慶長二〇年（一六一五）七月「禁中并公家中諸法度[97]」第一三条にみられるように、天皇家出身の宮門跡（親王門跡）は、摂家門跡に優越するとされたものの、門跡間の序列は、門跡その人の「尊卑」に基づくものとされ、その寺格は固定されていなかった。天海自らの「尊卑」のみに基づくならば、日光山の寺格は低くなり、「宗廟」東照宮の祭祀には不適切である。天海の弟子胤海は、天海が生前には自身の氏姓・行年ともに語らなかったと「東叡山開山慈眼大師縁起」に書いている。天海が自ら「尊卑」に触れなかったことには、単に俗世を離れたためではなく、日光山の寺格を下げかねぬものとして忌避する作為があったと見ざるをえない。

日光山惣山組織の頂点は、その尊卑が寺格をも定めるのであれば、論理的には天皇の皇子、しかも一品親王の宮門跡が望まれる。その志向は、天海自身が有していた。宮門跡の招請については、「日光山本房并惣徒旧跡之記」光明院条に次のように記される。

> 或時、天海家光公ニ表聞シテ曰ク、皇子ヲ請奉テ一品親王ト成シ奉リ、日光山ノ門主ト成シ玉ハハ、東照宮（ママ）ノ神威イヨ〱赫然タラント、大樹領掌シ玉フ、寛永十四年、家光公執奏シ、上皇後水尾帝第二ノ皇子ヲ請ヒ奉リ、天海ト師弟ノ御契約アリ、雖然、御幼稚ノ間、東行シ玉ハス、女院御所ニ於テ御養育シ給フ

将軍家光は、天海から、東照社の神威をより高次のものとするために、天皇家から親王最高位にあたる一品親王の宣下を受けた皇子を日光山門主（座主）に迎えることを進言され、了承した。その結果、寛永一四年（一六三

七）に後水尾上皇に執奏し、その第一皇子（実際には第三皇子）今宮を申し受けることに成功した。とはいえ、いまだ幼少であったことから、女院東福門院の御所で養育されたとある。

天海没後まもなく東源によって編まれた「東叡開山慈眼大師伝記」にも、この執奏が翌一五年のこととして記されている。その記事には将軍家光が天台宗の行く末と、「要追加東照宮威光」するために「他時必令此宮為一品親王而冠諸宗頂上」と述べたとある。また、この直前、天海が家光に「新田苗裔家康公、弓箭棟梁源家之名士、天海大僧正、仏家棟梁天台高祖」と記される後陽成院の宸翰を呈上したという逸話もあげられている。天海自身が天台宗に冠する「仏家棟梁」であることを示したことは、その直後における宮門跡の擁立志向と無関係ではあるまい。寛永一四、五年ごろ、家光を巻き込みながら、日光山に後水尾上皇皇子を宮門跡として迎え、天台宗の頂上に冠する「仏家棟梁」の継承者を樹立することにより日光東照社の威光を高めようとする志向が大きく前進しはじめたのである。

ただし、この志向は、このときはじめて現れたものではなかった。すでにこれ以前、同様の構想が梶井門跡（三千院）最胤法親王に宛てた天海書状[98]に示されている。

返々、兼而嗜候て、祈禱之大法共、後生之一大事共、講尺之類口伝相伝分、都鄙持行[　　　]物之候つる
[　　　]書物も無之候

遠路と云、月迫と申、被入御念飛書、寔以再三忝奉被閲候、乍去不入御隔心之至とハ存候へ共、けにく思召も無拠候

一　江戸東叡山取立頓而可掛存候

一　皇子御誕生弥重〳〵、就之、乍狂言、是非以来者皇子一人申請へきのよし、御年寄衆へも度々咄申候、其御意ニ而法事可申候、思召も自然は可為御満足候、一段我等息災候間、返々御苦労被有間敷候、恐惶敬白

極月十九日　　　　　　　　　　　　　天　海（花押）

梶　井　様にて

御　小　姓　衆

御申し給へ

ここで天海は、後水尾天皇に皇子が誕生したことを喜びつつ、「狂言」と謙りながら、ぜひ将来の後継者として皇子をもらい受けたいとの意志を最胤法親王に述べている。宮門跡擁立の志向が示されている。

この書状は、江戸東叡山取立の記載から、従来、東叡山において社堂建設の始まる元和九年（一六二三）のものであり、皇子は皇女の誤りで、その年一一月一九日に誕生した興子内親王（後の明正天皇）とされてきた(99)。しかし、この年代比定には疑義がある。天海が生まれた皇子女の性別を誤るであろうか。頻繁に京の諸門跡や公家、京都所司代と通信していたこと、また将軍家と近しい関係にあったことをふまえるならば、それはあり得ない。また、上野の東叡山寛永寺の創立は寛永二年（一六二五）であり、それ以前に山号が定まっていたとは考えにくい。とくに東叡山号は、それ以前、仙波喜多院の山号であり、上野の堂社の計画段階である元和九年時点において、京の宮門跡に対して上野東叡山と称することはあり得ない。

そこで、文書中の皇子を、後水尾天皇と東福門院の間に誕生した第一皇子高仁親王とするとどうであろうか。高仁の誕生は寛永三年（一六二六）一一月一三日であり、当書状はその約一か月後のものとなる。東叡山も前年に草創されており、堂社の取立が順調に進んでいるという叙述は、素直に理解できる。元和九年と比定したときに生じる疑問は氷解するのである。したがって、この書状は寛永三年の書状と比定するのが妥当である。

この書状により、寛永三年一二月一九日、すでに天海は、幕府年寄にはたらきかけ、今後、後水尾天皇の第二皇子が誕生した場合、下向を求める意向を表明していたことになる。この年は、前節までに明らかにしたように、元和五年から始まった日光山惣山組織の編成が整う時期に相当し、とくに惣山の天台化が実施される前年にあたる。しかも、高仁親王の誕生時は、朝廷と幕府の関係がもっとも融和した時期である。その同時期に宮門跡の擁立が志向されたことは注目しなければなるまい。そして、日光東照宮「荘厳」が進行する最中に、その実現を目指す動きが本格化したのである。

しかし、天海は、寛永二〇年（一六四三）一〇月二日、上野東叡山において遷化した。その遺骸は、遺言によって、日光東照社の西に位置する大黒山に埋葬され、後に慈眼堂（大師堂）と称される廟所とその別当無量院が建立された。同様の影堂は、東叡・比叡両山にも設けられた[100]。現在、東京都台東区上野公園の寛永寺両大師堂（開山堂）、滋賀県大津市坂本の滋賀院慈眼堂がそれである。

このとき日光東照宮「荘厳」の完成を示す宮号宣下、すなわち「宗廟」としての樹立は達成できていなかった。また、天海の遷化は、その私的関係に基づく日光山惣山組織を崩壊させる可能性を内包していた。しかも、天海が求めた宮門跡の関東下向もいまだ実現していなかった。これらの課題を一気に噴出させたのが天海の遷化であり、それは天海を下支えして東照宮「荘厳」を推進してきた将軍家光および幕府にとっても重大な関心事であったことと予想される。

日光山および東叡山では、天海遷化直後から弟子中の筆頭者である毘沙門堂門跡公海が事実上采配し、双厳院豪倪・最教院晃海が引き続き補弼していた。天海遷化後に諸大名・門跡・公家・諸宗寺院住持などから寄せられた悔やみ状八一通の宛所をみると[101]、対外的にも天海亡き後の惣山組織の中核は公海および豪倪・晃海であると認識されていたことがうかがえる。

将軍家光は、天海の遷化からほぼ半年後、寛永二一年（正保元）五月一七日、日光山惣山諸職について直接指示を出す。日光山惣山組織の諸職の再編を図ったのである。「江戸幕府日記」同日条には、次の記事がある[102]。

一　午上刻、御黒書院　出御、　毘沙門堂権僧正被召出、　仰曰、日光山門主宮門跡雖為御契約、依為幼少、尓今無下向之間、其内者毘沙門堂為後見、日光・東叡両山之儀、如大僧正在世之時可申付之旨、被　仰出之、
并大僧正支配之領知是又毘沙門堂可為進退之旨、被　仰出

家光は、江戸城本丸の黒書院において、いまだ関東へ下向していない宮門跡の後見として、公海に日光・東叡両山を天海在世中の時と同様に管掌すること、天海が支配してきた領知、すなわち日光神領や東叡山領を管理・支配することを命じた。将軍によって公海が日光山座主として寺務を執ることが明確に定められたのである。しかも宮門跡の下向を前提としての布陣であった。

家光は、公海だけでなく、天海の在世中に天海を補佐していた者たちを同時に召し出し、御目見をさせ、同様に役を定めてその職掌をも規定した。「江戸幕府日記」の記事は、次のように続く。

一　次、双厳院・最教院被　召出之、門跡為幼少之間、日光・東叡両山之儀、為後見毘沙門堂被　仰付之間、毘沙門堂亦若僧之条、万事無怠懈（ママ）之様、如大僧正時可申付之旨、被　仰付之、次、竹林坊権僧正被　召出、右之旨、被　仰含之
一　黒子千妙寺被　召出、東叡山学頭被　仰付、其上学頭料三百石、次、相光（宗）寺被　召出、日光山学頭、（被仰付脱）同学頭料三百石被寄附之
　次大楽院弟子中将、大僧正へ日来奉公仕ヨリテ大楽院後住被　仰付之
一　山口忠兵衛被　召出、如大僧正時、日光目代、弥入念可申付之旨、被　仰達之

ここに、執当、学頭、大楽院、日光目代の各職掌が現れる。

双厳院豪倪・最教院晃海の両名に、若僧である公海の補佐を命じている。ここでいう若僧とは、経験の少ない未熟者の意である。[103]「執当譜」[104]によれば、後に執当と改称される「役者」職の設置である。天海の奉者であった両

名の職掌を将軍が自ら追認し、任命した。このことは、やはり天海に従っていた老僧で、比叡山一山内の実力者の一人で日光山安居院二世も兼帯する竹林坊盛賢にも伝えられた。[105]

次に、日光山・東叡山の学頭が設定された。学頭は、一山内において学問・行儀を指導、監督する役職である。天海の弟子で僧正の地位にあった、下野国長沼（現・栃木県二宮町）宗光寺住持伝海を日光山修学院に、常陸国黒子（現・茨城県筑西市）千妙寺亮運を東叡山凌雲院に任じている。あわせて学頭料三〇〇石が新規に寄進されている。

ついで日光東照社別当大楽院行恵の後継住持をその弟子の中将（後の二世恵海）と定めた。中将は、寛永一九年三月二日、天海が日光三所権現の祭礼弥生会にさいし、将軍家光および世嗣竹千代の武運長久・寿命長延を祈念して絹本著色千手観音像を新宮に奉納したさい、東雲とともに随身した僧である。[106] 中将は天海最晩年の近習であったと見られる。

最後にあげられるのは、日光目代である。天海在世中も日光目代として活動していたが、これ以後、将軍に直接御目見が許される直臣になった。「江戸幕府日記」をみると、正保三年（一六四六）以降は毎年二月一日の将軍が日光東照大権現巻数・御鏡（鏡餅）を頂戴する儀礼において、日光目代山口忠兵衛として太刀目録・進物下賜の対象者に確実に加えられるようになった。

このように、日光山惣山と東叡山惣山の中核となる執当、学頭、日光東照社別当大楽院、日光目代の諸職が将軍家光に直轄され規定された。天海の在世中、天海個人との私的信頼ないし師弟関係にもとづき定められていた日光山の諸職は、ここにおいて将軍に直轄、任命され、その役が明確に規定された。日光山の惣山組織は、天海の遷化という突発的な事態を機に、将軍家光の意志のもと、従来の限界性を払拭して再編された。

そして、ついにこの年一〇月、宮門跡に予定されていた後水尾上皇第二皇子今宮が出家する。「江戸幕府日記」

一〇月二三日条には次のように記される。

一　午刻、御黒書院出御、今度今宮御方青蓮院江為御学文（問）、有御入室、御得度被遊之、其上親王宣下、日光御門跡幸教親王と奉号云々、因茲御祝儀之為御使、禁裏・仙洞江吉良若狭守被差遣之旨、御直ニ被　仰含、御前退出之後、黄金十枚・呉服三被下之旨、伊豆守　上意之趣伝之

今宮は、天海一周忌の忌日にあたる正保元年一〇月二日、親王宣下を受け、幸教親王と名を改めた。そして、同一六日青蓮院へ入室し、同門跡尊純法親王を戒師として得度し、尊敬法親王と改名した(107)。「江戸幕府日記」が明記するように、宮門跡たる日光門跡がここに正式に誕生した。

しかし、尊敬法親王は、いまだ一一歳であり、直ちに関東へ下向することはなく、青蓮院において「学問」を修めることになった。五月一七日の規定では、毘沙門堂門跡公海は、尊敬法親王の「後見」と明確に位置づけられ、日光山の座主として活動していく。この公海を中継ぎに定め、またそれを補佐する諸職を定めた五月の日光山惣山組織の再編は、この一〇月における日光門跡の成立をまさに準備するものであったといえる。

この五月一七日、家光は、「江戸幕府日記」同日条によれば「於日光・東叡両山、大僧正仏供料、追而可有御寄附之旨、毘沙門堂江被　仰含之」と、日光山・東叡山に天海の仏供料、すなわち慈眼堂の祭祀料の寄進を予告している。「日光山本房并惣徒旧跡之記」に正保元年（寛永二一）、「旧記」「日光山諸記覚」には翌二年に家光から新たに四三〇〇石を寄進されたことがみえ、惣山組織の編成にともなう祭祀料の追加がなされたことがうかがえる。この寄進については、朱印状あるいは領知目録が現存しないものの、日光神領村々の地方文書に寛永二一年寄進を示す文書・記録が散見され(108)、事実と見てよい。しかもこのとき東照社の年中行事および配当目録が発給されたことが確認できる。「江戸幕府日記」寛永二一年一二月一日条に次の記事がある。

一　巳刻、御黒書院江出御、日光山・東叡山・川越仙波、右三ヶ所東照大権現年中行事并社領配当之儀、

依有損益、今度被改之、被　仰出候、仍毘沙門堂門跡被　召出、右書物被相渡之云々、（後略）

この日、東叡山・川越仙波（喜多院）とともに東照社宛の「書物」、すなわち年中行事と配当目録が発給された。同月二二日条に右筆久保吉右衛門正元が「年中行事・御供領并配当之目録」を認めたことを賞された記事もある。将軍家光が主導して宮門跡を頂く惣山組織の再編に対応する祭祀料の改訂がなされたのである。こうして、翌二年一一月、日光東照社への宮号宣下に向けた準備が整った。

尊敬法親王の下向は、正保四年九月に実現する。尊敬法親王は、九月一〇日、将軍の使として上洛した高家吉良若狭守義冬、寺社奉行安藤右京亮重長、京都所司代板倉周防守重宗が同伴し、関東に下向する。「華頂要略」[109]巻第一四門主伝第二五によれば、尊敬法親王の下向は武命、すなわち将軍家光の下命によるものであった。関東に下向した尊敬は、東叡山内に新造された御殿に入った。翌慶安元年（一六四八）三月には二品、翌二年八月には一品に叙せられた。尊敬は、この間に将軍家光の猶子となっている[110]。また、二品法親王となった翌月には東照宮の第三三回御神忌法会が執行された。このさい、天海に慈眼大師号が贈られ、また、御神忌法会においてはじめて法華八講が修されたが、尊敬は、それら法会に「日光御門跡」として出仕し、毘沙門堂門跡公海の後見のもと執行にあたった[111]。

以後、尊敬法親王は、日光門跡として活動していく。慶安三年（一六五〇）九月一六日に鳥取藩池田家が勧請した因幡国東照宮（現・樗谿神社、鳥取県鳥取市）の神体となる「御尊体」（東照大権現坐像の掛軸）を同年八月七日、寛永寺において開眼供養したさいには、奉幣を勤めている[112]。また、承応三年（一六五四）三月一七日に仙台藩伊達家が勧請した仙台東照宮（現・宮城県仙台市）の拝殿には「歌仙」（三十六歌仙扁額）が掲げられたが、その歌を染筆している[113]。日光東照社の場合には、奉幣は前章に見たように天皇から遣わされた奉幣使が、また、三十六歌仙の染筆は後水尾天皇（上皇）によって行われていた。一方、天海の在世中、諸国に東照社を勧請したさいには、奉幣は天海自身かその名代、染筆は天海の依頼により京都の天台宗門跡によって行われていた（次章参照）。日光門跡の擁立は、これら諸国の東照宮勧請の作法を他の天台宗門跡に頼らずとも、独自に行うことを可能にさせた。日光東照社の遷宮にあたって天皇が果たした役割は、以後、諸国の東照宮の勧請にさいしては日光門跡が担っていった。日光門跡は、近世日光山および天台宗門においては天皇の名代としての位置を有していたのである。

2　新宮境内と法会の再編

日光門跡の擁立は、日光山惣山組織の諸職を再編させることになった。しかし、その再編は決して単純なものではなかった。将軍家光はこれと同時に、天海在世中に整えられた日光山の社堂の再編をも進めたのである。家光が、日光門跡尊敬法親王の後見役たる毘沙門堂公海に、日光山座主として寺務を管掌するように命じた寛永二一年五月一七日から、家光の没する慶安四年四月二〇日までの間に下命した日光山における堂社の作事を表2-6に示した。

正保二年二月にまず着手されたのが新宮境内の整備であり、拝殿および金堂（三仏堂）を造替するとともに、常行堂・法華堂を境域の外に移している。慶安元年六月に始まる常行堂・法華堂の移転は、大黒山における慈眼堂の新造と平行して実施されている。常行堂は、東照社造営以前は、その仁王門周辺にあり、日光山の中心を占める堂であった。その堂は、元和三年の東照社遷宮にともない、金堂の東側に移されているので、再度の移転になる。常行堂と法華堂をつなぐ渡廊は、慈眼堂境内から三縁坂を降りてくると、その階下をくぐる構造にされた。常行堂・法華堂は、慈眼堂に付属する堂に改変され、正月の修正の場とされる以外、東照社以前に山内で有していた位置を完全に喪失した。

常行堂はさらに、性格を変質させられた。日光東照社の寛永大造替のさい、常行堂の跡から源頼朝の遺骨が出

表２－６　寛永21年(1644)～慶安４年(1651)　日光山堂社の作事

堂　社	作事の内容	造営奉行任命[日記]	上　棟・供　養
金　堂 （三仏堂）	新宮東に造替	正保2年(1645)2月17日	正保４年造替終了[旧記] 正保５年４月１日本尊造立[蓮華座木札銘] 慶安３年６月８日供養[謂記]
新宮拝殿	造替	正保2年(1645)2月17日	正保２年[堂社]
常行堂 法華堂	新宮東から大師坂下へ引地	慶安元年(1648)6月8日	慶安２年上棟[棟札] 慶安３年６月８日供養[旧記]
慈眼堂	新造	慶安元年(1648)6月8日	(年月未詳)
相輪橖	東照宮奥院から常行堂・法華堂跡に引地	慶安3年(1650)3月26日	慶安３年６月８日供養[日記・旧記・謂記]
東照宮奥院 唐門・銅華表	新造	慶安3年(1650)9月24日	慶安３年10月11・13日以降[日記]

註１：「江戸幕府日記」に造営奉行任命の記事があるもののみを対象とした。このほか宝永５年(1708)５月竜光院天祐「日光山勝成就院満願寺堂社建立旧記」によれば正保２年に三重塔が三仏堂の巽から四本竜寺の東に引地され、また元禄４年(1691)９月竜光院天祐「滝尾古今図(内題 滝尾縁起)」(日光市山内 輪王寺文書)によれば正保３年に滝尾の引地・造替がなされ、いずれも将軍家光を大檀那として実施されている。
２：[　]内は出典。出典は以下のように略記した。
日記＝「江戸幕府日記」、棟札＝各社殿棟札、謂記＝「日光山謂記覚」、旧記＝「旧記」、堂社＝「日光山満願寺勝成就院堂社建立旧記」

土したと言い、公海はこれを納めた宝塔を承応三年(一六五四)七月、常行堂の内陣に安置した(114)。常行堂は、頼朝堂を別称とし、その性格もまた、かつての日光山の中心にある堂社とはかけ離れた地位に定置されたのである。

これらの作事に続いて、慶安三年(一六五〇)には、東照宮奥院の整備が進められる。とくに奥院の相輪橖は、天海が没する直前、寛永二〇年(一六四三)に新造されて七年ほどしか経っていない塔でありながら、新宮境内の常行堂・法華堂跡に移建され、奥院にはこれに替えて唐門・銅華表が新造されている。

このうち金堂の作事の進捗状況をみると、不自然な点がある。それは、作事が正保二年に始まり、同四年にはほぼ建築が完成し、翌五年四月に本尊の造立も済んでいた。ところが、その堂造営の成就を祝う供養は、慶安三年六月八日まで待つのである。それは常行堂・法華堂についても同様で、慶安二年に上棟されたことが棟札に記されるものの、月日は明記されず、その供養も同じ慶安三年六月八日に行われている。このことは、これら一連の作事の区切りが慶安三年六月八日にあり、その最後に完了した堂の造営こそが足かけ六年に及ぶこの作事の目的と考えられよう。つまり、相輪樘の新宮境内への移建こそが目的なのである。「旧記」によれば、六月八日、まず相輪樘の供養が公海を導師として行われた。そこには家光の名代として井伊靭負・佐藤直滋が、また世嗣家綱の名代として酒井忠能が臨席し、日光山・東叡山の衆徒が勤仕した。ついで金堂の供養が同じく公海を導師として行われ、曼荼羅供が催された。そして、常行堂・法華堂の供養が行われたのである。

新宮境内は、東照宮四月御祭礼における神輿渡御において重要な位置を占めていた。この四年後に作成された承応二年（一六五三）一二月「日光山東照宮大権現年中行事」[115]をみると、四月一六日に東照宮の三神輿は新宮拝殿に渡御して安置され、逮夜が執行される。ここで門跡の出座のもと、学頭・衆徒が出仕し、「夜御供」四膳が献ぜられる。翌一七日には神輿が御旅所へ渡御するが、それに先立ち衆徒のうち役に当たった一〇人が出仕し、「延年舞」が舞われた。その敷舞台は金堂前に設けられ、野天において舞われていた。すなわち金堂が延年舞を催す空間になったのである。

近世以降、日光山の延年舞は、頌衆が延年頌を唱えるなか、上座・下座各一名の舞衆が三折舞うものとなっている。まず上座が右手に中啓、左手を刀印にして腰につけて正面に進み、日光三所権現・東照三所権現の諸神とその本地仏に対して三方に踏み出す四方固めの舞を献ずる。献じ終えると、上座は中啓を置き、次に両手を刀印にして袖の下に隠し、同様に舞う。この二折の舞を終えると、代わって下座が両手を刀印にして腰につけ、正面に踏み出て舞い、途中で黒烏帽子をかぶって右手に中啓を持ち、三角に舞う。新任の衆徒にとっては必修の法儀とされ、経歴法階とされてきたのが延年舞である。[116]延年舞は、この所作に見られるように、東照社成立後に改変されたことが明らかである。

そもそも日光山の延年舞は、常行堂で舞われる延年長寿、天下泰平を祈禱する舞で、円仁が伝えたものとされている。延年舞は本来、天台宗寺院において一二月晦日から正月七日まで常行堂で執行される修正会に先立ち舞われる舞で、多武峰（現・談山神社、奈良県桜井市）、陸奥国平泉（現・岩手県西磐井郡平泉町）の毛越寺の延年も著名である。日光山の延年舞は、修正以外の法会においても舞われることがあった。その一つに、新宮の例祭である三月二日の弥生会（弥生祭）をあげることができる。前掲の享禄二年三月「常行堂供養之次第」によれば、その敷舞台はやはり常行堂に設けられていた。しかし、一七世紀以降になると、延年舞をともなう法会は、東照宮の四月御祭礼と、この弥生会のみとなる。しかもその舞台は常行堂には設営されず、金堂前に敷設された敷舞台をその場とすることになった。延年舞の舞台という常行堂の機能は金堂に移され、しかも、舞の所作も変質を遂げたのである。

日光山の法会は、東照宮例祭の形成にともなって大きく変質させられた。その法会の場として金堂の地位が浮上し、かつ新宮拝殿とともに東照宮四月御祭礼の執行に不可欠な堂へと転身したのである。新宮およびその境内は、公海の手によって、将軍家光の下命のもと、東照宮祭礼の空間に組み替えられたのである。代わって常行堂は、修正のみが執行される山内の一堂宇として存在することになった。既存の日光山の堂社と法会は、東照宮祭礼と関連づけられながら変貌を遂げたのである。

3　惣山組織諸職再編の相克

座主公海は将軍家光の権威を背景に、天海遷化の後、積極的に空間と法会を急激に変質させた。公海は、同時に惣山組織諸職、とくに衆徒・一坊の再編をも進めていった。

次に掲げる「日光山請記覚」によれば、神領の追加のさい、一坊から五か寺を衆徒に取り立て、衆徒を二〇か寺、一坊を八〇か寺に確定した。次に掲げるその記事中には衆徒が一か寺につき一〇〇石ずつ賜ったとあるが、これは既述した正保元年一二月の配当目録によるものと推察される。

　此時衆徒五ヶ寺御取立、都テ弐拾坊、一坊ノ内五ヶ寺朝乗坊・旦勝坊・橋本坊・妙忍坊・乗法坊改号恵乗（定宝）院・花（華）蔵院・唯心院・南照院・照尊院ト云、一坊八十人ニ成、三座ニ定、元和年中拝領之寺領高下平分ニシテ壱ヶ寺ェ百石宛賜之、社家六人百石宛、同学頭跡命シテ源正綱寺建之、号修学院ト、寺領三百石御奇（寄）附

衆徒に引き直された一坊のうち、旦勝坊・乗法坊（定宝坊）は、寛永一九年の長楽寺再興の祝儀に名を連ねた坊で（前掲表2-5参照）、天海との結びつきが強く、とくに乗法坊は衆徒とほぼ同格の位置をもっていた一坊である。天海在世中に浮上した一坊が衆徒として追認された。乗法坊が改称した照尊院は、日光東照社寛永大造替の造営奉行であった秋元泰朝（寛永一九年一〇月二三日没）が大檀那であり、その院号を称した。乗法坊が照尊院と名乗った初見は、「江戸幕府日記」正保二年二月一日条である。以後、衆徒は二〇か寺のうち四か寺を当役者とし、輪番でそれに当たるようになった。

一方、一坊については三座が再編された。翌三年、峰・禅頂役への勤役を命じる判物二通の写[117]が現存している。次に掲げる。

　峰・禅頂勤役衆中
丙戌歳　〇久遠寿院様（毘沙門堂門跡公海）御直御書判有之
　此処、禅頂壱番・四番之勤役之寺々四拾ヶ寺宛之列名在之、但し列名并二巻同様之文言故略之
右天下安全之御祈禱之間、一坊中不残番々末代迄無退転可致勤役之者也

正保三丙戌歳

山口忠兵衛
信重書判

双厳院
豪俔書判

最教院
光(晃)海書判

原本の前半は公海の花押を日下に据えた判物形式の差定で、一坊八〇坊を二組に分け、それぞれに峰役（冬峰・華供峰）および禅頂役への勤役を命じたものである。さらに、この判物には、奥書が付され、それは役者最教院晃海・双厳院豪俔と日光目代山口信重が連判している。正保元年に家光に任命された諸職の機能に基づく発給形式である。その内容は、一坊が、寺役たる峰役・禅頂役を勤めるべき存在として位置づけるものである。これをもって公海の指揮のもと一坊の寺役が明文化されたことになる。

この文書は、将軍権力を背景におく公海が座主に就いた後、間髪を入れず惣山組織の統率を進めたことを示している。しかし、天海遷化後に突如、急激になされた編成は、新たな確執を生み出した。すなわち、新潟県佐渡市に残る流人記録に「毘沙門堂学問之座論」として記録された相論の発生である。座論とは、法会時、社堂における座次をめぐる相論である。後述するように、一坊の座次には金堂執行が含まれているので、具体的には新宮境内に造替されたばかりの金堂の座次をめぐる相論と推し量れる。すなわち、この座論は、公海が推し進めた新宮境内と法会の再編をめぐる相論であったと見られる。

「佐渡風土記」[118]によれば、佐渡にて病没した流人城祐坊・桜正坊・城秀坊について「此三人、日光山一坊の寺持ニて候処、毘沙門堂学門(問)の座論ニ付、十三人の坊主共、寺ヲ立退訴訟中候処ニ、毘沙門堂より御公儀え仰上られ候ハ、寺ヲ立退トいわれす、訴訟申候由ニて流罪」とある。文中の「十三人の坊主」には、この三坊のほか妙珍坊・光増坊・光禅坊・明金坊・教光坊・実蔵坊・杉本坊・文月坊・大弐公・七位公の名が見える。

さらに、「佐渡国略記(119)」慶安五年条には、佐渡奉行の裏書を付す慶安元年（一六四八）一〇月二七日老中連署奉書写などを引用しつつ次のように記される。

●当子年従江戸被遣候流人三人

○城祐坊　此城祐坊、日光山一坊方之寺持ニ而候処、毘沙門堂学問之座論ニ付、拾三人之坊主寺を立退訴訟申候処、毘沙門堂ゟ御公儀江被仰上候へハ、寺を立退不謂訴訟申候由ニ而流罪、慶安五辰五月廿五日病死

○桜正坊　此桜正坊、日光山一坊方之寺持ニ而候処、毘沙門堂座論ニ付、十三人之坊主寺を立退訴訟申候所ニ而、沙門堂ゟ御公儀江被仰上候へハ、寺を立退不謂訴訟申候由ニ而流罪、慶安五辰八月十日病死

○城秀坊　此城秀坊、日光山一坊之寺持ニ而候処、毘沙門堂学問之座論ニ付、拾三人之坊主寺を立退訴訟申候処ニ、毘沙門堂ゟ御公儀江被仰上候へハ、寺を立退不謂訴訟申候由ニ而流罪、慶安四卯八月七日ニ病死

右文言之内ニ有之候出家拾三人、従江戸越後国出雲崎迄宿次之馬ニ乗セ、泊りニ而ハ右之出家計ニ食を喰せ、泊り泊りニ而ハ欠落不致様ニ其所之者番を致申候而、急度可送届候、牧野右馬允・本田能登守・伊丹順斎、右三人之家来為宰領罷越候間、万事可受差図者也

慶安元年子十月廿七日

対馬判（老中阿部重次）

豊後判（同 阿部忠秋）

伊豆判（同 松平信綱）

右宿中

（以下、原態裏書）
表書之流人拾三人出雲崎之者請取、船ニ乗め早晩至佐渡国、奉行人方ゟ急度可相届者也

十月廿八日　　　　　　　　　　　　　　　播（佐渡奉行伊丹康勝）磨書判

出雲崎御代官下代并町々年寄中

慶安元年、一坊一三か坊が座次をめぐり、編成を進める公海と対立し、日光山を立ち退いて、幕府に訴え出た。そのうち光増坊は、寛永四年時点まで真言宗門に属していた一坊の一つである。しかし、公海が逆に将軍家光に訴え出た結果、一三名は、勝手に離山して謂われなき訴訟を起こしたとして、佐渡国への流罪に処せられ、断罪された。城祐坊・桜正坊・城秀坊は間もなく配流地で病死し、その他の一〇名は後に赦免となった。

この相論は、天海の遷化に対応し急激に日光山の法会と惣山組織が再編されるなかで発生した。双方の個別具体的な主張は明らかでないものの、その解決は幕府の裁許に頼り、その結果公海に反対する勢力が一掃されたことのみは確認できる。惣山組織の再編は、天海が設定した空間にも触手を伸ばして改変させた将軍権力を梃子に行われたのである。この間、慶安元年には本坊西側に設けられた将軍家御殿の警護役として日光御殿番が設けられ、また、このころから幕府御目付が派遣されるようになった[120]。公海による再編と同時に、将軍家光は、日光山に対する直轄支配をいっそう推し進めていたのである。

公海は、これら抵抗する一坊の排除に成功した翌々慶安三年四月、ふたたび一坊に対して回峰修行についての規定を発した。「当山入峰諸法度」である。その判物により一坊の寺役の細部を規定し、その請書を惣山の僧に提出させた。次に掲げるその請書写には、当該期の一坊の座次が示されている。

横文之文言也
一　当山峰法義、近年就乱違、毘沙門堂御門跡大僧正公海江従長床、如古法御訴訟仕、御判形申請候条々、永代無偏頗可有執行者也

右御申請　　　最教院光（晃）海

于時
慶安三年
庚寅卯月日

当長床

双厳院豪倪
竜光院竹翁
山口図書允信重
金堂執行
通順坊覚栄
乗音坊長雄
日城坊昌英
正定坊憲栄
祐南坊俊秀
非衆夏一
林教坊継重
通乗坊宗純
行徒所司
唯教坊昌宗
永観坊策禅
教観坊天能

一坊のなかから選出された長床は、寺役たる両峰修行の運営組織である。堂衆から選ばれた金堂の執行、非衆から選ばれた夏一、行徒から選ばれた所司の三者が属する。ここにおいて、新宮境内の金堂が回峰修行の拠点として出現する。回峰修行のあり方も、既述した新宮境内の再編と対応し、組み替えられたことを示している。彼らが近年の修行の違乱を憂い、公海に願い出て法度が出されたとある。その法度写の全文は次の通りである。

当山入峰諸法度

一　衆徒、初入峰柿鈴懸、先達同位事

一　長床、初入峰小紋柿、二度目先達柿鈴懸事
一　衆徒非衆、未入衆初入峰之時小紋柿不可許、峰役・禅頂役不勤故也、嶽々造営之時於助成者、小紋・柿可許之、先達之望有之者先文字銭可出之事
一　古跡小山伏、初入峰藍・浅黄鈴掛、度衆之時同前、至二度目者長床中江先文字銭出之、先達補任申請、宿先達可勤之、宿先達・度衆役於相古跡小山伏之内可勤仕之事
一　三月十日・極月廿三日、惣山之古跡・小山伏、峰役之坊寺江寄合、峰中之役儀、大役・小役於有論（胡乱）者以鬮可相定事
一　古跡小山伏、入峰先達仕之時、両峰雖為執行之族、長床衆之下座仁可居事
一　長床之外初先達并客人事、度衆役・宿役不勤人通間敷、縦雖為誰人之名代、一切不可許之事
一　古跡小山伏、札面并座居・駒取、不論老若、峰数次第可定之事
一　笈之子弐貫文
一　先文字銭壱貫文
右条々、於違背之輩者、可令山中追放者也
慶安三年卯月八日　　公海御判

主に装束や座次、役銭の高などが規定されている。ここでは衆徒、長床（一坊）、衆徒非衆、古跡小山伏（古跡）の間に明確な差が示される。衆徒の衣紋は、一坊が二度目に入峰したさいのものと同じであり、一坊よりも上位にあることが示されている。それとともに、修験本来のあり方である「峰数次第」、すなわち入峰の回数に基づき初入峰、あるいは入峰経験者たる度衆（先達）などの序列が定められ、また、他山からの入峰者である客人（交衆）とも格差が設けられている。惣山内の組織階層と、両峰修行本来の修行に基づく階層をもとに序列化された。天

海の在世中、将軍家光が発した寛永一一年「日光山法式」においては、衆徒と一坊の間に明確な差は示されていなかった。しかし、ここにおいて、両者は明確に職分を分化され、分断されたのである。

このように天海の遷化を期に、短期間に毘沙門堂公海によって日光山惣山組織は再編された。それは、「宗廟」日光東照宮の樹立を図る将軍権力を梃子としていた。その結果、諸職が明確に定められ、分化されていった。

それから間もない慶安四年(一六五一)四月二〇日、三代将軍家光が没した。家光の遺骸は、遺言により日光山の大黒山内、天海の廟の北西に遷され、大猷院殿御霊屋(御仏殿、御堂)およびその別所竜光院が建立される。竜光院は、東照宮別所大楽院と同格の扱いを受け、同様にその任免権は将軍家が有した。また翌五年八月二〇日、家光の霊柩に随従した幕臣梶金兵衛(後、左兵衛佐)定良に、老中奉書形式による「条々」[121]が出され、「大猷院之御役儀」と「東照宮御用」を勤めることが命じられる。その内容は、①大楽院・竜光院・日光目代山口図書と相談のうえ法会・祭礼作法・修復を円滑に執行すること、②大楽院・竜光院・目代に山中火の用心を徹底させること、③衆徒以下町人・百姓まで訴訟の取次を禁ずること、④私利および御威光による奢り、参詣者からの礼物は禁ずること、の四点である。この職は、後世、日光定番・日光山守護などと称され、東照宮の警固を役とし、梶の死後は日光奉行へと発展改組されていく[122]。

翌承応二年(一六五三)四月二〇日の三回忌には新将軍家綱から御堂領三六〇〇石余が新たに寄進され、年中行事・配当目録[123]が発給されている。年忌にさいしては、以後、法華経万部読経など数百人の僧侶が参集する場合には、金堂が法会の場として用いられた[124]。

同年九月一七日、東照宮の九月御祭礼にさいし、老中奉書形式で東照宮の年中行事・配当目録[125]も改めて発給された。この年に発給された東照宮・大猷院の年中行事から、幕府の定めた日光山の法会を表2-7に示した。日光山の法会は、新宮・本宮・滝尾での日光三所権現の講・法会、常行堂の修正、妙道院の施餓鬼、慈眼堂での天

表2－7　承応2年(1653)　日光山の法会

月日	東　照　宮	大　猷　院	出仕者
正月元日	御鏡奉供	—	衆徒
	三品立御供・御法事(四箇法要・諸天讃)(～正月3日)	—	衆徒
	例講(法楽・論義)	—	衆徒
極月晦日	【常行堂】修正(～正月7日)	—	衆徒
正月17日	行道懺法	—	衆徒
	三品立御供・御法事	—	衆徒
19日	—	逮夜・光明供	衆徒
20日	—	伶人奏音楽	
24日	—	【本院(本坊)】台徳院殿御忌日行道・阿弥陀経	衆徒
29日	【常行堂】摩多羅神大般若転読	—	衆徒
2月8日	仁王会	—	衆徒
15日	御本地堂涅槃会	—	衆徒
彼岸	—	光明供(初中後3箇日)	衆徒
3月1日	【新宮別所(安養院)】新宮講	—	衆徒
2日	【新宮】日光権現祭礼	—	(衆徒・一坊)
	【本院(本坊)】勝道講	—	衆徒
3日	三品立御供・御法事	法華読誦	衆徒
13日	入峰華供	—	一坊
18日	【本宮別所】本宮講	—	衆徒
4月8日	御本地堂仏生会	—	衆徒
16日	新宮拝殿へ御神輿渡御、夜御供	—	衆徒
17日	御祭礼・【金堂】延年舞・御旅所三品立御供	—	衆徒・(一坊)
19日	—	逮夜・九条錫杖	衆徒
20日	—	曼荼羅供、伶人奏音楽	衆徒
21日	【本院(本坊)】中禅寺講	—	衆徒
5月5日	三品立御供・御法事	法華読誦	衆徒
19日	—	逮夜・光明供	衆徒
6月4日	【衆徒輪番宿坊】伝教講	—	衆徒

7月7日	三品立御供・御法事	法華読誦	衆徒
13日	—	晩、九条錫杖	衆徒
14日	—	晩、九条錫杖	衆徒
15日	—	後夜、法華読誦	衆徒
	【妙道院】施餓鬼	日中、施餓鬼	衆徒
	—	初夜、九条錫杖	衆徒
8月13日	峰禅頂(〜8月25日)	—	一坊
彼岸	—	光明供(初中後3箇日)	衆徒
9月9日	三品立御供・御法事	法華読誦	衆徒
17日	臨時御祭礼・御旅所三品立御供	—	衆徒・(一坊)
19日	—	逮夜・光明供	衆徒
10月2日	【影堂(慈眼堂)】慈眼大師講	—	衆徒
15日	【滝尾別所】滝尾講	—	衆徒
11月15日	御仮殿御湯立	—	
24日	【衆徒輪番宿坊】天台大師講	—	衆徒
12月20日	御煤払	—	衆徒
26日	入峰(冬峰、3月2日出峰)	—	一坊
30日	—	阿弥陀経・行道	衆徒
節分	節分心経読誦	—	衆徒
月次 1日	大般若転読	法華読誦	衆徒
	護摩堂護摩	—	衆徒
8日	御本地堂薬師経読誦	—	一坊
15日	護摩堂護摩	法華読誦	衆徒
17日	論義(正月は16日。4・9月は除)	—	衆徒
	御本地堂法華読誦(4・9月は除)	—	一坊
20日	—	行道懺法(4月は除)	衆徒
28日	護摩堂護摩	法華読誦	衆徒

註1:「日光山東照宮大権現年中行事」「大猷院御堂年中行事」により作成。
2:【　】内は、法会を東照宮・大猷院以外で執行する社堂を示した。
3:出仕者は衆徒・一坊のみをあげた。ただし、他の史料から出仕を確認できるものの、明記されていない場合には(　)で括って示した。
4:日次の行事および閏月の行事は除いた。

海の忌日法会である慈眼大師講（長講会《じょごえ》）、勝道・最澄（伝教大師）・智顗（天台大師）など日光山および天台宗門の祖師の講、さらには修験の回峰修行など、これらすべてが東照宮年中行事に包含されている。既存の法会については、「日光山往古年中行事帳写」をみると、例えば新宮講の場合、天正年間においては、正・三・一〇・一一月の一一日、二・四・五・六・七・八・九・一二月の一日と、毎月一回執行されていた。滝尾講・勝道講も同様であったが、いずれも年間一日に減じられている。先に明らかにした常行堂の場合と同様、東照宮祭礼を軸に改廃されたことがうかがえる。また、これら法会における諸職の役割も規定された。衆徒・一坊についても、表に示したように、それぞれの法会への出仕が職掌として規定された。ここに、東照宮祭礼を中心にすえた近世日光山における法会が確立されたのである。

4　輪王寺門跡の成立

公海による日光山惣山組織の再編は、最終的に宮門跡が正式に日光山座主に就任することによって完成する。承応三年（一六五四）一一月、公海が日光・東叡両山の「寺務」（座主）を正式に辞したことにより、これを尊敬法親王が継承した。その翌明暦元年（一六五五）一一月二六日、後水尾法皇院宣により輪王寺の称号を賜った。ここに輪王寺門跡（輪王寺宮）が誕生する。あわせて女房奉書により、輪王寺門跡御付弟の宮、すなわち後継者を、この年創設された近江国坂本（現・滋賀県大津市）の滋賀院に入室させることも達せられた。この間一〇月八日には、後西天皇宣旨により天台座主に補任されている。(126) 正しく天台宗の頂上に冠する「仏家棟梁」としての輪王寺門跡が誕生した。

幕府は同年、日光東照宮九月御祭礼の祭日である九月一七日、尊敬法親王に対し、四代将軍家綱から日光山の領知判物・日光山条目・日光山下知条々、滋賀院の領知判物・江州坂本東照宮年中行事・滋賀院定を発給する。

その領知判物二通の写(127)を次に掲げる。それぞれ日光神領の安堵状、および滋賀院の新規領知寄進状として尊敬法親王宛に発給されたものである。その起点に前将軍家光が発した寛永一一年朱印状を置き、また宮号宣下時の太政官符をも引用したものである。

下野国日光山　東照大権現宮領壱万石、　大猷院領三千六百石余、都合壱万三千六百石余目録在別紙事、寄進之訖、永不可有相違、勿論可為検断使不入之地、但背国法輩者非制限也、抑　大権現鎮座以来之旨趣者、寛永十一年五月二日先判之状被載之畢、其後大猷院以執奏、有勅、改社号、崇之、為宮号、五畿七道既悉知之、其上招請皇子於当山、被立置宮門跡、且新建江州坂本滋賀院、定為皇子入室之処、至末代、永令無退転也、加之、賜謚号於大僧正天海、称慈眼大師、令考先判、加神領、新寄進院領者如右、衆僧・社家・門前屋地子免除之而、山中・谷中・町中法式、可為宮門跡之沙汰、然則学頭・両別当・衆徒・社家・一坊并目代等諸役人、各須承知之、者守所定置条目及下知状・年中行事・配当目録之旨、神前・仏前諸役勤行無怠慢、可被抽国家安全・武運長久之悃祈之状、如件

明暦元年九月十七日　御書判（右大臣源朝臣　御判カ）

日光一品法親王

近江国滋賀郡坂本滋賀院者、　大猷院所被建立也、執　奏以為親王門跡之室、至末代不可令退転也、因茲、同郡比叡辻村之内　東照大権現宮領弐百石、慈眼大師堂領五拾石、同郡雄琴村七百五拾八石八斗弐升余、比叡辻村之内百九拾弐石七斗九升余、穴太村之内四拾八石三斗八升余、合千石門跡領此内弐百石、者隠居領　都合千弐百五拾石事、新寄進之訖、永不可有相違、可為検断使不入之地、但背国法輩者非制限、者守所定之条数并年中行事・配当目録之旨、諸役勤行無怠慢、可被抽国家安泰・武運長久精祈之状、如件

明暦元年九月十七日　　　　　　　　家綱（右大臣源朝臣　御判カ）御書判

日光一品法親王

ここに、一品法親王たる輪王寺門跡を頂点とし、学頭修学院、大楽院・竜光院の両別当、衆徒二〇か院坊、社家六名、一坊八〇坊、日光目代以下から構成される日光山惣山組織が成文化され、その役割として東照宮の神前、大猷院の仏前における諸役の勤行と、国家安全・武運長久の祈禱への励行が定められた。

その具体的な役割は、同日付で発給された、判物形式の「日光山条目」（以下、「条目」）一一か条、[128]およびその細則である大老・老中連署奉書形式の「日光山下知条々」（以下、「条々」）二三か条に詳述された[129]（表2-8）。その最大の眼目は、「条目」第一条に示されている。

一　諸事以　東照宮可為本、雖然、　御宮方・　御堂方、至于末代迄、不存各別之儀、申合、可執行之、若於背此旨者、可為曲事、自門跡急度可有沙汰事

日光山内の諸事は東照宮を基本とし、御宮方（東照宮）と御堂方（大猷院）いずれの祭祀も、例外なく申し合わせ執行すべきことが定められている。そしてこれに背く者がいた場合に処断するのは、門跡と定められた。日光山惣山組織は、先の年中行事に示されていた通り、東照宮を本とし、輪王寺門跡が頂点に立つものと、ここに厳命された。

「条目」第一条には、門跡について規定される。後住たるべき皇子（付弟）は、天皇に執奏のうえ幼少のときに滋賀院へ入室させ、学問・修行をする。皇子は、成長後関東に下向し、東叡山隠居所において法流の相伝を受けてからその本院に移り、日光山を住持する。前門跡は、東叡山隠居所にとどまって新門跡を引き続き指南し、しかるべき時に滋賀院へ移り隠居する。学問と法流の継承を重視していた。

また、「条目」第二～四条、「条々」第一～四・二一・二二条では日光神領の支配、および新宮・本宮・滝尾・

表2－8　明暦元年（1655）9月「日光山条目」「日光山下知条々」の内容

（1）「日光山条目」

条	内　　容
1	輪王寺門跡の滋賀院入室・関東下向の次第
2	東照宮領・大猷院領寄附および諸役人への配当
3	宮領・院領の定納
4	年中行事の執行（含。新宮・本宮・滝尾・中禅寺・寂光、山中谷中諸社）
5	領内山林竹木の伐採禁制
6	学頭の選出、衆徒・一坊・社家・楽人・諸役人の役務
7	家光在世中に設置された火除地の保全
8	僧房・町中での武具保持禁制
9	御堂参詣服道（新道）の新設
10	門跡の指図による梶左兵衛佐・目代・両別当の山中仕置
11	諸事東照宮をもって本とする

（2）「日光山下知条々」

条	内　　容
1	東照宮領・大猷院領年貢の定免石代納
2	御供料・年中行事配当料の請取方
3	修理料の収納・勘定
4	両度御祭礼（東照宮）にかかる山中・御神領への課役
5	御宮位記・宣旨・官符・神宝等宝物の管理
6	御堂位記・宣旨・官符・神宝等宝物の管理
7	祭礼・法事道具の蔵における管理
8	両別当の選出
9	御宮御番への諸役人勤仕
10	御堂御番への諸役人勤仕
11	御宮御掃除への諸役人勤仕
12	御堂御掃除への諸役人勤仕
13	辻番への勤仕
14	六職人の御用勤仕
15	山中坊舎・町中の倹約
16	衆徒・一坊・諸役人等の怠慢への措置
17	浪人・不確かな者抱え置きへの措置
18	山内魚鳥不入、女人禁制
19	四至内の殺生禁断
20	山々四至内の放火禁制
21	慈眼大師堂領下付にかかる役儀勤仕
22	妙道院領下付にかかる将軍家代々家臣石塔の管理
23	梶左兵衛佐・目代・両別当の山中仕置

中禅寺・寂光をはじめ山中・谷中の諸堂社を含む神前・仏前の年中行事、配当について、「条目」第五・七〜九条、「条々」第一五・一七〜二〇条では結界・境内の取り扱いについて、「条々」第五〜七条では宝物・祭具の管理について規定している。とくに「条々」第五・六条は、東照宮・大猷院に納められた位記・宣旨・太政官符や、天皇が奉納した勅筆（禁裏御贈経）・刀剣など大猷院を含む日光東照宮祭祀の存立原理にかかわる神宝・宝物の管理規定である。六月の土用中に「改曝」、すなわち虫干するとともに内容を改めることを定めている。

表2-9　明暦元年(1655)9月　日光山の諸職規定

	事　案	学頭修学院	大楽院・竜光院	梶　定　良	日光目代	衆　徒	社家	楽人	宮仕	神　人	一　坊
条目	⑪諸事	諸事東照宮を以て本と為す									
	⑥選出・職掌	器量の者を選出				学頭の指南を受け学問・行儀をたしなむ	作法をたしなむ				分際に応じ学問する
	⑩山中仕置		門跡の指図により執行								
条々	①神領年貢金勘定		目代が梶・両別当・衆徒4人(当役者)・社家1人立合のうえ勘定、門跡に帳面提出								
	③破損修復万入用		破損・修復は梶・目代・両別当が相談、大分のときは門跡にうかがいを立てる。毎年、右4人・衆徒4人(当役者)・社家1人が門跡の役者(執当)2人と相対のうえ勘定し、帳面を門跡に提出する								
	⑤御宮神宝の管理		6月の改曝などの管理								
	⑥御堂宝物の管理		6月の改曝などの管理								
	⑭-2 大工・鍛冶・飾屋・塗師・檜物師御用		御宮・御堂小細御用の申付								
	⑯衆徒・一坊・諸役人等の取締り		衆徒・一坊・諸役人等の怠慢は両別当が改め、梶・目代に断り沙汰。承引なければ御門跡へ申達								
	㉓その他		諸事相談して沙汰。計りがたい件は門跡にうかがう								
	⑰浪人・不確かな者の取締り			梶・目代が改める							
	⑬辻番30人(同心)			梶支配。5か所に6人ずつ配置。越度は梶・目代が相談のうえ申付							
	⑭-1 御菓子屋御用		神前・仏前御用の申付								
	⑪御宮御掃除		大楽院は内陣および御供所役僧とともに奥院					内陣	石の間	惣門内庭上・拝殿縁頬・楼門・廻廊内	承仕とともに拝殿
	⑫御堂御掃除		竜光院は組頭・御供所役僧とともに内堂・奥院							唐門内庭上・縁頬・廻廊・夜叉門内	承仕2人とともに拝殿・廊下
	⑧別当欠員時の措置					門跡が衆徒から選出					
	⑨御宮御番(夜中は上之御供所番所詰)						1人勤仕		1人勤仕	4人勤仕	6人勤仕(夜中は3人)
	⑩御堂御番(夜中は下之御供所番所詰)									4人勤仕	4人勤仕(夜中は2人)

註1：「日光山条目」「日光山下知条々」により作成。
2：事案の○数字は条数を表す。
3：⑬辻番のうち三仏堂前番所、⑪御宮御掃除のうち楼門外・石鳥居馬場通、⑫御堂御掃除のうち夜叉門外庭上・御供所廻り・下御供所内外・常行堂前・新道・安養沢木戸については町中が勤仕することが規定されている(第4章第4節参照)。

もっとも多く紙数を割くのは、「条目」第六・一〇条をはじめとする諸職の役務規定である。その内容は表2−9（折込）に整理して示した。

東照宮・大猷院の掃除（「条々」第一一・一二条）では、別当、社家、楽人、宮仕、神人、一坊の分担が示され、その職掌に応じ、重要な建築である東照宮と大猷院の本殿（大猷院の場合は内堂と表記）・奥院から周辺の建築・境内へいたる空間構成に、別当からその他諸職へと職掌の階層性が当てはめられている。ここにおいて、一坊は、東照宮・大猷院とも拝殿内の掃除を宛てられる。また、警固のための詰番（同第九・一〇条）もまた、社家・宮仕・神人・一坊の職と明示されている。

浪人・不審者の取り締まり（「条々」第一七条）や、同心（後の七ヶ所番所同心）による辻番（同第一三条）など、警察権は日光目代山口氏と日光定番梶定良の管掌事項となっている。同心は日光目代配下であるなど、日光目代が警察権執行の中心となっている。日光定番や、後に日光定番を継承する日光奉行は、その相談役という位置に過ぎないのである。

一方、「山中仕置」（「条目」第一〇条）、すなわち重要事案の執行は、輪王寺門跡の差配のもと、衆徒から選出された別当大楽院・竜光院、日光目代山口氏、そして日光定番梶定良の四者の合議に基づくものとされている。具体的には神領の年貢金の勘定（「条々」第一条）、修復の指令・入用勘定（同第三・一四条）、東照宮神宝・大猷院宝物の管理（同第五・六条）、衆徒・一坊ほか諸役人の支配（同第一六条）であり、その他の諸事もこの四者の相談により沙汰することになっていた（同二三条）。この四者は、寛永二一年五月一七日にはじまる、将軍に直轄され、任命されるようになった職である。日光山惣山組織の実質的な運営は、この四者が担うことになったのである。

そして、そのなかでも年貢金勘定・修復入用の勘定については、衆徒が輪番であたる当役者四名と社家の当番一名が加わり、後者については上野東叡山に常住する役者（執当）にも相談することになっている。衆徒が惣山組織の核心とされ、また、惣山組織の上部に輪王寺門跡の補佐役である役者＝執当が位置づけられた。「条目」第六条にあるように、これら日光山惣山組織の構成者は、その資質まで要求された。学頭には「器量」のあることが求められ、衆徒は学頭の指南を受けつつ学問・行儀を修める存在として、一坊は分際に応じ学問をする存在として、社家・楽人その他諸役人は作法を身につけた存在として規定される。学問や行儀・作法の修得を重視する姿勢は、この条目が日光山惣山における山内身分規定であることを示している。同様の規定は寛永一一年「日光山法式」のうち門跡并検校宛の第五条、衆徒并一坊宛の第八条にもあったが、この「条目」では、その対象を惣山全体に拡大している。この点において、「禁中并公家中諸法度」「諸宗本山本寺法度」「武家諸法度」など近世を通底する幕府による一連の序列・身分規定[130]に対応する内容に整えられている。「条目」と「条々」は、日光山を幕藩制国家のなかに定置する規定であったと位置づけられる。

このように、輪王寺門跡の誕生は、「宗廟」日光東照宮を根本とする日光山諸堂社の運営にあたる諸職の諸規定を明文化させた。この諸規定は、天海の遷化という突発的な事態を受け、従来、天海との私的関係に基づき構成されていた惣山組織が将軍家光の直轄により再編され、変質した結果を表している。これにより、名実ともに「仏家棟梁」となった輪王寺門跡を頂点とする、東照宮を本となす日光山惣山組織が確立された。その核心には衆徒および衆徒から選出された院家が据えられ、後に一山と呼称される衆徒の集団が大きな役割を果たすことになったのである。

小　括

本章では、近世日光山祭祀組織の編成過程と組織上の特質を、日光山における東照宮例祭の形成と既存の法会の再編に着眼し、検討してきた。教城院天祐の著述とは異なる、幕末期に一坊が歎願書において主張した衆徒・

一坊を同根の一樹とする論理と、惣山・一山というあり方をふまえて考察した結果、以下のような編成過程が明らかになった。

東照社遷宮以前の日光山において、一坊は、衆徒との身分差を確認できず、一六世紀前半にはその勢力を拡大させていた。しかし、天文八、九年ころに発生した座禅院昌膳の乱により一坊の勢力は消長し、衆徒が優位となった。それでもなお衆徒・一坊の地位は動揺していたのである。また、日光山には、本来、真言僧をはじめ多様な宗教者が存在した。とくに真言僧は一五世紀前半以降に台頭していた。山外にあり一山菩提所とされた清滝寺は、山内の死穢を取り扱いつつも、常行堂を中心とする山内の法会の執行にも加わり、固有の位置を有するようになっていた。中世末期における惣山の秩序は決して安定したものではなかった。権別当座禅院を筆頭におく衆徒中による山内運営は、天正一八年九月、秀吉政権により安堵されたものの動揺し続け、ついには慶長一八年座禅院昌尊の排斥にいたるのである。

そして天台宗の実力者であった天海が入院した。天海は、衆徒・一坊の名義を編成し直し、衆徒教城坊の事例に見られるように、前代以来の法類を解体した。以後、元和三年四月の日光東照社遷宮にいたる間、弟子を配置することにより衆徒の再編が始められた。

そして、元和五年に大きな画期を迎える。天海は東照社例祭の編成に先立ち、これまで日光山の中心的な堂で重要な法会の場であった常行堂を新宮境内に移し、法会を改廃、その機能を停止させたのである。同時に天海の法流を継ぐ僧を迎えて新たな衆徒の編成を進め、江戸上野の寛永寺の創設と軌を一にした寛永四年の天台化によって惣山組織を成立させた。また、その翌年には妙道院を創設して一山菩提所とし、山外の清滝寺はその兼帯寺院として、台密法曼流の密灌頂修行の室として再編した。天台宗の頂上に冠する「仏家棟梁」として、自らの後継者に宮門跡を擁立する志向を表明したのも当該期、寛永三年のことである。

この間に反論、離山する衆徒・一坊が現れたが、天海は、将軍権力拡充にともない日光東照宮「荘厳」の確立を図る意志を固めた将軍家光の施策と連動し、その権威による確立を図り、寛永一一年、家光から惣山組織の諸職を規定する「日光山法式」を獲得した。日光山惣山組織は、東照宮の年中行事を確実に履行する組織として確立されたのである。

ただし、天海の編成した惣山組織には限界があった。それは、天海個人との間に結ばれた師弟関係・法縁に基づきその私的裁量により編成されたことにある。寛永二〇年一〇月、天海が遷化すると、日光東照社への宮号宣下と、私的関係に基づく惣山組織の再編が急に課題化した。寛永二一年五月、惣山の重職は将軍により任命され、直轄されるようになり、また同年一〇月には日光門跡尊敬(守澄)法親王が擁立される。この過程を経て、宮号宣下も実施に移された。

このとき将軍家光から幼き日光門跡の後見役に指名され、日光山座主となった毘沙門堂門跡公海は、常行堂に代えて延年舞の舞台とされた金堂、東照宮神輿を安置する逮夜の場となる新宮拝殿など、新宮境内の整備を進め、東照宮例祭を軸に日光山の既存の法会を再編した。その結果、かつて中世日光山の中心にあった常行堂は完全にその地位を喪失した。そして、惣山組織が衆徒二〇か寺・一坊八〇坊に再編された。将軍家光の威光を背景におく公海は、一山を構成する衆徒と、その他の一坊の職分を明確化し、東照宮の例祭と、その年中行事に組み込まれた日光山の諸堂社の法会を運営、執行する組織としたのである。この間に反発した一坊もあったが退けられた。大猷院の建立を機に幕府から発給された年中行事には、かかる惣山組織と近世日光山の法会のあり方が明示されている。

そして、明暦元年、前年に公海から寺務を継承した尊敬法親王は、後水尾上皇院宣により輪王寺の門跡号を獲得し、しかも天台座主を兼任した。天台宗の頂上に冠する「仏家棟梁」たる輪王寺門跡がここに誕生した。この年、四代将軍家綱は領知判物とあわせて「日光山条目」「日光山下知条々」を発し、惣山諸職の役割を規定した。このようにして、衆徒を核心に据え、輪王寺門跡の差配のもと、衆徒から選出された別当大楽院・竜光院と日光目代山口氏、日光定番梶定良の四者の合議を軸に、東照宮祭祀を本となし、運営、執行される近世日光山の惣山組織が完成したのである。

東照宮祭祀は前章に述べたように「荘厳」と呼ぶべき所為である。近世日光山の惣山組織は、「荘厳」の恒常的な執行者としての位置にあり、既存の法会もまた東照宮祭礼に適合するように改廃された。それらは東照宮例祭の形成に対応し、実施されたのである。以上の検討の結果、近世日光山における惣山組織と法会の位置づけが明確になった。すなわち、惣山組織・法会は、根本に東照宮の「荘厳」をおき、そのすべてが東照宮祭祀に包含された存在であった。

近世日光山の惣山組織は、天海の弟子・法類を衆徒として迎えることにより前代の組織から大きく改変され、「宗廟」東照宮を本となす組織として成立するなかで、「荘厳」を執行し、かつ「荘厳」を毎年再生産していくことを本分とする組織となった。惣山組織の諸職と彼らが執行する近世日光山の法会は、かかる幕藩制国家に負わされた日光東照宮「荘厳」の執行という本分を内包することになった。ここに近世における宗教拠点としての日光山固有の位置が定立されたのである。

註

（1）元禄四年五月「日光山本房并惣徒旧跡之記」（「日光山常行三昧堂新造大過去帳」奥書、日光市山内　輪王寺文書、鹿沼市史編さん委員会編『鹿沼市史』資料編古代・中世、鹿沼市、一九九九年）実相房条。本史料を含め、同書所収の史料は、原本写真と校合のうえ引用した。以下同様。

（2）日光市山内 日光二荒山神社文書。以下同様。同史料は、明治以降の写本であるが、管見の限り伝本はこの一点のみである。明確な年紀を欠くものの、記事の下限が宝永二年（一七〇五）四月一八日公弁法親王による寂光常念仏開闢法事の執行であること、座主の墓の書上を正徳六年（一七一六）四月一七日に没した公弁法親王で終えていることから、一八世紀前半に成立した旧記史料と推定できる。

（3）一坊には檀那を有する者もあり、浄久坊の場合、他の修験における御師と同様の配札活動も明治初年まで行っていた（拙稿「江戸時代日光山一坊の組織と活動――廃寺・散逸文書のゆくえ――」『社寺史料研究』五、二〇〇三年）。檀那坊をもたない参詣堂者は、町方で堂者宿の札を有する旅籠屋に宿泊することが許可されていた。なお、堂者は、社寺・霊山への参詣者を指す語で、通常は道者と記す。触書を含め日光山の道者にかかる史料には「堂者」とあるため、本章では史料通り堂者と表記する。

（4）秋本典夫「近世日光東照宮と民衆の参詣」（『近世日光山史の研究』名著出版、一九八二年。初出は一九七五年）、同「近世日光山に於ける一坊の一考察」（『宇都宮大学教養部研究報告』第一部一七、一九八四年）。秋本は、社会経済史的な視角から、自ら寺役と称する修験本来の役割を放棄する一坊の姿に着目し、宗教者として「死滅的」状況にあると指摘するが、その評価は一面的であると考える。拙稿「日光修験冬峰における御柱松・扇之的の執行形態」（『山岳修験』二八 日光特集、二〇〇一年）参照。

（5）同右秋本「近世日光山に於ける一坊の一考察」。

（6）新川武紀「室町期の農民闘争」（『下野中世史の新研究』ぎょうせい、一九九四年。初出は一九七四年）、皆川義孝「戦国期日光山の動向」（『史学論集』二二、一九九二年）、同「日光山別当昌淳発給文書の基礎的考察」（『かぬま歴史と文化――鹿沼市史研究紀要――』一、一九九七年）、同「日光山の組織と意思決定――慶守の活動を通じて――」（『かぬま歴史と文化――鹿沼市史研究紀要――』六、二〇〇一年）、曽根原理「関東天台諸寺と日光山」（『徳川家康神格化への道――中世天台思想の展開――』吉川弘文館、一九九六年。初出は一九九二年）、千田孝明「応永・永享期の日光山」（地方史研究協議会編『宗教・民衆・伝統――社会の歴史的構造と変容――』雄山閣出版、一九九五年）、同「日光山をめぐる宗教世界」（浅野晴樹・斎藤慎一編『中世東国の世界』一 北関東、高志書院、二〇〇三年）、同「日光山の組織化と鹿沼」（鹿沼市史編さん委員会編『鹿沼市史』通史編原始・古代・中世、鹿沼市、二〇〇四年）、新井敦史「室町期日光山の組織と運営――堂講相論・皆水精念珠紛失事件の検討を通して――」（『古文書研究』四〇、一九九五年）、同「室町期日光山の所領支配機構――座主と（惣）政所の位置づけを中心として――」（『かぬま歴史と文化――鹿沼市史研究紀要――』二、一九九七年）、同「応永期日光山領符所郷関係文書の再検討」（『かぬま歴史と文化――鹿沼市史研究紀要――』六、二〇〇一年）、江田郁夫「武力としての日光山――昌膳の乱をめぐって――」（『日本歴史』六三八、二〇〇一年）、新川武紀・新井敦史「日光山領府所郷・西鹿沼郷における農民の抵抗」（前掲鹿沼市史編さん委員会編著書）など。

（7）星野理一郎『日光史』（日光第二尋常高等小学校、一九三七年）、大野瑞男「日光神領の成立と支配」「東照宮と輪王寺・二荒山神社」（日光市史編さん委員会編『日光市史』中、日光市、一九七九年）、奥田謙一「『聖地』日光の誕生」（栃木県史編さん委員会編『栃木県史』通史編四 近世一、栃木県、一九八一年）、河内八郎「日光領の支配」（今市市史編さん委員会編『いまいち市史』通史編Ⅰ、今市市役所、一九八二年）、柴田豊久『柴田豊久著作集――近世日光・下野刀剣考――』（柴田豊久著作刊行会、一九八三年）、前掲註（4）秋本著書、小暮道樹「近世日光山領支配機構の変遷」（宮田登・宮本袈裟男編『日光山と関東の修験道』山岳宗教史研究叢書八、名著出版、一九七九年）。竹末広美「日光山支配組織の成立と展開」（今市市史編さん委員会編『いまいち市史』通史編Ⅱ、今市市役所、一九九五年）など。

（8）日光市山内 輪王寺文書（前掲註1鹿沼市史編さん委員会編著書）。以下同様。

（9）吉井敏幸「近世初期一山寺院の寺僧集団」（『日本史研究』二六六、一九八四年）。

（10）現在、輪王寺の一山は、近世衆徒の名跡を継ぐ法門院、安養院、華蔵院、照尊院、南照院、禅智院、浄土院、医王院、桜本院、光樹院、唯心院、教光院（元一坊教光坊）、実教院（同道福坊）、日増院（同金蔵坊）、護光院の一五か院から構成されている。浄土院住職今井昌英氏の御教示によれば、これらの諸院は、幕末維新期に中絶した衆徒の旧跡をそれぞれ継承している。例えば、浄土院は遊城院の跡地や什物を引き継ぎ、その歴住の位牌を祭祀している。

（11）常行堂旧蔵文書は、現存する包紙の書き入れを参照するなら、延宝四年ころ教城院天祐によって文書・記録一七二点が整理され、「日光山常行三昧堂故実箱目録」に目録化されたとみられる。これらは、宝永六年に同じく天祐によって滝尾別所に奉納された。以下、同文書は前掲註（1）鹿沼市史編さん委員会編著書から引用する。

（12）前掲註（6）千田「日光山の組織化と鹿沼」、新川・新井「日光山領府所郷・西鹿沼郷における農民の抵抗」。

（13）日光市本町 高藤晴俊家文書。以下同様。

(14)「二荒山叢書」巻七（日光市山内　日光二荒山神社文書）。以下同様。奥書によれば、原本は輪王寺文書で、昭和五年九月五日の謄写本である。
(15)日光市山内　輪王寺所蔵（日光市史編さん委員会編『日光市史』史料編上、日光市、一九八六年）。
(16)日光市山内　日光二荒山神社所蔵（同右日光市史編さん委員会編著書）。
(17)「二荒山叢書」巻二九（日光市山内　日光二荒山神社文書、前掲註1鹿沼市史編さん委員会編著書）。以下同様。
(18)日光市山内　輪王寺文書（前掲註1鹿沼市史編さん委員会編著書）。以下、「滝尾山旧記」とする。
(19)前掲註(6)江田論文。
(20)前掲註(6)に同。
(21)「光嶺秘鑑」巻三（「晃山叢書」巻七、日光市山内　日光東照宮文書）。以下同様。また、「光嶺秘鑑」巻三・四は、日光東照宮文書中の「晃山叢書」巻七・八から引用する。
(22)日光市山内　輪王寺文書（菅原信海編『神道大系』神社編三一　日光・二荒山、神道大系編纂会、一九八五年）。
(23)「滝尾山年中行事」。
(24)日光市稲荷町　星野宗四郎家文書。本稿で用いる同史料は、星野理一郎による影写本で、その原本は古川清彦「日光山の僧坊文学――幻夢物語と弁草紙――」（『国語と国文学』三四〇、一九五二年）の紹介する元禄八年三月六日、幕府作事方大工頭鈴木長頼（秋峰）の奥書を有する日光本とみられる。なお、同じ日光本を祖本とする独立行政法人国立公文書館所蔵本を底本とした翻刻が横山重・松本隆信編『室町時代物語大成』一二（角川書店、一九八四年）にある。
(25)平泉澄「弁草紙考」（『我が歴史観』至文堂、一九二六年。初出は一九二一年）。
(26)藤井万喜太「弁草紙考」（『古典研究』三―九、一九三八年）。
(27)前掲註(24)古川論文。
(28)天正一〇年七月一五日常行堂念仏衆請定、同一一年七月一五日同請定案（いずれも常行堂旧蔵文書）。
(29)常行堂旧蔵文書。ただし、前掲註(1)鹿沼市史編さん委員会編著書には昌信を昌根とする誤植がある。なお、弁公昌信は、没後間もない天正一〇年八月一五日、「唐金ノ花瓶」を一つ常行堂に施入しているが、これは生前から準備されていたものと考えられる。

(30) 新田英治・臼井信義「中世」(日光市史編さん委員会編『日光市史』上、日光市、一九七九年)。
(31) 塙保己一編「続群書類従」巻第八〇神祇部八〇(『続群書類従』三下、続群書類従完成会、一九五七年)。
(32) 拙稿「神社と頭役」(前掲註6鹿沼市史編さん委員会編著書)。
(33) 堀一郎「湯殿山系の即身仏(ミイラ)とその背景」(戸川安章編『出羽三山と東北修験の研究』山岳宗教史研究叢書五、名著出版、一九七五年。初出は一九六一年)。
(34) 釘抜念仏の信仰については、圭室諦成「治病宗教の系譜——中世後期を中心として——」(『日本歴史』一八六、一九六三年)、高木誠一「釘念仏」(『民間伝承』九—五、一九四三年)、近藤喜博「釘念仏の周辺」(『日光山輪王寺』一二寂光寺特集、一九五八年)、中川光熹「日光山寂光寺釘抜念仏について」(『日光山輪王寺』六一、一九九五年)、同「日光山寂光寺釘抜念仏とその伝播について」(『歴史と文化』一〇、二〇〇一年)、田中圭一・六本木健志「草久地域の生産と生活——鹿沼の村に古文書をよむ——」(『かぬま歴史と文化——鹿沼市史研究紀要——』一、一九九六年)、宮島潤子「念仏供養塔——釘抜念仏を中心として——」(『日本の石仏』一〇〇、二〇〇一年)、高遠奈緒美「『観心十界図』の四十九餅図像について」(『絵解き研究』一六、二〇〇二年)参照。
(35) 前掲註(22)菅原編著書。
(36) 延宝四年三月恵中「日光釘念仏縁起」(和学講談所旧蔵、独立行政法人国立公文書館所蔵)。その他、新潟県佐渡市に現存する釘念仏和讃のなかにも文明七年(一部に「ぶんけい七年」とする誤記を含む)の年紀がみえる(前掲註34中川論文)。
(37) 皆川義孝「下野の経塚資料とその特徴」(『栃木県立博物館研究紀要　人文』一八、二〇〇一年)、同「布教者の活動から見た中世日光山」(『山岳修験』二九、二〇〇二年)。
(38) 大永七年夏峰先達の手文である享禄四年五月慶住坊清応・能観坊俊威編「補陀洛順峰入峰次第(私記)」(元禄五年八月竜光院天祐下命、円音坊宥景写、日光市山内 輪王寺文書、五来重編『修験道史料集』Ⅰ東日本篇、山岳宗教史研究叢書一七、名著出版、一九八三年)によれば、夏峰は、五月晦日に入成、七月一四日に出成する。山内に設けられた大宿を出発し、星宿から薬師岳に登って旧谷宿を経て歌ヶ浜宿に入り、その後、黒檜岳、宿堂坊山、錫ヶ岳、白根山、温泉岳、太郎山、大真子山(大真名子山)、男体山、小真子山(小真名子山)、女峰山を抖擻し、唐沢宿・行者堂・滝尾を経て本宮、新宮に帰る修行であり、三峰五禅頂と呼ばれる日光修験の回峰修行のうちもっとも難行であったといわれる。男体山に登る途中の行場に、日光三所権現と弘法大師の御対面石があったことも記されており、真言僧の夏峰修行への関与を考えるうえでも興味深い。宝暦三年九月教城院天全「旧記」（日光市山内 輪王寺文書、福井康順編『日光山輪王寺史』輪王寺門跡教化部、一九六六年。以下同様）天正一〇年五月条には「二十四年中絶ノ夏峰再興、真鏡坊昌澄（証）」とあり、一六世紀中葉に一度中絶し、この年に「弁草紙」の著者である真鏡坊昌証により再興されたことがわかるものの、これ以降入峰の記録はない（中川光熹「日光山修験道史」、前掲註7宮田・宮本編著書）。なお、「弁草紙」には天正一〇年夏峰を再興したさい、真鏡坊昌証が先達を勤めたとあり、その出成後、弁公の墓前に詣でたことが記されている。以下にその箇所を掲出する。

爰に真鏡坊昌証といふ人有、おろかなれとも筆取わさをゑたり、弁公かの法師を召て天台の四教五時の名目を書くへき由の給ひけり、その夏の頃此山に峰あり、（中略）扨昌証法師、夏ミねの先達にあたりて弁公へ返答申けるハ、修行いなみかたし、出峰事おハりて書たてまつらんと申こひて、五月半に入峰して山林斗藪の行を立、樹下石上を宿とし、不惜身命に身をなして一心不乱に修行しけるに、弁公うせ給ひぬと聞へけれは、すゝかけの袖をしほりける、されとも日かきりあれハ、文月十四日に成就して御はかにまいりふしなけゝ共、甲斐なく、翌日よりかのしやうきやうを書奉り、御墓におさめまいらせ、おろかなれ共、一施を作りて仏前にそなへける

(39) 男嶽宿金剛堂石祠は昭和六二年（一九八七）五月にその存在が確認され、増田宏『埋もれた日光修験の回峰行遺跡を探る――宿堂坊山の宿跡と石祠について――』（私家版、一九八七年）により報告された。

(40) 日光市稲荷町 星野宗四郎家文書（拙稿「『中興開闢記』及び『日光山謂記覚』について」『歴史人類』三〇、二〇〇二年）。

(41) 例えば中村孝也『徳川家康公伝』（日光東照宮社務所、一九六五年。後に『家康伝』国書刊行会、一九八八年）、前掲註(7)大野「日光神領の成立と支配」など。

(42) 市村高男「豊臣大名の歴史的位置――結城秀康を中心にして――」（『地方史研究』一八一、一九八三年）。

(43) 文禄五年正月二〇日結城秀康黒印状（長田文書、結城市史編さん委員会編『結城市史』一 古代中世史料編、結城市、一九七七年）。

(44)「御代々　御朱印写」（日光市山内 輪王寺文書、栃木県立文書館架蔵写真帳）。以下同様。これは貞享二年六月一一日付、将軍綱吉による印知に先立つ領知関係文書の写である。

(45) 前掲註(6)皆川「日光山別当昌淳発給文書の基礎的考察」。

(46) 二荒山神社社務所編・発行、赤堀又次郎執筆『二荒山神社』（一九一七年）。次に全文を掲げる。

聖主天中天　　　　作事奉行　杉江播磨守吉房

迦陵頻伽声　当上人座禅院法印昌淳　　渋沢五郎右衛門

物戒師釈迦牟尼如来妙見上葺　妙忍房　小聖文月房俊意

哀愍衆生者　慶長十二年丁未三月日　根本兵左衛門尉房次

我等今敬礼　　　　　　　　若林重左衛門

(47) 常行堂旧蔵文書。

(48) 泉雅博「近世の開幕と上三川」（上三川町史編さん委員会編『上三川町史』通史編上、上三川町、一九八一年）、新川武紀「戦国時代の下野」（前掲註6新川著書）。

(49)「御代々　御朱印写」。

(50) 例えば前掲註(41)中村著書。

(51) 慶長一六年四月棟札銘写（元禄二年専海写、前掲註15日光市史編さん委員会編著書）。

(52) 昌尊の命日は、「日光山常行三昧堂新造大過去帳」によれば、鬮によって定められた。

(53) 慶安三年八月妙心寺福寿院東源「東叡開山慈眼大師伝記」、万治二年一〇月東叡山現竜院諶泰（亮伝）「武州東叡開山慈眼大師伝」、延宝七年一二月東叡山実成院胤海「東叡山開山慈眼大師縁起」（いづれも寛永寺編・発行『慈眼大師全集』上、一九一六年）。前二者は、天海の奉者であった最教院晃海・双厳院豪倪の「二宿老」が諶泰・東源に命じて編纂させた真名本の慈眼大師伝である。また、「東叡山開山慈眼大師縁起」は仮名本で縁起絵巻（画は住吉具慶）である。以下同様。

(54)「東叡山暦記」（滋賀県大津市　叡山文庫所蔵）。原本は正徳元年の書上である。本書第四章註(22)も参照。なお、那須屋形とは、「下野国那須郡佐良土村法輪寺古文書」（天保一三年「朝野旧聞裒藁」東照宮御事績第五〇〇、福井保編『朝野旧聞裒藁』一三、内閣文庫所蔵史籍叢刊特刊一、汲古書院、一九八三年）に慶長一二年九月寺領五〇石を寄進したとみえる那須修理大夫資晴と考えられる。

(55)「東照宮御別所住職歴代記」（日光東照宮社務所編・発行『社家御番所日記』一一、日光叢書、一九七一年）。

(56)文化一二年一二月以前「目代山口家由緒書」（同右日光東照宮社務所編著書）。

(57)常行堂旧蔵文書。

(58)日光社寺文化財保存会編・発行『重要文化財輪王寺常行堂修理工事報告書』（一九七五年）、同編・発行『重要文化財輪王寺法華堂・常行堂法華堂渡廊・大猷院霊廟宝庫修理工事報告書』（一九八一年）。

(59)日光二社一寺文化財保存委員会編・発行『重要文化財二荒山神社本殿・拝殿修理工事報告書』（一九六七年）。

(60)「日光山　御判物之写」（独立行政法人国立公文書館所蔵）。拙稿「成立期日光神領に関する一考察――寛永・正保期を中心に――」（『大日光』六五、一九九四年）参照。

(61)「日光山誧記覚」。「旧記」。

(62)「妙道院歴代記」。

(63)千田孝信「養源院覚書」（『日光山輪王寺』五五、一九九〇年）。

(64)「慈眼大師御年譜」（前掲註53寛永寺編著書）。以下同様。

(65)浦井正明『上野寛永寺将軍家の葬儀』（吉川弘文館、二〇〇七年）。同「東叡山寛永寺の成立と展開」（圭室文雄編『政界の導者天海・崇伝』日本の名僧一五、吉川弘文館、二〇〇四年）。拙稿「上野東叡山における弘前藩津軽家御廟所祭祀の確立過程」（浪川健治編『近世武士の生活と意識「添田儀左衛門日記」――天和期の江戸と弘前――』岩田書院、二〇〇四年）。

(66)「東叡開山慈眼大師伝記」「武州東叡開山慈眼大師伝」。

(67)前掲註(53)寛永寺編著書。

(68)「東叡山之記」（鈴木学術財団編・発行『大日本仏教全書』八六 寺誌部四、一九七二年）。以下同様。本史料は、記事の年代の下限が安永五年（一七七六）であることから、一八世紀後半の作とみられる。

(69)「日光山本房并物徒旧跡之記」浄土院条には、亮傍の遷化した年を元和五年としているが、現在本町に立地する釈迦堂境内に現存する供養塔（宝篋印塔）によれば寛永七年九月四日が命日であり、「妙道院歴代記」の記事に一致する。

(70)「慈眼大師御年譜」。

(71) 前掲註(4)拙稿。

(72) 田野井武男「史料紹介 日光山桜本坊宗安の墓碑について」（『鹿沼史林』二四、一九八五年）。

(73) 寛永寺編・発行『慈眼大師全集』下（一九一六年）。

(74) 日光市山内　輪王寺文書。これは神仏分離までは滝尾内陣に納められていた書継記録である。

(75)「御代々　御朱印写」。

(76) 同右。

(77) 阿部昭「日光山領所務定法の成立過程」（『国士舘史学』八、二〇〇〇年）。

(78) 日光市小倉　江連浤家文書（栃木県史編さん委員会編『栃木県史』史料編近世六、栃木県、一九七七年）。次に全文を、前掲註(7)今市市史編さん委員会編『いまいち市史』通史編Ⅱ所収の写真版と校合のうえ引用する。

請おい申候南小倉村御年具（貢）定納之事

金合弐拾五両鐚五百三十八文

右之御物成定納ニ相究請おい申所実正也、新なわ之高弐百拾八石之所ヲ本高百四拾石ニ被成、其上跡々納り申御物成金之内多ク御引被下候、過分至極ニ奉存候、定納ニうけおい申候上ハ御年具少も御如在申間敷候、若御無沙汰申ニ付而ハ曲事ニ可仰付候、為後日仍而如件

寛永拾壱年いぬ

五月五日

南小倉村

理右衛門

久右衛門

藤左衛門

惣百性共

小林拾郎左衛門様（十郎左衛門時喬）

曾禰（根）源左衛門（吉次）様

(79) 享保二年七月「日光山諸給人知行高并由緒書」(日光市山内 輪王寺文書、栃木県立文書館架蔵写真帳)。療病院の「覚」には「寛永十一甲戌年、御勘定頭并御代官小林重郎左衛門殿・曾根源左衛門殿・曾我又左衛門殿右三人之衆登山被致、知行村々名主・惣百姓より証文判形被受取、裏書写御座候」とある。

(80) 「江戸幕府日記」寛永一一年三月二五日条。

(81) 同右、寛永一一年四月二七日条。ただし「東叡山御規定」(独立行政法人国立公文書館所蔵)に載る寄進状は五月一七日付であり、実際の寄進よりも後に発給された。

(82) 「江戸幕府日記」寛永一一年五月二三日条。「寛永十一年記」(筑波大学附属図書館所蔵)同日条。なお、「寛永十一年記」は、「江戸幕府日記」に他の記録・史料を挿入したもので、「江戸幕府日記」と「徳川実紀」の中間に位置する形態をとった記録である(藤井讓治「寛永一一年の領知朱印状と『寛永御朱印』」『人文学報』七四、一九九四年)。以下、「寛永十一年記」の引用は筑波大学附属図書館所蔵本による。

(83) 「寛永十一年記」八月五日条。

(84) 藤井讓治『江戸幕府老中制形成過程の研究』(校倉書房、一九九〇年)、同『江戸時代の官僚制』(青木書店、一九九九年)。

(85) 『続々群書類従』三 史伝部(国書刊行会、一九〇七年)。

(86) 「寛永十一年記」此年条。

(87) 「江戸幕府日記」寛永一一年四月二三日条。「寛永十一年記」同日条。

(88) 筑波大学附属図書館所蔵。翻刻は拙稿「『日光山御神事記』について」(『歴史人類』二八、二〇〇〇年)および曾根原理編『続神道大系』神社編 東照宮(神道大系刊行会、二〇〇四年)。

(89) 日光東照宮所蔵、小松茂美編『東照社縁起』(続々日本絵巻大成 伝記・縁起篇八、中央公論社、一九九四年)。ただし、同書の絵に付された脚註には多くの誤りがあるので注意が必要である。

(90) 高藤晴俊「東照社縁起に描かれた祭礼行列」(『下野民俗』四二、二〇〇二年)。

(91) 享保二年七月「覚」(日光市山内 輪王寺文書、前掲註78栃木県史編さん委員会編著書)によれば、神人・八乙女は、天正一八年以前、神人二八〇余人、八乙女八人、神楽男五人から構成されていたとあり、神楽男を固有の職とする神人がいたとある。

(92) 宇都宮市二荒山神社文書（山路興造「宇都宮二荒山神社式年造宮芸能記録」『芸能史研究』九二、一九八六年）。ただし、錯簡があり、その原態は小林健二「宇都宮二荒山神社蔵『造宮記録』における能楽記事の史料的意義」（『芸能史研究』一五七、二〇〇二年）に復元されている。

(93) 前掲註(4)拙稿。

(94) 群馬県太田市 長楽寺文書（群馬県立文書館架蔵写真帳）。

(95) 為純編「華頂要略」巻第一四二諸門跡伝第三（独立行政法人国立公文書館所蔵）毘沙門堂公海准三后条。毘沙門堂門跡は、寛文五年公海により山科郷安朱村（現・京都府京都市山科区）に移転された。

(96) 杣田善雄「近世の門跡」（『幕藩権力と寺院・門跡』思文閣出版、二〇〇三年。初出は一九九三年）。

(97) 本書では、「禁中并公家中諸法度」を、従来等閑視されてきた丹念な異本校合も行った橋本政宣「禁中并公家中諸法度の性格」（『近世公家社会の研究』吉川弘文館、二〇〇二年）の指摘にしたがい、「禁中并公家中諸法度」と呼称する。

(98) 埼玉県川越市 喜多院文書（前掲註53寛永寺編著書）。写真図版により校合のうえ引用した。なお寛永寺編著書では、明記されないものの、寛永三年の文書とみて配列している。

(99) 例えば栃木県立博物館編・発行『天海僧正と東照権現』（一九九四年）。

(100) 「江戸幕府日記」正保二年五月二一日条に「於上野并江州比叡山両所大僧正天海之影堂御造営、同仏供料五拾石宛被寄附之旨、被　仰出之、上野御奉行者鈴木友之助・堀宗兵衛両人奉之、叡山御奉行者小堀遠江守へ以奉書被相達之」とある。

(101) 日光市山内 輪王寺文書（栃木県立文書館架蔵写真帳）。

(102) 「江戸幕府日記」寛永二一年六月四日条にも、公海らが「縁類」（法類）をともなって江戸城白書院に上がり、五月一七日の諸職任命に対する御礼言上の記事がある。以下に抜粋する。

一　午后刻、御白書院　出御、毘沙門堂門跡以三束弐巻御礼、是去頃大僧正跡支配依被　仰付也、次千妙寺権僧正・長沼宗光寺以一束一巻御礼、去頃東叡・日光両山之学頭依被　仰付也、次本実成院・竜性坊・常照院　縁類ニテ一同　御目見、次ニ最教院・双厳院同席ニテ一同　御目見、次大楽院弟子中将　御目見、六人進物無之、終テ　入御之刻、（後略）

(103) 公海は、「華頂要略」（前掲註95史料）によれば慶長一二年生であるから、この年三七歳である。

(104)「東叡山之記」。
(105)「日光山常行三昧堂新造大過去帳」によれば、盛賢は正保元年九月に没している。
(106)絹本著色千手観音像(日光市山内 輪王寺所蔵)天海自筆裏書(前掲註103栃木県立博物館編著書)。これは室町時代の作品で、裏書に、天海が武田信玄から授与されたものとある。
(107)以下、幸教親王(尊敬法親王、守澄法親王)については「日光山本房并惣徒旧跡之記」のほか「輪王寺宮尊敬法親王伝記」(独立行政法人国立公文書館所蔵)、元禄一三年五月「日光山列祖伝」(天台宗典刊行会編『天台宗全書』二四、第一書房、一九七四年)巻下、「華頂要略」巻第一四附録 弟子伝第一六(仏書刊行会編『大日本仏教全書』一二九 華頂要略門主伝第二、名著普及会、一九八一年)。なお、尊敬は、親王宣下後に出家しているため、正式には入道親王であるが、明暦元年九月将軍徳川家綱判物(後掲)の宛所をはじめ諸史料に法親王と記されていることから、本稿では法親王に統一した。
(108)前掲註(60)拙稿、河内八郎「近世日光領の成立について」(『大日光』五七、一九八七年)、神山壮「近世日光領の成立」(前掲註7今市市史編さん委員会編『いまいち市史』通史編Ⅱ)。
(109)独立行政法人国立公文書館所蔵。
(110)「華頂要略」(前掲註95史料)巻第一四附録 弟子伝第一六。
(111)林春勝(春斎、鵞峰)「東照宮三十三回御忌記 仮名」(前掲註88曾根原編著書)。
(112)鳥取県編『鳥取藩史』四 財政志・刑法志・寺社志(鳥取県立鳥取図書館、一九七一年)。
(113)「奥州宮城郡国分小田原東照宮御遷座之雑記」(宮城県仙台市青葉区 斎藤報恩会所蔵、宮城県図書館所蔵複製)。
(114)藤井万喜太「日光山常行堂安置源頼朝遺骨の検討――附安達藤九郎盛長の碑――」(『歴史地理』六八―五、一九三六年)。
(115)元禄一三年二月「日光山 御宮方書物之写」(独立行政法人国立公文書館所蔵)。以下同様。
(116)延年舞については、本田安次「日光山の延年」(『延年』日本の民俗芸能Ⅲ、木耳社、一九六九年)、中川光熹「日光山の延年舞と強飯式」(五来重編『修験道の美術・芸能・文学〔Ⅰ〕』山岳宗教史研究叢書一四、名著出版、一九八〇年)、山本ひろ子「常行堂と摩多羅神」(『日光山輪王寺』六二、一九九六年)、同『異神――中世日本の秘教的世界――』(平凡社、一九九八年)、菅原信海「日光山の延年舞」(『日本人の神と仏――日光山の信仰と歴史――』法藏館、二〇〇一年。

初出は一九九七年）。菅原論文は、著書が一山衆徒照尊院の前住職であり、現在の延年舞についてとくに詳しい。
(117)「当山入峰諸法度」（日光市山内 日増院文書）、前掲註(38)五来編著書。中川光熹氏から借覧した写真版により校合のうえ引用した。以下同様。
(118)田中圭一・磯部欣三「佐渡近世流人一覧（資料）」（『佐渡流人史』雄山閣、一九七五年）。
(119)新潟県立佐渡高等学校同窓会編・発行『佐渡国略記』上（一九八六年）。
(120)文久二年八月平賀慶寿写「日光奉行代々・栃木県知事代々記」（宇都宮市明保野町 平賀イク家文書、栃木県立文書館寄託）。
(121)元禄一三年二月「日光山　御堂方書物之写」（独立行政法人国立公文書館所蔵）。以下同様。
(122)柴田豊久「日光奉行略考」（『柴田豊久著作集――近世日光・下野刀剣考――』柴田豊久著作集刊行会、一九八三年）、同「日光奉行――遠国奉行の実態から――」（『歴史公論』六七、一九八一年）、柴田宜久「日光神領と寛政改革（一）・（二）」（『大日光』三一・三二、一九六八・六九年）、秋本典夫「幕藩体制下の日光神領」（前掲註4秋本著書。初出は一九七二年）、佐々悦久「寛政改革と日光奉行所」（村上直編『幕藩制社会の展開と関東』吉川弘文館、一九八六年）。
(123)「日光山　御堂方書物之写」。
(124)「家光公三回忌御追善記」（筑波大学附属図書館所蔵）。
(125)「日光山　御宮方書物之写」。
(126)「輪王寺宮尊敬法親王伝記」（前掲註107史料）。
(127)「御代々　御朱印写」「滋賀院　御判物之写」（独立行政法人国立公文書館所蔵）。
(128)「御代々　御朱印写」。
(129)「日光山　御宮方書物之写」「日光山　御堂方書物之写」。連署者は老中酒井雅楽頭忠清・大老酒井讃岐守忠勝・老中松平伊豆守信綱・同阿部豊後守忠秋である。
(130)尾藤正英「江戸時代の社会と政治思想の特質」（『江戸時代とは何か――日本史上の近世と近代――』岩波書店、二〇〇六年。初出は一九八一年）、前掲註(97)橋本論文。

第三章　日光東照宮建築の系譜

はじめに

本章は、近世日光山における東照宮祭礼の場となる建築の成立を、日光東照社以前の神社建築に始まり、東照宮建築を嚆矢とする徳川家霊廟建築にいたる権現造建築の文化的系譜に注目し明らかにすることを課題とする。

日光東照宮の建築は、いうまでもなく寛永文化を代表する建築の一つである（図3-1）。それは、しばしば豪壮華麗と修辞され、その精緻な建築美を強調される。その成立の背景には、その建築を必須とした将軍家光による「荘厳」という営為がある。その「荘厳」を物質的に表現したのは、職人による資材の生産と成型の技術であり、それらを取り込むことを可能にさせた社会のあり方である。さらには建築の文化のなかで継承したもの、そして次の時代に引き継いでいくものをもふまえなければ、その「荘厳」された建築を位置づけることはできまい。そこで、東照宮建築の中心社殿である権現造建築と、宝塔を中心に構成される奥院建築の祖型となる神社建築、およびその後史となる徳川家霊廟建築をはじめとする権現造建築に関する史料を博捜し、それらの建築の創造のあり方、そしてその技術伝承のあり方を検討していく。

なお、徳川家霊廟建築とは、元和二年（一六一六）に造営が開始された日光東照社を嚆矢とし、享保五年（一七二〇）八月三日、八代将軍吉宗による霊廟新造停止令までに造営された徳川将軍家歴代を祀る霊廟建築である。(1)

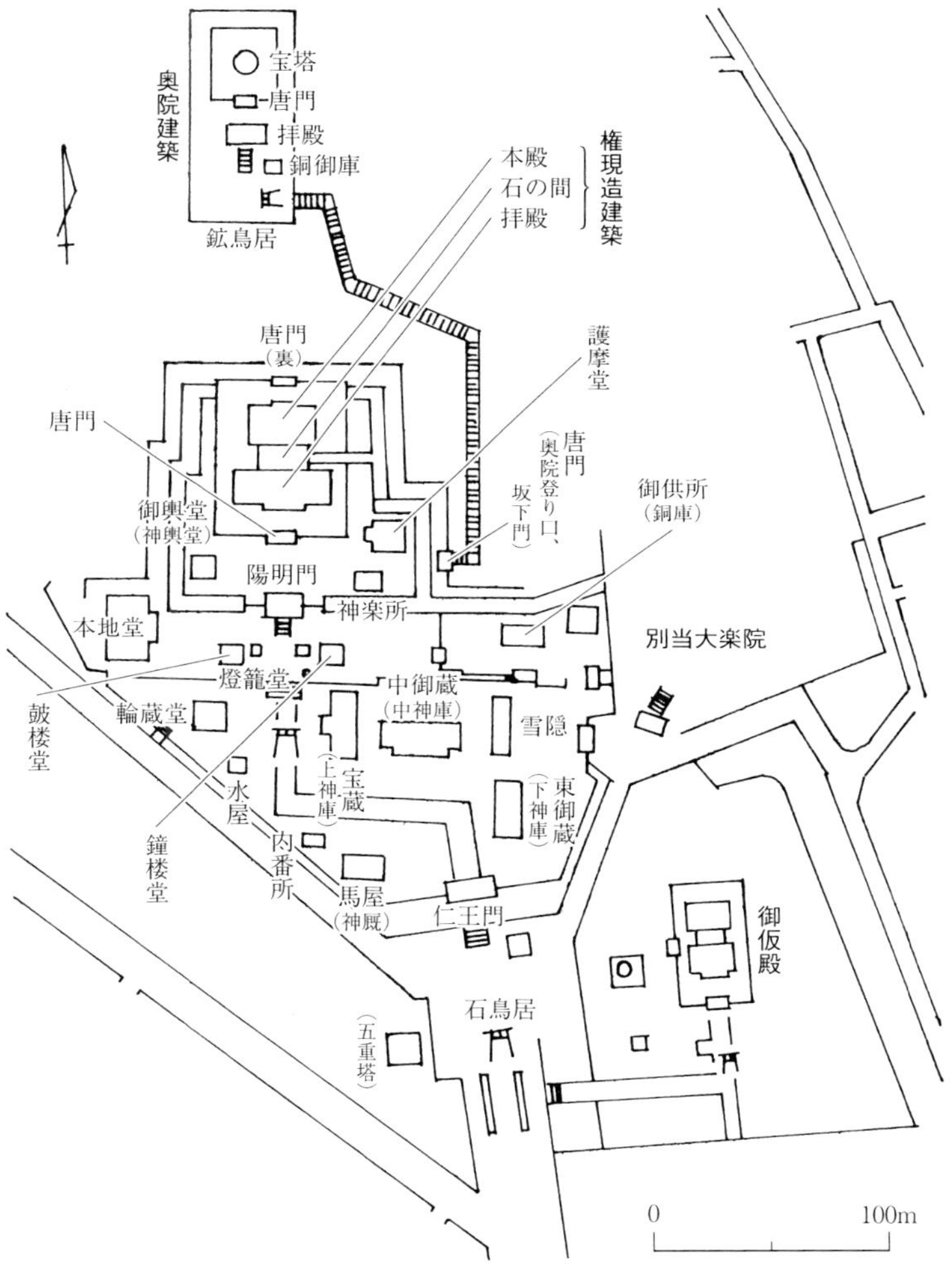

図３－１　日光東照宮の建築配置

註１：5000分の１都市計画図ほかを基図に作成。
　２：建築の名称は主に「日光山東照宮御造営帳」に従った。

吉宗以降の将軍は、上野東叡山・芝三縁山内に既存の霊廟に合祀され、宝塔を核とする奥院建築を新造されるのみとなる。

第一節　徳川家霊廟建築の空間構成

1　権現造建築と奥院建築の構造

元和二年から享保五年までの間に日光山および駿河の久能山、江戸上野の東叡山（寛永寺）、芝の三縁山（増上寺）、江戸城内の紅葉山《もみじやま》に造営された徳川家霊廟建築は、実に一七に及ぶ（表3-1）。ただし、東叡山の大猷院殿御霊屋は享保五年、厳有院殿・常憲院殿御霊屋および三縁山内の三御霊屋は昭和二〇年（一九四五）に大部分の堂宇を焼失し(2)、また、紅葉山の建築は明治二年（一八六九）に撤去されるなど(3)、大半は失われている。現存する建築および古写真から判断すると、元和年間（一六一五〜二四）に完成した日光および久能山東照宮は和様、将軍家光による寛永九年（一六三二）台徳院殿御霊屋、同じく寛永一三年（一六三六）造替の日光東照社（東照宮）以降の霊廟は唐様を基調とする様式の建築であり、それらのいずれもが多様な彩色・彫刻・金工・石造物によって装飾されている。

これらの共通点は、将軍秀忠が造営した紅葉山東照社を除き、中心に配置された霊屋に権現造建築を採用するところにある。権現造建築とは、本殿と拝殿を石の間（相の間、幣殿）によりつないだエ字型の複合社殿建築を指す。また、将軍の柩を納めた霊廟ではいずれも、権現造建築による霊屋から延びる石段上に、宝塔とその拝殿などから成る奥院(4)の建築が配置されている。すなわち権現造建築と奥院建築の二区域から構成されるのが徳川家霊廟建築の基本構造である（図3-2および前掲図3-1）。

とくに徳川家霊廟建築が盛んに建立、造替されたのは、表3-1に明らかなように、寛永九年（一六三二）から

表３－１　徳川家霊廟建築の建立

上棟年月	霊廟	所在	摘要
元和３年（1617）４月	①東照宮	日光山	寛永13年（1636）４月造替
３年（1617）12月	①東照宮	久能山	
４年（1618）４月	①東照宮	紅葉山	承応３年（1654）９月造替
寛永４年（1627）９月	①東照宮	上野	慶安４年（1651）４月造替
９年（1632）７月	②台徳院	芝	
９年（1632）	②台徳院	紅葉山	承応３年（1654）８月造替
14年（1637）９月	①東照宮	二之丸	承応３年11月紅葉山に合祀
慶安５年（1652）４月	③大猷院	上野	享保５年（1720）３月焼失。同年８月④厳有院御霊屋に合祀
承応２年（1653）４月	③大猷院	日光山	
３年（1654）７月	③大猷院	紅葉山	
延宝９年（1681）４月	④厳有院	上野	元禄11年（1698）９月焼失、翌12年２月再建。⑩浚明院・⑪文恭院を合祀
天和元年（1681）12月	④厳有院	紅葉山	
宝永６年（1709）11月	⑤常憲院	上野	⑧有徳院・孝恭院・⑬温恭院を合祀
７年（1710）８月	⑤常憲院	紅葉山	
正徳３年（1713）９月	⑥文昭院	芝	⑫慎徳院・⑭昭徳院を合祀
４年（1714）５月	⑥文昭院	紅葉山	⑦有章院以降全将軍を合祀
享保２年（1717）３月	⑦有章院	芝	⑨惇信院を合祀

註１：註（２）田辺著書、註（108）高藤著書、浦井正明『もうひとつの徳川物語――将軍家霊廟の謎――』（誠文堂新光社、1983年）ほかにより作成。
２：○数字は将軍の代数を示す。

慶安四年（一六五一）、将軍家光が実権を握った時代に集中する。阪谷良之進（5）・田辺泰（6）・大河直躬（7）によれば、建築表現の頂点は寛永一一年（一六三四）からの大造替により成った日光東照宮の意匠にあり、以後は技巧化・複雑化して部分的な意匠の華麗さを誇りつつも小規模化・形式化が進んだ。

徳川家霊廟建築の工費は、しばしば諸大名の疲弊を狙うため御手伝とされたと誤解される。しかし実際には、幕府の御蔵から賄われていた（8）。日光東照社の寛永大造替の場合、「大猷院殿御実紀附録」巻二（9）には、「寛元聞書」から引用される次の逸話がある。

日光御参によりいそぎ　御宮修理の事仰出され、惣奉行

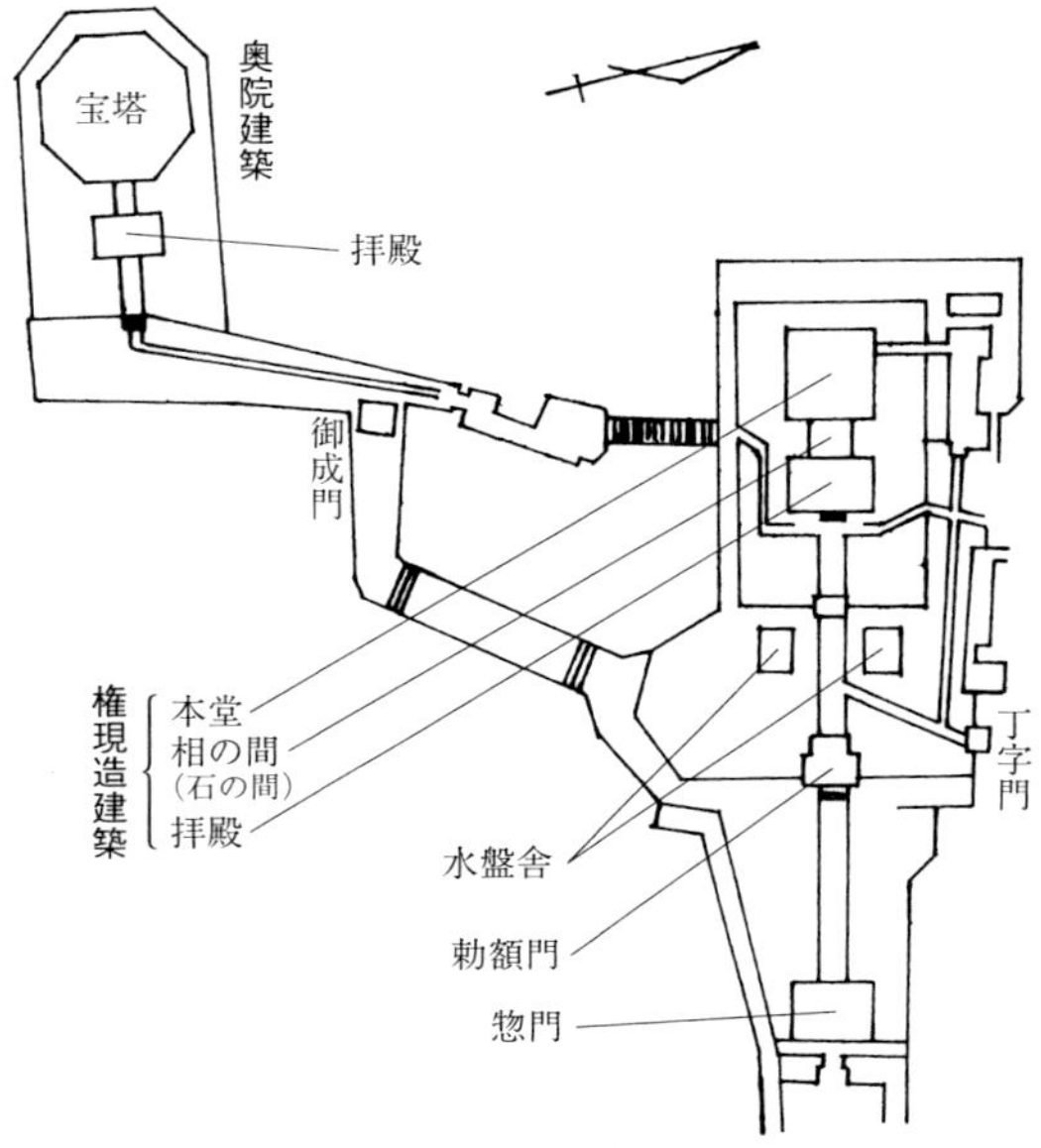

図3－2　台徳院殿御霊屋の建築配置

註：註（2）田辺著書所収図を基図に作成。

奉りたる秋元但馬守泰朝に、こたびの費用何ほどならんと尋ねられしに、百万両程と申す、御修理成て御参ありしとき、重ねて御たづね有ければ、御いそぎゆへ、先に申せしごとく、百万両ばかりに侍らんといふ、おもひのほかにいらずと仰られしとなり

大造替にあたり、家光は多額の支出を厭わず、「おもひのほかにいら」ざる出金であったと所感を述べたという。この逸話の真偽は、その史料的性格からにわかに判断しがたい。とはいえ、その工費が多額であったことは、偽らざる事実である。東照宮大造替にさいし支出された工費の収支報告書である寛永一九年（一六四二）閏九月「日光山東照宮御造営帳」をみると、幕府御蔵から支出された工費の総額は金五六万八〇〇〇両、銀一〇〇貫目、米一〇〇〇石にも及ぶ。徳川家霊廟建築は、まさに徳川将軍家の威信をかけて造営されたのである。

2　徳川家霊廟建築の構成

徳川家霊廟建築における権現造建築の源流には、それを禅宗における開山堂建築にみる説[10]がある。禅宗開山堂建築は、開山を祀る祠堂と、礼拝・読経の場である礼堂を繋の間（相の間）で連結した、権現造建築と同様、工字

型の複合建築である。その最古の例は、文和元年（一三五二）造営になる永保寺（現・岐阜県多治見市）開山堂である。同寺は臨済宗南禅寺派に属し、その開山堂には、同寺の開山元翁本元を供養する宝篋印塔と、元翁および夢窓疎石の頂相が祀られている。内藤昌[11]は、二代秀忠の台徳院殿御霊屋の源流を、仏堂という点に注目することにより、日光山・久能山の東照社社殿よりはむしろ、永保寺開山堂にあるとし、三代家光の日光大猷院殿御霊屋（大猷院）において、社殿としての東照宮の権現造建築と、仏堂としての台徳院殿御霊屋の権現造建築の形式が止揚され確立されたと論じる。

しかしながら、権現造建築が徳川家霊廟建築に通底する要素とするならば、社殿と仏堂とに区別すること自体、無意味である。むしろ相反する両者の区別を止揚する論理を読み取らなければなるまい。そこで、内藤が台徳院殿御霊屋を禅宗開山堂建築からの系譜上におく根拠とした史料を再検討する。

その史料とは、南禅寺金地院の以心崇伝が記した日記「本光国師日記」[12]寛永九年（一六三二）正月二九日条の記事である。大御所秀忠は、これに先立つ正月二四日に没していた。

一　同正月廿九日、従　御本丸召候而出仕、僧正（大僧正天海）も出仕、各昨日之御衆御出合、上意ニハ、相国様（徳川秀忠）墓所卯塔之上ニ堂建、上様も諸人も参詣可有之か、又別ニ御寺立候て御位牌立可有御参歟、先規可申上由、国中ハ、塔頭と申ハ卯塔之ほとりと書候て、卯塔ニ建候寺ヲ申候、昭堂ト申ヲ建候て、其ニハ木像ニても絵像ニても位牌ニても立候、是へ常ニハ御参候、墓所へハ盆なとの外忌日年忌之外ニハ常ニハ御参なく候と申候へハ、僧正も其通と一統ニ御申候、則被立　御耳、尤と御意之由、（後略）

崇伝は、江戸城本丸に将軍家光から召され、出仕した。そこには幕閣のほか天海も出仕していた。崇伝には、家光から次のような諮問があった。「故大御所秀忠の墓所について、卯塔の上に堂を建てるが、将軍も諸人もこの堂に参詣するべきであろうか、それとも別に寺堂を建立し、位牌を立て、これに参詣するべきであろうか。前例を申し上げよ」と。崇伝は、「臨済宗では、塔頭とは、卵塔のほとりと書くものであり、卵塔の上に建てた寺をいうものである。別に、昭堂という堂を建てるが、これには木像、絵像、位牌などが祀られている。日常は、この昭堂に参詣する。墓所、すなわち塔頭へは、盆などのほか、忌日・年忌以外、日常には参詣はない」と回答する。同席する天海も、これに同意する意見を列座する一統に述べた。家光は、この回答を、耳をそばだてて聞き、了承した。

内藤が指摘するように、崇伝は、台徳院殿御霊屋の建築構造を禅宗寺院における昭堂—卵塔の関係から説明する。これに天海も同意し、そして家光も納得したところをふまえれば、内藤の説くように、これは実際の台徳院殿御霊屋の建築構造を理論武装するものであったと考えてよい。

内藤は、このことから卵塔《らんとう》を開山堂の祠堂、昭堂《しょうどう》を礼堂に比して解釈し、台徳院殿御霊屋の本堂を卵塔を祀る塔頭、拝殿を礼堂に位置づける。一般に、卵塔とは、無縫塔とも呼ばれ、形状には、時代差や地域差があるものの、六角または八角の台座上に、卵形をした塔身を載せた供養塔を指す。供養塔であるならば、家光の述べる卵塔とは、秀忠の供養塔、すなわち宝塔を指すと考えるのが自然である。台徳院殿御霊屋の宝塔は、八角三重の台石上に上下二重の蓮座を付す石造台座上に建てられた木造宝塔で、その全体を八角覆屋で覆う個性的な建築であった。その外観は、寛永一一年当時の江戸の景観を示す「江戸図屏風」[13]からも確認できる。それは「卵塔之上ニ堂建」という表現に相応しいものである。奥院は、崇伝のいう盆、忌日・年忌など特別な場合にのみ参詣する空間であり、日常的に参詣する場ではない。とするならば、禅宗寺院建築における卵塔・塔頭に凝らされたのは奥院建築であると考えるのが妥当である。

一方、禅宗寺院建築の昭堂は、日常的に参詣される場とある。実態に照らすなら、これは、将軍の寄進により御供・灯明が毎日備えられる堂宇としか考えようがない。それならば、昭堂に比されたのは霊屋、すなわち権現造建築である。

このように、崇伝の回答は、禅宗寺院建築における昭堂―卵塔の関係から、徳川家霊廟建築における権現造建築―奥院建築の空間的特質を論じたものであり、内藤説は成立しない。台徳院殿御霊屋の建築構造を決定するにあたり、元和年間に造営された日光東照社の建築に準じて造営する、その根拠を説いたものと素直に考えざるをえないのである。

大御所秀忠の死後、台徳院殿の祭祀を進めるにあたって意識されたのは、明らかに東照大権現の祭祀手法であった。その法会もまた、勅会たらんとし、日光東照宮の陽明門に相当する勅額門に掲げる院号の額として後水尾上皇宸筆による勅額の下賜、および正一位を贈位する位記の発給を執奏し、それらを実現させた。これらについて、朝廷側は、「新義」として難色を示したものの、結果としては応じることになった(14)。

そもそも台徳院という院号も、東照大権現と同様、天皇から発せられた勅号であった。武家伝奏権大納言日野資勝は、「凉源院殿御記」寛永九年二月六日条に、家光の命により羅山林道春が上洛し、京都所司代板倉周防守重宗とともに同じく武家伝奏の三条西実条にはたらきかけ、公家衆に「相国様御院号　勅号ニ被仰請度由候、等類ナキ似合申候を御所望之由」を執奏したことを記している。五摂家は同日に寄り合い、武家伝奏両名同席のもと、この執奏を検討した。摂政一条兼遐は院号として明照院・東叡院・大智院、左大臣二条康道は台徳院、太閤鷹司信房は照源院を提示し、同じく太閤の近衛信尋は抵抗してあげなかった。席上、東叡院は上野東叡山の山号であることから「無用」とされ、また、大智院は足利家六代将軍義教（普広院殿）の三男義視の院号で「等類」となることが指摘された。翌日には、上洛中の羅山も同席してさらなる検討が加えられた。明照院・照見院は、大権現の号である東照とかち合う忌字「照」を含んでしまうことが指摘された。残る台徳院は、台の字が三台を表すものとされ、羅山は一段と良いと述べた。三台とは、一義に三公、すなわち太政大臣・左大臣・右大臣を意味し、また別の一義に三光に擬せられ紫微星を守る上台・中台・下台の三台星を意味し、さらに、天の三台星に応ずる地とされ、中国天台宗発祥の地たる天台山にも通じる語と羅山は説いた。こうして秀忠の院殿号台徳院殿が決定され、後水尾上皇によって授与されたのである。

台徳院殿御霊屋の建築構造は、日光東照社のそれが模倣された。神社である東照社の建築構造は、崇伝一流の理論により、仏堂である台徳院殿御霊屋に適応しえる、仏神両用の建築に止揚された。これにより徳川家霊廟建築の空間は、日常的な祭祀の場である権現造建築と、祭日にのみ参拝される奥院建築の二区域から構成されるものとして決定されたのである。こうして将軍家光により徳川家霊廟建築の構造が確立された。

第二節　権現造建築の展開

1　北野社の八棟造建築

日光東照宮の中心社殿は権現造建築である。その源流は北野社にある。

北野社は、大宰府への左遷後、恨みを残し没した菅原道真の怨霊を鎮めて祭神とした御霊信仰の社であり、北野神社、北野聖廟、北野天満宮、北野宮寺とも称された。現在は北野天満宮を社号とする。天慶五年（九四二）右京七条に住む多治比文子《たじひのあやこ》に神託があり、その邸内に小祠を祀ったのが始まりである。天暦元年（九四七）には近江国（現・滋賀県）比良宮の神良種の男子太郎丸に下った託宣を北野朝日寺の僧最鎮および文子に諮り、北野の地に遷座、同年六月に社殿が創建された。道真には、天満大自在天神の勅号も与えられたという。永延元年（九八七）以降は朝廷による公祭が執行されるようになり、正暦二年（九九一）には平安京内の守護神として十九社（後、二十二社）の一に列せられ、奉幣使が遣わされるようになった。後に別当は、天台宗門の宮門跡曼殊院（竹内門跡）が勤めるようになった。北野社の祠官松梅院は、室町時代には足利将軍家の御師職に就任して台頭した。

北野社は、豊国社の造営以前、権現造建築を有する唯一の神社であった。しかし、その社殿建築は当初から権現造と称されていた訳ではない(15)。現在の社殿は、慶長一二年（一六〇七）豊臣秀頼を大檀那とし、その御大工森田和泉守重次の指揮により造替されたものであるが、当時は八棟造と称されていた（図3-3）。延徳二年（一四九〇）の回禄後、社殿は再建されず仮殿において祭祀されてきた。慶長三年（一五九八）には社殿の造替が話題になっていたが、そこに「天神八ツむねノ儀申出候へハ、紀州（青木一矩）御造宮候ハんと被仰也(16)」と、八棟造の名がみえる。

その祭祀自体も、当時の神道界においては特異にみなされていた。そのことは、慶長一二年造替時に執行された正遷宮の執行形態に明らかである。それは、北野社正遷宮に参詣した神竜院梵舜の「慶長十二丁未年日記(17)」に詳しい。梵舜は、吉田兼右の男子、吉田家当主兼見の次弟であり、吉田神道の担い手の一人である。正遷宮の行われた一二月一三日条から次に引用する。

戊亥刻上卿（中納言坊城盛長）坊城大納言仮殿ヨリ御殿へ出仕、竹内門跡（曼殊院宮良恕法親王）出仕、供之僧素絹卅人斗扈従、次積善院御門跡出仕也、次市正殿（造営奉行片桐且元）、為御名代出座、次御祭之時、神輿二社前へ仮殿ヨリ移、脇座神体神輿錦張リ、管弦モテ御移、次本社之御神体錦御輿、管弦ニテ蓋ニ指カケ奉御幸奉移、御休後、竹内行法、次法事四箇法要梵音・錫杖・唄・散花、次神楽巫女三人ニテ一人ツ、三度ツ、舞也、次伶人舞楽也、子刻過ニ終也、仮殿ヨリ幕ヲ引也、其内ニ案脚一間ツ、置テ立ツ也、案脚ノ上ニ香爐ト灑水ワケ桶ヲ上ニ並ヘ置テ、幕ノ内ラウソクヲ台ニ立テ一間ツ、ニ置テ燃也、

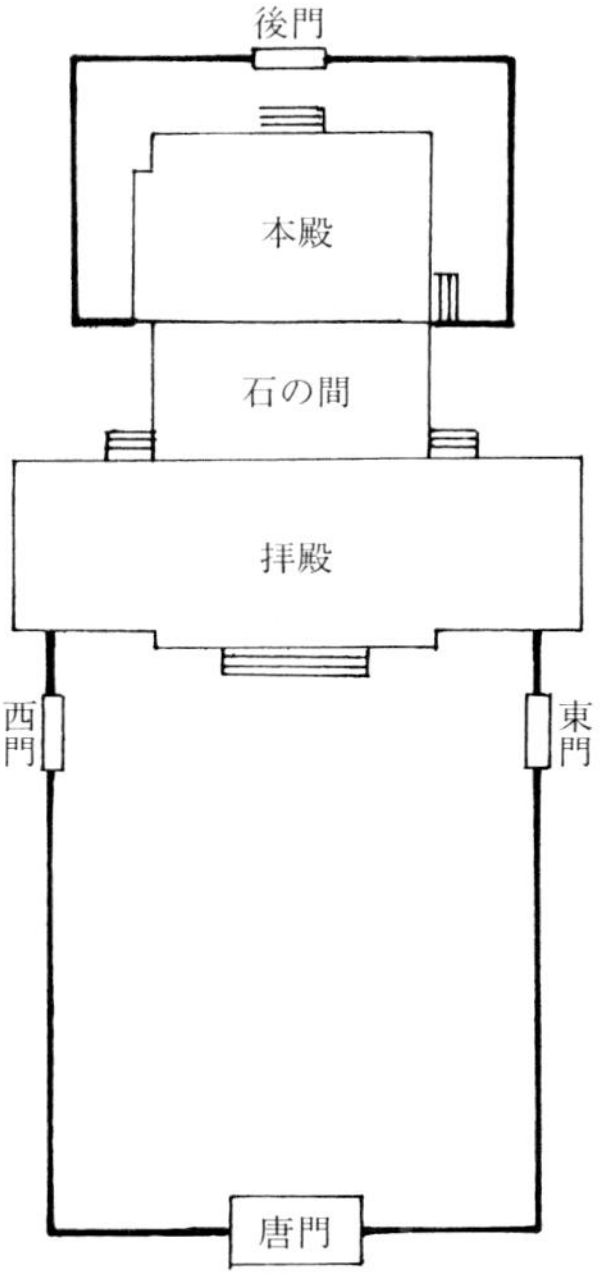

図3-3　北野社の権現造建築

註：寛文9年(1669)正遷宮絵図(註81北野天満宮史料刊行会編著書付図)を基図に作成。

神体御幸之時ハ火ヲケシ、筵ノコモヲシク、上ヘ一布ヲシク也、作法以下神道ニ相違ト云也、遷宮入用二千石之下行ト云々

梵舜は、北野社の正遷宮について、「作法以下神道ニ相違ト云也」と感想を漏らしている。すなわち、正遷宮の作法が吉田神道の規式と異なっているというのである。北野社別当である曼殊院門跡良恕法親王が導師となり、天台宗の法会である四箇法要が執行されていることを見れば、それは歴然としている。北野社の正遷宮の規式は、天台系の習合神道のうえに執行されていたのである。

黒田竜二[18]によれば、同社で最初に確認される八棟造の社殿は、文暦元年（実は天福二年＝一二三四）の回禄（火災）で失われた社殿である。それ以前の回禄の記録は長徳二年（九九六）なので、この間に建立された社殿となる。以後、文暦元年以降、文安元年（一四四四）、延徳二年（一四九〇）の二度の回禄により失われた社殿も八棟造建築であり、その本殿は四面庇入母屋造であった。「洛中洛外図屏風」の諸本に描かれる社殿も八棟造建築である[19]。

黒田は、北野社の権現造建築の本源を、同じく天台系の垂迹神を祀る近江国坂本（現・滋賀県大津市）の日吉社（現・日吉大社）における日吉造にみる。北野に鎮座して五度目の造替と伝えられる天徳三年（九五九）の造替では、「三間三面庇檜皮葺」の社殿が造営されたと言い、九世紀後半に日吉社で採用された日吉造の影響を受けた形態で、前面庇を欠いていたものとする。また、前面には、石の間に相当する部分が付随したとも想定している。この天徳三年の造替は右大臣藤原師輔が財物を寄進して行われたものであり、以後、北野社は摂関家の庇護を受けるようになった[20]。この建築が遅くとも一三世紀までに八棟造建築へと発展していったのである。権現造建築は、公家文化のもとで天台系習合神道における社殿建築として生み出され培われてきた、北野社固有の八棟造建築であった。

2　豊国社の社殿建築

北野社以外の神社建築に権現造建築が採用されるのは、一六世紀末、豊国大明神へと昇華された豊臣秀吉を祀る豊国社（現・豊国神社）を初見とする。次にその建築の創出について検討する。

豊国社は、慶長三年（一五九八）八月一八日秀吉が没した翌年四月に成立した。その法儀を司ったのは、吉田神道の権威者で吉田兼倶の建立した神竜院に住する梵舜であった。豊国社の成立後、梵舜はその別当神宮寺を預かった。

豊国社、そして日光東照宮（東照社）には、それぞれ秀吉・家康の墓域にあたる廟所、奥院建築が付随している。北野社にはこれに相当する建築は存在しない。元和八年（一六二二）に完成した日光東照社の奥院建築の場合、木造宝塔、拝殿、唐門、透塀を有していた(21)。このうち家康の神柩が納められた上に建立されたのは木造宝塔で、田仲亮司(22)の復元案によれば、総高約一五・六メートルの多宝塔である。以後の歴代将軍の霊廟にも同様の奥院が設けられている。これらの源流は、一六世紀初頭、吉田神道において遺骸の上に神社を創建して慰霊する霊社にあると、岡田荘司(23)・高藤晴俊(24)が指摘している。

吉田（卜部）家はいうまでもなく、神祇の家、日本紀の家として朝廷の祭儀・有職に携わり、神道界に重きをなす家である。その家君（当主）の葬式、先祖の霊祭・供養などは、兼倶以前には死穢に対する強い禁忌意識から仏教に委ねていた。それは他の公家と変わりなかった。吉田家の霊社は、吉田神道を大成した兼倶の葬礼以降に出現する。兼倶は永正八年（一五一一）二月一九日に没したが、その二年後、同一〇年二月一九日神竜社に鎮祭された。家君の葬送には僧侶は参加しなくなり、吉田神道の儀礼を用い、遺骸の上に霊社を建てることが始まったのである。現在、神竜社は大元宮の裏手に位置し、文禄三年（一五九四）に造替された一間社流見世棚造建築になっている。以後、兼致・兼満・兼右・兼見まで五代にわたり死後に霊社の建立をみた。なお、墓も別に設けられたが、ここには遺骸ではなく遺品が埋納されたという。

このように、吉田神道は、一六世紀、菅原道真のように不遇の死を遂げ跳梁する怨霊を鎮め祀った御霊でなく、通常の死を迎えた人間を直ちに神霊として復活させて霊社建築に祀る法儀をはじめて獲得した。それが豊国社の成立を可能にさせたのである。

とはいえ、豊国大明神の神格を決定したのは吉田神道ではなかった。それは、「舜旧記」に筆写された「西洞院時慶卿記破片」によれば後陽成天皇の勅であった。全文を次に示す。

慶長四年四月十七日午刻、於新社仮殿前ニテ、宣命使正親町中納言(季秀)、読□白声ニテ常ノモノ云ノ如也、先撤太刀シテ□□□□、直ニネリ(練)、□□内迄ナリ、一揖シテ被読候、次ニ□左兵衛佐出、一揖、［　］其後、左兵衛佐［　］、簾中へ入テ治テ出、次ニ正親町奉幣、左馬允持参候、次ニ如元練返候、練已前ニ伝奏勧大(勧修寺晴豊)・久我(敦通)衣冠ニテ東ノ方ニ立、被見候、奉行衆ハ徳善(前田玄以)［　］・佐野弾正被居候
其外中村式部少輔(一氏)・幽斎(細川)等［　］仕立ニテ出候、吉田二位(吉田兼見)ハ見合実見ノ体也、祭主也、左兵衛［　］黒キ例袍也、今日豊国大明神ニ成ル被申□也、宣命練已前ハ大外記ツ、ラノ蓋ニ入テ持候、使請取笏ニ持添候
十八日、天晴、遷宮、亥刻ヨリ着座アリ、旧例ハ無之、今度高相ノ儀ニ依テ被定、菊亭右府(今出川晴季)・勧修大納言・日野大納言(輝資)・久我大納言・広橋大納言(兼勝)・美山中納言(華山家雅)・万里小路中納言(充房)・藤宰相(高倉永孝)、以上七人也、仮殿ヨリシルシノ［　］奉リ、禰宜衆榊ヲ覆、神殿へ奉移由候
十九日小叙位之記ヲ大内記持参、上卿西洞(西洞院時慶)、執筆三木・中山(慶親)・日野、奉行伝奏勧大・久大、神前へ被参次第可尋之、大外・少外記ト貝照(本ノマヽ)［　］内ヨリ正一位豊国社年号月日、執筆書ハ小折紙ニハ(而カ)日月無之

四月一七日、豊国社仮殿において宣命使正親町季秀が豊国大明神の神号を授ける宣命を読み上げ、翌一八日に仮殿からの正遷宮が執行された。そこには、今出川晴季、勧修寺晴豊、日野輝資、久我敦通、広橋兼勝、華山家

雅、万里小路充房、高倉永孝の七人が着座した。これら公家の着座は、「旧例」なき新儀であった。一九日には、正一位の神位を授ける位記を授けることが記されている。

この遷宮の次第は、天皇の勅に基づき神を創出するものに他ならず、日光東照社に先立つ例として注目できる。すなわち天皇の勅に法源を求めたのである。しかし、正遷宮での公家の着座が新儀と評されたように、豊国社の創出は既存の神祇祭祀とは異質なものと認識されていた。

新たに創出された豊国社の建築空間もまた従来の神社とは異なる構成をとるものであった。それは、京の東山に設けられた社地と、その東側、秀吉を葬った阿弥陀峰中腹の廟所から成る。

豊国社の中心社殿は、先述したように、北野社につぐ権現造建築である。それは、慶長九年（一六〇四）八月「豊国祭礼図屏風」[25]や「洛中洛外図屏風」堺市博物館本[26]などの絵画史料、造営に従事した紀伊国（和歌山県）根来大工の棟梁平内政信が著した「匠明」[27]のうち「社記集」に載る「山州東山豊国大明神」の「五間四面大社ノ図」など諸絵図、あるいは「愚子見記」[28]に引用される寛文五年（一六六五）大工頭中井家三代正知の実測による書上からわかる。「五間四面大社ノ図」の註記には「但宮寺作り共云り」とあり、豊国社の権現造建築は宮寺造と称されていたことがわかる。宮寺造という呼称は、中世以来の北野社の呼称の一つである北野宮寺に由来するものであろう。なお、久能山東照社造営時に御大工中井正清へ宛てた梵舜の造営注文抜書[29]に基づき豊国社の権現造を「大明神造」と称することがあるが、この注文を精査すると、「大明神造」の本社と別に拝殿が書き上げられていることから、拝殿を含めて「大明神造」と称するのは正確ではない。

寛文一〇年（一六七〇）林鵞峰が編んだ「続本朝通鑑」巻二二五[30]の慶長四年是春条に「是春、秀吉廟成、説猿楽慶之、自去年秋諸侯承　神君命、開阿弥陀峰、経営之、其制倣北野菅廟」とみえ、豊国社の宮寺造が北野社を範としたことは一七世紀にも知られていた。その認識は造営された同時代においても存在していた。醍醐寺座主義演が記した「慶長三戊戌年日記下」[31]九月七日条にも「伝聞、大仏東山仁八棟作ノ社頭建、如北野社云々、徳善院（前田玄以）昨日罷越、ナワハリ云々」とある。義演は、伝聞により、豊国社に造営される社殿が北野社のごとき八棟造となることを認識していたのである。この義演の認識からも、権現造建築が北野社を唯一の先行形態とする特異な建築様式であったことがうかがえる。

しかも、豊国社が北野社にならったのは、権現造建築のみではなかった。例えば、石船（手水石）に付す銘文は北野社の制が模倣された。「舜旧記」三月二四日条によれば、「清少納言殿（船橋国賢）へ豊国石船事令談合、予参北野社、船ノ書付見越了、先例之依筋目豊国社如此中越了」とある。ここには次のように北野社と豊国社の石船に陰刻された銘文が記され、後者が前者をいかに意識したものであったかがわかる。

（北野社石船銘写）
奉施入
北野社
石船
明徳四年癸酉十一月廿五日
願主貫有敬白
大工行次

（豊国社石船銘写）
奉寄進
豊国社
石船
慶長五年庚子正月十八日
長谷川右兵衛尉守直

また、年中行事の一部も模倣された。その一つが連歌会である。竹内秀雄[32]によれば、北野社では、祭神菅原道真が秀でた詩歌を神供とし、連歌百韻を聖廟法楽と称して執行した。境内には連歌会所が設けられ、永享九年（一四三七）五月二五日、将軍足利義教は山城国東松崎郷内、毎阿弥跡の田地三町をその料所として寄進している。[33]北野社を統括する祠官松梅院でも毎年正月三日に裏白連歌を興行し、その連歌懐紙が現存している。[34]「舜旧記」

をみると、慶長四年一一月二五日条に「天神連歌百韻初尾十疋、令宝納《（奉納）》中、次豊国禰宜縫助《（縫殿助）》、夢想連歌興行、予罷鳥子五十枚遣了」とある。二五日は菅原道真の命日であり、北野社では月次祭が執行される。この日、北野社の月次祭として連歌百韻が執行され、それに続き、豊国社でも禰宜縫殿助の主催により夢想連歌が興行された。神竜院梵舜は、この両者に臨席した。豊国社では、翌年正月二五日にも豊臣家五奉行の一、前田民部玄以により連歌百韻が興行されている。

このように豊国社は、一六世紀に霊社建築を生み出した吉田神道の法儀と天皇の勅により、新たな神として創出された。その祭祀にあたっては北野社の祭祀を強く意識し、その制が模倣された。社殿建築もまた八棟造または宮寺造と称されていた北野社の権現造建築を先例とし建立されたのである。そして、権現造建築は、北野社独自の建築としての固有性を結果的には喪失した。

3　日光山・久能山東照社の権現造建築

日光・久能両山の東照社の建築は、豊国社を踏襲し、権現造建築を社殿の中心においた。

日光山の元和三年（一八一七）に完成した東照社の中心社殿は現存していないものの、大河直躬[35]・内藤昌[36]が指摘する通り、久能山や後述する名古屋・和歌山・水戸の各東照社と同じ形態であったとみてよい。その形式を元和二年に決定、指示したのが二代将軍秀忠であることは、神竜院梵舜の「舜旧記」に明らかである。東照社造営の施主、大檀那である徳川秀忠が指示したのは四月二二日であり、家康の死のわずか五日後のことであった。「舜旧記」同日条から次に掲げる。

次久能御社作之事、大工《（中井正清）》大和ニ被仰付義也、次社殿之事、大和方申来、注文遣也

一　本社大明神造、千木・堅魚《（勝男）》木アルヘシ

次拝殿、次巫女屋、次神楽所、次舞殿、次御厩、次御蔵アセクラ也、次神籬、次楼門、次材木之事、次杣入之事、
已上十四之数歟

中井正清は将軍家の作事を担当していた御大工である。正清はこの日、久能山東照社の仮殿に参詣した将軍秀忠から直に造営を命じられた。正清は造営する社殿の詳細について、豊国社元別当(37)である神竜院梵舜に照会した。その梵舜の回答である造営注文の抜書がここに示されている。史料中の「本社」、すなわち本殿と石の間の建築は大明神造と称されている。大明神とは、豊国大明神のことである。東照社の権現造建築は、梵舜自らも創出に関与した豊国社を先例としたことがわかる。なお、本殿入母屋の屋根には、破風の先端から延び交叉する千木《ちぎ》、および棟木上に並ぶ円筒形の勝男木《かつおぎ》が付されることが記されているが、豊国社本殿における存否は未詳である。

これらの史料に明らかであるように、東照社建立の過程には、吉田神道の権威者神竜院梵舜が大きく関与していた。東照社の建築は、豊国社を直接に踏襲したものであった。

しかし、東照社の造営および祭祀から梵舜および吉田神道は、まもなく退けられる。「舜旧記」元和二年七月四日条には、梵舜が武家伝奏広橋兼勝から「久能」の一々について尋ねられたことがみえる。当時は、神号の勅許をめぐり朝廷で議論がなされていた時期にあたり、これに関する照会であったと推定される。これに対し梵舜は、「当家(吉田家)中分者立間敷之由候」と回答している。第一章第一節で究明した通り、東照社の祭祀上、吉田神道は埒外におかれ、同時に梵舜が別当を勤めた豊国社の先例はとりあげられなくなった。以後これに代わる他の先例が穿鑿された。

かわって建築上の先例として注目されたのは、豊国社に先行する権現造建築を有する北野社であった。それは、拝殿の装飾に三十六歌仙の宸筆扁額を採用したことからわかる。三十六歌仙扁額は、元和～寛永年間（一六一五～四四）幕府・将軍家の関与のもと造営された東照社拝殿では、権現造建築・非権現造建築を問わず、長押の上

に飾られられている。現在、日光東照宮に伝来するものは、画を元和三年生まれの土佐光起、讃を後水尾天皇（上皇）の宸筆とするものと伝えられており、寛永大造替時に新造されたものである。しかし、同様の扁額は、元和三年造営の日光東照社拝殿にも存在したはずである。それと同一の構造をもつ久能山東照社・和歌山東照社などの拝殿にも存在しているからである。久能山東照社には後水尾天皇の宸筆で住吉如慶の画と伝える扁額、和歌山東照社には元和七年の銘を有し狩野永徳の孫である真設甚丞の画とされる扁額が掲げられている。[38]このほか元和七年（一六二一）一月九日造営の水戸東照社にも同様の扁額が存在したことを焼失前の写真から確認できる。[39]それらはいずれも構造上、他の装飾を隠すことがないことから、社殿設計の当初の段階で計画的に配置されたものとみることができる。三十六歌仙扁額は、豊国社にも慶長四年、永徳の子で甚丞の父である狩野宗秀季信の画、後陽成天皇の宸筆と伝えられるものが伝存しており、[40]これらが拝殿に掲げられていた可能性が高い。

実際に元和造営の日光東照社拝殿に同様の扁額、しかも後水尾天皇の宸筆によるものが存在した。醍醐寺座主義演の日記である「義演准后日記」[41]元和三年正月一五日条に「今度勧請之権現、鳥井（居）・楼門額并歌撰（仙）宸筆被中入云々、額ニ宸筆可有如何由、殿下（関白二条昭実）へ御尋云々」とある。普請の最中、神号を記す勅額および三十六歌仙の扁額に宸筆を求める依頼が天海から朝廷にあり、朝廷では関白二条昭実にその可否が下問されたのである。

扁額の先例を北野社に求めたことは、次に掲げる京都所司代板倉勝重書状[42]から明らかになる。これは、江戸に在府中の板倉勝重から北野社祠官松梅院・徳勝院に宛てて送られた書状で、その日付は先の義演の記事が記された四〇日後にあたる。

以上

一筆申入候、其許社内ニ御座候歌仙ハ　勅筆紙被　遊候由、及承候、江戸ニ東照大権現御宮立御座候、歌仙之儀　勅筆被遊候、就其、御宮御座候歌仙我等覚不申候間、紙ニ被　遊はりつけニ、ふちを打有之様ニ、昨

日伝奏衆御物語候様子、具御報可承候、其通狩野右近所へ可申越候、恐々謹言

板伊賀守

勝重（花押）

二月廿五日

徳（勝）松院

松梅院

御宿所

まず、書状本文中にある江戸の東照大権現御宮について言及しておかなければなるまい。この江戸という地名のみから判断すれば、翌元和四年四月一七日に遷宮が実施された紅葉山東照社造営にかかわる文書である可能性がある。しかし、その本文の内容と、三十六歌仙の扁額を掛けることが可能な規模の社殿を想定するならば、日光東照社以外にありえない。こののち三月二〇日になっても公家側が難色を示し、この日、陰陽頭土御門泰重に勅筆とする善し悪しを下問していたことが「泰重卿記」(43)同日条に見えることも傍証となる。この書状は、先述の「義演准后日記」の記事と合わせれば、日光東照社の三十六歌仙扁額に宸筆を得るため、これに難色を示す公家を説得しうる先例を確認するために将軍家が板倉勝重を介して北野社に照会した書状ということになる。

これをみると、日光東照社の三十六歌仙扁額は、すでにこのとき、狩野永徳の子で探幽の父にあたる右近孝信を絵師として作成途上にあったことがうかがえる。孝信は、禁中の絵所預で、慶長末年には内裏紫宸殿の「賢聖障子絵」をはじめとする障壁画の製作にもあたっていた絵師であり、京の公家文化の担い手の一人であった(44)。まさに後水尾天皇周辺の公家文化を積極的に取り込んだことになる。その三六枚の絵に、後水尾天皇の勅筆を得ようとしていた。そのとき、先例と認識されていたのは、北野社拝殿の扁額の仕様であり、それが穿鑿された。日光東照社の中心社殿の範とされたのは北野社であり、その装飾をも参考にしていたのである。

このように、日光山・久能山の東照社の建築は、豊国社に続き、北野社の社殿建築を範とし、中心社殿に権現造建築をすえて建立された。北野社・豊国社・東照社の三社に通底するもの、それは人を神に祀ったこと、その一点である。北野社は、先述の通り御霊信仰の社であり、祭神の菅原道真は、人間にして霊異性を獲得して神としての地位を占めた人神の類型に含まれる(45)。御霊は、死者または死霊の感覚をきわめて濃厚に残し、とくに篤信者・祭祀者に選択的に祝福をもたらすと同時に、不信者・不祭祀者に対しては仮借のない祟りをもって臨んでくる。信仰が定着すると、神霊として一応昇華するが、なお祭神の生前の個性と活動を長く継続していく。建立時点における豊国社・東照社の場合には、直ちに御霊としての性格は認めがたい。そのために豊国社も東照社も、その創出は公家にとっては新義とみなされたのである。神への昇華は、御霊の昇華とは異なる手法、すなわち一六世紀に始まる、霊社建築を生み出した吉田神道の新たな法儀の採用が大きな役割を果たし、豊国社の阿弥陀峰の廟所、東照社の奥院をともなう建築へとつながったのである。

権現造建築を中心社殿に採用した意味も大きい。大河直躬(46)は、豊国社・東照社の建築とその配置される空間には、社交の場、祭礼の場としての性格があることを論じている。また、日光東照宮における権現造建築について、拝殿から石の間を越し、本殿外陣、内陣、そして内々陣に安置された宮殿を見透す建築表現に特徴があると指摘している。拝殿から見透すと、黒漆塗に金箔の押された渦模様の地紋彫が施された入口の額縁の向こうに、左右側面の桟唐戸上部の欄間と花頭窓とにはめ込まれた花狭間から採光されて多様な色彩の放たれる石の間があり、その奥に妻戸の金蒔絵や唐戸の彫金細工により金色に輝く本殿が見える。第一章第二節で論究したように、例祭や御神忌法会では拝殿に将軍・公家・門跡以下が座し、その正面の本殿にいます祭神を祝す。視覚的には本殿の深秘性が強調されるが、一方で、人間と祭神は石の間を通じ一体化された空間のなかに存在していることになる。東照社、豊国社に先立つ北野社においても、その基本的な性格は同様である。権現造建築は祭礼の場として相応しい建築表現であった。

北野社の建築は、いうまでもなく前代以来、京に育まれた公家文化そのものである。東照社が北野社を範としたことは、その文化的系譜上にあることを意味する。なかんづく天皇周辺の狩野派絵師を採用し、宸筆を加えて完成された三十六歌仙扁額を、北野社にならい権現造建築の装飾に採用したことは、第一章で明らかにした、天皇の勅を法源とし祭礼を構築した作為に呼応するものである。しかも、北野社を範とすることにより、新義として不審の視線を向ける公家を説き伏せることも可能にさせたのである。ここに新しく生み出された神を祀る東照社の建築は、公家文化の系譜を引く建築として成立したのである。

第三節　職と技術の拡散

1　北野社の大工職

前節で究明したように、東照社の建築には京の公家文化を引く文化的系譜がある。同時に、権現造建築に注目するならば、北野社固有の建築としての性格を喪失した。それは、東照宮以外の建築にも採用され、拡散される可能性をもはらんだものとなる。

その可能性を生み出したのは、中世から近世に移行する社会である。この点において、前節に掲げた北野社祠官宛、元和三年二月二五日京都所司代板倉勝重書状に登場する絵師狩野右近孝信の存在は示唆を与える。孝信は禁中の絵所預でもある、当該期狩野派を代表する絵師の一人であり、北野社の扁額を模倣して東照社拝殿に掲げた。もう一人、狩野派の代表的絵師で京狩野の家祖になる修理亮山楽は、これに先立つ慶長一二年（一六〇七）北野社造替にともない、北野社拝殿の長押上に掲げる三十六歌仙扁額を新調している。扁額は、正遷宮の翌年に完成したが、その作事を奉行した片桐且元の息貞隆は、二月五日（慶長一三年と推定）の片桐貞隆書状[47]に、狩野修理

（山楽）が既存の扁額の「板」から「移《（写）》入」れたもの、すなわち模写したものと記している。

かかる模写は、狩野派における粉本主義を想起させると同時に、京の公家が育んできた文化を遠く関東にまで拡散させるうえで一絵師の働きが存在したことを示している。すなわち日光東照宮建築の成立にあたり、職人が京の公家文化を関東にまで拡散させる大きな役割を果したのである。本節では、このような可能性を用意した社会のあり方を解明していくことが課題となる。そこで注目するのは、権現造建築を固有のものとしていたはずの、北野社に存在した大工職（番匠大工職）である。

一般に寺社を本所とする大工職は、本所から補任されて存立する。大工職は、労働の場を確保し生業を維持するために、本所に補任料を払うほか、年末年始には贈答をし、種々の労役に奉仕した[48]。このような日常的な奉仕と庇護の関係により成り立つ職であった。一方、技術面からみると[49]、大工職の補任は職人ないしその家系を固定化して新興職人の参入を退けるもので、古い建築様式を規格的に模倣、再生産する技術の担い手と見ることができよう。実際、慶長一二年（一六〇七）北野社を造替したさいには、京都所司代板倉勝重・造営奉行片桐且元は「松梅院ニ旧記何も有之故、従先規如在来、新義ハ被仰間敷」と命じているし[50]、北野社祠官松梅院禅昌は造営を指揮することになった豊臣家御大工森田和泉守重次・片桐家大工棟梁藤右衛門尉秀次に「当社諸職人ノ書付」を渡し、北野社が抱えてきた諸職人が有していた技術を踏襲するように指示している[51]。このように、権現造建築を北野社固有のものにせしめた存在として想定されるのが北野社の大工職である。

北野社に大工職が存在したことは、吉田純一[52]・桜井英治[53]・横田冬彦[54]・谷直樹[55]らの研究により指摘されている。大工職は、一五世紀中葉以降、祀官の一家で社家、神事奉行、御殿奉行（別当曼殊院門跡の奉者）、御師職（室町将軍家の祈禱）などを勤めた松梅院歴代の引付に[56]「大工」「御大工」とある。松梅院の引付に名前を明記される最古の大工職は一五世紀末の太郎左衛門貞弘である。貞弘は御大工番匠、番匠大工と呼称され、延徳二年（一四九〇）

の回禄、すなわち、土一揆勢の放火によって社殿を焼失したさい、本殿の後戸から入って霊神（神体）の厨子と神輿を救出した同年三月二一日条を初見とする。また、番匠大工のほかに檜皮大工・鍛冶大工・畳大工・御簾大工・壁塗・塗師・大鋸・鋳物師・鎊師などの諸職人もみえる。

これら職人は、例年、正月四日には「年始之礼」「参賀」にやってくるさい、松梅院に対し節料を持参し、また逆に松梅院から祝儀を賜っている。松梅院引付のうち正月四日の記事としては最古の記事となる、長禄二年（一四五八）「条々引付」に「諸職人参之間、御大工作檀紙一束・三十疋被下之訖、其余之諸職人等一帖・一本宛被下之訖」とあり、以後同様の年頭儀礼が見受けられる。この儀礼をみると、大工職は、その他諸職人の上位に置かれ、諸職人を統括する立場にあったことがわかる。大工職には、給分が与えられていた。松梅院禅予の延徳元年（一四八九）「引付」一〇月二三日条には、当社大工給分として毎年一五石が下行されていたこと、当初は三〇〇余貫あったといわれる造営料所から捻出されていたことがみえる。

北野社の大工職および諸職人は神人としての性格も有していた。延徳元年「引付」一二月二五日条に載る同年一一月一九日室町幕府奉行人連署奉書写は、檜皮大工職の還補を安堵する奉書の写である。檜皮大工職を安堵された幕府御料所西京の住人孫左衛門尉は、「北野宮寺神人」と明記される。また、延徳二年「引付」で、回禄から救出された霊神の厨子を修復する大工職は、松梅院から下行された浄衣を着して作業した。その職務自体が、北野社の祭祀にかかわる神用で、俗人の立ち入れない本殿内々陣をはじめ深秘に関与するものであった。

北野社大工職の成立時期を明示する史料はない。ただし浜島一成の指摘によれば[57]、その初見は天福二年（文暦元年＝一二三四）三月八日、社殿回禄後の造営について記す前天台座主尊性法親王書状[58]である。仮殿の造営について「社家大工秘計之所」とし、かつ日頃の修造のときにも「社之大工」を用いなければ「楚忽之造営」となると述べ、「定皆用社之大工」と主張している。ここには北野社の社殿建築上における特異な知識を有する大工職が存在していることが示されている。それは、前節で明らかにしたように権現造建築が北野社固有の社殿として明確に出現する時期に一致している。北野社大工職が北野社固有の権現造建築の担い手として、遅くとも一三世紀前半には成立していたことが指摘できる。しかし、永仁四年（一二九六）、近江国（現・滋賀県）園城寺円満院の大工職相論における文書の断簡と見られる洛中大工条々事書[59]によれば、北野社大工職は木工寮修理職のもとに編成される「夫工」に出るべき職人とされ、必ずしも北野社を職場として特化した職人としては存在していなかったようである。

では、真に北野社に特化した大工職はいつ確立されたのだろうか。その微証として、松梅院禅予の記した延徳元年「引付」一〇月二三日条の記事を次に掲げる。

一　当社大工給分事、毎年拾五石之由、帯御奉書、大工職事可改動者也、為後証注置者也、殊禅融如此一行毎々為自筆処、曾無其儀、殊更文字等不能是非也、又代々判形定可所持旨、相尋之処、此両通計持之由、中者也、是又不審也、何禅能以来之判形不持之哉、旁以曲事子細也、然間、当大工代ニ取之哉由、相尋之処、親大工譲渡之由、申者也、其上当社造営料所、先規参千余貫知行時拾五石被出之、当時内野畠計、先規所務十分一在之上者、縦雖為正文、以神用之有無可出之由、加問答畢、奏者倉本也

この覚書には、北野社大工職の存立の根拠が「御奉書」、すなわち室町幕府奉行人連署奉書にあったことがみえる[60]。大工職は、足利将軍家の意志を奉じた幕府奉行人の奉書によって安堵される職である。それは、桜井英治[61]が検討した大徳寺の事例に酷似している。

大工職の確立時期をみるうえで注目できるのは「何禅能以来之判形不持之哉」という禅予の疑念である。大工職の補任が禅予の曾祖父禅能の代に始まったことを示す認識である。禅能は、応永一四年（一四〇七）五月一二日に足利義持から将軍家の御師職に任じられ頭角を現すが[62]、その後、永享二年（一四三〇）将軍義教の勘気に触れ失

脚しているので[63]、その活動時期は一五世紀前半となる。したがって、北野社の大工職は、松梅院が御師職として護持するようになった足利将軍家の関与のもと一五世紀前半に確立されたとみることができる。

2　北野社大工職弁慶家の始動

北野社大工職は、弁慶家が世襲し、また、近世まで補任状を発給されて職を維持した寺社方大工職の唯一の例と指摘されている[64]。それは、延宝三年（一六七五）序、黒川道祐の随筆「遠碧軒記」[65]にある、弁慶小左衛門は「古より代々公方家の大工」であり、また「昔より祇園と北野の棟梁」という記事による。弁慶という名字は、京三条小左衛門町の誓願寺境内にあった弁慶石に由来する。「遠碧軒記」に載る「口碑」によれば、もとは武蔵坊弁慶の屋敷跡とされる三条京極の地内にあったものという。弁慶石は現在、京都市中京区三条通麩屋町東入ルの弁慶石町の町域にある。

弁慶家は、近世、幕府大工頭中井家配下にある京十人棟梁の一家で、池上・矢倉両家とともに幕府から御扶持を与えられた御扶持人棟梁三家の一であった。北野社目代渡瀬友世が記した寛文八年（一六六八）から延宝三年（一六七五）までの記事を含む「当社御大工両人御補任」[66]、および同じく目代幸世が記した宝永二年（一七〇五）の「御当社御大工之事」[67]によれば、弁慶家には、孝教（補任は寛文九年＝一六六九）らの襲名する弁慶小左衛門と、宗安（後述の岩倉五郎左衛門。同じく慶長一七年＝一六一二）・政闔（寛永一六年＝一六三九）・鈴木太郎兵衛為政（寛文九年）・同太郎兵衛政重（延宝三年）・同半兵衛政慶（元禄二年＝一六八九）・笹屋木子勘右衛門伊重（宝永二年）が襲名した弁慶近江の二座があった。とくに弁慶近江の職は、補任された者の名字・屋号が異なり、職の売券の写も存在することから、譲渡が頻繁に行われていたことをうかがわせる。これらをみる限り、世襲という表現は適当でない。

弁慶家が足利将軍家に出仕する大工職人であったことは、相国寺蔭凉職亀泉集証の筆録した「蔭凉軒日録」[68]延徳元年一〇月一三日条に、東府（東山殿、前将軍足利義政）の御会所の建て増し普請にともなう座敷の取り払いについて「伊勢右京(貞遠)公命弁渓棟梁、令取払之」とあり、確認できる。また、将軍家内談衆大館尚氏（常興）が記した「大館常興日記」[69]天文八年（一五三九）九月二〇日条に、「棟梁弁慶申、静原郷田地・大菩薩山一ヶ所事、当知行也、安堵御下知事、以請文申之、無別儀存候云々」とあり、当知行の安堵を幕府に直接訴え出て許されている記事も見受けられる。しかし、北野社で大工職人として出仕していたことがわかる史料は、管見の限り松梅院禅光引付[70]の永正一五年（一五一八）正月四日条を初見とする。次に掲げる。

四日　諸職人来也、大工参十疋、源三郎十疋、弁慶父子十疋宛出也、鉄(鍛)治十疋、塗十疋、河原物(者)三人十疋宛、
　但太郎左衛門折骨候間、弐十疋出之

これをみると、正月四日に参賀し節料を賜る北野社の職人は、「大工」、鍛冶、塗師および河原者である。太郎左衛門は、先述した大工職太郎左衛門貞弘の後裔であろう。「大工」は、他の職人より二〇疋多く受け取っていることから、他の職人を統率する大工職で、太郎左衛門とみることができる。それに続いて、源三郎と弁慶父子が書き上げられている。したがって、弁慶は、この時点では大工職の地位にはなく、大工職太郎左衛門の下に位置づく棟梁であった。

このように、弁慶家は、当初から北野社の大工職の地位にあったのではない。弁慶家は、足利将軍家の大工棟梁から出発し、後に北野社の棟梁、ついで大工職の地位を獲得していった。桜井英治[71]は、一五世紀前半以降、とくに応仁～文明年間（一四六七～八七）以降には幕府が裁判権を通じ個々の大工職選定に介入していったとし、一六世紀に入ると、召し使う側にある寺社側が大工職の選定に関与する余地が大幅に縮小されていくと指摘する。弁慶家もまた、足利将軍家ないし幕府側の梃子入れによって北野社大工職の地位を獲得していったものと考えら

れる。

弁慶が北野社大工職に就いた時期は、やはり明確な史料を欠くものの、次にあげる永禄二年（一五五九）一二月二三日、室町幕府奉行人連署奉書から類推される。(72)

北野宮寺大工職事、任棟梁弁慶相続之旨、対子新五郎（宗久）、先　御代被成御下知之処、為弁慶私、彼大工職半分依令約諾別人、於父弁慶（宗安）者、被成御折檻、今度一円如元被仰付新五郎畢、爰番匠新左衛門歎申之子細在之、一途之間、祝物已下半分之儀者堅拘置之、至新五郎当知行分者、速可被渡付之由被仰出候也、仍執達如件

永禄弐
十二月廿三日　盛秀（松田）（花押）
晴長（諏方）（花押）

松梅院

これは、北野社大工職を弁慶新五郎宗久に補任するにさいして松梅院にその裁断を伝えた奉書である。永禄二年という時期は、将軍足利義輝が入京を果たし、初めて本格的に政務をとるようになった翌年にあたる。したがって、御代始めの代替り安堵として発給された奉書になる。

弁慶家の大工職就任時期を知るうえで注目されるのは、弁慶新五郎の父宗安の大工職補任について「先　御代被成御下知」、すなわち先代将軍義晴の時代に下知されたというくだりである。それは、義晴の将軍就任年が大永元年（一五二一）、最後に都落ちをするのが天文一八年（一五四九）であることから、その間のことと見ることができる。弁慶家の相続に絡む事案であることから、その父宗安もまた北野社大工職であったことをうかがうことができる。これらのことから、弁慶家の北野社大工職への就任は、一六世紀前半のことになる。大工職を有していた他家を改替し、採用されたのである。

一方、先代の将軍義晴に安堵され、新五郎宗久が継承すべき弁慶家の大工職は、父宗安によって分割され、そ

の半分は番匠新左衛門に譲渡されてしまっていたともある。このことから宗安は足利将軍家から折檻され、新五郎には改めて旧来の大工職一円の相続が命じられた。ただし、新左衛門もこれに黙っていたわけではなく、訴えたため、祝物（節料）の半分は当分の間、与えられることになった。大工職は、弁慶家への補任と同時に、事実上、二座に分割されてしまったのである。

3　御大工中井正清の出現と北野社大工職の再編

北野社大工職は、足利将軍家が消滅し、織田信長が天下人となって以降も存続した。本能寺の変の翌天正一一年（一五八三）、事実上織田家の当主の地位にあった織田信雄の京都奉行前田玄以は、弁慶家当主の新五郎に対し大工職を安堵している。その安堵状写(73)を次に掲げる。

弁慶譲渡申大工職并買徳分田地百姓職之事、任証文旨、従先々今以如申付来、不可有相違之状、如件

（天正十一）
六月廿五日　　玄以（前田）

大工
　新五郎

以後、明治維新まで北野社大工職は弁慶家に伝えられるが、それは決して平坦な道のりであったわけではない。横田冬彦(74)・谷直樹(75)が明らかにしたように、慶長年間（一五九六〜一六一五）には大工職の正統をめぐる相論が起こっている。それは、実は前項でみた永禄二年室町幕府奉行人奉書にみえる弁慶新五郎父子と新左衛門間での大工職の分割に始まるのである。次にこの混乱の様相を考察する。

松梅院禅興が記した永禄八年（一五六五）から翌九年までの引付(76)には、以下の記事および引用文書がある。破損が多く判読しがたい箇所もあるが、編年に並び替えて掲げる。

(ア)永禄九年正月一〇日　引付本文（同日条）

一　十日
当社大工事、御下知ヲ以、筋目新五郎ニ申付候処、去年初而不及案内、別人ニ弁慶次郎左衛門申付候、沙汰限候処、当年先々以筋目新五郎ニ申付候処、次郎左衛門和壱（和久壱岐入道）付、相支申候、然処、和壱へ自当坊種々理候へ共、無同心候間、先相延申候、即石主（石成友通）へ注進申上候

正月十日

(イ)永禄九年正月一一日　三好長逸家奉行人和久久将書状写（巻末書入）

如仰、当春之御慶珍重、目出度存候、仍当社御事始之儀、岩倉新右衛門可被仰付由、不能分別候、将又向州（三好長逸）折紙被参□□、此段長逸以外失念候、去年度々我等か［　　］而可申入旨、折紙所持候事候、只今岩［　　］御許容候てハ、御為不可□□□石主動［　　］子細共候ハヽ、旁御分別□□被存候、旁以［　　］入候、恐々謹言

正月十一日　　　和久壱岐入道　久　将在判

松梅院

［　　　］

猶々、御事始之儀、可被相［

(ウ)永禄九年五月一六日　三好長逸書状写（同年同月一七日条）

尚々、於爰元御用候ハヽ、可承候、此外不申候

一　態以書状申候、其後久不可承候所存外候、仍御大工弁慶父子事付而、彼子に令御許容之由候、親申分□□□事□□御異見、急度無異儀弁慶次郎左衛門ニ可被仰候、為其令啓候、恐々謹言

五月十六日　　　三向（三好日向守）　長　逸

松梅院

御床下

(エ)永禄九年五月一七日　松梅院禅興書状写（同日条）

一　返事御愍候御状令拝見候、如仰久不申通、背本意存候、仍大工職之儀付而、父子中事、慥ニ承候、更非其儀候、

此儀者条々子細在之儀候条、何も自是以使者可申入給候条、不能一言候、恐々謹言

五月十七日　　松（松梅院）禅興

三好日向守殿

御返報

これらは、当時、三好義継のもとで実権を握っていた三好三人衆の一人である三好長逸および三好家奉行人和久久将と、松梅院禅興との間での交渉を示す記事（イ）（ウ）（エ）は書状写）である。いずれも同年正月一一日に執行された事始《ことはじめ》に関するものである。事始は、釿始《ちょうなはじめ》とも言い、大黒柱・夷柱に墨付け・釿削りを施す作事初日の儀礼が年中行事化したものである。北野社では本社、ついで松梅院坊舎の庭上において正月一一日に執行するのが恒例であった(77)。

(ア)によると、前年永禄八年の事始について、大工職を永禄二年将軍家の下知により与えられていた、筋目にある弁慶新五郎ではなく、別人の弁慶次郎左衛門が執行したという。これに対し、当年は禅興が新五郎に執行を申し付けた。ところが、弁慶次郎左衛門は和久久将を頼り、和久が次郎左衛門に命じるようにいってきた。禅興はこれに同意しなかったとある。この次郎左衛門は、(ウ)(エ)の両書状によれば、筋目の新五郎父子と対峙している。したがって、永禄二年の奉書にある職の半分を譲渡された新左衛門の跡を継ぐ大工職人と考えるべきであろう。

これを受け翌日出されたのが(イ)の和久の書状である。(ア)に見えるごとく弁慶次郎左衛門の主張を支える内容が

記されているはずである。和久は、本年の事始について岩倉新右衛門に命じたことを道理でないと記している。このことから、岩倉新右衛門は、和久が支持する大工次郎左衛門と対立関係にある大工となる。すなわち岩倉新右衛門は、(ア)の書状および永禄二年室町幕府奉行人連署奉書にみえる弁慶新五郎と同一かその後継者となる。

五月一六日になり、三好長逸が禅興に書状(ウ)を出す。長逸は、自らの配下にある和久の推す弁慶次郎左衛門を北野社大工職に命ずるべきと伝える。しかし、翌日にこれを受け取った禅興は、書状(エ)において、弁慶新五郎父子の申し事を承知しており、それには「条々子細之儀」があるとして長逸の裁定を一蹴する。

この一連の書状は、北野社大工職が職の分割により大混乱に陥っていたこととともに、三好長逸の裁定に異論を唱えるなど、北野松梅院が大工職選任の権限を強く主張する存在であったことを示している。

同様の混乱は、慶長一二年（一六〇七）北野社造替でも明確に現れる。すなわち作事全体を指揮し、職人を統率する「御大工」に、北野社大工職をもつはずの弁慶家が採用されなかった。現存する棟札をみると[78]、「御大工」は、本社が森田和泉守重次、三所皇子（現・地主神社）が絵馬屋与介、十二社・十禅師（現・白太夫社）が藤右衛門となっている。ただし一夜松・火御子両社については記載がないため特定できない。このうち森田重次は、豊臣秀頼に抱えられた御大工で、豊臣家滅亡後は寛永四年（一六二七）江戸上野寛永寺での紀伊徳川頼宣を檀那とする常行堂造営に参与している[79]。藤右衛門は、松梅院禅昌「引付」慶長一二年八月六日条に「片市殿大工とうりやう」とあることから、片桐且元配下の大工藤右衛門尉秀次に比定できる。

そもそもこの造替は、境内の末社も含め、豊臣秀頼を大檀那として行われ、造営奉行を片桐且元が勤めた。この普請は、北野社大工職について了承した顔ぶれに、将軍徳川秀忠や京都所司代に命じられ在京していた板倉勝重が含まれていることから[80]、公儀普請の性格が強い。釿始は、八月二日に大坂河崎（川崎町、現・大阪府大阪市北区）で行われている。このことは、物資が集散する大坂に設けられた作事小屋で材料の加工がなされた後、境内に運ばれて組み立てる方式により造営が進められたことを示している。この方式は、後に日光東照社の造営・造替で、江戸本所と日光に作事小屋が建てられ実施された手法に共通する。作事自体の質が、作事の場所も職人の在所もすべて京都近郊に収斂していた一六世紀までとは大きく異なることを示している。作事の組織編成が大規模化したのである。

宮仕能閑の日記に基づく「御造宮并御遷宮覚書」(81)によれば、外遷宮は一〇月一日、上棟および正遷宮は一二月一三日に行われた。後者にかかる記事をみると、この間も大工職の相論が引き続き行われていた。筋目の新五郎・岩倉新右衛門の後裔とみられる岩倉五郎左衛門は弁慶仁右衛門と争っている。仁右衛門は、先の新左衛門・弁慶次郎左衛門の後裔と予想される。

一　同十三日、御社頭ノ棟上有、此間、大工五郎左衛門(岩倉、後の近江)と又弁慶(仁右衛門)と公事有之いへ共、両方へ落不付して、秀頼様御大工和泉(森田重次)といふ大工つち(槌)をうつ也、松梅(松梅院禅昌)ハ廻(廊)らうニ而見物在也、衆中ハ御仮殿ニ而見物ス也

北野社大工職をめぐる相論が長引いた結果、本社の御大工を勤めた森田和泉守重次が槌を打ち、上棟を執行することになったのである。

この大工職の不安定さは、大工職を統括すべき神事奉行の立場にある松梅院にとっても決して穏やかな事態ではなかった。松梅院禅昌「社家引付」にみえる慶長五年(82)(一六〇〇)絵馬の掲額をめぐる一件はそれをよく示している。絵馬の掲額は、近世を通じ大工職の専権事項であり、以前も同様であったと考えられる。ところが、同年六月一日、宮仕の能金が檀那の寄進した絵馬を他の大工に掛けさせている現場を、大工職が見て、「何とて他大工ニかけさせ申ととかめ候ておさへ申」したのである。また七月二五日、同じく宮仕である能森の檀那平右衛門が寄進した、北野社御供の板敷と衝立・障子を取り付けるさいにも平右衛門の差し向けた大工が施工したことが問題にされた。次にあげるのが引付の当該本文である。

一　今朝見申候へ者、当社御供之敷板新ク候、則小畠ニ申付、役者ニ尋候へと申付、敷板ツイ立シャウシ寄進之由申、能森檀那平右衛門と申仁進し候由申、彼檀那ノ方ゟの大工ニ被申付候由申、何とて当坊案内無之候て仕候哉、寄進之時も案内無之候て進し候事曲事也、只今乱世之刻にて候間、能森曲事急度可申付由、小畠へ申渡

当時、松梅院禅昌は、これら施工をめぐる場面で、宮仕や別当曼殊院門跡としばしば衝突していた。それは、松梅院が神事奉行として管掌すべき事項を宮仕・曼殊院門跡が無断で執り行うことに対しての危機感を醸成していった。禅昌は、この記事のなかで、このような世相を「只今乱世之砌にて候」と歎いている。上棟を執行できないほどの北野社大工職相論の混乱ぶりは、禅昌の歎く「乱世」そのものであった。

しかし、大工職をめぐる「乱世」は間もなく収束に向かう。そのさい、大きな役割を果たしたのが中井正清（藤右衛門）であった。先行研究[83]によれば、正清の父正吉は、法隆寺大工を率いて豊臣秀吉による京都東山方広寺大仏殿、大坂城造営に加わったといわれる。正清自身は、徳川家康が関ヶ原の戦後に事実上の天下人としての地位を得ると、そのもとで実施された慶長七年（一六〇二）伏見城修復・京都二条城造営の作事にあたり、徳川家の御大工へと転生した。正清は家康の出頭人となり、これら作事にさいし、大工のみならず木挽・杣・鍛冶・錺師・瓦大工・檜皮師・壁塗・塗師・畳大工など諸職人の任用や諸材料の納品・輸送など大規模化した作事全体を管理すると同時に、自ら現場指揮をする棟梁としての役割を果たした。とくにその手代棟梁とともに、自ら作事諸経費の積算・勘定を行い、大規模化した職人の動員、作料・飯米の収支にかかわる帳簿を作成する、建設官僚としての能力をも発揮した。とくにこのころから、入札が実施されるようになり、積算がより重要視され、簿記・算用能力の高い正清が台頭することになったのである。

慶長一一年（一六〇六）七月一三日、後陽成上皇の院御所造営のための釿始が行われるが、この日正清は従五位

下大和守の官職を得る。この年以降、中世来の京の大工職も一元的に指揮するようになり、「一朝惣棟梁」と自称する。そして、同一五年（一六一〇）、大御所家康をして「大和次第」としていわしめ、自らが直接担当しない関東の作事も含め、すべての幕府の作事とその経費を統括する役割を果たすようになった。ここに徳川家御大工としての職掌が確立された。以後、中井家は、上方において国役による職人の動員を梃子に、職人に対する個別の恣意的な夫役・百姓役を免除させ、また営業権・得意先を公的に安堵、保証することを通じ、寛永年間（一六二四～四四）に完成される上方五か国の大工組を統率する幕府作事方（京方）大工頭としての地位を不動のものとしていくことになる。

　こうして中井家は作事を通じて結ばれた職縁に基づき職人編成を進めていった。その結果、北野社の大工職であった弁慶も、中井正清配下に組み込まれることになった。慶長一五年（一六一〇）から一七年にかけて行われた尾張国名古屋城の築城では、正清の指揮下に京都の棟梁衆が見受けられ、そのなかに弁慶新四郎の名が見られる。(84)北野社大工職も例に漏れることなく、御大工中井正清の配下に収まったのである。

　正清は御大工としての地位を固める過程で北野社大工職の相論を仲裁した。慶長一二年、北野社造替にさいし、次に示す書状(85)を出している。

　　尚々、神前之義ニ候間、指置申候間、御遣可被成候、已上

　則、罷のほせ申候間、可為其御心得申候

如仰、下国仕候砌、不能拝顔候、仍大工五郎（岩倉）左衛門義承候、余人之方へ之義ニ御座候者、皆々大工衆為掟指置中事不罷成候へ共、当社御造宮之御用之由ニ候間、五郎左衛門壱人義ハ心得申候、猶其許にて弥中五左衛門と御談合被成候て御遣可被成候、何様驪而罷登可得其意候間、不能具候、恐惶謹言

　　八月八日　　　　中井大和守（花押）

松　梅　院様
　　貴報

書状の中では、造営御用という特殊な事情から筋目の新五郎の系譜を引く岩倉五郎左衛門一名を大工職とすることを推している。さらに、北野社目代の「万事之日日記」[86] 慶長一二年一一月一二日条には、江戸留守居酒井忠利から伝えられた、「北野大工職之事、先規ノ大工弁慶ト申者、将軍様（徳川秀忠）・伊賀守様（板倉勝重）・市正（片桐且元）何もノ御まへ相済候而、則竹門様（曼殊院門跡良恕法親王）へノ儀も済申候条、其心得候て、松梅院へも其由を申候へ」との将軍秀忠の御意がみえ、秀忠・京都所司代板倉勝重・造営奉行片桐且元・曼殊院門跡良恕法親王もまた、岩倉を大工職とすることについて了解したことがわかる。岩倉五郎左衛門が大工職として一応認知されたのである。

その結果、上棟時に掲げる棟札についても、造営奉行片桐且元の意を奉じた子息片桐貞隆は、「前々ゟ之御大工ハ可被書載」と岩倉五郎左衛門の名を書き載せることを松梅院禅昌に伝えた[87]。禅昌は末社も含めた全ての棟札の裏面に「当社　御大工　岩倉五郎左右衛門尉」と明記した。現存する本社の棟札の銘文[88]を次に掲げる。

（表）

　　　　　　　　　　慶長十二暦十二月吉日
北野天満天神本社　　右大臣豊臣朝臣秀頼公再興旃
　　　　　　　　　片桐東市正且元（花押）奉之

（裏）

　　　　奉　　行　荒木勝太光高（花押）
　　　　御 大 工　藤原森田和泉守重次（花押）
　　　　当社　御大工　岩倉五郎左右衛門尉（花押）

神事奉行　松梅院法印禅昌（花押）

大工職を争う間に、北野社大工職は名義のみとなり、実際の作事の現場は御大工森田重次に奪取されたのである。権現造建築の作事は、その技術を担ってきたはずの大工職の手元を離れた。それは、前節で見たように、豊国社の造営がこの間に行われ、はじめて北野社以外の権現造建築を有する神社建築が出現したことにも連なる事実である。

　実に五〇年以上に及んだ大工職相論は、ついに慶長一六年（一六一一）末に決着をみる。それは以下にあげる松梅院禅昌の引付、一二月二六日条により判明する。

一　今日則御用候とて召而参、弁慶近江（岩倉五郎左衛門）と中者当社ノ御大工職之儀也、加田筑後色々さゝへ被申候弁慶仁右衛門計と被申候へ共、仁右衛門と近江とかく年（隔）ニと申、則今日加田と我等両人方ゟ中井大和守（正清）殿ノ状調申遣、其返事次第と究也

　このときまでに岩倉五郎左衛門は、岩倉近江、または弁慶近江と官途名を使用するようになっている。松梅院禅昌らは、大工職相論の解決する方法として、弁慶近江と弁慶仁右衛門が隔年に勤めるとの案を出しつつも、中井正清の回答に結果を託したのである。正清は、翌日返答し、この案を容れ、正清から曼殊院門跡にも申し入れ、大工職の補任を行うことを伝えてきた。このように、北野社大工職の相論は、作事を媒介とした職縁により大工職人を掌握した御大工中井正清の仲裁によって解決され、近世の弁慶家は二座から成るものとなったのである。この間、前述の通り、弁慶家の一族とみられる新四郎は、慶長一五年から一七年に実施された名古屋城の築城において正清の指揮下で作事にあたった。ここにはその他の京都の大工棟梁も参加していた。そのうち一六人は、元和二年から三年にかけて行われる日光東照社の造営にも参加することになる[89]。大工職は、中井正清のもとで、北野社に特化された雇用を意味しない存在として再編されたのである。

大工職相論が続行する間、大工職を雇う北野社ないし松梅院は、大工職人の「縁次第」の自由雇用を進めざるを得なくなった。松梅院禅昌は慶長五年（一六〇〇）三月五日、大工甚左衛門尉に松梅院広間の作事代金の手付け金を渡している。引付には、この甚左衛門尉は「当坊大工ニてあらす、余の大工安きニあつらへ申」したとある。職の有無ではなく、手間賃の安さで任用を決定する。また、怠慢な勤め方であれば、即刻関係を解消する。[90]このような雇用法が広まった。

職人の側でも、得意先の仕事場を所持することがすでに広範化し、それを大工所と呼んでいたことは桜井英治[91]の研究に詳しい。松梅院の引付をみていくと、北野社における鋳物師職の場合、北野社以外に、山城・丹波両国境にある愛宕山長床坊（鐘、延徳四年四月二五日）、新町通高辻下ル御影町の御影堂新善光寺（鰐口、永正二年五月一八日）、嵯峨の虚空蔵と呼ばれる法輪寺（鐘、永正一五年二月九日）、丹波志賀の八幡宮（鐘、永正一八年二月一五日）と、山城周辺という狭い境域ながら他所の鋳造を請け負っている。

これら職人の雇用は、寺社の「縁次第」による進止であり、永正七年（一五一〇）四月二〇日、室町幕府奉行人松田長秀から、寺社方大工職は「被任本所意」とする沙汰[92]によって認められていた。北野社に対しても、経王堂の修理に関して、大工職は心に任せ召し仕うべし、との細川晴元の意向が、これを奉ずる細川家奉行人茨木長隆奉書[93]にみえる。

北野経王堂事、及大破条、被加修理処、方々諸大工職令相論云々、太不可然、所詮任心可召仕旨、被成　公方御下知上者、弥不可有子細由候也、仍執達如件

天文十
四月十一日　　　　　　　　（茨木）長　隆（花押）

十穀堯淳

十穀尭淳は、嵯峨清涼寺方丈となった木食上人で、同寺の復興に努めるとともに、浄土系念仏色を強め、後に浄土宗鎮西派に属することになる本願の基盤を構築した聖であった。先述した丹波志賀八幡宮の鐘鋳造を永正一八年に進めた勧進聖でもあり、そのときの竈場は経王堂の脇であった。北野社の社堂修復時には勧進が行われることがあったが、その大勧進は、足利尊氏の時代の造営には沙門本舜上人、文安造営のさいには南禅寺の笠都聞が勤めたと伝えられており、[94]十穀もまた同様の立場にあったとみられる。経王堂については、同じく茨木長隆の天文六年（一五三七）の奉書[95]により、堂を破壊する輩があるという風聞のもと、その犯人を穿鑿するように北野・西京の両地下中に命じられている。前節でみた大工職をめぐる相論の過程で、修理が滞り、その結果、召し仕う側が心に任せ、自由に召し仕うことを認めたのである。

桜井英治が指摘したように、この傾向は天正一八年（一五九〇）、豊臣秀吉政権下の京都奉行前田玄以が松梅院禅興に大工所の廃止を命じたことにより決定的となる。次の書状[96]がそれを示している。

当社作事之儀、被相急尤候、就其、大工・大鋸・檜皮師、其外諸職人、自先規、大工所なと、申、恣之儀於中者、可為曲事候、何れを成共、勝手次第に可被仕候、恐々謹言、

（異筆）「天正十八」
九月十日　　民部卿法印
玄（前田）以（花押）

（異筆）「北野」
松（禅興）梅院
床下

このように、統一政権の擁護のもと、職人の任用が心に任せ、勝手次第であるとされたことにより、大工職にとらわれず、賃金が安く質の高い作事を可能とする職人が社会的に要求されるようになる。そして、職人が仕事

をする場も拡散していくことになるのである。

錺師体阿弥家もまた、そうした職人の一家である。[97] 表3-2に示したように、体阿弥は将軍足利義持・義教が北野社に寄進した鏡を調進していることから、遅くとも一五世紀前半以降、幕末維新期にいたるまで活動した金工の職人であった。次にかかげる天文一五年（一五四六）四月室町幕府奉行人連署奉書写[98]によれば、北野社のほか伊勢神宮・石清水八幡宮・賀茂社・松尾社・稲荷社・祇園社・御霊社・加賀白山宮・鞍馬寺などの寺社を大工所としていたことがわかる。

伊勢太神宮・石清水八幡宮・賀茂社・松尾社・稲荷社・祇園社・御霊社・北野宮寺・加賀白山宮・鞍馬寺等金物大工所之事、譜代令存知訖、任　綸旨御下知并当知行之旨、体阿弥大工所、弥不可有相違之由、所被仰下也、仍下知如件

天文十五年四月廿九日　　前丹後守平朝臣（花押影）

沙　　弥（花押影）

また、天文年間（一五三二〜五五）には石山本願寺、天正一三年（一五八五）には伊勢神宮（外宮）、慶長四年（一五九九）ころまでに曼殊院に出入していた。織田信長が築いた安土城天主の錺金具や、片桐且元が豊国社に寄進した釣灯籠、さらには中井正清が指揮した内裏女御御殿の錺金具も調進している。体阿弥道有・八郎右衛門は、元和元年（一六一五）に本阿弥光悦が鷹峯に開いた光悦村に屋敷を設けており、まさに京を代表する職人の一家であった。

この体阿弥家が関東での徳川家霊廟建築の錺師として登場する。寛永九年芝に造営された台徳院殿御霊屋[99]、続く日光東照社の寛永大造替[100]で「錺屋」として作事に加わったのである。日光東照社の造替では、社殿のうち最も重要な本殿および石の間、および造替に先立って造営された仮殿の錺屋を担当した。以後、京の油小路上長者町

表3－2　15～17世紀　錺師体阿弥の活動

年　月　日	記　　事	出　　典
応永26年(1419) 9月22日	【打物師対阿弥】京都北野社に足利義持寄進鏡を調進	『北野社家日記』延徳2年12月26日条
永享8年(1436) 3月27日	【打物師対阿弥】京都北野社に足利義教寄進鏡を調進	同上
永正18年(1521)正月4日	【たいあみ】京都北野社に鍛冶・塗師とともに節料を持参する。禄料に檀紙1帖・銭10疋を受け取る	松梅院禅光「引付」
大永6年(1526) 8月4日	【太阿弥】京都北野社に毎年白太刀を100疋で納めることを申し合わせる	松梅院禅光「引付」
天文5年(1536) 3月4日	【たい阿弥】石山本願寺証如から物・100疋受け取る。明年は佳例の如く火箸の持参を命じる	「証如上人日記」
天文8年(1539) 2月1日	【太阿弥】石山本願寺証如に佳例の火箸と火吹を持参する。2、3日後に50疋を受け取る	同上
天文10年(1541) 3月25日	【太阿弥】石山本願寺証如に火箸・火吹を持参する	同上
天文15年(1546) 4月29日	【体阿弥】将軍足利義輝から伊勢太神宮・石清水八幡宮・賀茂社・松尾社・稲荷社・御霊社・北野宮寺・加賀白山宮・鞍馬寺等の金物大工所が譜代存知のものであることを、綸旨・御下知・当知行の分に任せ安堵	室町幕府奉行人連署奉書「東山御文庫記録」甲七十一
天文22年(1553) 2月6日	【太阿弥弟】京から石山本願寺証如に礼のため祗候し、始めて火箸1(畳金)・火吹(銅ノミガキ)1を上げる。在堺の兄の代理	「証如上人日記」
天正4年(1576)	【たい阿弥】安土城天主二重目より下の金具を調進する	「信長公記」巻9
天正13年(1585) 8月17日	【体阿弥】伊勢神宮外宮御作所に東西宝殿の金物(堅魚木の端金、御気殿堅魚木、三つかきの御門鰹木端金、同千木先の金、甍覆・あをりいた・棟桁の端金、千木の本の巻金、破風・軒桁端金、要の釘)代金の注文を出す	「外宮東西宝殿金物注文」国立歴史民俗博物館所蔵水木家資料
文禄2年(1593)11月4日	【体阿弥橘左衛門尉永勝】奉行前田玄以下代松田政行に書箱仕立代を請求する。同月16日にも同様に請求する	「書箱代銀届書」「書箱緒付代銀届書」大中院文書

慶長4年(1599)2月5日	【たいあミ弟子】出入りする竹内門跡から「当坊(北野社松梅院)御かさりや」に推挙されるが、松梅院は合点しない。明後7日に竹内門跡内西田甚四郎が召し連れてくることになる	『北野社家日記』同日条
慶長17年(1612)8月15日	【錺屋体阿弥】豊国社釣灯籠(片桐且元寄進)を調進する	「舜旧記」
元和元年(1615)～寛永14年(1637)	【たいあみ道有・たいあみ八郎右衛門】光悦村西の道筋北側に表間口15間、10間の屋敷がみえる	「光悦町古図」
元和5年(1619)8月	【かさりやたい阿弥・同　源十郎】京都内裏女御様御対面御殿作事(大工頭中井家)の錺屋	「慶長度内裏女御御殿御対面御殿建地割」
寛永9年(1632)6月24日	【錺屋体阿弥越前守上安・体阿弥意休重興】松井弥平次長俊・松井弥八郎長勝、森源十郎重次・森源三郎正定、石井彦次郎吉久とともに、江戸芝増上寺台徳院御霊屋(大工頭木原義久・鈴木長次)の錺屋	台徳院殿御霊屋本殿床下石刻銘
寛永12年(1635)正月～同13年4月17日	【錺屋体阿弥越前(上安)・体阿弥意休(重興)】日光東照社仮殿の錺屋、松井弥平次(長俊)・松井弥八郎(長勝)、森源十郎(重次)・森源三郎(正定)とともに日光東照社本社錺屋(大棟梁甲良宗広)	「日光山東照宮御造営帳」
寛永18年(1641)	【かざりや多阿弥源二郎】七郎兵衛・吉兵衛とともに大和東林寺作事(大工頭中井家、寛永21年上棟)に奉加	「東林寺奉加帳」
承応3年(1654)9月吉日	【金具御大工体阿弥】京都祇園社本殿造営にともなう将軍家綱寄進御神宝の糸巻太刀拵を調進	太刀銘
寛文8年(1668)9月20日	【カサリヤ泰阿弥】江戸作事方での入札により北野社道具類金物の調進	「寛文九年遷宮記」
延宝9年(1681)	【江戸御用町人御かざりや泰阿弥】江戸三河丁に居住	「正系江戸鑑」
元禄4年(1691)	【御用聞町人御かざりや台阿弥】江戸三川丁に居住	「本朝武系当鑑」
元禄12年(1699)正月14日	【体阿弥源七・同　吉左衛門】松井弥七・丹阿弥源次郎とともに江戸町錺方職肝煎に就任	元禄12年正月「覚」
元禄13年(1700)	【御用被仰付候町人御錺屋体阿弥源七郎】京油小路上長者町下ル町に屋敷、「在江戸」	「京都覚書」

註：【　】内は体阿弥の史料上の表記。刊本の出典は註(97)～(99)参照。

下ル町（亀屋町、現・京都府京都市上京区）と江戸の三河町（現・東京都千代田区）の両所に屋敷を所持し、活動していく。

このような職人の存立形態は、同時に京都およびその近郊で培われてきた技術の拡散をも意味した。権現造建築もまた、拡散し得る環境におかれるようになっていたのである。

慶長四年成立の豊国社は、既述したように、北野社以外で最初の権現造建築である。豊国社の作事に招聘された大工棟梁の一人が紀伊国根来大工の棟梁平内（塀内）吉政である。吉政の子は、後に幕府作事方大棟梁となる平内正信（政信）である。吉政は、慶長一一年（一六〇六）一一月、和歌山城主浅野幸長による和歌浦天満宮の造替を指揮した大工として知られ、その棟札に[101]「塀内七郎右衛門尉吉政」の名がみえる。子正信が編み、吉政自身も慶長一五年（一六一〇）にその奥書を加えた「匠明」の一巻である「社記集」の「五間四面大社ノ図」には、豊国大明神の権現造建築について「平内吉政作之」という書入があり、平内家の子孫には、吉政が豊国社の造営に携わった大工の一人であるということが伝承されていた。

伊藤要太郎[102]は、「五間四面大社ノ図」自体は木割の一般例として正信により示されたものであり、豊国社の実態とは異なっているものの、執筆後に豊国社造営に関わったという吉政の記憶が書き込まれたとする。そうであれば、規範となるべき木割書に載る権現造建築が北野社・豊国社の実態を反映していないことになる。このことは、権現造建築が特定の神社固有の建築様式にとどまらなくなっていたことを示している。

それは陸奥仙台（現・宮城県仙台市）に権現造建築が突如出現したことからもわかる。慶長一二年（一六〇七）八月一二日に上棟された大崎八幡宮である。大崎八幡宮は、伊達政宗により、仙台築城にともなう鎮護の神として勧請、建立された、竜宝寺を別当とする八幡宮である。このとき八幡造ではなく、北野社・豊国社と同じ権現造建築が採用された。権現造建築は直接的に何ら脈絡をもたない神社にも出現したことになる。

作事			
大崎八幡宮 慶長12(1607)	陸奥国分寺薬師堂 慶長12(1607)	瑞巌寺方丈 慶長14(1609)	仙台城本丸大広間 慶長15(1610)
御大工[棟札]		大工棟梁[貞山公治家記録]	大工棟梁 [貞山公治家記録]
御大工[棟札]		匠人・大匠 [棟札、貞山公治家記録]	大工棟梁 [貞山公治家記録]
棟梁[棟札]		匠人[貞山公治家記録]	匠人[貞山公治家記録]
棟梁[棟札]			
	御大工[棟札]		
	頭領[棟札]		
	頭領[棟札]		
大工[本殿廻廊天井板銘]			
大工[拝殿中の間天井板銘]			
大工[拝殿中の間天井板銘]			
大工[拝殿向背棟木銘]			
絵師[拝殿将軍の間天井板銘]		画工[掲額銘]	絵師[貞山公治家記録]
		画工[掲額銘]	
ゑかき[小屋束名]			
ゑかき[小屋束名]			
ゑかき[小屋束銘]			
		画工[掲額銘]	
		画工[掲額銘]	
鍛冶[棟札]			
御金物大工・荘屋[本殿東側妻懸魚銘、拝殿向拝登高欄右擬宝珠金具銘]			
荘屋[拝殿向拝登高欄左擬宝珠金具銘]			
	御鍛冶[棟札]		

表3－3　伊達政宗の作事における職人

職人		本国・住所		松島五大堂 慶長9（1604）	塩釜神社 慶長12（1607）
木工	梅村家次（日向守、彦左衛門）	城州	（山城国）		
	梅村吉次（日向守、彦作）	（梅村家次長男）			
	刑部国次（左衛門）	紀州	（紀伊国）		
	梅村頼次（三十郎）	（梅村家次２男）			
	鶴家次（右衛門）	紀州那珂根来	（紀伊国那賀郡）	大工［棟札］	大匠［貞山公治家記録］
	鶴頼定（吉右衛門）	紀州根来	（紀伊国郡根来）	脇大工［棟札］	
	宗次（駿河守）	泉州比根	（和泉国日根郡）		
	宗吉（利右衛門）				
	家次（三右衛門）				
	山村吉十衛門	きしうなかのこうり	（紀伊国那賀郡）		
	喜ち村助六・大工拾人衆	紀州木ノ国海そ郡	（紀伊国海草郡）		
	杉へ五郎介・四拾五人	わうミノ国くり本郡	（近江国栗太郡）		
	勘吉				
画工	狩野（鹿野、佐久間）左京	（狩野光信門下）	（山城国）		
	九郎太	（狩野左京弟子）			
	浜田信実（善七）・十人				
	つつきけき・わたり十人				
	金蔵				
	長谷川等胤				
	吉備幸益				
金工	恵雄（雅楽助）				
	津田次兵衛	山城之国上京一条	（山城国上京）		
	上田茂左衛門	山城之国上京一条	（山城国上京）		
	島田宗次（惣八郎）				

		鋳物師［鐘銘］	鋳物師
			石工
			石工

当時、伊達政宗は、本拠とする仙台の城と城下、周辺地域の整備を進めていた。その一環として、慶長九年（一六〇四）に松島五大堂、同一二年に塩釜神社、大崎八幡宮、陸奥国分寺薬師堂、同一四年に瑞巌寺、同一五年には仙台城の本丸大広間の造営を行った。これらに従事した職人は、棟札をはじめ建築に刻まれた銘文、伊達政宗の事績を編年体にまとめた「貞山公治家記録」などに詳しい(103)。

表3-3に示したように、職人の棟梁は、山城国上京、和泉国日根郡、近江国栗太郡、紀伊国海草郡・那賀郡根来などと、畿内近国出身者が多数を占める。いずれも伊達政宗が招聘したもので、上方の職人が数多く登用されているのである。とくに仙台藩大工頭に就任する梅村氏は城州、すなわち京出身の職人である。同じく京出身の職人としては、絵師狩野左京、錺師津田次兵衛・上田茂左衛門尉が見受けられる。狩野左京は、修理とも称し、本姓を佐久間とする伊達家御用絵師で、狩野永徳の後継者光信の門人とされる。大坂今宮の伊達家屋敷の彩色を担当後、仙台に下向し、以後、明治期まで代々御用絵師を勤めた(104)。また、津田次兵衛・上田茂左衛門尉は、その作品である擬宝珠の銘によれば、山城国上京一条の住の御金物大工とあり、津田が上田らを率いて彫金したことがわかる。その蹴彫された金銅唐花文の文様の作風、同人の作品で金銅牡丹唐草文のある八双金具とともに典型的な桃山錺金具である。前年に高台院（北政所、杉原氏）によって豊臣秀吉を祀るため京都東山に建立された高台寺霊屋の金銅唐花文擬宝珠・厨子扉金銅露唐草文四隅金具は、これらと同一の作風で、同じく津田の作品と推定されている(105)。京都の職人は、伊達家に招聘されて仙台に下向し、その作品

	早山良次(越中)	(陸奥国白河米村か)	鋳物師[路盤銘]	
	早山弥五郎	(陸奥国白河米村か)	鋳物師[路盤銘]	
	早山景次(弥兵衛)			
石工	辻本七郎兵衛			
	黒田八兵衛			

註1：註(103)編著書・論文の引用写真・翻刻により作成。
　2：[　]内は典拠。

と技術を波及させたのである。

さらに、「政宗君治家記録引証記[106]」には、「彦左衛門《梅村家次》紀州ニ上リ、其頃天下無双之匠人刑部左衛門国次ト云者ヲ雇来テ、令得指図トナリ」とある。梅村家次は、大崎八幡宮を造営するにあたり、紀伊国に住む刑部国次を招致し、その指図によって造営した。紀伊国出身の職人には、根来大工の本拠地である那賀郡出身者が目立つ。八幡宮と同時期に造営が進められた松島五大堂・塩竈神社の作事には、鶴家次・頼定が御大工を勤めている。根来大工の鶴家は、後に幕府作事方の大棟梁を世襲し、徳川家霊廟建築の造営にあたる家であり、その同族が仙台に下り、作事にあたったのである。また、先述したように、紀伊国根来の大工は、豊国社の造営にも参与したことが確認できる。職人の活動の場が広まったことを示すとともに、これら同国出身の職人によって豊国社、大崎八幡宮、東照社へと、権現造建築の構造と技術が拡散されていったことを示唆している。

この一連の作事のなかで建立された瑞巌寺の棟札には、「自紀州熊野山取其材」との書き入れがある。これは木材を熊野の山林から採取し、移入したことを示すものである。作事は、材料の入手、職人の確保を含め、一地域にとどまらず、広域化し、大規模化したことを示している。

大崎八幡宮拝殿向背棟木には、本国が不明ながら、勘吉という他国出身の職人による落書が発見されている。それは「しつ《知》た、しら《知》ぬた《他》こく《国》のみや《宮》をたて《建》おく《置》」というものである。勘吉が今回知ることになった、それまでは知ることのなかった他国の神社を建立する、との意である。他国の神社とは無論、大崎八幡宮のことである。当時の職人の活動が、一六世紀までの狭い地域内での大工所における作事にとどまっていた時代から、他国へ招かれ、作事に従事し得る時代への転換を身をもって体験した当該期職人の所感であり、象徴的な表現である。これまで上方で活躍していた職人が他国に渡り、神社の普請を担った。その結果出現したのが、大崎八幡宮の権現造建築である。中世から近世への転換期にあって、既存の大工所が崩壊したことにより、京都の北野社のみに限定されていた権現造建築が陸奥国内まで拡散し、他国の神社建築に応用されるようになったのである。

第四節　徳川将軍家による権現造建築の独占

1　権現造建築の規制と独占

日光東照宮には、一六世紀末に拡散を始めた権現造建築が採用された。とはいえ、第二節で明らかにしたように、そのさいに先例として意識されたのは豊国社であり、北野社であった。そしてそれは徳川家霊廟建築に継承されていったが、その一方で他の神社建築にも導入されているのである。とするならば、東照宮の建築による「荘厳」の固有性は説明できなくなり、神社建築一般の様式として普遍化され埋没してしまうことになる。その一方で、諸国に勧請された東照宮には、権現造建築による社殿が見受けられるが、権現造建築によらない社殿を有するものも多数存在しており、東照宮建築にも法則性がないように見えてしまう。現象面から日光東照宮「荘厳」に即した固有性を説明するには、一見して矛盾だらけなのである。そこで、東照宮の権現造建築のあり方を、従来は等閑視されてきた東照宮以外の権現造建築を合わせて検討することにより、整合的に説明することが次の課題となる。

まず元和年間の日光および久能山の東照社造営以降、権現造建築を有する最後の徳川家霊廟建築である享保二年有章院殿御霊屋造営にいたる、一〇一年間に出現した権現造建築を概観し、権現造建築をめぐる基本的事実を確認しておく。

表3-4に示したように、当該期に造営ないし造替された権現造建築は、四二棟を確認できる。ただし、この中には、造替によって新たな権現造建築が造営された場合には別の一棟として示してある。それらを表の右欄に示した通り、Ⓐ徳川家霊廟建築（二一棟）、Ⓑ諸国に勧請された東照宮以下、歴代将軍の霊屋建築（八棟）、Ⓒその他寺社の建築（一三棟）、の三つに分類した。分類Ⓐの徳川家霊廟建築については第一節で論じたので繰り返さない。ここではまず、分類Ⓑ、諸国に勧請された東照宮以下、歴代の霊屋建築をみることにより、徳川将軍家における権現造建築への認識およびその扱い方をみていく。

諸国への東照宮勧請は、名古屋・和歌山・水戸の御三家がその本拠地の城下に造営した東照社を嚆矢とする。名古屋・和歌山・水戸の東照宮建築は、久能山東照宮の建築、現存しない日光東照社の元和造営社殿と構造が一致すると指摘され、その後造営された上野東照宮の建築も、水戸東照宮を雛形にしたとされている[107]。すなわち諸国に勧請された東照宮で採用された権現造建築は、ほぼ同一規格で、共通の仕様となっていた。

このような規格化を進めさせたのは、紛れもなく徳川将軍家の政治力である。とくに御三家および上野、比叡山坂本にある日吉の五つの東照社については、勧請にあたり後水尾天皇または明正天皇から宣命および造営日時定の官宣旨が出されており、日光東照社造営の手法を踏襲して勧請された。

しかし、その一方で、権現造建築によらない社殿を有する東照社も出現する。権現造建築採用の可否は何によって決定されたのであろうか。元和年間から承応年間にかけて勧請され、社殿を造営ないし造替された東照社(宮)を一覧にした表3-5を基に検討してみる。ただし、この表では独立した社殿をもつものとし、相殿は除いた。また、典拠に確証がなく、検討を要すると判断したものは除外した[108]。

表3－4　元和3年(1617)～享保2年(1717)　日光東照宮以降の権現造建築

年代(西暦)	建　築　(所在)	檀那	御　大　工	
元和3年(1617)	日光東照宮(下野) 久能山東照宮(駿河)	秀忠 秀忠	中井正清 中井正清	Ⓐ Ⓐ
5年(1619)	名古屋東照宮(尾張)	—	沢田吉次	Ⓑ
7年(1621)	水戸東照宮(常陸)	—	中島元次・宗次、菊田金次　他	Ⓑ
	和歌山東照宮(紀伊)	—	中村宗次・久長	Ⓑ
寛永2年(1625)	鶴岡八幡宮　造替(相模)	(未詳)	鈴木長次	Ⓒ
4年(1627)	上野東照宮	(秀忠)	小田源三郎	Ⓐ
5年(1628)	金地院東照宮(京)	—	(未詳)	Ⓑ
9年(1632)	増上寺台徳院殿御霊屋	家光	鈴木長次、木原義久	Ⓐ
11年(1634)	日吉東照宮　造替(近江)	(家光)	(未詳)	Ⓑ
	王子権現社　造替	家光	鈴木長次	Ⓒ
11年以前	湯島天神社　造替	(未詳)	鈴木長次	Ⓒ
	神田明神社　造替	(未詳)	鈴木長次	Ⓒ
13年(1636)	日光東照宮　造替(下野)	家光	(作事方)	Ⓐ
	六所神社　造替(三河)	(未詳)	鈴木長次	Ⓒ
	伊賀八幡社　造替(三河)	家光	鈴木長次	Ⓒ
14年(1637)	江戸城二の丸東照宮　造替	家光	木原義久	Ⓐ
18年(1641)	五社神社　造替(遠江)	家光	(未詳)	Ⓒ
	南宮神社　造替(美濃)	家光	(未詳)	Ⓒ
正保4年(1647)	増上寺崇源院殿霊牌所	家光	木原義久、鈴木長常	Ⓐ
慶安2年(1649)	高野山行人方東照宮(紀伊)	(未詳)	(未詳)	Ⓑ
4年(1651)	上野東照宮　造替	家光	木原義久	Ⓐ
5年(1652)	東叡山大猷院殿御霊屋	家綱	鈴木長常	Ⓐ
承応2年(1653)	日光山大猷院(下野)	家綱	木原義久	Ⓐ
3年(1654)	紅葉山大猷院殿御霊屋	家綱	木原義久、鈴木長常	Ⓐ
	紅葉山東照宮　造替	家綱	木原義久、鈴木長常	Ⓐ
	紅葉山台徳院殿御霊屋　造替	家綱	木原義久、鈴木長常	Ⓐ
承応年間	本山寺霊屋(備中)	—	(未詳)	Ⓑ
万治2年(1659)	日吉山王社　造替	家綱	鈴木長常、木原義永	Ⓒ
寛文2年(1662)	亀戸天満社	(未詳)	(未詳)	Ⓒ
	北野社　造替(京)	家綱	中井正知、鈴木与次郎(木原義永手代)	Ⓒ
9年(1669)	愛宕権現社　造替	(家綱)	—	Ⓒ
天和元年(1681)	東叡山厳有院殿御霊屋	綱吉	鈴木長常、木原義永	Ⓐ
	紅葉山厳有院殿御霊屋	綱吉	木原義永	Ⓐ
元禄12年(1699)	東叡山厳有院殿御霊屋　再建	綱吉	鈴木長頼	Ⓐ
14年(1701)	東大寺東照宮(奈良)	—	—	Ⓑ
宝永3年(1706)	根津神社　造替	綱吉	—	Ⓒ
6年(1709)	東叡山常憲院殿御霊屋	家宣	片山満国	Ⓐ
7年(1710)	紅葉山常憲院殿御霊屋	家宣	(作事方)	Ⓐ

正徳3年(1713)	増上寺文昭院殿御霊屋	家継	片山満国	Ⓐ
4年(1714)	紅葉山文昭院殿御霊屋	家継	片山満国	Ⓐ
享保2年(1717)	増上寺有章院殿御霊屋	吉宗	片山満国	Ⓐ

註1：各社寺修理工事報告書および本文参考文献、史料等より作成。
2：所在を特記しない建築は江戸。
3：年代は上棟もしくは遷宮・入仏の初日とした。
4：檀那は将軍家が檀那となった場合のみ将軍名を示し、明記されていない場合でも将軍家が関与、あるいは造営料を下賜したことが明かな場合には(　)を付して示した。
5：右欄のⒶは徳川家霊廟建築、Ⓑは諸国に勧請された東照宮以下、歴代将軍の霊屋建築、Ⓒはその他寺社の建築を示す。

これをみると、元和年間からすでに諸国への東照社の勧請が進んでいる。しかし、寛永一〇年以前において将軍から許可を受けて勧請したものは、将軍家、御三家および家康の養女満天姫の嫁した陸奥弘前藩主津軽信枚が造営した東照社を除くとない。家光自身を檀那とし造営された東照社を除くと、将軍の許可を得て造営された東照社は、同一六年以降急増する。すなわち、第一章で明らかにした寛永一六年から一七年、日光東照社を「宗廟」とする志向が高まる時期以降、将軍の許可が大きな意味をもってきたことがわかる。と同時に、当該期以降、権現造建築を有する東照社（宮）はほとんど消滅する。

その事情については、家康の外孫にあたる池田光政が勧請した岡山東照社（現・玉井宮東照宮）の事例が参考になる。光政の日記である「池田光政日記」[109]寛永二一年六月二日条には、次の記事がある。

一　酒讃州（大老酒井忠勝）へ参、此度御誕生ニ付逗留仕候処ニ、冥加ニかない申由申候、其次テニ、権現様くわんしやう（勧請）の事、私冥加ノ為と存、僧正（公海）へ申候儀、門跡御物語候由、昨日御申聞候、達上聞、申事ニても無之由申候へハ、讃州返事ニ、左様ニ御思候事尤ニ候、乍去貴殿ニ被成尤と私共申候ハ、、国々不残くわんしやう可有候へハ、後々ハ心にもおこらぬやうニ成行候事如何と存候ま、、御くわんしやう候共、いかにもかるく可然候、我等ノさしつ申ニてハ無之と御申候事

池田光政は、東照社の勧請を光政個人の「冥加」のためととらえ、国許に勧請

天海およびその弟子の関与	典　　拠
別当は紅葉山東照社別当観音院忠尊（寛永19年三社権現に合祀）	
導師天海、別当神宮寺は上乗院・日光山日増院珍祐（後、東叡山顕性院）兼帯	孝亮、東叡
導師天海、別当常光院は吉祥院（後、東叡山）兼帯	孝亮、東叡
導師天海、別当天曜寺（後、雲蓋院）は双厳院豪俔（後、東叡山）兼帯	孝亮、東叡
導師天海	幕日
別当東照院（後、薬王院）は常福寺（後、東叡山津梁院）本祐兼帯	東叡、山澤論文
	中野論文
	三木論文
創立時は不許可	
導師天海、別当喜多院	
導師天海	
天海に御神影を請う	
導師天海	
導師天海、別当神護寺は東叡山常照院兼帯	曾根原論文、石川県教育委員会金沢城研究調査室編著書
導師公海か	
導師東叡山常照院憲海	倉地著書、玉井宮東照宮誌編纂委員会編著書
寛永18年天海と師弟契約した羽黒山別当天宥の勧請	緒方論文
別当は東叡山青竜院亮盛兼帯	東叡
寛永12年将軍家光から天海染筆絵像拝受	内藤論文

表3－5　元和～承応年間(1615～55)　諸国に勧請された東照宮

社名・所在		年　代	檀　那	権現造	将軍家の認可
摂津	大坂川崎	元和3年(1617)	松平忠明		
江戸	浅草寺	元和4年(1618)	徳川秀忠		元和4年(1618)か
尾張	名古屋	元和5年(1619)	徳川義直	○	元和4年(1618)か
常陸	水戸	元和7年(1621)	徳川頼房	○	元和6年(1620)か
紀伊	和歌山	元和7年(1621)	徳川頼宣	○	元和6年(1620)か
近江	坂本日吉	元和9年(1623)	徳川家光		元和9年(1823)
陸奥	会津	寛永元年(1624)	蒲生忠郷		
越前	勝山	寛永元年(1624)	松平直基		
陸奥	津軽弘前	寛永2年(1625)	津軽信枚		寛永元年(1624)か
越後	高田天宗寺境内	寛永2年(1625)	松平光長		
越前	福井(佐佳枝廼社)	寛永5年(1628)	松平忠昌		
出雲	西尾(松江神社)	寛永5年(1628)	堀尾吉晴		
飛騨	高山	寛永5年(1628)	金森重頼		
山城	南禅寺金地院	寛永5年(1628)	以心崇伝		
紀伊	高野山行人方(興山寺)	寛永5年(1628)	行人方	○	慶安2年(1649)
武蔵	川越仙波	寛永10年(1633)	天海		
近江	坂本日吉〔造替〕	寛永11年(1634)	徳川家光	○	寛永11年(1634)か
佐渡	相川	寛永13年(1636)	伊丹康勝		
武蔵	川越仙波〔造替〕	寛永17年(1640)	徳川家光		寛永15年(1638)
江戸	芝三縁山(安国殿)〔造替〕	寛永18年(1641)	徳川家光		寛永18年(1641)か
加賀	金沢(尾崎神社)	寛永20年(1643)	前田光高		寛永17年(1640)
紀伊	高野山聖方(大徳院)	寛永20年(1643)	聖方		寛永16年(1639)
上野	世良田(長楽寺境内)	寛永21年(1644)	徳川家光		寛永16年(1639)
三河	岡崎大樹寺	正保元年(1644)	徳川家光		正保元年(1644)
備前	岡山(玉井宮東照宮)	正保2年(1645)	池田光政		寛永21年(1644)
出羽	羽黒山	正保2年(1645)	酒井忠勝		正保2年(1645)
三河	滝(滝山寺)	正保2年(1645)	徳川家光		正保2年(1645)
対馬	対馬	正保2年(1645)	宗義成		

導師東叡山青竜院亮盛	東叡
	中野論文
導師公海、別当淳光院は東叡山執当双厳院豪俔兼帯	東叡
別当は東叡山執当双厳院豪俔	東叡、鈴木論文
導師東叡山青竜院亮盛	東叡
導師公海、別当仙岳院は東叡山末	東叡

には将軍家許可欄にその年代を示した。典拠は註(108)の著書・論文については略記し、そのほかは以下

大津市　叡山文庫所蔵）　幕日＝「江戸幕府日記」

することについて天海の法嗣である毘沙門堂門跡公海に伺いを立てた。これに対し公海は将軍家光に上申し、家光は、申すまでもないこととして大老酒井忠勝を通じ、光政に回答してきた。このことは、東照社の勧請を許可できるのは唯一、将軍家光であることを示している。

　家光の返答は以下のような内容となる。もし光政に勧請を許可するならば、諸藩が残らずみな勧請することになるであろう。そうなった後、その嚆矢となった光政が奢るようなら問題である。勧請するとしてもいかにも軽いもの、小規模とするのが望ましい。この回答は決して幕府側の指図ではない、と。

　文面通りに意を取るならば、将軍家光に勧請の有無を指図する権限はない。しかしながら、実態としては完全に将軍による指図であった。「池田光政日記」正保二年三月六日条には、家光の上意として「新太郎《光政》儀ハ余人とちかい《違》候条、権現様しんかう《信仰》ニ存候ハて不叶儀と被思召候、国本ニくわんしやう仕候旨、尤ニ被思召候」とあり、明らかに勧請の可否が判断されている。事実上の家光による規制が存在したことになる。実際その造営には、江戸から幕府作事方大工頭木原義久が下向し、その「御大工」となっている。木原が「御大工」となるのは、権現造建築ではない川越仙波、芝三縁山、金沢、滝山、鳥取などの東照社においても同様である(110)。

　また、その造営のなった社殿への遷宮にあたっては、東叡山常照院憲海および比叡山僧が岡山に下向した(111)。それは公海の指示によるものであろう。表

筑後	大草叡興寺境内	正保３年(1646)	立花忠茂		
安芸	広島	慶安元年(1648)	浅野光晟		寛永19年(1642)
豊前	小倉	慶安元年(1648)	小笠原忠真		
因幡	鳥取(樗谿神社)	慶安３年(1650)	池田光仲		慶安元年(1648)
三河	鳳来寺	慶安４年(1651)	徳川家光		慶安元年(1648)
筑前	福岡	承応元年(1652)	黒田忠之		慶安３年(1650)
陸奥	仙台	承応３年(1654)	伊達忠宗		慶安２年(1649)

註：本社が権現造建築であるものは権現造欄に○、造営を許可する将軍家の下命があった場合
　のように略記した。ただし、高藤著書についてはいちいち註記しなかった。
　孝亮＝「孝亮宿禰日次記」(独立行政法人国立公文書館所蔵)　東叡＝「東叡山暦記」(滋賀県

3-5にあるように、他の東照社（宮）勧請にあたっても天海および公海、またはその代理として東叡山僧が下向し、遷宮の法会を執行している。しかもその別当は東叡山僧が兼帯した事例が少なくない[112]。

表3-6は、天海が末寺宛に発給した朱印状・判物形式の直状、および近習による奉書で天海の朱印が袖にあるものを一覧にしたものである[113]。なお、判物のうち二通（うち一通は写）は天海の花押とともに同人の朱印を据える様式の文書である。それらは「判物（朱印有）」として示した。

天海が末寺に下した文書は、主に師弟契約状、僧・寺院の格式授与状、年中行事の定制である。そのうち一八通には東照大権現の「法楽」ないし「法味」を毎月一七日に勤める文言が明記されている。その初見は、管見の限りでは寛永九年（一六三二）の因幡大山の別当西楽院宛の判物で、同一一年（一六三四）の二通、すなわち天海が住持を勤めたことのある常陸国河内郡江戸崎（現・茨城県稲敷市）の不動院と、紀伊徳川頼宣を檀那とする和歌山東照社別当雲蓋院宛が続く。その後、五年間の中断を挟み、寛永一六年正月一七日、天海と師弟契約を結び、住持する武蔵国荏原郡鷹羽村（現・東京都港区高輪）の如来寺を東叡山末とする、木食但唱に与えられた文書二通を皮切りに再び現れる。以後、没する寛永二〇年一〇月二日まで五年間に一五通を見出すことができる。それは、家光による東照社勧請の規制が高まる時期に一致している。

内　　容		出　　典
常林房医王寺転任		埼玉県　喜多院文書［寛永寺編著書；栃木県立博物館編著書］
殺生禁断・山林竹木伐取禁制		滋賀県　延暦寺文書［寛永寺編著書］
定制		京都府　毘沙門堂文書［寛永寺編著書］
鎮西天台宗定制		滋賀県　延暦寺文書［寛永寺編著書］
定制		京都府　廬山寺文書［寛永寺編著書］
新地建立、日光山末		群馬県　竜蔵寺文書［寛永寺編著書］
加行作法印可		埼玉県　喜多院文書［寛永寺編著書］
諸法度		長野県　光前寺文書［信濃史料刊行会1969］
年中行事・諸法度	○	叡山文庫所蔵「御条目并里坊屋敷御判物写」［鳥取県編著書］
定制		長野県　仲仙寺文書［信濃史料刊行会1969］
戸隠山再興方		長野県　戸隠神社文書［信濃史料刊行会編著書］
色衣免許		長野県　戸隠神社文書［信濃史料刊行会編著書］
定制		長野県　光前寺文書［信濃史料刊行会1969］
定制	○	茨城県　不動院文書［茨城県史編さん中世史部会編著書］
慶賀権僧正・寺号・山号補任		東京大学所蔵　青蓮院旧蔵文書［寛永寺編著書］
東照大権現年中行事	○	和歌山県　雲蓋院文書［寛永寺編著書；栃木県立博物館編著書］
年中行事		京都府　真如堂文書［寛永寺編著書］
定制		埼玉県　常光寺文書［栃木県立博物館編著書］
慶賀僧正衣免許		東京大学所蔵　青蓮院旧蔵文書［寛永寺編著書］
上之宮（山王）祭礼勤行方		岐阜県　日吉神社文書［寛永寺編著書］
灌頂執行他定制		滋賀県　大林院文書［寛永寺編著書］
新地建立・東叡山末、融通念仏弘通	○	東京都　如来寺文書［宮島著書］
新地建立・東叡山末、融通念仏弘通	○	長野県　善光寺大勧進文書［宮島著書］
院号補任		埼玉県　慈恩寺文書［寛永寺編著書；杉山他編著書］
山・寺・院号補任		鳥取県　大雲院文書［鳥取市歴史博物館編著書］
新地建立、山・寺・院号補任		東京都　金嶺寺文書［寛永寺編著書；杉山他編著書］
東叡山直末		埼玉県　高蔵寺文書［栃木県立博物館編著書］
天台宗帰伏、山門直末	○	新潟県　正光寺文書［山本編著書］
住持色衣免許		埼玉県　大光普照寺文書［栃木県立博物館編著書］
東叡山直末		埼玉県　新光寺文書［栃木県立博物館編著書］

表3－6　末寺宛の天海発給文書

年　月　日	様式・原写	宛　　所
元和元年(1615)12月12日	朱印状	(仙波東叡山無量寿寺喜多院)
8年(1622)10月5日	朱印状写	(山門)東塔執行代・西塔執行代・横川別当代
9年(1623)4月9日	判物(朱印有)写	(出羽国)慈恩寺学頭花蔵院
寛永2年(1625)4月	判物写	鎮西天台宗
3年(1626)9月	判物	(山城国日本廬山天台講寺)
6年(1629)10月21日	朱印状	上野国山田郡薗田庄桐生村松樹山栄昌寺慈光院
9年(1632)3月吉辰	授与状	(武蔵国仙波喜多院)純海
9年(1632)7月24日	判物	信濃国(伊那郡赤穂村)光前寺
9年(1632)8月7日	判物状	(伯耆国)大山寺衆徒中
9年(1632)霜月4日	朱印状	信濃国伊那郡蓑輪郷羽広山中禅寺
10年(1633)2月時正	判物	(信濃国戸隠山)宝蔵院
10年(1633)2月	判物	(信濃国戸隠山)宝蔵院俊海
10年(1633)3月17日	判物	(信濃国)伊那郡宝積山光前寺
11年(1634)3月4日	判物写	(常陸国河内郡江戸崎不動院)
11年(1634)5月17日	判物写	九州肥前国佐賀郡金宝山観音寺一乗院
11年(1634)8月17日	判物写	(和歌東照大権現)
11年(1634)8月17日	判物	(鈴声山真正極楽寺真如堂)
14年(1637)3月	判物	青島常光寺
14年(1637)9月	判物写	(肥前国宝光院慶賀)
14年(1637)	判物	(美濃国平野庄)善学院
15年(1638)10月15日	判物	(近江国実相坊)
16年(1639)正月17日	朱印状	(武蔵国荏原郡鷹羽村帰命山如来寺)但唱上人
16年(1639)正月17日	朱印状	(武蔵国荏原郡帰命山如来寺)
16年(1639)孟春27日	朱印状	(武蔵国埼玉郡)小崎坊
16年(1639)2月吉日	判物	(因幡国鳥取)松岳山吉祥寺長寿院
17年(1640)正月吉日	朱印状	(武蔵国江戸豊島郡)宝城院
17年(1640)正月吉日	判物	武州男衾郡松山郷今市村宝珠山高蔵寺地福院
17年(1640)6月22日	(直状)写	佐渡国羽黒山正光寺
18年(1641)3月17日	判物	(武蔵国金讃寺住持)
18年(1641)3月17日	朱印状	(武蔵国足立郡谷古田御弊山新光寺神宝院)

年中行事	○	埼玉県 新光寺文書［栃木県立博物館編著書］
天台復宗、山門直末		新潟県 延命院文書［山本編著書］
東照大権現勧請	○	佐賀県 実相院文書［佐賀県立図書館編著書］
桑実寺別所末寺勤行方		滋賀県 桑実寺文書［寛永寺編著書］
東叡山直末		東京都 東福寺文書［寛永寺編著書；杉山他編著書］
定制	○	埼玉県 喜多院文書［寛永寺編著書；栃木県立博物館編著書］
台家法流仏事勤行社役勤方		新潟県 延命院文書［山本編著書］
定制	○	埼玉県 円通寺文書［寛永寺編著書］
定制	○	独立行政法人国立公文書館所蔵「東叡山御規定」
定制	○	独立行政法人国立公文書館所蔵「東叡山御規定」
定制	○	新潟県 正光寺文書［山本編著書］
院号補任、喜多院直末		埼玉県 三芳野神社文書［栃木県立博物館編著書］
定制	○	茨城県 千妙寺文書［寛永寺編著書；栃木県立博物館編著書］
定制	○	茨城県 縫善寺文書［茨城県史編さん中世史部会編著書］
定制	○	諸国条目［寛永寺編著書］
天台改宗、東叡山直末		長野県 善光寺大勧進文書［信濃史料刊行会編著書］
定制	○	長野県 善光寺大勧進文書［信濃史料刊行会編著書］
定制	○	群馬県 長楽寺文書［寛永寺編著書；栃木県立博物館編著書］
灌頂等定制		群馬県 長楽寺文書［寛永寺編著書；栃木県立博物館編著書］

(113)参照。

第一章で明らかにしたように、寛永一六年以降という時期は、まさに家光が、天皇家の権威を借りつつ、「宗廟」日光東照宮の確立を目指し、新田源氏、清和天皇の後裔で征夷大将軍を正に継承すべき立場にあることを強く意識していた時期である。天海は、家光の意向を受け、東照社が勧請される場合、天台宗の本末編成を通じ、その祭祀に関する規制をかけたのである。その経路をたどり勧請された東照社（宮）の場合、権現造建築は採用されていないことになる。

しかし、当時期であるにもかかわらず、将軍家光の許可を得ていない権現造建築による東照社が一社ある。紀伊国高野山の行人方東照社である。これを次に検討してみる。

高野山一山は三派に分かれていた。近世前期には、法会・教学を本旨とする学

18年(1641) 3月17日	判物	武蔵国足立郡谷古田八幡宮御弊山新光寺神宝院
18年(1641) 7月17日	(直状)写	(佐渡国賀茂郡新穂庄)日吉山新延寺・七社衆徒中
18年(1641) 7月17日	判物写	肥前国一宮千栗山(別当実相院)
18年(1641) 9月17日	判物	(近江国)正林房
19年(1642) 3月8日	朱印状	武蔵国豊島郡江戸神田医王山東福寺薬師院
19年(1642)卯月7日	朱印状	(武蔵国仙波喜多院)
19年(1642) 9月10日	(直状)写	佐渡国日吉社新延寺
19年(1642)仲冬17日	朱印状写	武蔵国田西郡高築村恵日山円通寺観音院
19年(1642)霜月26日	奉書(袖判有)写	東叡山
19年(1642)極月17日	奉書(袖判有)写	東叡山末門中
19年(1642)極月17日	(直状)写	佐渡国羽黒山正光寺
20年(1643)正月17日	朱印状	(武蔵国入間郡三芳野里天満天神別当高松院)
20年(1643) 3月4日	朱印状	常陸国河内郡下妻庄黒子郷千妙寺金剛寿院
20年(1643) 3月4日	判物写	(常陸国)東条庄小野慈雲山無量寿院縫善寺
20年(1643) 6月	朱印状写	肥前国阿蘇山
20年(1643) 7月3日	朱印状	(信濃国水内郡善光寺)
20年(1643) 7月3日	朱印状	(信濃国水内郡善光寺)
20年(1643) 9月17日	判物(朱印有)	良田山(上野国新田郡世良田郷長楽寺)
20年(1643) 9月17日	奉書(袖判有)	(上野国新田郡世良田郷長楽寺)

註：内容のうち、○は寺社内での東照大権現の「法楽」「法味」執行を命ずるもの。刊本の出典は註

侶方が二一〇軒、堂塔を所管し修験とも関連する行人方が一四四〇軒、布教を主務とする聖方が一二〇軒あったといわれる。高野山内での東照社祭祀は、「高野春秋編年輯録」[114]元和三年三月条によれば、「江戸公庁」(幕府)に願い出て尊像を造立し、学侶方本山の青巌寺に安置したことに始まる。しかし、その後、大徳院を本山とする聖方、興山寺を本山とする行人方もそれぞれ東照社を造立した。

聖方の東照社は、寛永一六年に家光の許可を受け、寛永二〇年(一六四三)大徳院の境内裏山に建立された。大徳院(旧蓮花院、光徳院)は、徳川家と師檀関係を結んでいた。この東照宮は現在、徳川家霊台と称されるもので、同時に二代秀忠を祀る台徳院廟も同時に建立された。東照宮・台徳院廟の建築は権現造建築でなく、六間四面の宝形造である。歴代将軍

および正室、公達、御三家・御三卿歴代を供養する位牌堂も存在したという(115)。

徳川家と大徳院の師檀関係は、「高野春秋編年輯録」によれば、永享一一年（一四三九）に徳川家祖とされる松平太郎左衛門親氏入道徳阿弥が蓮花院と師檀契約を結んだことに始まるもので、家康の祖父松平清康の遺骨が天文五年（一五三六）三月に同院に納められ、さらに弘治元年（一五五五）一二月、家康の父松平広忠により仏像・経巻が寄附されたと伝えられている。蓮花院の院号も、これらの仏縁により清康の廟号（法名）である光徳院に改めたという。また、家康自身も、天正八年（一五八〇）二月に同院を修復したこと、天正一二年（一五八四）九月一三日に寺領および廻国聖の安全を保証したこと、文禄三年（一五九四）三月三日には豊臣秀吉の高野登山に随行して寄院し、その後修造を行ったこと、慶長一九年二条城に召して「仏法之御雑談」をしたことなどの記事がみえる。この間、文禄の修造後に蓮花院は大徳院と改称したという。

宝形造の聖方東照社は、日野西眞定(116)によれば、寛永一六年から同二〇年、将軍家光自身が大檀那となり、造営奉行として寺社奉行小出吉英・戸川正安が遣わされ、幕府作事方大工頭中井長次を御大工として造営が開始された。ところが造営自体は、材に残る銘文から寛永一〇年（一六三三）以前に始められていたことが知られる。「高野春秋編年輯録」の記事にも、寛永四、五年頃にはすでに造営が開始されていた可能性を示す記事が見られる。日野西によれば、この作事は、寛永一五年（一六三八）には過半が済んでいた。しかし、家光が正式に造営を下命したのは翌寛永一六年四月二三日のことであり、その正遷宮が執行されたのは同二〇年のことであった。

この間の事情は詳らかではないものの、日野西は、徳川家との師檀関係、ことに家康宿泊の由緒が幸いし、家光により難なく建立が許可されたとしている。しかし、造営開始時期の下限が許可の六年前ということになれば、首肯しがたい。むしろ、当初は将軍の許可なく造営が開始され、寛永一六年に聖方の訴願を経て追認されたものと解した方がよい。

一方、行人方の東照社は、高山寺の後山に建立された。これは、日野西が指摘するように権現造建築であった。この東照社は、明治二年（一八六九）に廃されたものの、明治二五年（一八九二）の山内大火後に拝殿・唐門は普賢院、本殿は普門院、校倉は常喜院に移築され、現存している。

その建立の顚末は、「高野春秋編年輯録」を信用するならば次のようになる。行人方に属した文殊院応昌は、寛永四年行人方と争い、しかも学侶方と結んで幕府に訴訟するにいたった。学侶方は、寛永四年夏・秋中、興山寺の後山、木食応其により蓮花院の旧墟に建立された興山寺の学寮を取り去ってしまった。応昌の素志は東照社を建立することにあり、翌五年四月一七日この地において建立のための地鎮法を執行した。これは、権威を公儀に借り、「一山之古法」を圧するものであったとされる。

しかし、同時に聖方の東照社が建立される動きもあり、結果として一山内に東照社が二社存在することになる。「高野春秋編年輯録」寛永五年三月下旬条および慶安二年一一月二六日条には、このことについて学侶方善集院を介し高野山衆徒中（学侶方）に答えた天海の意向を伝える寛永五年三月一二日付、役者正蓮寺良海・光明寺裔海連署書状写がみえる。寛永五年三月下旬条に掲出される書状写の本文を底本とし、次にあげる。

一　権現様御影之事に候へは、一段結構成儀と大僧正御申候、早々此方へ被仰越候者、可達上聞物をと被仰候

一　（従脱）御衆徒中は、権現様を各別ニ立（可造営）可申と我等方迄、節々被申越候へ共、左様ニ軽々敷山ニ（一脱）二社迄は不入儀と中留候由、御前江可（御脱）有披露（ニ候）分之事

一　文殊院へ（ニ）被仰候様は、衆徒中よりも是非に御宮各別に立可申由、大僧正まて被申越候へ共、是も右之通に中留候、然而　権現様は山に一社ニ可究候間、論議・法談・御祭礼之儀は、衆徒中御勤候様ニ大僧正之御分別ニ而被仰分ニ相定候事

一　善集院も文院手前御究候而可罷登と僧正へ被仰候得共、先に登山候へと被仰候、兎角重而文院手前御究被

成、又御前へも被仰上様子、山江御登せ可被成儀に候、様子は善集院可被仰上候、已上

東照社の建立に関する天海の意向を要約すれば、次の三点となる。

①権現様御影（画像）を祀ることは結構なことである。申し請うならば将軍家光に仲介する、と天海がいっている。

②衆徒中（学侶方）は、東照社を特別に造営したいと天海まで折々に求めているけれども、そのように軽々しく、一山に二社も造営することは不要であるので申し留めたということを将軍の御前にも披露する。

③文殊院応昌には以下のように天海の意向が伝えられた。衆徒中からもぜひ東照社を造営したいといってきたけれども、②の理由から申し留めた。東照社は一山に一社のみと決めたので、聖方東照社での論議・法談・祭礼については衆徒中から勤めるように天海は判断した。

天海の意向は、東照社の建立を明らかに規制するものであり、しかも規制を図る家光の意向を背景におくものであったことがうかがえる。聖方の東照社を高野山一山の東照社として祭祀することを求めたのである。

以後の経過は「高野春秋編年輯録」においても記事を欠き、不明である。しかし、天海の意向とは裏腹に、興山寺の後山には行人方の東照社が建立された。同書正保元年八月二九日条には、行人方の幕府に対する申し分として、実際に東照社が建立され祭祀が行われていることとともに、学侶方がそれを「邪謀」と主張していたことが書き上げられる。

一　先年　台徳院様・当公方様、得上意、東照大権現様御宮奉創造、然興山寺千石并行人領内二千石・新開田三百石、都合三千三百石、東照宮御領と御朱印被　成下者、於御宮宝前、正月修正、毎月十七日六十人中曲理趣三昧、特四月十七日御祭礼曼供并授職灌頂相勤之、可奉増　御神威之趣、末々不可有違乱歟否、右　御奉書有御披露、而逐一令返答、学侶口上書指上之、其章云、先御宮領者、自邪謀事起之旨、答五ヶ条

高野山の東照宮は、慶安二年寺社領に対して実施された将軍家光の印知にさいし、東照宮領として、興山寺宛の朱印状に一〇〇石、大徳院宛の朱印状に二〇〇石の寄進が明記された[117]。「高野春秋編年輯録」慶安二年一一月二六日条には、将軍の上使である寺社奉行松平出雲守勝隆ら五名からの返書の内容として、御仏殿、すなわち行人方の東照宮が同月九日に造替の大工始が執行されたこととともに、来春に造替を成就すべきであると述べられている。ここにいたって高山寺後山の行人方東照宮は、将軍家光の下命により造替が成されることとなったことがわかる。これにより出来上がった社殿が前述の権現造建築であったと考えられる。

このように、将軍家光が政権を掌握し、日光東照宮を「宗廟」とする姿勢が明確になって以降、東照宮の勧請には将軍の認可を受ける事例が増加した。そのさい、社殿は小規模とすることが求められ、権現造建築とすることはなかった。とくに天海とその弟子が勧請に関わった場合には、その傾向が著しかった。すなわち事実上の建築規制が存在していたのである。ただし、それが貫徹していたわけではなく、将軍家の規制を越えて建立され、最終的に権現造建築の造営にいたる高野山行人方の例が存在した。このように、将軍家光の時代、権現造建築は、特異な性格を帯びるものになっていったのである。

ところで、前掲表3-4を見直すと、東照宮・徳川家霊廟建築以外の寺社建築（分類Ⓒ）は一三棟あり、全四二棟のうち三割を占めている。とするならば、権現造建築の特質は、徳川家霊廟建築および諸国に勧請された東照宮という点のみに求められないことになる。そこで、改めて分類Ⓐから©までを総覧すると、次の二つの共通点がある。

その第一は、造営・造替の檀那である。将軍が檀那となり、あるいは造営料を支出した権現造建築は、三〇棟を数える。とくに分類Ⓒにおいては確実なものに限定しても、七棟になる。御三家などが造営した東照宮を含め、いずれも将軍家の関与、直接的な影響力が見られる。

第二に、造営・造替の大工に注目すると、寛永一三年以前は鈴木長次、寛永九年以降、義久に始まる木原家、長次の跡を襲う長常・長頼・長次郎ら鈴木家、片山家の名前が目立つ。すなわち大工が二四棟の建築に共通している点である。

鈴木近江守長次および木原木工允義久はともに同族で、遠江国木原郷（現・静岡県袋井市）の出身とされる。徳川家譜代の家臣で、作事の巧者であった。両者の子孫は、後述する幕府作事方の大工頭を世襲した。もう一家の片山家は、鈴木・木原両家の下位に位置づく御被官大工を世襲する職人家である。片山満国の代に大工頭に昇格し、その任を担うようになり、その結果、綱吉・家宣・家継三代を祀る御霊屋造営の大工頭となった[118]。

これら大工は、将軍家の作事を占有する大工であり、その預かった作事は、将軍家直轄の作事である。すなわち、彼らが大工となった造営は、すべて将軍家の下命による作事であったと位置づけられる。したがって、表3−4において檀那が明確でない建築においても、彼らが指揮している以上、将軍家を檀那とする造営とみてよい。このように判断すれば、先述の分類Ⓒのうち檀那が不明確な六棟のうち、鶴岡八幡宮、湯島天神社、神田明神社、六所神社の権現造建築も将軍家を檀那として造営されたものとみることができる。すなわち、分類Ⓒにおいても一三棟中一一棟は、将軍の意志を背景に造営された建築であったと結論できる。

このように、四二棟の権現造建築のうち実に四〇棟は将軍家の影響力を直接的・間接的に受けた建築であった。権現造建築は徳川将軍家により規制され、独占されていたのである。そこで大きな役割を果たしたのは徳川将軍家の作事を占有していた大工であった。権現造建築の規制と独占は、徳川将軍家における大工職人組織の生成と軌を一にするのである。

2　幕府作事方の編成

徳川将軍家における大工職人組織とは、幕府の作事方である。作事方は、将軍が檀那となり造営された諸建築の修築・増改築・新築を役務とする造営組織である。次にその編成過程を考察する。

徳川将軍家における作事において、とくに家康在世中に腕をふるった御大工は前節でみた中井正清である。日光・久能山の両東照社の御大工もまた中井正清であった。しかし、正清は、元和五年（一六一九）一月二一日に没し、その跡を継いだ正侶以降は関東の作事からは撤退し、担当する作事も本拠地である京とその近国のものに収斂していった。

一方、中井正清没後、関東での作事を担ったのが前項で述べた徳川家譜代の御大工鈴木長次である。当時、もう一人の譜代大工木原義久がわずか四歳であったことから日光山内の作事も長次の担当するところとなった。元和五年九月に上棟された日光東照社の神庫、日光山の地主権現を祀る新宮本殿、東照宮造営時に仁王門（表門）付近から移転された天台僧の祭祀の拠点であった常行堂・法華堂には、すべて将軍秀忠を檀那、鈴木長次を御大工と記す棟木が現存している。以後、関東の作事の御大工は鈴木・木原両家が歴任するようになった。

同じころ、両家の被官である大工棟梁として、甲良豊後守宗広、平内越前守政信（正信）、鶴飛騨守正村の名前が現れ始める。甲良家は京出身で建仁寺流の大工、平内・鶴両家は紀伊国根来出身、四天王寺流の大工である。平内政信は既述したとおり豊国社の造営に参加したほか、元和五年の二代将軍秀忠が大檀那となって造替した常陸国一宮鹿島神宮の造営、同年の日光山常行堂造営に参加したことも知られる（本書第四章第二節参照）。また鶴氏は、伊達政宗に招聘され陸奥仙台で腕をふるった鶴家次・頼定の同族とみられる（前掲表3-3）。このように鈴木・木原両家の被官となった大工棟梁もまた、京・紀伊根来から到来し、京の公家文化を伝えた大工職人であった。

後に、この江戸の大工頭鈴木・木原両家を中心とする諸職人は江戸方、また京都を本拠とする大工頭中井家により統率される諸職人は京方と呼称された。それぞれ関東と京都近国の作事を担当するように分業化された。

これら職人を編成する幕府作事方が成立したのは、「江戸幕府日記」によれば寛永九年（一六三二）一〇月三日のことである。同日条には次の記事がある。

一　佐久間将監(直勝)・神尾内記(元勝)・酒井因幡守(忠知)、御作事奉行ニ被　仰付之

一　諸職人、不残今日可罷出之旨、年寄中被申渡付而、井戸之間江伺候候、申上刻、大炊(土井利勝)・讃岐(酒井忠勝)・信濃(永井尚政)・丹波(稲葉正勝)・伊賀(内藤忠重)・大蔵(青山幸成)、小十人組衆番所之前ニ並居、佐久間将監・神尾内記・酒井因幡守御作事奉行被　仰付之間、御普請之刻諸事御細工等、右三人ゟ申付候刻、可存其旨之由、依　上意、右之通各被申渡畢

定員を三名とする作事奉行を幕府年寄（後、老中）の下に設置し、その配下に諸職人が編成された。江戸方を中心とするその職制は、田辺泰の研究[119]によれば、図3-4のようになる。作事奉行は、幕府の職制において町奉行・勘定奉行・普請奉行・寺社奉行などとほぼ同格で、旗本から選任された。また、木原・鈴木両家が就任した大工頭以下の諸職人のうち大工頭・下奉行・被官・仮役は技術者とその作事を総監する技術官僚であり、建築の設計、作事の監督に全責任をもった甲良・平内・鶴家など大棟梁およびそれ以下の諸職人は技術者であった。技術者たる諸職人は、「日光山東照宮御造営帳」をみると、特定の造営を担当すると、日手間（日当）が支払われた。日手間は、米であれば一日四升五合から七升五合まで、銀であれば一匁六分五厘から二匁まで、格差が付けられていた。例えば、木引（木挽）は四升五合、平大工は六升五合、彫物大工は七升五合であり、職人の持てる技術およびその役務に応分となる格差であった。もっとも高給である彫物大工の場合、人足一人あたり五升といわれる当該期舟運の日手間[120]と比べると、実にその一・五倍に相当する。

その組織の原型は、田辺が指摘したように、同年二月一〇日に造営開始、七月二一日に上棟がなされた台徳院殿御霊屋の造営組織にある。その組織は、その本殿床下石の刻銘[121]から図3-5に整理した作事

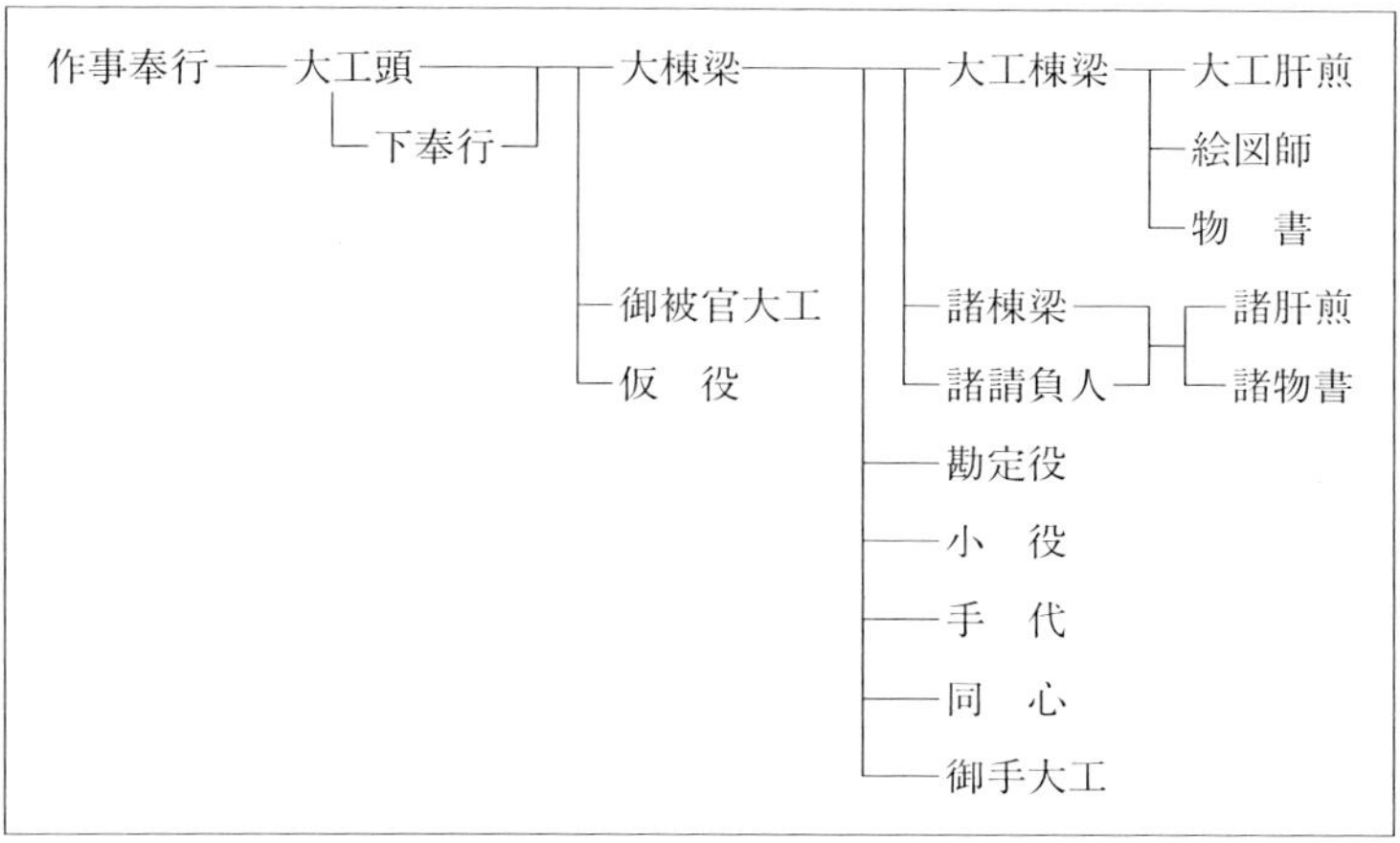

図３－４　万延年間(1860～61)　幕府作事方の職制

註：大島盈株家文書(註83田辺論文)により作成。

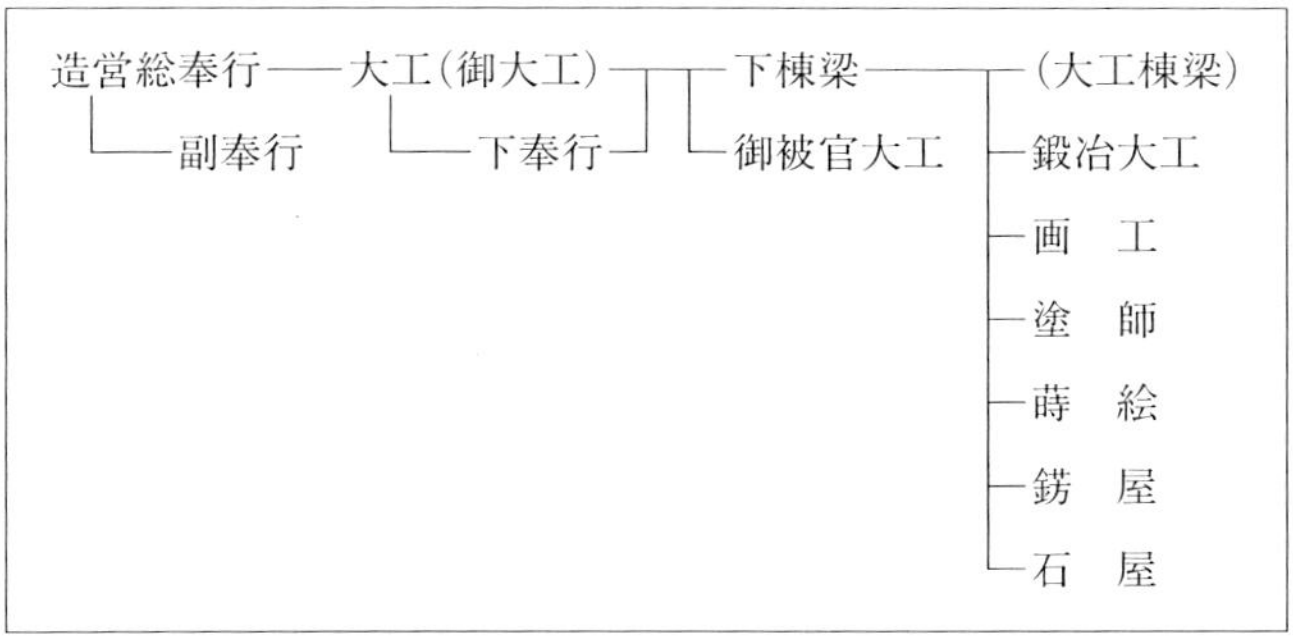

図３－５　寛永９年(1632)　台徳院殿御霊屋の造営組織

註：台徳院御霊屋本殿床下石刻銘(註99)により作成。

方の職制に酷似していることがわかる。これまで必要のあるごとに編成されてきた造営組織を、幕府の職制として位置づけたのが作事方の成立であった。しかも大工頭以下の諸職人は、先述した片山家のように後に若干の地位の変動、新家の参入がみられるものの、以後、幕末まで基本的には寛永九年に編成された諸職人の子孫に継承された。諸職人は、作事方の諸役を伝承する家に編成されたのである。

藤井讓治[122]によれば、幕府の職制は、寛永一一年（一六三四）を画期にして諸権限を分離、再編することによって組織化され、同一五年老中を中核とする官僚制的組織が形成される。作事方の編成はこれに先だって行われ、しかも、作事方では、作事奉行を除き諸職人の家は固定されたことになり、他の職制とは趣を違えていた。田辺泰[123]は、作事方の成立により、限られた数家によって絶えず成長すべき技術を壟断して特殊な地位を擁護し、技術の精進錬磨もない無競争となり、新しい発展ないし創造へ向かう機運を失わせたと指摘する。それは、まさに将軍家による権現造建築の規制と独占を果たす意図そのものに符合する、幕府の機構上特異な職制の編成であった。

しかし、徳川家霊廟建築をみると、規制が進められる反面、新しい要素を若干加え、華麗化させた面も存在する。新しい発展ないし創造への道もあったのである。それを可能にしたものとして注目できるのが造営のたびに決定される諸請負人である。

寛永一九年閏九月「日光山東照宮御造営帳」によれば、日光東照宮の寛永大造替に参与した諸職人は次の二類型に分類できる[124]。その第一は、前節でとりあげた錺師体阿弥家に代表される京ないし上方出身の伝統的職人層である。本章で明らかにしてきたように、職人の雇用形態および技術の拡散により、構造や彩色、金工を中心に、洗練された京の伝統的装飾技術を取り込めるようになった。しかも、大棟梁甲良宗広のように、幕府作事方のなかにもそのような職人が編成されていた。

類型の第二は、同時期までに成長してきた新興職人層である。新興職人層をみる場合、一六世紀以来出現した新たな建築技術の保有者に顕著な動向をうかがうことができる。石工はその代表例である。元和の日光東照宮造営にあたっては、元和二年一〇月に普請奉行を命じられた藤堂高虎が日光登山し、座主天海の指図により日光山一山の衆徒教城坊の坊舎を旅宿として地形の見立てを行った[125]。藤堂高虎は近江国穴太（現・滋賀県大津市）出身の石工を抱えており、高石垣を用いる近世城郭建築の代表的な担い手である。関東においては、石垣ないし石積みをともなう大規模な土塁・堀を有する城郭建築が、天正年間（一五七三〜九二）に後北条氏の八王子城や宇都宮氏の多気山城に出現したもの[126]の、それはかえって特殊事例といわざるを得ない。石垣を多用した近世城郭建築が広汎に出現するのは文禄年間（一五九二〜九六）から慶長初年といわれており[127]、畿内近国に遅れて開花した。その出現間もない石垣を用いる地形の技術が東照宮の建築にも応用されたのである。また、東照宮奥院に祀る宝塔は、元和七年（一六二一）から八年にかけて初めて造営されたさいは木造の多宝塔であったが、寛永一七年（一六四〇）から翌年にかけての奥院造替にさいし、石造宝塔が採用された。このときの石工は県五郎作と石屋中山又蔵である[128]。以降、天和三年（一六八三）の大地震で崩壊するまでは、三代家光、四代家綱とも宝塔は石造とされ、徳川家霊廟建築の基準とされた。また、御仮殿の石材を納めた石工の一人に伊豆の善七郎がおり、幕府御用石山から切り出され、江戸城普請に使われた伊豆石も用いられていたことがうかがえる[129]。その登用は「御入札定」、すなわち一七世紀初頭に出現した入札により決定されていた[130]。諸請負人の登用にあたり、入札制が取り入れられたことにより、京の伝統的装飾技術とは異なる新しい技術の担い手であるが新興職人層の台頭が可能になったのである。

このような入札による諸請負人の存在は、新たな技術の導入方法として注目される。それは、将軍家が目指す権現造建築の規制と独占のもと、限定された作事方による、いわば保守的な技術へと向かうあり方とは逆の方向性でもある。少なくとも寛永大造替における日光東照宮の建築、そしてそれに続く大猷院殿御霊屋、上野東照宮などの建築においては、新たな技術による建築をなしえる創造性が存在していたことは、現存する建築を見れば、疑う余地のない事実である。

3　職人の家職の成立

前節で明らかにしたように、権現造建築の拡散は、一六世紀後半から続いていた北野社大工職弁慶家の相論に象徴されるように、既存の職人と技術の解体、再編によって生じた。それに対し前項でみた作事方の編成にいたる徳川将軍家における大工職人組織の生成は新たな職人の固定化を生んだ。

先にも述べたように、元和二年から三年にかけて御大工中井正清が指揮した日光東照社の造営には、京都の大工棟梁が参加していた[131]。万治二年（一六五九）六月の京都指物屋の出入にさいし、京都大工の弁慶次郎太夫が大工側の主張をまとめた「洛中さし物や出入ニ付奉行所へ指上之写止書」に載る由緒には、将軍家・幕府の作事で指物屋・乗物屋・大工に余荷銭を渡した作事が書き上げられている（表3-7）。ここには日光東照社の作事は直接あげられていないが、権現造建築を中心社殿とする久能山東照社の造営のほか、大御所家康の居城駿府城、名古屋城、江戸城、大坂の陣のさいの徳川方陣地、将軍家光の上洛にかかる宿城地近江国水口・丹波亀山・伊庭柏原の作事など慶長一五年（一六一〇）以降、寛永一六年（一六三九）までの作事が書き上げられている。

京都大工の存立を示す根拠となっているのは、一七世紀以降の作事のみである。このことは、弁慶家の由緒書をみると一層顕著である。弁慶家の由緒書の一つ、前述した延宝三年（一六七五）序、黒川道祐の「遠碧軒記」の一節をみてみる。北野社大工職の上座に位置する弁慶小左衛門は、大工頭中井家（三代主水）の記事において、中井家より「古き家」と明記されている。次に掲げる。

中井主水《三代正知》は橘氏にて、近江侍と云、公儀の大工役は今の主水までにて三代なり、弁慶小左衛門は京の大工にて、古より代々公方家の大工にて、大和より古き家なり、されども大和が威勢の時に下につくなり、さて、少し公儀よりの知行あり、昔より祇園と北野の棟梁なり、近頃まで此両所に絵馬かゝるときは人を出せと申来る、下大工を出してうたす、其料に鳥目十疋つゝとりて返なり、先年の祇園の造営のときにも小左衛門棟梁なり、さて、三条の小左衛門町に弁慶石の有たるを覚ゆ、今は誓願寺の方丈の庭にあり、この石ある町故

表３－７　京都町棟梁衆由緒にみえる京都大工御用

御　　用	年　月　日	摘　　要
駿府御城御作事	慶長15年(1610)10月14日 16年(1611)５月28日 ８月９日 19年(1614)２月14日 元和２年(1616)正月16日	大御所居城造営
尾州名古屋御城御作事	慶長16年(1611)６月26日 17年(1612)６月８日 18年(1613)４月２日	
大坂御陣大工	慶長19年(1614)10月14日 20年(1615)５月５日	
江戸御本丸御作事	慶長19年(1614)５月27日 元和２年(1616)７月16日	本丸天守造営
駿河久能御作事	元和３年(1617)２月９日	久能山東照社造営
江戸御本丸御作事	元和６年(1620)正月16日	本丸天守造替
水口御城御作事	寛永10年(1633)６月 11年(1634)正月11日	将軍家光上洛時の宿城他
亀山御城(御座之間、御亭)御作事	寛永10年(1633)８月	
伊庭柏原御茶屋	寛永10年(1633)８月８日	
江戸御本丸御作事	寛永14年(1637)正月 16年(1639)10月	

註：「洛中さし物や出入ニ付奉行所へ指上之写止書」により作成。

に弁慶と申との事なれとも、小左衛門か申すは、明智軍の時、木津川の辺まで御迎に今の小左衛門が親父出らる、其方はいつくに居ると御尋なり、弁慶石の町に有之と申す、吉凶のよきつよき名とて御よろこひ、それより弁慶と御呼ひ候と申す、それより伊勢の白子まて御舟にて御下り候を、そのとき大力にて精を出し肝煎ゆへに、弁慶なり、つよきものと被仰により弁慶と云となり、中古五条の大政所の屋敷に、祇園の御旅所有し時、小川通巴町にて御供を備る故に御供町といふ、その石、今の祇園の御旅所と小橋との間の北側の社の内にあり、今は此社の前にて御供を備る也

注目すべきは家名の由緒である。弁慶の名は、三条小左衛門町誓願寺の方丈にある弁慶石なる石に由来するという。この町は、町名から勘案すれば弁慶小左衛門家の本貫地である。その小左衛門の言として、明智軍の時、すなわち本能寺の変のさい、当小左衛門の父が明智光秀を木津川辺まで迎えた折に、尋ねられて弁慶石町を居所とすることを答え、吉なる強き名として弁慶と呼ばれるようになり、「弁慶なり、強き者」と賞されたとある。

ここにみられる由緒は、弁慶の家名を天正一〇年（一五八二）本能寺の変以降のものとする。すでに述べてきた北野社松梅院の引付において、弁慶の名の初見は永正一五年（一五一八）正月四日であり、明らかに事実に反する内容である。しかし、このような由緒を弁慶小左衛門が語り、これを載せる「遠碧軒記」が流布したことを考えるならば、これが一七世紀後半における弁慶家の伝えに他ならないのである。一六世紀末以降の事象のほかは、家職の成り立ちを意味づける根拠になりえなかったのである。

このことは、和歌山東照社の造営にあたった御大工に顕著である。[132] それは、紀州藩大工頭を世襲した中村家の初代讃岐（初名与吉）とその実弟で二代目となる織部（初名惣吉）である。中村家は、同族の所在から、中井正清と同じ大和国出身とみられる。紀州徳川家初代頼房は、はじめ駿河に所領を与えられるが、ここで頼房に奉公したのが始まりと、六代中村惣内の記した由緒書にみえる。その後、元和五年（一六一九）頼房の紀州転封にともない、

和歌山城下に来住した。そして翌々七年に上棟される東照社造営の指揮にあたった。現在、同宮には興味深い伝承が残されている。それは石の間の廊下の朱塗について、在来の根来大工が有していた「紀州塗」の技術は用いられず、静岡からきた塗師による「静岡塗」が採用されたという伝承である。すなわち在来技術を否定して、他国の技術を採用したことになる。無論、静岡という地名は明治以降の所産であり、そのまま近世の話として採るには慎重にならざるを得ないが、中村家の動静をふまえればその大筋は信頼して良いと思われる。駿河での奉公以前の状況、そして在来の技術に関しても、家職存立の根拠とはなりえなかった。

　このように、職人のあいだでは、直接的な家職存立の根拠は、もっともさかのぼっても織豊期までしか求められなかった。このことは、近世において職人の家と呼ぶべきものが一六世紀末から一七世紀にかけて成立したことを示している。

　前出の紀伊根来大工平内正信（政信）もその例外ではない。伊藤要太郎[133]が紹介する作事方大棟梁平内家の系図は、初代を正信におき、和歌浦天満宮・豊国社の造営にあたったその父吉政は歴代から除外される。正信は、元和五年（一六一九）日光山常行堂、常陸国一宮鹿島神宮、寛永九年（一六三二）江戸芝台徳院殿御霊屋、寛永一九年（一六四二）日光東照社奥院棟梁、承応二年（一六五三）日光山大猷院殿御霊屋の作事に従事している。

　権現造建築の木割を説く「匠明」を慶長一三年（一六〇八）八月に著述したのも正信である（前節4参照）。「匠明」は、「門記集」「社記集」「塔記集」「堂記集」「殿屋集」の五巻からなる技術書で、門・社殿・塔・仏堂・殿舎の各建築における「木砕《きくだき》」、すなわち用いられる各部材の大きさの割合を定める木割を、平面図とともに著述したものである。このうち、「塔記集」には、内容を追補する貼紙がある。そこには寛永二〇年（一六四三）四月に将軍家光が檀那となり建立された日光東照宮奥院の相輪橖もあげられ、「何も唐カネ（銅）ニ而イル」という書入がある。「匠明」は、平内家では浅々と他見すべからず、子孫に伝え秘すべき書として、各巻とも、政信（正信）本人および父吉政により奥書がなされ、同家に伝来した。権現造建築を載せている「社記集」の奥書を次に掲げる。

右匠明五巻之内、社記集也、夫大工之二字ヲ尋ルニ、昔天津児屋根之尊ノ子孫ニ大神・工神トテ二ツノ尊有、此二神巧之心世ニ勝たりしかハ、宮を作り大神ヱ奉リシト也、宮居従是始レリ、其弐尊之上ノ字ヲ取テ大工ト云リ、又大神・工神ノ御子ニ番神・匠神トテ二神まします、其頭ノ字ヲ取テ番匠ト云リ、其以後聖徳太子四天王寺ヲ作リ、建立ノ砌、始テ此式尺ヲ顕シ給フ、伝来シ畢、而父吉政予ニ語云、近年世間之番匠等我々家ノ流トテ、種々非ヶ事有之間、為後者、古来相伝之段々悉ク書を以テ可記之由、依テ侍シニ、慶長拾三年中ノ秋ニ記者也

政　信（花押影）

此一部者、五意達者ニして昼夜ニ不忘、地割と又ハ古人之作りおかる、所之好悪ヲ見合分別可仕、縦雖有残所、各可是准知歟、殊只浅々ト不可他見、仍子孫伝可秘々也

慶長十五初春吉日

吉　政（花押影）㊞

慶長一五年正月に平内吉政が添えた奥書にみえる五意とは、「堂記集」にある、式尺の墨錙（木割）、算合（木割値と墨付の計算、積算）、手仕事（実地の工作）、絵用（彫刻下絵の作成）、彫物（彫刻の実技）のことである。近世の大工とは、これらを極めたことにより成立する職であることになる。これら木割をはじめとする五意の相伝こそが、平内家の家と家職を成り立たせる根本であり、その成立を示すものが「匠明」であったといえる。したがって、「匠明」は、他見すべからざる秘書とされたのである。

慶長一三年八月に平内政信（正信）が記した奥書は、職人成立の由緒書となっている。まず大工は、祖神として、

天津児屋根尊の子孫で宮居（神社の社殿）を創出した大神・工神をあげ、職の名はその頭の一字ずつを取り成ったものであるとする。また、番匠は、大神・工神の子である番神・匠神の頭字を同様に取ってできた語とする。これは、大工棟梁と従属する番匠の関係を祖神になぞらえたものである。

また、平内家は、四天王寺流と呼ばれる大工の流派に属するが、その由緒が次に書かれている。ここには、平内家には、聖徳太子が摂津大坂の四天王寺を建立したときに、太子が示した「式尺」が伝えられているとしている。「式尺」とは、先述の木割のことである。「式尺」は、他の巻の奥書では「家ノ式録」という語に置き換えられることもある。

注目すべきは、正信が引く吉政の言である。近年は世間の番匠らが平内の「家ノ流」と称し、さまざまにあってはならないことを引き起こしている、という。あってはならない状況とは、一六世紀末、北野社松梅院が「乱世」と称した大工職任用をめぐる混乱を想起させる。そのため吉政は、子孫のために、古来から相伝している事柄を成文化するよう正信に命じたのである。

正信の奥書を読むと、木割を核とする建築技術は固定化され、新たな文化を産み出す可能性は微塵も存在しないことになり、権現造建築のような特殊な建築が拡散することはあり得なくなる。まして権現造建築の新しい形態は生まれ得ないことになる。

しかし、最後に付された吉政の奥書は、まったく異なる方向へと導く。すなわち五意を心得て、常に怠ることなく、現実の地割と古人の作品の善し悪しを見比べて思案すべきであると述べ、さらに、たとえ古人が残した物があるとしても、それぞれ判断するところにより正すべきであるとするのである。古来相伝されてきた式尺にのっとる「家ノ流」を基盤に、新しい作品を生み出す機運も認めている。平内家における家職とは、相伝する技術を保持するとともに、新しい作品を生み出すべき積極的な主張をも持つべきと規定されたのである。

権現造建築は、このような大工の家、家職が成立するさいに、基盤となる社殿の木割の一つにとりあげられた。しかも、それは規範の埒に追い込むことなく、新しい形態を創造することも目論む大工を担い手として、拡散させることを可能とさせたのである。大工所の否定により、京都の大工は、それまで京都およびその近郊に限られていた職場を遠く関東、さらには陸奥仙台まで広げていった。権現造建築は、北野社固有の建築から性格を変えていくことになった。その変質の系譜に登場したのが日光東照宮の建築であり、それを嚆矢とする徳川家霊廟建築、そして徳川将軍家が檀那として建立していった権現造建築であったのである。

小括

本章では、北野社から徳川将軍家による権現造建築へと続く、日光東照宮を「荘厳」する建築の位置づく文化的系譜を、その創出を担った職人の存在形態に注目することにより、以下の点を明らかにした。

徳川将軍家自らの出資により造営された日光東照宮にはじまる徳川家霊廟建築は、権現造建築と奥院建築から成る。その空間構成は、将軍家光の時代、以心崇伝の解釈により、神式・仏式いずれにも用いることができる構造として理論化され、確立された。その建築の源流は北野社にある。権現造建築は、本来、一三世紀までに北野社固有の社殿建築となった天台系習合神道に基づく八棟造建築であった。ただし、それは不遇の最期を遂げた菅原道真の怨霊を鎮め祀った御霊の社であった。一方、奥院建築の源流は、一六世紀に吉田神道において出現した霊社にあり、新たに人を神とする法儀が創出された。一六世紀末の豊国社はその法儀により豊臣秀吉を神に昇華して祀った社で、神格を備えるために後陽成天皇の勅を用いた。社殿および祭祀は北野社のものが模倣された。日光・久能山の両東照社は、はじめその豊国社の手法を踏襲する形で創出された。しかし、吉田神道とその実力者神竜院梵舜を埒外におき、勅筆の三十六歌仙扁額に見られるように北野社に先例を求め、また京の公家文化を受容しながら、天皇の勅に依拠しながら建築を形づくっていった。

そのような状況を生み出した社会背景として、京における職人の存立形態の持つ意味は重い。遅くとも一三世紀前半までには権現造建築の担い手となっていた北野社大工職は、祀官松梅院が御師職として護持する足利将軍家の関与のもと一五世紀前半に確立される。足利将軍家の大工棟梁であった弁慶家は、その将軍家の梃子入れにより一六世紀前半までに北野社大工職を得た。しかし、その大工職は分割され、足利将軍家の消滅を経て慶長年間にいたるまで相論を継続した。その混乱の余波は北野社の造替にも及んだ。これを収束させたのは天下人の御大工として台頭した中井正清である。その結果、弁慶家は他の京の大工棟梁と同様、中井家の配下となり、北野社の大工職であってもそれ以外の大規模化した寺社・城郭の作事にも従事するようになった。それは他の大工棟梁も同様で、その中から元和の日光東照社造営に参加する者も出た。

かかる社会状況は、結果として職人の自由な雇用を創出し、京の職人が他国に招聘されるようになった。錺師体阿弥家はその好例である。彼らの移動は、彼らが担っていた権現造建築の技術も他国に拡散させることになった。慶長一二年、陸奥仙台の大崎八幡宮の権現造建築はその所産である。

権現造建築の拡散は、日光東照宮「荘厳」の固有性を奪取してしまう。将軍家光が政権を掌握した後、日光東照宮を「宗廟」とする姿勢が明確化する寛永一六年以降、事実上の権現造建築の規制が出現し、かつ将軍家による独占が図られる。天海もまた、天台宗の本末編成を通じて、その規制をかける役割を果たした。その結果として将軍家光は、権現造建築に特異な性格を与えたのである。そのようななかで、将軍家の大工である幕府作事方の編成が進展する。寛永九年に設置された作事方においては、作事奉行を除き、将軍家による権現造建築の規制と独占を果たす意図に符合する職制として諸職人の家が固定された。ただし、諸請負人は入札による登用もあり、少なくとも寛永大造替における日光東照宮の建築、そしてそれに続く大猷院殿御霊屋、上野東照宮などの建築においては、新たな技術の導入が図られていた。

同時に、職人もまた、自らの家職を成立させる。そこでは中世末期以降の事象が成り立ちを意味づける根拠として重視されるようになる。紀伊根来大工の出身で作事方大棟梁となる平内家の初代正信が慶長一五年に編んだ木割の技術書「匠明」は、相伝してきた家の技術の混乱を憂い成文化したものである。「匠明」は、家伝の技術を守る姿勢を強調しつつも、新しい作品を生み出す機運もまた認めており、ここに当該期大工の家職観が読み取れる。このような家職観が日光東照宮と以後の権現造建築を生み出したのである。

日光東照宮の建築は、文化的系譜からとらえるならば、京の公家文化が育んだ権現造建築を吉田神道の法儀を媒介させることにより継承し、大工職人の自由雇用を背景とする新たな絢爛豪華な建築として生み出された。しかし、その一方で、権現造建築は、将軍家光による「宗廟」樹立の志向のなかで、作事方の編成とともに、将軍家により独占され、他での造営が規制されていった。第一章で明らかにしたように、寛永一三年に成った日光東照社の拝殿には、将軍着座の間という将軍の座居がはじめて設けられた。将軍家光による建築に対するこれら一連の行動には、日光東照宮の建築に固有性を付与する作為があったのである。

こうして成立した日光東照宮の建築は「東照社縁起」にも表される。その諸堂社は、「真名縁起」巻下に次のように記される。

客来云、宮殿漫々、楼閣重々、金幡蓋飜天、玉簾巻上、金色台光亘、瑠璃戸開、香薫四方、不知竺漢、日域未見、剰高麗三使参詣、驚目讃嘆、嗚呼、美哉、妙哉、倩案、茅茨不剪、舟車不飾、衣服無文矣、過分還国家費乎

野云、汝世智弁不知出世功徳、抛金銀行道、則国富民饒、万民快楽、以一取万、興隆三宝、按撫百姓也、所以上天下地、天人竜衆、聖王賢臣、誰不為建立、七宝荘厳、十方浄土影現報土化儀也、全非国家費、殊今般

造営非国役、恣不使民、預下行、育妻子、万民歓喜、職人上爾也、一往雖似君子費、如楚人弓、但天下弓乎

また、「仮名縁起」第五の「跋」(第二五段)にも次の記述がある。

于時寛永十二年、廿一年にあたつて家光公法令にまかせ、新に御宮并堂社仏閣、金銀をちりはめ、仏像経巻七宝荘厳の儀則、人皆花蔵世界日東に現するかとうたかふ

「真名縁起」「仮名縁起」ともに、金・銀・瑠璃・玻璃・硨磲・珊瑚・瑪瑙など七宝を用いて飾り立てられた新造の東照社社殿が描かれ、その形容を総括して「荘厳」と称している。「真名縁起」にみえる問答では、この「荘厳」が国家の浪費ではないか、と詰問する客に対し、天海は次のように答える。「荘厳」、すなわち金銀を用いることは国が富み、民が豊である証であり、これによって仏法を興隆し、百姓を撫育することに他ならず、したがって国家の浪費にはあたらない、また作事も国役によるものではなく、民を使役したのではない、と。「仮名縁起」は、東照社を称して、日本に蓮華蔵世界が出現したようだと比喩する。蓮華蔵世界は、蓮華から出生した浄土であり、華厳経に説かれる盧舎那仏の世界で、その化身の釈迦仏もすまう浄土である。「荘厳」された権現造建築は、社会と東照大権現をつなぐ浄土として説かれているのである。ここに東照宮を「荘厳」する家光の作為が見出せ、次章における課題である社会統合への射程をも浮かび上がらせる。

かかる日光東照宮の建築は、まさに出費を厭わず、当代の職人を動員することによって「荘厳」された。将軍家光が幕藩制国家を確立していくなかで、建築、引いては文化のうえにも編成の手を伸ばし、日光東照宮の祭礼の固有性を保持させていった、その営為こそが将軍家光による「荘厳」であった。近世日光山に定立した日光東照宮の建築は、きわめて高度な政治性をもつ「荘厳」の所産であったのである。しかも、これは、単に奇抜な新興の文化ではなく、京の公家文化を規範とし、新たな手法を加えて構築したものであった。近世日光山における東照宮の建築は、武家と公家の単純な二項対立的構図には乗らない文化的特質を有していたのである。

註

（1）拙稿「徳川家霊廟建築の史的分析――入札と投機の時代史――」（『関東近世史研究』五三、二〇〇三年）。

（2）田辺泰『芝・上野徳川家霊廟建築論』（東京府史蹟保存調査報告書一一、東京府、一九三四年）、同『徳川家霊廟』（彰国社、一九四二年）。

（3）田辺泰「江戸城内東照宮建築考」（『建築知識』一―八、一九三五年）。

（4）日光東照宮および久能山東照宮では、奥院を奥宮、また神仏分離以降には奥社と呼称するが、本章では、近世史料に多用される奥院に表記を統一した。

（5）阪谷良之進「芝徳川家霊廟　附権現造について」（『建築雑誌』五五八、一九三二年）。

（6）前掲註(2)田辺著書。

（7）大河直躬『東照宮』（鹿島研究所出版会、一九七〇年）、同「権現造りと建築彫刻」（『仏教芸術』一七〇、一九八七年）ほか。

（8）平泉澄「誤られたる日光廟」（『我が歴史観』至文堂、一九二六年。初出は一九二一年）。

（9）黒板勝美・国史大系編修会編『新訂増補国史大系』四〇　徳川実紀三（吉川弘文館、一九六四年）。

（10）前掲註(2)田辺著書ほか。

（11）内藤昌『江戸の都市と建築』（江戸図屏風別巻、毎日新聞社、一九七二年）。

（12）副島種経編『新訂本光国師日記』七（続群書類従完成会、一九七一年）。

（13）国立歴史民俗博物館所蔵。さしあたり樋口州男「寺社」（水藤真・加藤貴編『江戸図屏風を読む』東京堂出版、二〇〇〇年）参照。

（14）「凉源院殿御記」（独立行政法人国立公文書館所蔵）寛永九年二月六日～一二日条。これは権大納言日野資勝の日記である。以下同様。

（15）前掲註(7)大河著書のほか、福山敏男「北野天満宮の石の間」（『日本建築史研究』続編、墨水書房、一九七一年。初出は一九四〇年）、足立康「権現造と石間造」（『建築史』三―三、一九四一年）などに指摘がある。

（16）慶長三年松梅院禅昌「引付」（竹内秀雄編『北野社家日記』五、続群書類従完成会、一九七三年）一二月五日条。以下、

松梅院の引付で公刊されている分は、とくに断らない限り竹内秀雄・山田雄司編『北野社家日記』一～七（続群書類従完成会、一九七三～二〇〇一年）から引用する。ただし筑波大学附属図書館所蔵北野神社文書に含まれるものについては原本校合のうえ引用した。

(17) 鎌田純一編『舜旧記』三（続群書類従完成会、一九七六年）。以下、「舜旧記」は同編著書一～五（一九七六～八三年）による。

(18) 黒田竜二「北野天満宮本殿と舎利信仰」（『中世寺社信仰の場』思文閣出版、一九九九年。初出は一九八四年）。同論文は藤井譲治氏から御教示を得た。

(19) 岩鼻通明「絵図にみる北野社の景観変遷——北野社参詣曼陀羅の作成年代をめぐって——」（『村山民俗』一二、一九九八年）。

(20) 「北野本地本詞書」（真保亨『北野聖廟絵の研究』中央公論美術出版、一九九四年）。

(21) 前掲註(7)大河著書。

(22) 田仲亮司「コンピューターグラフィックによる東照宮奥社宝塔の復元について」（『大日光』六九、一九九九年。初出は一九九八年）。

(23) 岡田荘司「近世神道の序幕——吉田家の葬礼を通路として——」（『神道宗教』一〇九、一九八二年）。

(24) 高藤晴俊「東照宮創建と神竜院梵舜の役割」（『地方史研究』二五〇、一九九四年）。同『日光東照宮の謎』（講談社、一九九六年）。

(25) 京都府東山区　豊国神社所蔵。写真は豊国会・豊国神社編・発行『豊太閤没後四〇〇年記念　秀吉と京都——豊国神社社宝展——』（一九九八年）。

(26) 同右豊国会・豊国神社編著書。

(27) 伊藤要太郎編『匠明』（鹿島研究所出版会、一九七一年）。以下、「匠明」の引用は本書による。

(28) 今奥政隆「愚子見記」（内藤昌編『注釈愚子見記』井上書院、一九八八年）四　諸寺社。

(29) 「舜旧記」慶長二〇年四月二二日条。

(30) 林恕編『本朝通鑑』一五 続編一一（国書刊行会、一九一九年）。

(31) 弥永貞三・鈴木茂男編『義演准后日記』一（続群書類従完成会、一九七六年）。
(32) 竹内秀雄『天満宮』（吉川弘文館、一九六八年）。
(33) 同右。
(34) 松梅院旧蔵の連歌懐紙は筑波大学附属図書館所蔵北野神社文書中に弘治三年（一五五七）を最古とする一四二点が含まれている。筑波大学附属図書館編・発行『筑波大学附属図書館蔵北野社関係連歌懐紙目録』（一九八八年）参照。
(35) 前掲註(7)大河著書。
(36) 内藤昌・渡辺勝彦・麓和善「元和創建日光東照宮の復原的考察」（『建築史学』五、一九八五年）。
(37) 豊国社は、慶長二〇年七月社殿を解体され、梵舜が住した別当神宮寺も廃された。ただし、社殿の一部は一七世紀中葉まで残存していたようである。
(38) 鈴木敬三編『久能山東照宮伝世の文化財』（久能山東照宮博物館、一九八一年）。和歌山県立博物館編・発行『紀州東照宮の歴史』（一九九〇年）。
(39) 田辺泰「水戸東照宮の建築」（『早稲田建築学報』一二、一九三五年）。
(40) 前掲註(25)豊国会・豊国神社編著書。
(41) 京都府京都市 醍醐寺文書（東京大学史料編纂所所蔵影写本）。
(42) 北野天満宮史料刊行会編『北野天満宮史料』古文書（北野天満宮、一九七八年）。
(43) 式部敏夫・川田貞夫・本田慧子編『泰重卿記』一（続群書類従完成会、一九九三年）。
(44) 武田恒夫『狩野派絵画史』（吉川弘文館、一九九五年）。
(45) 堀一郎「民間信仰における『人神』の観念と宗教的遊行者の原初的性格と機能」（『民間信仰の形態と機能』堀一郎著作集七、未来社、二〇〇二年。初出は一九五三年）。以下、人神・御霊は堀の研究による。堀の類型によれば、人神は、託宣神ないし呪言神で、しばしば人の姿をとって示現する垂迹神であり、かつ常に多数の眷属神を従える共通性があるといわれ、一般に平和な村々の和魂となった氏神の対立概念である。
(46) 前掲註(7)大河著書。
(47) 田沼睦編『北野神社文書』（筑波大学所蔵文書（上）、続群書類従完成会、一九九七年）。筑波大学附属図書館所蔵北野

神社文書の原本と校合のうえ引用した。以下同様。

(48) 脇田晴子「中世商工業座の構造と展開——大和の場合——」(『日本中世商業発達史の研究』御茶の水書房、一九六九年)。

(49) 大河直躬『番匠』(ものと人間の文化史、法政大学出版局、一九七一年)。

(50) 慶長一二年松梅院禅昌「社法引付」。

(51) 同右。森田和泉守重次・藤右衛門尉秀次については木村展子「豊臣秀頼の作事体制について」(『日本建築学会計画系論文集』五一一、一九九八年)。

(52) 吉田純一「御扶持人棟梁三人の成立過程」(『京大工頭中井家配下の棟梁層の形成過程と組織化に関する研究』私家版、一九八五年。初出は一九八四年)。

(53) 桜井英治「中世職人の経営形態とその解体」(『中世日本の経済構造』岩波書店、一九九六年。初出は一九八八年)。

(54) 横田冬彦「近世都市と職人集団」(高橋康夫・吉田伸之編『日本都市史入門』Ⅲ人、東京大学出版会、一九九〇年)。

(55) 谷直樹『中井家大工支配の研究』(思文閣出版、一九九二年)。

(56) 前掲註(16)竹内他編著書、および筑波大学附属図書館所蔵北野神社文書に含まれる未刊の引付による。

(57) 浜島一成「神社内部における造営組織　北野天満宮」(『中世日本建築工匠史』相模書房、二〇〇六年。初出は一九八九年)。

(58) 山城真経寺所蔵法華経紙背文書(竹内理三編『鎌倉遺文』古文書編七、東京堂書店、一九七四年)。全文を以下に掲出する。

以昨日被仰下候趣、仰含社家候之処、執行慶盛申状如此、凡当社(北野社)事、其寄異他候、仮殿間事、社家大工秘計之所及、果遂御遷宮候了

縦日来修造之時、雖不被用社之大工、楚忽之造営、不闕御事者、可有抽賞仁候歟、信濃拝殿并長門之廻廊、定皆用社之大工了、今度相当造替之時、棄置候条、尤不公平候乎之由、社家之訴訟、無等閑候、雖然為長(菅原)卿一切不叙用候、枉可被仰下候歟、御造営一向可為当年御祈候、然者、社家之愁歎、争不被宥候乎之由相存候、次にハ拝殿間敷事、御占不被決之候歟、御託宣之文、昨日進入候、於廻廊者、雖可任旧、限拝殿可被守御託宣候歟之由、深相存候、両

様承御定、可仰合候、当社事子細不浅事故、神事久成了、仍忌憚所存之趣、重々申入之趣、具可令奏達給、尊性敬言上

三月八日　　　　　尊性上

(59)「実躬卿記」嘉元四年雑記裏書（竹内理三編『鎌倉遺文』古文書編二五、東京堂書店、一九八三年）。

(60)北野社大工職補任にかかわる室町幕府奉行人奉書は、将軍御内書、奉行人奉書、制札の土代・案文を集めた「室町家御内書案」（小野沢助之進元禄九年写、史籍集覧研究会編『改訂史籍集覧』二七、すみや書房、一九六九年）に含まれる、永享一〇年八月六日の室町幕府奉行人連署奉書写が初見である。

北野宮寺大工職事、毎年無相違、拾五石為給分、左衛門成弘可令領掌之旨、依御下知執達如件

永享十
八月六日　　　　永（飯尾為種）祥判
　　　　　　　　真（同為行）妙判

左衛門尉成弘方

ただし、当文書は、本文末尾に「私曰、右ノ文言左衛門尉トアリ、尉ノ字如何、又宛所ニ方ノ字如何、不審之間写置也」と注記され、様式上検討の余地がある。

(61)前掲註(53)桜井論文。

(62)応永一四年五月足利義持御判御教書案（「北野天満宮寄進状」所収、筑波大学附属図書館所蔵北野神社文書）。次に全文を掲げる。

御判

北野宮寺師職、所仰付禅能法橋也、早全本新寄附神領、守代々佳例、可抽祈禱精誠之状如件

応永十二年五月十二日

(63)小泉恵子「松梅院禅能の失脚と北野社御師職」（『遙かなる中世』八、一九八七年）。

(64)前掲註(53)桜井論文、桜井英治『破産者たちの中世』（山川出版社、二〇〇五年）、佐々木創「中世北野社松梅院史の『空白』――松梅院伝来史料群の批判的研究に向けて――」（『武蔵大学人文学会雑誌』三九―二、二〇〇七年）。

(65)日本随筆大成編輯部編『日本随筆大成』第一期一〇（吉川弘文館、一九七五年）。以下同様。

(66)北野天満宮史料刊行会編『北野天満宮史料』目代記録（北野天満宮、一九八四年）。
(67)同右。
(68)玉村竹二・勝野隆信編『蔭凉軒日録』三（増補続史料大成二三、臨川書店、一九七八年）。
(69)坪井九馬三・日下寛編『大館常興日記』一（増補続史料大成一五、臨川書店、一九七八年）。
(70)筑波大学附属図書館所蔵北野神社文書。
(71)前掲註(53)桜井論文。
(72)北野天満宮史料刊行会編『北野天満宮史料』古文書編（北野天満宮、一九七八年）。
(73)「玄以法印下知状」（元禄一三年写、『続群書類従』二三下、続群書類従完成会、一九四〇年）。
(74)前掲註(54)横田論文。
(75)前掲註(55)谷著書。
(76)筑波大学附属図書館所蔵北野神社文書。
(77)明応二年一〇月写「社頭諸神事次第」（永琳院所蔵本から松梅院禅予写、前掲註16山田編『北野社家日記』七）。
(78)京都国立博物館編・発行『北野天満宮神宝展』（二〇〇一年）に写真がすべて掲載されている。なお、同編・発行『京都社寺調査報告』一九 北野天満宮（一九九八年）で末社の御大工をすべて「籐衛門」と翻刻するのは誤りである。
(79)内藤昌『近世大工の美学――環境倫理としての日本古典建築学――』（中央公論社、一九九七年。初出は一九六九年）。
(80)北野社目代「万事之日日記」（北野天満宮史料刊行会編『北野天満宮史料』目代日記、北野天満宮、一九七五年）慶長一二年一一月一二日条。
(81)北野天満宮史料刊行会編『北野天満宮史料』遷宮記録一（北野天満宮、二〇〇〇年）。
(82)「遠碧軒記」。
(83)田辺泰「江戸幕府作事方職制に就て」（『建築雑誌』臨時増刊大会論文集、一九三五年）、前掲註(79)内藤著書、高木昭作「幕藩初期の身分と国役」（『日本近世国家史の研究』岩波書店、一九九〇年。初出は一九七六年）、西和夫『江戸時代の大工たち』（学芸出版社、一九八〇年）、横田冬彦「幕藩制的職人編成の成立――幕府大工頭中井家の工匠編成をめぐって――」（『日本史研究』二二七、一九八一年）、同「中井正清――棟梁たちをひきいた大工頭――」『講座・日本

の技術の社会史』別巻一 人物篇 近世、日本評論社、一九八六年）、川上貢編『近世建築の生産組織と技術』（中央公論美術出版、一九八四年）、川上貢『近世上方大工の組・仲間』（思文閣出版、一九九七年）、前掲註(55)谷著書、平井聖「近世初頭における大工の再編」（井上光貞・永原慶二・児玉幸多・大久保利謙編『日本歴史大系』三 近世、山川出版社、一九八八年）など。

(84) 前掲註(55)谷著書。

(85) 前掲註(72)北野天満宮史料刊行会編著書。

(86) 前掲註(80)北野天満宮史料刊行会編著書。

(87) 慶長一二年一二月片桐貞隆書状（前掲註47田沼編著書）。次に全文を掲げる。

　　猶々此書状勝太(荒木光高)かたへ被遣可給候、以上

　御状拝見申候

一　御本社棟札下書御越候、則市正(片桐且元)ニミせ申候へハ、如此ニ可掛之旨候、うら書之儀、勝太も大工和泉(森田重次)計可在之候、
　但職人とも前々ゟ之御大工ハ可被書載候

一　末社塔其之棟札可在之通被申候、併御本社之計竹門様(曼殊院宮良恕親王)被遊、残ハ余多可在之候間、誰々ニ成共かゝセ申候様ニ、
　可然候ハん哉、御分別次第候

一　高台院様(豊臣秀吉室)、板倉殿(勝重)、我等名書なとハ、一切御無用候由と候

一　大蔵卿殿(淀殿乳母)へ之御文為参候御返事ハ、従是可進候、市正御報被申候

一　拙者此他御用候間、罷上事難成候、其元之儀、皆々かたへ懸申越候、無御由(油)断御用意肝要候、恐惶謹言

　　　　　　　　　　片(片桐)主膳

　十二月三日　　　　　貞隆（花押）

　松梅院(禅昌)法印

　　御返報

(88) 前掲註(78)京都国立博物館編『北野天満宮神宝展』。

(89) 前掲註(55)谷著書。

(90) 一五世紀にも、延徳四年松梅院禅予の引付五月一三日条に「大工小次郎今朝召寄之処、五打以後来候間追返畢、向後於当坊作事者不可召寄由大工可申付者也」とあり、遅参を理由に罷免した事例がある。

(91) 前掲註(53)桜井論文。

(92) 「室町家御内書案」上（前掲註60史籍集覧研究会編著書）。

(93) 京都市右京区・清涼寺文書（水野恭一郎・中井真孝編『京都浄土宗寺院文書』同朋舎出版、一九八〇年）。

(94) 松梅院禅光「記録之内少々抜書」（筑波大学附属図書館所蔵北野神社文書）。

(95) 京都市上京区　大報恩寺文書。以下に全文を掲げる。

経王堂事、壊取族在之旨、有其聞、為事実者、以外次第也、所詮尋捜之、致註進者、可為神妙、若於許容者、可被処同罪由候也、仍執達如件

天文六
十月三日　　（茨木）長隆（花押）

北野地下中
西京地下中

(96) 前掲註(47)田沼編著書。

(97) 体阿弥の京における活動に関する先行研究としては、脇田晴子「産業の発展」（京都市編・発行『京都の歴史』三近世の胎動、一九六八年）、桜井英治「打物師」（高橋康夫・吉田伸之編『日本都市史入門』Ⅲ人、東京大学出版会、一九九〇年）、久保智康『錺金具』（日本の美術四三七、至文堂、二〇〇二年）、内藤直子「光悦村の金工――埋忠明寿と本阿弥光悦の関係を注進に――」（『フィロカリア』一九、二〇〇二年）、同「光悦村の金工――『光悦町古図』中に見る『埋忠』と『体阿弥』――（上）・（下）」（『刀剣美術』五六二・五六三、二〇〇三年）がある。史料は表3-2参照。その出典で本文および註に掲げたもの以外に用いた刊本史料は、「証如証上人日記」（清文堂編・発行『石山本願寺日記』上巻、一九六六年）、「信長公記」（桑田忠親編『信長公記』戦国史料叢書二、人物往来社、一九六五年）、文禄二年「書箱代銀届書」「書箱緒付代銀届書」（京都市歴史資料館編・発行『大中院文書・永運院文書』叢書京都の史料九、二〇〇六年）、元和五年「慶長度内裏女御御殿御対面御殿建地割」（平井聖編『中井家文書の研究』一　内匠寮本図面篇一、中央公論美術出版、一九七六年）、「東林寺奉加帳」（前掲註55谷著書）、「寛文九年遷宮記」（前掲註81北野天満宮史料刊行会編著書）、「正系

江戸鑑」「本朝武系当鑑」（高橋博編『改訂増補 大武鑑』上、名著刊行会、一九六五年）、元禄一二年正月「覚」（近世史料研究会編『江戸町触集成』二（塙書房、一九九四年）、「京都覚書」（新撰京都叢書刊行会編『新撰京都叢書』一、臨川書店、一九八五年）である。また、「外宮東西宝殿金物注文」（国立歴史民俗博物館所蔵水木家資料）は国立歴史民俗博物館館蔵資料画像データベースの公開画像によった。

(98) 「東山御文庫記録」甲七十一（京都御所東山御文庫記録、東京大学史料編纂所所蔵影写本）。

(99) 寛永九年六月二四日台徳院殿御霊屋本殿床下石刻銘（前掲註2田辺『芝・上野徳川家霊廟建築編』）。

(100) 「日光山東照宮御造営帳」。

(101) 伊藤要太郎『匠明五巻考』（鹿島研究所出版会、一九七一年）。同書には写真および翻刻がある。

(102) 同右。

(103) 大崎八幡宮編・発行『国宝大崎八幡宮』（二〇〇四年）、坂田泉「近世初頭における社寺建築の一側面」（渡辺信夫編『宮城の研究』五 近世篇Ⅲ、清文堂出版、一九八三年）、仙台市博物館編・発行『仙台城――しろ・まち・ひと――』（二〇〇一年）、同編・発行『平成の大修理 国法大崎八幡宮展』（二〇〇二年）、仙台市史編さん委員会編『仙台市史』資料編二 近世一 藩政（仙台市、一九九六年）・通史編三 近世一（仙台市、二〇〇一年）、浜田直嗣「抱え絵師と藩主の絵画」（『伊達の文化誌』続東北の原像、創童舎、二〇〇三年。初出は一九九六年）。

(104) 同右浜田論文。

(105) 前掲註(97)久保著書、京都国立博物館編・発行『金色のかざり――金属工芸にみる日本美――』（二〇〇三年）。

(106) 前掲註(103)仙台市史編さん委員会編『仙台市史』資料編二 近世一 藩政。

(107) 大河直躬「元和創建の東照宮本社について（上）・（下）」（『大日光』二九・三〇、一九六七・六八年）、前掲註(36)内藤他論文など。

(108) 表の作成にあたり、高藤晴俊『家康公と全国の東照宮』（東京美術、一九九二年）、中野光浩「諸大名による東照宮勧請の歴史的考察」（『歴史学研究』七六〇、二〇〇二年）のほか、石川県教育委員会文化財課金沢城研究調査室編・発行『金沢東照宮（尾崎神社）の研究』（金沢城史料叢書三、二〇〇六年）、緒方久信「東照宮勧請の由来――天宥別当の御功績にふれ――」（『全国東照宮連合会々報』三八、二〇〇四年）、倉地克直『近世の民衆と支配思想』（柏書房、一九九六

年）、鈴木隆一「鳳来山東照宮の縁起について」（『全国東照宮連合会々報』二九、一九九五年）、曾根原理「金沢東照宮と寛永寺常照院」（『日本学研究』七、二〇〇四年）、玉井宮東照宮誌編纂委員会編『玉井宮東照宮誌』（玉井宮東照宮、一九八三年）、内藤典子「対馬東照宮の創建と変遷——万松院蔵『東照大権現御影』の意義——」（『全国東照宮連合会々報』三六、二〇〇二年）、三木一弘「飛騨東照宮の歴史」（『全国東照宮連合会々報』三三、一九九九年）、拙稿「上野東叡山における弘前藩津軽家御廟所祭祀の確立過程」（浪川健治編『近世武士の生活と意識「添田儀左衛門日記」——天和期の江戸と弘前——』岩田書院、二〇〇四年）を参照した。

(109) 藤井駿・水野恭一郎・谷口澄夫編『池田光政日記』（山陽図書出版、一九六七年）。

(110) 麓和善「金沢東照宮の建築」、正見泰「金沢東照宮と全国の東照宮」（いずれも前掲註108石川県教育委員会文化財課金沢城研究調査室編著書）。

(111) 「池田光政日記」（前掲註109藤井他編著書）寛永二一年二月一七日～一九日条。

(112) 家光が将軍在位中、諸大名の請願を受けて東照宮勧請を許可し、また、東叡山がその祭儀に大きく関与したことは、すでに前掲註(108)中野論文に指摘がある。

(113) 表3-6の出典史料は、茨城県史編さん中世史部会編『茨城県史料』中世Ⅰ（茨城県、一九七〇年）、寛永寺編・発行『慈眼大師全集』上（一九一六年）、佐賀県立図書館編・発行『佐賀県史料集成』古文書編一六（一九七五年）、信濃史料刊行会編・発行『信濃史料』二五・二六・二八（一九六九～七〇年）、杉山博・萩原龍夫編『新編武州古文書』上・下（角川書店、一九七五～七八年）、栃木県立博物館編・発行『天海僧正と東照権現』（一九九四年）、鳥取県編・発行『鳥取県史』八 近世資料（一九七七年）、鳥取市歴史博物館編・発行『江戸開府四〇〇年東照宮展前期 東照宮の誕生——神になる徳川家康——』（二〇〇三年）、宮島潤子『信濃の聖と木食行者』（角川書店、一九八三年）、同『謎の石仏——作仏聖の足跡——』（角川書店、一九九三年）、山本修之助編『佐渡叢書』二（佐渡叢書刊行会、一九五八年）などによる。

(114) 日野西眞定編『新校 高野春秋編年輯録』増訂第二版（岩田書院、一九九八年）。以下同様。

(115) 日野西眞定「高野山の東照宮の建立——特に聖派について——」（『密教学研究』二一、一九八九年）。

(116) 同右。

(117) 「高野春秋編年輯録」慶安二年一〇月七日条。

(118) 田辺泰「江戸幕府大工頭木原氏に就て」(『建築雑誌』五九七、一九三五年)。前掲註(83)田辺論文。前掲註(79)内藤著書。
(119) 前掲註(83)田辺論文。
(120) 渡辺英夫『東廻海運史の研究』(山川出版社、二〇〇二年)。
(121) 前掲註(99)史料。
(122) 藤井讓治『江戸時代の官僚制』(青木書店、一九九九年)。
(123) 前掲註(83)田辺論文。
(124) 拙稿「元和~寛永期日光における新町の形成」(『歴史と文化』五、一九九六年)、前掲註(1)拙稿。
(125) 「秘覚集」他(東京帝国大学編・発行『大日本史料』一二—二五、一九二五年)。
(126) 市村高男「戦国末期の大城郭多気山城」(『中世城郭研究』六、一九九二年)、荒川善夫『戦国期東国の権力構造』(岩田書院、二〇〇二年)。
(127) 峰岸純夫・入間田宣夫編『城と石垣——その保存と活用——』(高志書院、二〇〇三年)。
(128) 宝暦三年九月 教城院天全「旧記」(日光山史編纂室編『日光山輪王寺史』日光山輪王寺門跡教化部、一九六六年)寛永一八年条、「大猷院殿御実紀」巻四八(前掲註9)寛永一八年一〇月二五日条。
(129) 「日光山東照宮御造営帳」。伊豆石については北原糸子『江戸城外堀物語』(筑摩書房、一九九九年)。
(130) 前掲註(1)拙稿。
(131) 前掲註(55)谷著書。
(132) 紀州藩大工頭については、奈良国立文化財研究所編『和歌山県の近世社寺建築』(近世社寺建築緊急調査報告書、和歌山県教育庁文化財課、一九九一年)、とくに「紀州藩御大工頭と棟札にみる大工」の項、および中村栄郎家文書翻刻。
(133) 前掲註(101)伊藤著書。

第四章　日光惣町における御役の編成

はじめに

近世日光山の山下に編成された「門前町」(1)は日光惣町と総称される。これは、東町（下町）・西町（入町）・稲荷川町（皆成川町、稲荷町）の三つの町組に分けられていた。東町は、山内の東南部、神橋（御橋）以東の大谷川右岸を通る日光道中沿いに成立した両側町により構成される。西町は、山内の西南部に、大谷川左岸を東西に走る中禅寺道とこれに平行な通りに沿って形成された両側町とその横町から成り、碁盤の目状の街区を有する。稲荷川町は、大谷川の支流稲荷川の左岸、外山山麓に立てられた町であるが、寛文二年（一六六二）六月一四日の洪水で壊滅的な打撃を受け、その後、東町北裏の通りに引かれ、稲荷町（出町）と呼ばれた。一八世紀初頭には、この三町の中に一八の町が存在した（図4-1）。

本章では、日光惣町が御役と呼ばれる日光東照宮祭礼の役務を分掌することを、各町の形成過程、および他国から来住した職人・商人の定着過程をふまえ、究明する。祭礼役が存立する構造を明らかにすることにより、天皇の勅を原理とする東照宮「荘厳」が、国家神として民衆心性にはたらきかける社会統合の方向性、そして、従来「門前町」という類型に押しとどめられてきた日光惣町の町としての固有の特質を究明できると考える。

史料には、寛永大造替の収支報告書で、職人・商人の経営形態を知ることができる「日光山東照宮御造営帳」

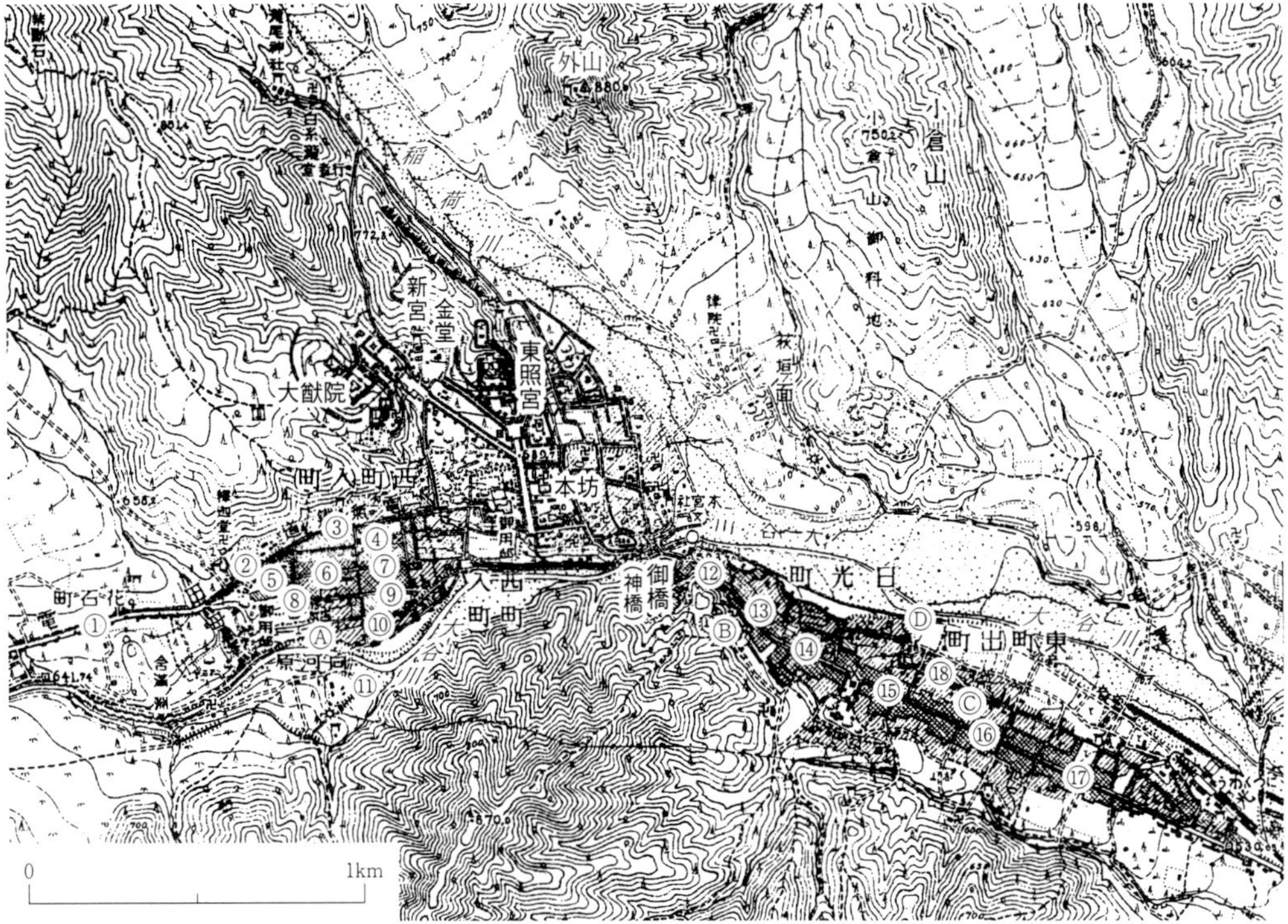

図4－1　18世紀日光惣町の景観

〔凡例〕**西町**①蓮花石町　②原町　③四軒町(楽人町)　④袋町(小袋町)　⑤本町(上本町)　⑥本町(中本町)　⑦本町(下本町)
⑧大工町(上大工町)　⑨大工町(下大工町)　⑩板挽町　⑪板挽町(向河原町)
東町⑫鉢石町(上鉢石町)　⑬鉢石町(中鉢石町)　⑭鉢石町(下鉢石町)　⑮御幸町(新町)　⑯石屋町　⑰松原町
稲荷川町⑱稲荷町　**町方寺院**Ⓐ浄光寺　Ⓑ観音寺　Ⓒ竜蔵寺　Ⓓ多聞寺

註：大正元年(1912)作成25,000分の1地形図「日光北部」「日光南部」により作成。

（以下、「造営帳」と略記する）、および彼らの来住による景観の変化を映す絵図を主に用い、日光惣町形成・編成の具体相を明らかにしていく。

第一節　職人・商人の日光山来住

1　日光新町の出現

近世日光山下の町形成は元和二年（一六一六）、日光東照社の造営以降に開始される。特徴的な町は、当該期に出現する日光新町である。

日光には、東照社造営以前にも町場が存在していた。これを日光古町と呼ぶことにする。元和三年（一六一七）における日光古町には、後年に編纂された年代記である「日光山譜記覚」(2)をはじめとする旧記史料に、「鉢石・西町」、すなわち鉢石町と西町があげられている。この両町は、東照宮（東照社）の遷宮後、その維持を担うものとして位置づけられた。また、もとは衆徒付、すなわち衆徒の得分とされていたが、東照宮造営にともない解き放たれ、地子免許とされた。その町人は、東照宮庭上の掃除と仁王門前番所への輪番勤務の御役を定められた。

地子免許は、二代将軍秀忠が発給した元和六年（一六二〇）三月の領知判物・目録(3)に「東照大権現就于勧請当山衆僧・社家・門前屋地子等免之」と明記されている。地子免許は、江戸時代においてしばしば形成期の城下町で採られた、商工業の推進を意図して他国から職人・商人の来住を促進するための政策である(4)。日光山においても、鉢石町・西町の門前屋敷や、山内の衆徒・一坊の坊舎、社家屋敷の地子が免許（免除）されたことにより、他国からの職人・商人の来住がうながされた。一方、三代将軍家光が発した寛永一一年（一六三四）五月「日光山法式」(5)には、衆徒・一坊に対し「坊舎并領知質券売買」を禁じる一条がある。山内の坊舎とその境内の一部がさかんに質に入れられ、また売買されていたことをうかがわせる。これら他国から来住した職人・商人がその請取者であったと想定できる。

日光新町は、これらの結果として出現した。その名称は、寛永一九年（一六四二）閏九月の年紀をもつ「造営帳」が初見である。「造営帳」は、作事の総奉行を務めた秋元泰朝から「荘厳」の役務の代償として金銀・米を受け取った職人・商人が、それぞれの請負内容一件ごとに署名し、印ないし花押を据えた収支報告書である。その職人・商人の肩書きには在所や屋号が示されている。そのなかに、日光および日光新町の地名がある。

新町という名称は、後世の文書・記録にも散見される。「日光山志」の記事はその一つである。「日光山志」[6]は、日光火の番として日光山に勤務した八王子千人同心植田孟縉により編纂され、文政七年（一八二四）一一月に昌平坂学問所へ献納、天保八年（一八三七）正月に板行された地誌で、全五巻から成る。その巻一に載る、神橋以東の大谷川右岸に立地する御幸町《ごこうまち》・石屋町・松原町三か町に関する記事を次にあげる。

伝へ聞く、此三町今悉く町並の軒をつらねしは、寛永巳来の事なりといへり、其以前は御幸町をば新町と称して、御山内中山の地に在りしといひ、石屋町・松原町は御山内こゝかしこ、又は御山外所々山際などに在りし家々なりしが、寛永十七年故ありて、新町をば鉢石町の下へ移さる、其時浄土院・観音院・実教院・光樹院の四箇院、其町跡を寺地に賜りて引移れり、外に山内外所々に散在せし俗家をば、稲荷町并に松原へ移さる、其頃は都て三町を新町と唱へしといへり

御幸町以下の三か町の家並みが現在地に連ねたのは、寛永一七年（一六四〇）のこととする。すなわち同年から翌一八年にかけて施行された町割によるものである。以下、この町割を、年号を採って寛永町割と呼ぶことにする。寛永町割後に衆徒浄土院・観音院・実教院・光樹院の寺地とされる地所にあった御幸町は、鉢石町の「下」（東側）に移された。また、日光山内外の所々に散在していた町屋も、稲荷町（稲荷川町）および鉢石町下の松原に移された。松原に町立されたのが石屋・松原両町である。町割については、衆徒教城院天全が宝暦三年（一七五

三）九月に記した年代記である「旧記」(7)にも同様の記事があり、引用史料の後半部はそれを基にした叙述とみられる。

この記事にしたがえば、日光における新町には二つの概念がある。その第一は、御幸町の旧称であり、「日光山謂記覚」には「中山新町」とも記される。実際、御幸町と同義の新町という町名呼称は、一八世紀前半まで用いられていたことが確認できる(8)。

その第二には、御幸町だけでなく、寛永町割で成立した石屋町・松原町をも含めた三町の総称である。いわば広義の新町であり、「造営帳」にみえる日光新町はこれに相当する。「日光山志」の記事によるならば、日光新町は、寛永町割以前に、中山に存在した新町＝御幸町とともに、後の石屋町・松原町などの基となった「御山内こゝかしこ、又は御山外所々山際などに在りし家々」からなる町々であった。すなわち、日光山に来住した職人・商人により新たに成立した諸町の総称であった。

「日光山志」の記事を基にするならば、元和三年以降、旧来の日光古町に加え、山内とその「山際」（周辺）に日光新町と総称される新たな諸町が形成された。以下では、これら新規に町立された諸町を総称して日光新町、御幸町に相当する新町を中山新町と呼称する。

2　日光新町職人・商人の性格

「造営帳」には、日光東照社の「荘厳」にあたった職人・商人が個々に請け負った内容が一件ごとに記録されており、彼らの経営形態をうかがうことができる。

「造営帳」には日光新町を在所として登場する職人・商人として、作兵衛（佐藤作兵衛）、与左衛門、休意（入江休意）、市右衛門、次郎左衛門（二郎左衛門）、茂右衛門、内膳、御かぢや（鍛冶屋）玄蕃、庄右衛門、久太郎、忠次郎、伊勢、平右衛門、清四郎、常賀（篠原常賀）の名前がみえる。このほか単に日光とのみ在所を記す職人・商人として、坂本甚右衛門、与五左衛門、加右衛門、御かぢや藤左衛門、桶や七兵衛、六左衛門、平右衛門、長作、久五郎、石や《（屋）》吉右衛門、そして日光かわら《（河原）》町の五郎兵衛、鉢石の弥八郎、徳兵衛、市郎兵衛がみえる。

右にあげた職人・商人のうち、日光古町たる鉢石町を在所とする弥八郎以下の三名が請け負った仕事を見てみる。寛永一二年（一六三五）正月に始まった御仮殿の造営にさいしての遷宮や上棟、同一四年八月に実施された神橋の正・外遷宮において、その祭儀に必要な品々を調進したことがわかる。これらは、決して作事の主力を支えた仕事ではない。これに対し、「造営帳」に圧倒的な頻度で登場するのは、日光新町と在所を明記された職人・商人である。そのうち作兵衛は、「寛文三卯年絵図」(9)に御幸町の町人としても確認でき、文字通り中山新町に定着した新興の職人・商人である。ところが、その在所は日光とのみ記される箇所もある。「造営帳」の文面上において日光とのみ記される職人・商人であっても、日光新町を在所としていた可能性がある。そう考えるなら、日光新町の職人・商人は、東照社大造替において仕事を請け負った日光在住の職人・商人のなかで、より圧倒的な位置を占めることになる。日光新町の職人・商人は、当該期の町のあり方を特徴づけるものとして注目しなければならない。

大造替の作事において編成された日光新町に居住する職人・商人の特徴は、「造営帳」から三点指摘することができる。

その第一は、登用方法として「御入札定」、すなわち入札により仕事を請け負った点である。前章で指摘したように、入札は、新興の技術を有する職人・商人を任用することを可能にさせるものであり、近世日光山の建築に他国の技術・商品の導入をうながした。

第二には、江戸時代に新たに出現した輸送手段や労働力の利用が可能な職人・商人であることがあげられる。

請負代金には陸送にかかる「運賃」あるいは水上輸送にかかる「舟賃」が含まれており、単に特定の商品を納入するだけでなく、江戸本所の作事小屋から日光山までの運送の差配をも請け負ったことがうかがえる。

元和四年（一六一八）四月に福岡藩黒田長政が建立した東照社石鳥居の場合、筑前国志摩郡小金丸村（現・福岡県糸島郡志摩町）の南山から切り出した巨石が、瀬戸内海、太平洋、そして隅田川などの水運を経由し、いずれかから陸揚げされ、日光まで修羅に載せられ陸送された。そのさい、武蔵国粕壁宿（現・埼玉県春日部市）では陸送されており(10)、江戸からの舟では武蔵国内までしか遡航できなかったことになる。

ところが、「造営帳」では、その舟賃は、江戸から思川流域の「網戸」、すなわち寒川郡網戸河岸（現・小山市）まで明記される。舟運路は、元和三年以降、二〇年弱の間に下野国内まで開発され、延びていた。当該期は、将軍の御膝下として江戸城下の建設が進められ、また兵粮米・年貢米を輸送する舟運路を確保するために利根川の東遷と呼ばれる土木工事が断続的に実施されていた時期にあたる(11)。これにより舟運路が確保され、活用されたのである。

また、陸送については、「日用」による「江戸ゟ日光迄万陸持」により実施されたとある。日用は、江戸や城下町の建設の場合と同様、村方百姓の駄賃稼ぎとみられる(12)。陸奥国会津塔寺（現・福島県河沼郡会津坂下町）の心清水八幡神社に伝来した記録である「会津塔寺八幡宮長帳」(13)には、陸奥・出羽二国の百姓が東照社大造替にさいし日用となったことが記されている。陽明門の場合、のべ七三、〇〇〇人が「御材木・御塗物・ほり物」の陸持に動員され、さらに「御地形共ニ」、すなわち道中の地ならしも含めて陸送にあたった。日光新町の職人・商人は、これら舟運の河岸商人や陸持に用いる日用を動員することが可能な親方的性格を持ち、流通を掌握していたことになる。

第三には、職人・商人の経営形態をみると、単一の商品の加工や移入にとどまらず、複合的、多角的な経営をしている点である。中山新町の佐藤作兵衛の場合、建築資材である檜、鹿料《ししりょう》、槻《つき》、松、栗、樅《もみ》、柳、その他の雑木、作事の足代（足場）に用いる竹・樅・作板などの材木、あるいは石垣・水道に用いる石材、銅瓦・釘・鋏などの金物、薦《こも》、綱革、膠《にかわ》、厚紙や下野国那須地方産の那須紙、同じく烏山産のほどむらなどの紙、石灰、御筆墨、蠟燭、真綿、漆、酒、柱の色付に用いる白絞油、仏事用の麻布、絹、鳥の子紙、銀紙、塩などを納品し、また、材木・塗物・彫物や万道具の江戸―日光間の陸送やその他の手伝いに雇われた日用を差配している。また、与左衛門は栗・槻・松・樅・などの材木、薦、柱の色付用の酒の納品、材木などのほか鐘楼堂の御鐘の陸送を担う日用の差配、次郎左衛門は、足代材木、小縄、大縄、筵、ござ筵、糸立て、薄縁、薦、綱革、石材の納品と日用の差配を行っている。極めて多様な商品を扱っていたのである。

この点に関し注目したいのは、職人の日手間（日当）である。職人の日手間は四升五合から七升五合の米で払われた。日光山では、元和三年以降、堂社の造営が相次ぎ、また、年中行事が整備されており、それ以前の日光山とは比較にならない人口の異動も生じていた。当然のことながら、物資の不足が想定される。とくに飯米の供給については、日光山周辺がその寒冷な気候条件によって稲の生育には不適当であったから、[14]他所からの移入が不可欠であり、また職人が日手間として与えられた給米を換金する必要もあったと考えられる。そうした穀屋商人の来住を想定しなければならない。

「日光山諸記覚」は、寛永町割で編成される石屋町について、「但シ山内ニテハ石町ト云、石屋町ハ今医王院之住所也」と註記する。石町は、石屋町の旧称で、東山の医王院の地にあった。その後身の町名をみると石工の集住地としてのみ考えがちであるが、[15]その読み方に注目すると疑義がある。石屋町は、承応二年（一六五三）一二月板行「下野国日光山之図」[16]では、「こく丁」と表記されているのである。「こくまち」ないし「こくちょう」と読む町名は、城下町や鉱山町などに頻出する町名であり、穀町とも表記される。これら石町は、城郭や武家屋敷の建設、鉱山の開発にともなって急激に飯米の需要が増加したため、他国商人を取り立ててその供給を請け負わせ、集住させた町を指すことが多い[17]。日光山の石町もまた、米穀を移入し、その売買を請け負う穀屋商人の町であったと考えられる。

このほか、後世の復原図と考えられる「日光山略図[18]」には、やはり請負商人の町とみられる町名をもつ曲物町・塗物店の名がある。これら伝承されている町も含め、請負商人の集住をうかがわせる町名をもつ町は、城下町や鉱山町などと比べると、極めて少ない。したがって、請負職人・商人に頼らなくとも、物資を供給しうる多様な職人・商人が他国から参入していたことが想定できる。その居住地が日光新町と総称できる町々であった。元和三年以降、寛永年間までの間に日光新町に来住した職人・商人は、当時開発途上にあった思川舟運をいち早く用いて他国から移入した物資を納品する商人的な性格をもち、さらには、物資を加工する職人的性格、日用の差配を行う親方的性格なども複合的に持ち合わせた、多角的な経営を行う者たちであった。そして、石町にみられる請負商人の集住する町も町立された。日光新町はこのようにして出現した。

第二節　日光山惣山組織下の職人組織と町

1　六職人と日光方棟梁

前章で究明したように、元和二年（一六一六）以降に実施された東照社をはじめとする日光山諸堂社の建立・造替の作事にさいしては、後に寛永九年（一六三二）幕府作事方大工頭となる将軍家の御大工が指揮した。とくに、元和五年（一六一九）九月に上棟された東照社神庫と新宮（現・二荒山神社）本殿・常行堂・法華堂の作事以降は、徳川家譜代で遠江国浜松（現・静岡県浜松市）出身の御大工鈴木近江守長次がその任にあたった。寛永一一年（一六三四）から開始された日光東照社の寛永大造替も、幕府作事方によって実施され、大工頭鈴木家配下の大棟梁

表4－1　日光山の御扶持六職人

職　人	家	在　所	御宮方配当高	御堂方配当高	配当高合　計
御菓子屋	入江	新町（御幸町）	10石	10石	20石
大工	鈴木	板挽町	10石	5石	15石
鍛冶	中野	大工町	10石	5石	15石
錺屋	芦谷	本町	10石	5石	15石
塗師屋	岸野	新町（御幸町）	10石	5石	15石
檜物屋	星野	板挽町	10石	5石	15石

註1：承応2年12月「東照宮大権現御領配当目録」、同年4月「日光山大猷院殿御堂御領配当目録」、元禄10年5月板行「国花万葉記」巻11（朝倉治彦編『国花万葉記』4、古板地誌叢書4、すみや書店、1971年）により作成。
2：家名は「日光山森羅録」（日光東照宮社務所編・発行『社家御番所日記』21、日光叢書、1981年）他により補った。
3：なお、檜物屋は文化元年（1804）頃に板挽町鈴木家が継承している。

甲良宗広が腕をふるった。東照社が建立されると、直ちに恒常的な維持が課題となり、そのため日光山惣山のもとに職人組織が編成された。それら職人は後、天和三年（一六八三）七月、日光山の「諸向御用達・諸棟梁共」に対する帯刀停止により明確に町人身分とされることになる。[19]

既知の日光山の職人組織としては、御菓子屋職、大工職、鍛冶職、錺屋《かざりや》職、塗師職、檜物《ひもの》職からなる御扶持六職人（六職人）をあげることができる（表4−1）。承応二年（一六五三）大猷院建立直後に老中奉書形式で出された配当目録[20]に示されるように、日光神領の収納から扶持を配当され、その役務を遂行した。

これら六職人のうち御菓子屋職および大工職・鍛冶職・錺屋職・塗師職の五家は、東照社造営以降に他国から日光に定着したという由緒を伝える。そのうち出自を明確に伝える御菓子職入江喜兵衛家の場合、その本国は奥州会津（現・福島県会津若松市）とする。入江家は、本坊に出仕し表向きの家政にあたる御本坊御家来も兼ねており（第二章第三節4参照）、六職人中別格である二〇石の扶持を与えられていた（表4−1）。寛政六年（一七九四）閏一一月「由緒書」[21]によれば、その先祖は入江兵部少輔で、文禄年間（一五九二〜九六）に近江国志賀（現・滋賀県大津市）で浪人中のところ、天海より「職原」に明るいことを認められて召し抱えられ、「諸所御経回之御供」をし、慶長一八年（一六一三）に天海の日光山入院にも供し、元和三年の東照社造営にさいして御菓子職を命じられたとある。

入江家の出自について、もっとも客観的に叙述する由緒書は、正徳元年（一七一一）一一月、ないし同三年五月の成立とみられる「東叡山真如院歴代伝」[22]である。真如院四世宗海は奥州会津若松の出身で、その先祖は入江兵部少輔某とあることから、日光山御菓子職入江家の縁戚である。これによれば、兵部少輔は越前の戦国大名朝倉氏に仕えた武士で、江州宇佐山（錦織村宇佐山城、現・滋賀県大津市）で戦死した。その子は、上州前橋（現・群馬県前橋市）に落ち、道尊と号した。道尊の子が会津を在所とする休意であり、さらにその子が宗海である。宗海は六歳のとき、すなわち寛永一三年（一六三六）に伯父某に「随」って日光山に登り、五年後、天海の奉者を勤める真如院（双厳院）豪倪のもとで剃髪したとある。ここにみえる宗海の伯父、休意の兄弟である某とは入江喜兵衛その人となる。

入江喜兵衛は、本坊に提出した由緒書である寛保二年（一七四二）七月「覚」[23]や天保九年（一八三八）八月「入江亘理ゟ願之義者本陣喜兵衛と本家分家之訳柄御糺被下候様願ニ付、本陣喜兵衛呼出利解為被聞之様拙者ゟ御留主居江仰渡されニ付留メ書」によれば、天海以降の座主の家来として奉公し、「御荘厳方御膳方・御供物方」を勤め、また、「御荘厳御膳方」の役人ができた後、「御菓子一儀」のみを命じられるようになったとある。なお、宗海の父休意も、遅くとも寛文六年（一六六六）までに新町（御幸町）に来住しており、同族もまた日光山とその周辺へ来住していた。

また、大工職鈴木家の初代弥次右衛門は、幕府作事方大工頭鈴木家の分家で、弟子をともなって来住したと伝える[24]。鈴木長次が日光山の作事を担当した年次も勘案すれば、鈴木家の来住は元和五年以降に求めることができる。

また、錺屋職芦谷家の場合、その初出は、寛永一七年（一六四〇）から翌一八年に秋元泰朝を惣奉行として造替された奥院拝殿の錺金具に刻まれた陰刻銘(25)である。

（桟唐戸八双金具の陰刻銘）
繕葺不残　日光
芦谷勘右衛門

（内部正面の方立金具の陰刻銘）
奥院惣御金物錺師　日光
芦谷勘右衛門

芦谷勘右衛門はこれらの錺金具の職人であり、奥院拝殿のすべての金物を調進する錺師であった。しかも日光の肩書きを付していることから、寛永一七年以前に日光へ来住していたことがわかる。

六職人のほとんどは、入江家や鈴木家のように、他国から同族や弟子をともない来住したと考えられる。大工職鈴木家は、その配下に弟子たる棟梁層を抱えていた。大工棟梁と木挽《こびき》棟梁である。大工棟梁は、単に大工、棟梁とのみ記されることもあり、木挽棟梁は木挽、小工とのみ記されることもある。大工職以下の職人組織は、後に日光方と呼称された。その一覧を表4-2に示した。延宝～元禄年間（一六七三～一七〇四）の大工頭鈴木修理の「日記」(26)をみると、当該期の日光山諸堂社修復において、鈴木弥次右衛門は、頭取として権九郎（神山）・左次兵衛（未詳）・庄兵衛（岡本）・弥左衛門（小杉）・六之助（平松）・孫兵衛（篠田）ら「日光棟梁并木挽共」を差配するだけでなく、日光塗師吉左衛門（岸野）・錺伊兵衛（芦谷）・鍛治加右衛門（中野）の六職人三名にも江戸作事方からの指示を伝えている。大工職は、大工棟梁・木挽棟梁だけでなく、同じ六職人に数えられる塗師職・錺職・鍛冶職をも差配する役であった。

日光方の成立時期を明示する史料は管見に触れていない。ただし六職人および大工棟梁・木挽棟梁の大部分は、元和三年以降に成立した御幸町（中山新町）、寛永町割によって屋敷地が確定される大工町・本町・原町などを在所としており、他国出身者としか考えようがない。その定着時期も、大工職鈴木家の定着時期である元和五年が上限となる。したがって、同年を画期として進められる天海による日光山惣山組織の編成にともない、設けられ

表４－２　日光方の大工棟梁・木挽棟梁

	貞享元年（1684）	元禄14年（1701）	在　所	備　考
大工棟梁（日光棟梁）	弥次右衛門	鈴木弥次右衛門重昌	板挽町	大工職
	権十郎	新井権十郎信元	蓮花石町	町年寄（市右衛門）
	弥左衛門	小杉弥左衛門勝信	（未詳）	
	六之助	平松六右衛門茂郷	板挽町	
	庄兵衛	岡本庄兵衛政久	大工町	町年寄
	平右衛門	大門平右衛門旨重	（未詳）	
	惣兵衛	奥野惣兵衛勝俊	下本町	町年寄
	五郎兵衛	丹治五郎兵衛延秀	原町	町年寄
	権九郎	神山権九郎春定	下本町	町年寄
	伝兵衛	新井伝兵衛政氏	蓮花石町か	
	孫兵衛	篠田孫兵衛久慶	（未詳）	
		鈴木喜兵衛金長	板挽町	
		荒川権兵衛定久	下大工町	
		渋江加右衛門吉幸	鹿沼宿	
	藤左衛門	梅原藤左衛門	大工町	
肝煎		高村重兵衛久長	石屋町	
木挽棟梁（大鋸）	所左衛門	柴田所左衛門	稲荷町	町年寄
		安野新右衛門	御幸町	
	喜兵衛	柴田喜三郎	稲荷町	
		横山三左衛門	（未詳）	
		神山八左衛門	（未詳）	

註１：貞享元年７月「日光山御宮方・御堂方新規破損御修復万御入用御勘定帳」（註109）、元禄14年６月「中禅寺棟札」（日光社寺文化財保存会編『重要文化財二荒山神社中宮祠本殿・拝殿屋根その他修理工事報告書』二荒山神社、1975年）他により作成。

２：棟梁嫡子は省略。

た職および組織とみて良い。

このように、六職人や日光方大工棟梁・木挽棟梁という職人組織の中核は、元和年間以降に天海の出身地会津、将軍家御大工鈴木家の出身地遠江など、他国から来住した職人と、その同族・弟子によって構成されたと考えられる。それは、この時期を画期とし、幕府御大工の主導により、他国の職人を主体とする作事編成のもとに堂社が建立されるようになったことに起因し、建立された堂社を恒常的に維持するための組織として編成されたのである。

2　六職人・棟梁の「常之御用」

六職人、および日光方の大工棟梁・木挽棟梁が修復御用の一端を担うことは先の幕府大工頭鈴木修理の「日記」にも明らかである。しかし、彼らにとって、修復御用はあくまでも臨時の職掌であり、本来恒常的に担う役務は、「常之御用」であった[27]。

「常之御用」にかかわる規定の初見は、大猷院にかかる承応二年（一六五三）四月二〇日「御堂年中行事」と「御堂配当目録」、および東照宮にかかる同年一二月一七日「御宮年中行事」「御宮配当目録」で、ともに老中奉書形式によって出されたものである[28]。日光山惣山の諸役人が勤めるべき年中行事にかかる役務とそれに対する役料が定められるなかで、六職人の役料が規定された（前掲表4-1）。ただし第二章に指摘した通り、東照宮の年中行事・配当目録については、寛永二〇年（一六四三）一〇月天海の遷化後、将軍家光が惣山の諸職を直轄、再編するなかで「東照大権現年中行事并社領配当」の書物が出されており[29]、以後、東照宮領の増減はない。したがって、この東照宮分の規定は寛永二一年時点で成立した可能性が高い。

より詳細な職掌規定が示されたのは、他の惣山組織の諸職と同じように、明暦元年（一六五五）九月「日光山下知条々」[30]においてである。その第一四条を次にあげる。

一　御菓子屋、神前・仏前御用之時者、従両別当可申付之、大工・鍛冶・錺屋・塗師・檜物師、是者御宮・御堂小細之御用之時、梶左兵衛佐・目代・両別当吟味之上可申付之、就夫、兼而御扶持方米被下之間、末々迄当山町中居住、不依何時、早速可相勤之、但大分之儀者為各別之間、右四人以相談申付之、其料可出之事

これにより、御菓子屋（入江家）は御宮（東照宮）別当大楽院・御堂（大猷院）別当竜光院の、大工（鈴木家）・鍛冶（中野家）・錺屋（芦谷家）・塗師（岸野家）・檜物師（星野家）は日光山惣山の最高意志決定を行う日光定番梶左兵衛佐定良・日光目代山口氏・大楽院・竜光院の四者の差配をうけることが定められた。また、改めて役料として扶持米の下付と、当山町中、すなわち町への定住を明文化された。

これによれば、「常之御用」とは、御菓子屋の場合「神前・仏前御用」、大工職以下では「御宮・御堂小細之御用」のことである。それらは、日光山社家が東照宮内の番所で記した「御番所日記」[31]を見ていくと、より具体的に知ることができる。大工職鈴木弥次右衛門は、東照宮本社の天井・床下を掃除し、別当大楽院の指示によって、屋根に梯子をかけて登り、樋に「見苦敷」く溜まる杉葉を取り除いたり、彩色の剝落した箇所を報告したりしている。また、神馬献上作法の場所として石鳥居の廻りに雁木・材木を敷いて筵をかける作業も担当した。加えて、臨時に「常之御用」を越えた「大分之義」、すなわち大規模な修復が実施される場合には、両別当ら四者の協議を経て命じられ、その役料を別途に与えられることとされた。大工職鈴木家は、大工棟梁・木挽棟梁を率いてこれらの役務を遂行した。

このように、日光山惣山の職人組織は、元和五年以降に編成され、とくに天海遷化後の寛永二一年を画期とする東照宮「荘厳」とのかかわりから、六職人の役務が「常之御用」として将軍の名の下に設定された。日光方の大工棟梁・木挽棟梁は、鈴木家の差配のもとで恒常的に大工職の役務、すなわち「荘厳」を分掌することになった。

3 「日光大工」の再編

一方で、日光山は元和年間以前より関東天台宗の拠点、ないし山岳信仰の霊山として、多くの堂社を有し、その維持にあたる職人組織もまた存在した。それらの職人組織は、他国から来住した職人を中心に六職人・日光方棟梁が成立する過程において、どのように解体、ないし再編されたのだろうか。

まず元和三年の東照社造営の作事において、その存在が確認できる、日光を在所とする大工を見てみる。将軍家御大工となった京の中井正清のもとで進められた作事では、権現造建築から成る本社と、東照大権現の本地仏である薬師如来を安置する本堂（本地堂）が最初に建立され、また、久能山から遷された東照大権現を本社への正遷宮まで安座するための仮殿も建てられた。

谷直樹[32]によれば、中井正清が担当した公儀普請における職人編成の特徴は、従前の大工集団の権益を必ずしも否定せず、むしろ容認して配下に編成した点にある。また、元和三年四月九日に執行された本社・本堂の上棟の出仕者の構成は、実際の作事における職人編成を反映するものであったとする。上棟の役者は、大和国法隆寺棟梁を中心に京の大工棟梁があてられ、その補佐には上京・下京・山城・近江の組頭らが充てられている。そして、その編成の末端にあたる、本堂上棟の役者の「くわへ」に、「日光 長左衛門」と「日光 ぬいの助（縫殿助）」の二名が上京の棟梁次郎左衛門と並んで現れる。

このうち縫殿助は、同じく中井正清の指揮によって建立された仮殿拝殿の遺構に「大願縫殿助（花押）」と自筆署名を残す職人と同一人物と考えられる[33]。縫殿助の名はこのほか「造営帳」にも見え、これと関連する人物であると指摘されている[34]。

谷の指摘をふまえれば、日光山の作事を担う大工が江戸時代以前から存在し、中井正清による編成をうけうる大工集団が組織化されていたことになる。この縫殿助を含む大工の存在形態に注目してみたい。

表４－３　16世紀以前　日光山作事の大工職人

年　　代	堂社	番匠・大工	その他の職人	出典
仁平３年(1153)８月25日	新　宮	物部国卿		①
承元４年(1210)８月18日	中禅寺	善蓮聖道房 (遠州法多寺修行者)	小工29人(住山者)	②
建保３年(1215)７月25日	新　宮	伴国光 同国次 藤原則恒	杣人、鍛冶 檜皮師左近次郎行光 銀細工沙弥道明	①
建保５年(1217)４月18日	中禅寺	善蓮	鍛冶五郎太郎入道	②
建保６年(1218)７月19日	中禅寺	聖道房善蓮	壁塗了性房、絵師十円房、杣大工性滝房勢盛	②
正和４年(1315)８月８日	中禅寺	春照太郎行定	檜皮大工権三郎宗竹、鍛冶大工与市	②
観応２年(1351)仲呂	中禅寺		檜皮大工左衛門尉五郎行益、杣山者持妙房	②
至徳２年(1385)10月５日	中禅寺	九郎左衛門入道		②
天正３年(1575)４月吉日	中禅寺	(新井)周防守綱光 兵部少輔宗光		②
天正10年(1582)９月吉日	中禅寺	新井周防守		②
文禄２年(1593)３月中旬	中禅寺	新井周防守		②

註：①「鬢開旧秘録」(「晃山編年遺事」所引、「晃山叢書」巻１、日光市山内 日光東照宮文書)、②棟札(二荒山神社社務所編・発行『二荒山神社』、1917年所引)により作成。

ここで、江戸時代以前の日光の堂社建立・再建にかかわった大工を通時的に見てみる。断片的であるが、各種の年代記や棟札（写を含む）により表4-3を作成した。史料的には中禅寺の堂社に偏り、かつ一四世紀以前のものについては検討の余地を残すものも含まれるものの、おおよその傾向を量ることは可能である。すなわち一五世紀をはさんで大工の性格が変化する傾向がうかがえる。

一二世紀から一四世紀の大工については、日光山の社家や神人らの本姓と同じく物部・伴・藤原などの姓を名乗る者や、聖道房善蓮のような出家者である。つまり当該期の大工職人は僧侶や神職により構成されていたことを示している。とくに承元四年（一二一〇）から建保六年（一二一八）にかけて現れる聖道房善蓮は遠州法多寺（現・法多山尊永寺か、静岡県袋井市）の修行者とあり、他国からの技術が導入されたことも判明する。しかし、この傾向は、一六世紀後半以降には継承されていない。職人組織としては未だ成熟していなかったことになる。

他方、一六世紀、天正年間（一五七三〜九二）以降の作事には一貫して大工新井（荒井）周防守が登場する。新井周防守は、天正一五年（一五八七）四月、鹿沼の今宮社の造替時の棟札に載る肩書きに「日光大工」とある。これによって新井周防守は、日光を在所とする大工であったことが判明する。そこで前掲の表4-2をみると、江戸時代の日光方大工棟梁のなかに新井を姓とし、周防守の系譜を引く大工棟梁とみられる権十郎が存在している。新井権十郎の居住する蓮花石町は、江戸時代以前にさかのぼる社家屋敷の門前集落である。寛文三年（一六六三）日光社参時の絵図である「寛文三卯年絵図」をみると、社家金子頭太夫の屋敷の東側に隣接して表間口三一間の屋敷を所持し、蓮花石町内では他に卓越した規模の屋敷を有する町人であった。新井権十郎は、新井周防守の系譜を引く大工棟梁であったと考えられる。

この新井周防守が大工を勤めた作事を、日光山以外の建築についても含めて棟札を典拠として表4-4に示した。その作事は、天正一八年（一五九〇）以前、鹿沼（現・鹿沼市）を根拠地とし日光山物政所の職を占めて日光山一山に影響力をもっていた戦国期領主壬生家が直接関与し、あるいは壬生家の影響下にあった鹿沼地域に集中している。

そこで再び前掲表4-2を確認すると、日光方大工棟梁のなかに、日光以外を在所とする大工がわずかに一名みえる。鹿沼宿の渋江加右衛門である。表4-4で示した天正一五年四月、鹿沼今宮社の大工には同姓の渋江縫殿助長宗がみえる。渋江長宗は、文久二年（一八六二）閏八月「渋江先祖代々過去帳」とこれに挟まれた同筆の系図(35)によれば、都賀郡玉田村（現・鹿沼市）に居住し縫殿之介を襲名する渋江家の初代とされる。長宗の実父である縫殿介源房宗は、常陸（茨城県）を本国（出身地）とする。長宗は弘治二年（一五五六）一二月、都落ちをして押原荘（現・鹿沼市）に土着した千本松家の跡敷を継承して玉田郷に入ったとされる。以後、渋江家は、源姓から千

表4－4　日光大工新井周防守の建築

年　　代	堂　社	番匠・大工	その他の職人	願主 他	典拠
天正３年(1575) ４月吉日	日光中禅寺	(新井)周防守綱光 (石見)兵部少輔宗光			②
天正10年(1582) ９月吉日	日光中禅寺	新井周防守		檀越壬生義雄 御留守座禅院昌淳	②
天正15年(1587) ４月27日	鹿沼今宮社	渋江縫殿助長宗 高野修理亮吉宗 壬生大工刑部伊賀守宗次 日光大工荒井周防守忠光	檜皮師 鍛冶早乙女又左衛門尉勝好	神領惣政所壬生義雄 御留守座禅院昌淳	③
天正17年(1589) ２月25日	鹿沼今宮社 摂社天満宮	大工新井周防守	細工助縁石見兵部	御留守職座禅院昌淳 願主日光山東山能観坊俊設	④
文禄２年(1593) ３月中旬	日光中禅寺	新井周防守			②

註：②棟札(表４－３②に同)・③「押原推移録」(鹿沼市誌料刊行会編・発行『押原推移録』、1976年)・④鹿沼市天神町天満宮棟札(註37鹿沼市史編さん委員会編著書)により作成。

表４－５　鹿沼大工渋江縫殿助・高野修理亮の建築

年　　代	堂　社	番匠・大工	その他の職人	願主 他	典拠
天文３年(1534)	鹿沼今宮社	高野淡路守重吉 同　修理亮房吉 渋江縫殿助房宗 長次郎右衛門房光 枝李助政吉 山野山城守昌家	鍛冶次[　　　] 檜[　　　　]	御神領惣政所壬生綱房 御留守座禅院昌膳	③
天正15年(1587) ４月27日	鹿沼今宮社	渋江縫殿助長宗 高野修理亮吉宗 壬生大工刑部伊賀守宗次 日光大工荒井周防守忠光	檜皮師[　　　] 鍛冶早乙女又左衛門尉勝好	神領惣政所壬生義雄 御留守座禅院昌淳	③
慶長13年(1608) ３月17日	鹿沼今宮社	渋江縫殿助長宗 藤田若狭守 渋江内蔵之介 藤田兵部少輔	鍛冶竹沢右京之介 惣右衛門	代官所大河内金兵衛秀綱 本願山口四郎左衛門兼次	③
元和３年(1617)	日光東照社 仮殿拝殿	御大工中井大和守正清 縫殿助			⑤
元和３年(1617)	日光東照社 本堂	御大工中井大和守正清 日光長左衛門 日光ぬいの助			⑥

註：③「押原推移録」(表４－４③に同)・⑤二荒山神社神輿舎化粧隅木側面銘(註34日光社寺文化財保存会編著書)・⑥「上棟記」(註32谷著書)により作成。なお、剝落部分は[　]で示した。

本松家の本姓である菅原姓に改め、家紋も梅鉢紋を用いるようになったと伝えている。また、系図には、鹿沼宿に定着した同家の分家として、加右衛門の名前がみえる。渋江加右衛門は渋江縫殿助の系譜を引く大工であった。ただし、その今宮社棟札をみると、表4-4の通り、渋江縫殿助と高野修理亮は単に「大工」とあり、続く刑部伊賀守宗次は「壬生大工」、新井周防守は「日光大工」と記されている。渋江家は、日光・壬生を在所としない大工とされているのである。正徳元年（一七一一）に計画され同三年に実施された神橋修復の日記記事[36]をみると、渋江家は「鹿沼大工」、あるいは「玉田大工」と呼ばれている。今宮社の所在地もあわせ考えると、渋江家と高野家は、鹿沼宿、ないしその周辺地域を在所としたと考えられる。

表4-5は高野修理亮と渋江縫殿助の代々が大工を勤めたことを記す史料を整理したものである。確認できる上限は天文三年（一五三四）の鹿沼今宮社の修復であり、高野修理亮重吉・渋江縫殿助房宗がみえる。これらは新井家の場合と同様、いずれも壬生家が願主となって行われたもの、ないし壬生家の勢力下にある地域でのものである。その在所もふまえれば、高野・渋江の両家は壬生家を主とする壬生家中の大工とみなすことができる。高野修理亮については、「日光山往古年中行事帳写」[37]によれば、衆徒妙法坊内の曼陀羅堂で執行される止観講・曼陀羅供の布施を下南摩郷（現・鹿沼市）の壬生家家臣大門左京亮らとともに納めており、中世日光山の法会にも関わる同郷の住人であった可能性もある。

「壬生家盛衰記」[38]によれば、渋江房宗と高野房宗は、黒河（黒川）・合羽の両氏らとともに、壬生綱房から軍功により知行を倍増されたうえ、名前に房の一字を賜っている。したがって、大工は壬生家中の武士でもあった。とくに渋江家の来住と定着のあり方を考えると、壬生家中において、今宮権現の遷座が行われた天文三年ごろから弘治年間（一五五五～五八）までの間に壬生家中において大工職人の編成が進められたことになる。この時期、壬生家は、壬生・鹿沼のほかに日光山膝下の地域をも影響下におくようになっていた。壬生家の勢力は、天文末年から弘治三年（一五五七）にかけて、宇都宮領まで伸張し、その最大版図を獲得していた[39]。大工職人は、まさに壬生家の地域権力としての台頭に即応して編成されたのである。「日光大工」は、壬生家権力の形成に対応し、また、その関与のもとで「鹿沼大工」とともに成熟した職人組織と位置づけることができる。

しかしながら、壬生家は天正一八年、豊臣秀吉と対峙した後北条家に与し、さらに当主の義雄が相模国小田原（現・神奈川県小田原市）の陣中で急逝し滅亡を迎えた。壬生家中の大工であった高野家はこれ以降、その作品を確認することができず、退潮していったとみられる。一方、渋江縫殿助の場合は、慶長一三年（一六〇八）三月、鹿沼町の町衆山口家が願主となった今宮社の再建においても大工としての参与が確認できる（前掲表4-5）。渋江縫殿助（長宗）[40]は、その後継者である同姓の内蔵之介（長光）や、同じ玉田村に居住する藤田若狭守・兵部少輔とともに今宮社の大工を勤めており、鹿沼にとどまって活動していたことが確認できる。

この官途名とその後の日光方大工棟梁としての位置づけを考えると、既述した元和三年中井正清の指揮のもとで東照宮作事にたずさわった大工縫殿助は、この渋江縫殿助と考えるのが妥当である。この間、壬生家旧臣の間では、壬生氏出身の日光山御留守権別当座禅院昌淳に官途状の発給を求める動きがみられる[41]。旧主を失った壬生家中の大工が、鹿沼の町衆の仕事を請け負うとともに、他の家中とともに日光山と結びつき、「日光」の肩書きを名乗ったものと考えられる。

このように、日光山や壬生家中の大工には、退潮していく者がいる一方で、日光山での作事の一部を分担することに成功した者も存在した。後者にあたる新井家・渋江家は、中井家の編成した元和年間東照社の造営や、中井家のあと日光山作事を指揮した将軍家大工頭鈴木家ないし作事方による作事を分掌する日光方の大工棟梁として編成された。

六職人のうち檜物職星野庄右衛門については、「中禅寺当山開基」以来、日光山の本坊に閼伽桶・揺板・柄杓を納入してきたと伝える大輪職人の頭取であり、六職人中唯一東照社造営以前にさかのぼる系譜を伝えている[42]。星野家や新井家・渋江家のように、日光山とその周辺在来の職人もまた、江戸時代日光方の職人編成のさい、その対象とされたことを指摘できる。

しかし、あくまでも日光山の大工職として位置づけられ日光方大工棟梁・木挽棟梁を統率したのは、鈴木家である。また、在来の職人すべてが日光方の編成下におかれたわけではない。では新井・渋江両家など在来の職人はいかなる理由により再編され、任用されたのであろうか。そこで、元禄三年（一六九〇）渋江加右衛門が参与した神橋掛替の作事に着目してみる[43]。

神橋は、日光山内と鉢石町との間を隔てる大谷川に架けられている。永正六年（一五〇九）に日光山を訪れた連歌師柴屋軒宗長は「東路の津登」[44]に次のように記している。

寺のさまあはれに、松杉雲霧ましハり、槇檜原の峰幾重ともなし、左右の谷より大なる川流出たり、落合所の岩のさきより橋あり、長さ四十丈にも余りたらむ、中をそらして、柱もたてす見えたり、山菅の橋と昔よりいひわたりたるとなむ、此山に小菅生ると万葉にあり、ゆへ有名と見えたり

神橋は御橋、山菅橋とも呼ばれる。文明一八年（一四八六）に京を出立した聖護院門跡道興は紀行文「廻国雑記」[45]に「やますけの橋とて、深秘の子細ある橋侍り」と記している。神橋は、日光開山勝道上人が男体登山の途次、大谷川が障害となったとき、蛇神が出現して橋を架け、杣人によって山菅が敷かれたという縁起を有する。この橋の様式は、元来、橋脚のないはね橋であった。現状と同じ石柱、すなわち橋脚が付けられたのは寛永一三年（一六三六）の掛替のさいである。この掛替は同時期の東照宮大造替の一貫として行われており、「造営帳」にも「御橋」の項目が立てられて、石柱にあたる「御石ノ柱」「御かさき石」「御貫石」が書き上げられている。このことから、神橋は、東照社入口の要として、その祭祀のなかに組み込まれたことになる。これ以降、神橋を人

馬が通行することは禁じられ、このとき臨時に架けられた仮橋を通常の渡河に用いる橋として恒常化させた。

元禄三年（一六九〇）の掛替時、東照宮別当大楽院は作事奉行井伊直興からの照会に対し、その作法について次のように回答している。神橋は日光山開基以来断絶したことがなく、天下安全祈禱を勤める日光修験の回峰修行や星宮への毎月の御供の献備に不可欠の橋であるとし、神橋の掛替には深秘乳《ち》の木の外遷座（外遷宮）・正遷座（正遷宮）にともなう「祭事」があると答えている。(46) 深秘乳の木とは北岸、上流側の橋桁で、その突きささる岩盤には橋姫の祠が祀られている。神橋の外遷宮・正遷宮は、この神聖な深秘乳の木を橋姫のいます岩盤から抜き出し、また再び納める神事でもあった。

この神事を取り仕切ったのは、七里村（現・日光市）に在住し、橋掛け長兵衛と俗称される神人山崎太夫であった。山崎太夫は、本名を沼尾長兵衛と言い、江戸時代以前に神橋の掛替を担当する橋大工であった。(47) 万治二年（一六五九）の正遷宮入用の書上には、(48) 山崎太夫差配下の人足に、一二人の山大工と呼ばれる集団が見える。神橋修復時に山崎太夫のもとで御用を勤める山大工は、もとは山小沼から山菅を採取して橋に敷く役を負っていたという由緒を伝えており、近世には所野村（現・日光市）の枝村小倉村に居住し、山大工免と呼ばれる除地を有した。(49) したがって、橋大工山崎太夫と、これに統率される山大工からなる特権的な職人集団が存在したことをうかがえる。

この職人集団は、「造営帳」のなかにもうかがえる。すなわち、寛永一三年神橋の遷宮について記す「御階ちの木之御祝　但両度之分」の書上である。これは山先大夫（山崎太夫）が執行した「御釿立」と遷宮入用の収支報告である。代金の受取手は、山崎太夫と、鉢石の弥八郎・徳兵衛・市兵衛、そして縫殿助である。縫殿助は鹿沼玉田の大工渋江縫殿助に比定できる。このように、寛永の掛替のさい、山崎太夫と渋江縫殿助が出仕していた。加えて、鉢石町の商人が物資を納品していることから、鉢石町がこれらの大工による入用物資調達の場として機能していたこともうかがえる。

外遷宮・正遷宮にさいしての祝詞は「日光山祝言」と呼ばれる。これは江戸時代に流布した縁起集、例えば「寛永十肆丁丑夷則五日」（寛永一四年七月五日、一六三七）の年紀を有する「日光山旧記集」[50]にみえる。これとほぼ同内容で表題の付されない祝詞は、日光二荒山神社に所蔵される、江戸時代以前の「日光山縁起」にも確認できる。これは桜林房寛栄によって享禄五年（一五三二）立冬八日に筆写された「日光山祝言」を巻頭におく日光山縁起集と、天文二一年（一五五二）正月に写された「下野国河内郡日光山満願寺奉鎌倉殿祈請日光山之願所鎌倉殿於当社致征伐之祈請」からなり、その巻末には本文と異筆の「持主　唯教房昌宗」という蔵書銘がみられる。なお、巻末には、心覚えと見られる大般若経、「十二天之覚」、「日光山服忌量之事」や寛永一三年・二一年の天候異常についての書き入れがある。したがって、「日光山祝言」は一六世紀前半までに成立した祝詞である。

この「日光山祝言」から、神橋にかかるくだりをとりあげてみよう。これは「夫伝聞、山菅之橋中事」との書き出しに続き、同じ縁起集中の「補陀洛山建立修行日記」にもみえる、勝道の大谷川渡河を深蛇大王が援助したという縁起が述べられる。そして、神橋は両部大日で、一度、参詣した貴賤の男女が渡ると「無始罪障消滅、二世悉地成就」の利益を得られると説き、さらに次の掛替にかかる記事を続けていく。

末代廿一ヶ年中、此橋懸畢、一直木町面引、宝蔵房透置、供養取成給、七社御輿、厳奉成種々御神事、延年在之、橋キワニシテハ船ヲ厳ツリ、舞物ナシ、神（深）蛇大王法楽備、彼石穴本直木引出、石穴アラコモニテ塞、七重注連ハリ、努人不可令見、橋内即花蔵世界也、山中記録別紙在之、有増供養儀式点直（量）中、批判不可有候也

直木とは、原本では直の字に「チ」とフリガナが付されていることから、乳の木（橋桁）のことである。神橋は二一年に一度、造替すべき橋とされる。ここには掛替の作法として、一の乳の木（深秘乳の木）を町表と呼ばれる、現在の東照宮石鳥居前から中山通り西端へ延びる参道上へ引き、座禅院部屋坊の宝蔵房の透き塀に立てかけ

て供養した。座禅院の旧地は現在の輪王寺本坊の境内地で、町表の通りに沿う。供養にあたっては、橋に宿る山王七社を勧請した神輿を飾り、延年舞が舞われた。その後、橋際に祀られる深蛇大王の祠に船の飾り物と舞いをともなう法楽を供えてから、乳の木を引き出した。その穴は人に見せぬために真新しい菰《こも》（筵）でふさぎ、注連を七重に廻らした[51]。これらの作法の担い手、すなわち神橋の掛替にともなう神事を執行する職人集団こそが、山崎太夫とその配下の山大工であったと考えられる。

ところで、「日光山祝言」が述べる神橋は、既述したように橋脚のないはね橋であったはずである。その技術者が山崎太夫ということになる。山崎太夫は、次に掲げる「天正日記」[52]天正一八年（一五九〇）一一月二八日条に、江戸城下の橋普請に招請されたことが確認できる。

　廿八日、はれる、新太郎殿奉行にてちゝぶ（秩父）のをく（奥）よりはしいた（橋板）きり（切）いだす（出）、真田をきどの（真田信尹）ゝ内たかはし（高橋）五郎兵衛、橋のことをよくしたると也、日光のはしかけ長兵衛もめしいださる
　（中略）はしかけ長兵衛ハ日光ノ橋方大工橋掛長兵衛ノ祖ナリ

この年、徳川家康は関東に入国し、江戸を本拠とした。この記事は、江戸城下の整備にあたり、関東周辺の大工とその在来技術が用いられたことを示している。その年末、武蔵国秩父郡（現・埼玉県）内から橋板を切り出したこと、また、真田信尹家中の高橋五郎兵衛とともに、日光の橋方大工橋掛長兵衛が召し出されたとある。山崎太夫のはね橋の技術は著名かつ代表的な、関東在来の技術であったことがうかがえる。

ところが、寛永一三年の神橋掛替では山崎太夫の指揮する在来技術は採用されなかった。このときはね橋であった神橋の様式が変更され、石造の橋脚が出現した。石造の橋脚を施す様式は、天正一八年、豊臣秀吉の命により増田長盛が掛け替えた京の三条大橋に代表されるように桃山文化のもとで広まった[53]。前章でみた石垣と同様、石工の技術の向上によって出現したものといえる。すなわち、他国で生まれ、当代に流行する最新の技術が神橋

に導入されたのである。

また、「日光山祝言」に述べられた、深秘乳の木の遷宮の作法も継承されたが、町表での供養など一部が中絶され、橋際の供養も簡素化された。注目すべきは、「造営帳」における「御階ちの木之御祝　但両度之分」と題する書上中の次の記事である。

金弐拾七両弐分京銭百文　　縫殿助渡

是ハ御階御渡り始之御祝ニ色々ノ道具入申候由、橋大工衆大楽院江理りにて買調申候へとも、渡り始やミ申ニ付而右之御道具売申候へハ、如此本金之内へり申候

この史料の前提には、渋江縫殿助が神橋正遷宮後に行うべき渡り初めの儀式を準備し、差配する職掌にあったことがうかがえる。橋大工衆（山大工）はその差配下にあり、東照社別当大楽院に申し入れをしたうえでその諸道具を準備していた。にもかかわらず、渡り初めは中止になった。購入した諸道具は売り立てられたが、二七両余の損金ができ、その分が造営奉行から渋江縫殿助に渡されたという書上である。

在来技術を保有する江戸時代以前からの日光在来の職人集団が渡り初めの儀式を準備していたにもかかわらず、新しい技術を導入した幕府作事方ではこれを受け入れなかった。日光の職人組織の有していた作法は否定された。

このように日光における在来技術は、他国から導入された新技術に圧倒された。しかし、神橋の事例では、神事をともなう部分において山崎太夫および渋江家が継続し担っていた。神事をともなう部分については、在来技術を保有してきた職人が担い続けた。ここに、渋江家が日光方の大工棟梁として位置づけられる所以がある。しかし、一方で、橋大工山崎太夫は大工の地位を保障されず、神人に専従化することとなった。配下の山大工もまた百姓身分となり帰農した。

神橋の様式の変化にみられるように、他国の技術が導入されたことにより、在来技術を保持する職人は、大

工・神人・百姓に分化することとなった。日光山の大工組織は、一六世紀に壬生家の関与のもとで成熟したが、かかる在来技術を保有してきた職人は、幕府作事方が主導する東照社の造営によって解体されることになった。しかし一方では、新井家や渋江家のように、日光方の大工棟梁として再び登用される者も存在した。また、神事をともなう神橋の遷宮においては、日光山職人としての地位は失いつつも、神人として専従化した山崎太夫や、帰農した山大工はその特権を維持し続けた。

4　六職人・棟梁の居住形態

以上の過程を経て成立した六職人や日光方大工棟梁・木挽棟梁は、渋江家を除き、日光惣町内の屋敷に居住した。とくに六職人については、先述したように、明暦元年九月「日光山下知条々」に、「当山町中」、すなわち町内へ定住することが規定されている。しかし、天和三年七月の帯刀停止により、扶持を受ける六職人や日光方棟梁は町人身分と明示された。江戸時代において、屋敷は、その居住者が構成する町や村によって協同保全されるものであり[54]、町に屋敷が所在する以上、六職人や日光方棟梁が町において果たした何らかの役割があったと想定される。以下、その居住形態を検討する。

ここでは、史料の豊富な六職人御菓子職入江喜兵衛家の事例をとりあげる。寛政二年（一七九〇）、六職人は、東照宮の神輿を修復するにあたり、それを請け負うこととなっていた江戸の職人を退け、自らの役務たることを主張する願書[55]において、それぞれの役務を遂行する空間として「御請御細工所」としての屋敷を拝領したことを述べている。寛保二年（一七四二）七月に本坊に届け出た六職人入江家の由緒書である「覚」[56]の本文冒頭には、拝領した屋敷の所在地や経緯を次のように掲げる。

高祖父入江兵部少輔義、於会津　慈眼大師様ゟ御奉公之筋共御座候ニ付、私曾祖父喜兵衛義被召出、往古御幸町之町頭中山実教院・光樹院寺地之処居屋敷ニ被下置、其上御幸町御役御免之　御証文其外御書物頂戴仕、御家来ニ而御奉公相勤罷在候処、只今之処江御幸町被為引候節、先格を以町頭ニ而当分居屋敷被下置、其上古道畑被下置候、　権現様被為入候砌者末役人無御座候ニ付、御荘厳方御膳方御供物方立ニ祖父喜兵衛壱人江一式被　仰付御家来ニ而相勤罷在候、其已後御荘厳御膳方共ニ役人段々ニ出来被　仰付候得者御家来為相続之、　慈眼大師様ゟ御菓子一儀被　仰付、右御菓子料者御別所より請取、兼役ニ而御奉公相勤罷在候

ここで注目したいのは、喜兵衛の居住形態を示す屋敷拝領の記事である。入江喜兵衛ははじめ、近世に衆徒実教院・光樹院の境内地とされた、往古御幸町（中山新町）の「町頭」に屋敷を拝領した。さらに、現在地へ御幸町が移転するさい、先格をもってその「町頭」に屋敷を拝領したとある。御幸町はこの間、「御役御免之御証文」やその他の書物を頂戴していたとある。この「御役御免之御証文」とは、現存する御幸町文書のうち最古の天海発給の直状で、御幸町の町号と、諸役免許の特権を下賜することを明記した判物を指す。これは、後に御幸町の諸権利を示す根元的なものとなされた[57]。

入江喜兵衛が中山の御幸町に屋敷を拝領した場所が実教院・光樹院の境内地であったとすれば、表間口が五〇間を越える広大な地所を与えられたことになる。しかも、御幸町の特権を示す天海の判物を授けられたことをも自家の由緒の一環として述べているのである。入江家は、御幸町の町年寄等の職にその名前を明確には見出せないが、町年寄と同格で連印する請書があり[58]、近世を通じて町の重立《おもだち》であったことは疑いない。この由緒は、入江家が東照社造営にともなって成立した御幸町において、その成立期から重立として存在していたことを示唆している。

入江家以外についても、大工棟梁や木挽棟梁についてみていくと、日光惣町各町の町年寄に就任している者が多い。稲荷町（稲荷川町）の町年寄は木挽棟梁の柴田所左衛門家が代々勤めている。西町については、一八世紀前

表４－６　西町の町年寄

	享保13年(1728)4月	寛延2年(1749)2月	宝暦5年(1755)2月
板挽町	山内清兵衛	山内喜右衛門	山内喜右衛門
大工町	岡本庄兵衛 手塚善右衛門	手塚善兵衛 岡本茂八	手塚善兵衛
本町	神山五右衛門 奥野惣兵衛	奥野惣兵衛 神山半蔵	神山半蔵
袋町	山本六兵衛	山本源右衛門	山本源右衛門
原町	谷口長左衛門	丹治五郎兵衛	丹治五郎兵衛
蓮花石町	新井市右衛門	新井豊八	(記載なし)

註：柴田豊久家文書(日光市日光公民館保管)により作成。

半の史料から、各町の町年寄の全容を知ることができる（表４－６）。大工町の岡本家、本町の奥野家・神山家、原町の丹治家は日光方の大工棟梁に他ならない。また、蓮花石町の新井家についても、同町内に居住する大工棟梁と同じ姓であり、同一家ないし分家とみてよい。

このように、六職人や日光方の大工棟梁・木挽棟梁は、単に町へ居住するだけでなく、町年寄ないし町年寄格の立場にある、町の重立であった。このような居住形態は、これらの職人が、町の成立に関与したことをも示唆する。その参考として、次の寛文二年（一六六二）の屋敷の売買証文[59]をあげる。

屋敷之事

一　まくち三間うらまておしとおし所望ニより永代金子壱両弐朱ニ而うりきり申候、後日ニ如何様之儀申事も有間敷候、為後日之一筆如此候

寛文弐年壬寅
四月廿七日　　御主　金子三右衛門（花押）
　　　　　　　口入　渋沢武兵衛㊞
鈴木清九郎殿
　　　参

これは本町の金子三右衛門が家屋敷を鈴木清九郎に売り渡すさいの

証文である。金子家は、享保七年（一七二二）一一月には本町の町年寄としてみえる町人である(60)。口入として名前がある渋沢武兵衛は、入江家と同じように天海に仕え、本町に屋敷を拝領した御本坊御家来で、本町の重立の一人である。これは、町人が所持する町屋敷を売買するさいに、町の重立が介在したことを示している。屋敷を拝領した町内において、町が存立を保証する町屋敷の売買にあたり、その信用を保障をする役割を果たしていた。このことは、渋沢家が町の重立として存在していたことを示している。

この渋沢家の事例を重ねることにより、屋敷を拝領、居住し、町の重立になった六職人や日光方の棟梁が町において果たした役割が明白になる。すなわち、これら職人は、屋敷を売買する局面において重立の立場から口入し、その売買を保証していたと考えられる。その結果、屋敷の所持をすることとなった者は、町を構成する町人となる。したがって、六職人や日光方の大工棟梁・木挽棟梁たちは、町の構成員を決定し、その身分保証をする役割を果たしていたと考えられる。

この六職人や日光方の大工棟梁・木挽棟梁が日光に来住し、その役務が定められていく過程は、東照宮「荘厳」の確立過程でもある。東照社の造営にともない、近世日光山では人口の移動がおこり、結果として新たな町の形成をみ、町割の結果、日光惣町が成立する。これらの職人は、町の重立となり、その成り立ちに寄与したのである。

第三節　東照社造営後における町の拡大

1　中世末期の町

元和三年、日光東照社造営後の町を検討する前提として、まず中世末期における町の景観を復原し、その性格を見ておきたい。

その究明の手がかりとするのは、当該期日光山を描写した絵図である。当該期の著名な絵図に、「日光山古絵図」三幅対（以下、絵図ⓐ）[61]、八王子千人同心で日光勤番を勤めた植田孟縉による天保八年（一八三七）二月板行「日光山志」巻一に所収される「日光山古図三幅対大懸物之縮図」見開き三枚（以下、絵図ⓑ）[62]の二点がある。これらは同一祖本による鳥瞰図である[63]。なお、絵図ⓐには、中央の一幅の下部を書き抜いた付図一鋪が添付されている。絵図ⓐは、その付図上にある貼紙によれば、寛政一二年（一八〇〇）四月、大猷院殿第一五〇回御年忌法会のさいに登山した幕府勘定奉行中川忠英の模写による写で、原図は日光山本坊に所蔵されていたものとある。絵図ⓑと比較すると、描写が精緻で、絵図ⓑにみられるような個々の堂社名の記載は皆無である。絵図ⓑは紙面の都合上、左右に拡大されて歪み、また、植田孟縉の考証による堂社名が記されているものの、一部に誤謬がある。したがって、以下の検討では絵図ⓐを用いることにする。

絵図ⓐは、その構図に、参詣道者に対して堂社や参詣ルートを絵説きする性格があり、参詣曼荼羅としての性格があると指摘されている[64]。常行堂・法華堂、金堂（三仏堂）など、日光山僧の活動の拠点となる堂を中心にすえる。右上部に描かれる滝尾の境内には、六十六部聖が納経する文明二年（一四七〇）三月一二日造立の鉄多宝塔が描かれている。これを指標とすれば、この絵図の作成時期の上限は文明二年である。さらに、作成時期を絞りこむ微証として金堂裏、恒例山背面に立地し、鰐口の掛けられる小堂に注目する。これは行者堂とみられる。行者堂は役行者を本尊とする堂宇で、衆徒桜本坊宗安が天正三年（一五七五）に再興したものと伝えられる[65]。宗安は、大永五年（一五二五）に回禄した本宮をその二年後に再建するなど[66]、半世紀を越えて日光山の堂社の整備に努めた老僧で、天正九年（一五八一）にいたる日光山の故実を集成した「日光山往古年中行事帳写」の編纂にもあたった。したがって、本図は、天正三年以降、かかる天正年間の日光山惣山における故実編纂の一環として、現況を説くために作成された図と考えるのが妥当である。

この絵図には、両側町の形態を採る町屋が描かれており、その付図には中川忠英が「蓮石」と註記している。これは鉢石町（鉢石宿）のことである。その中央を貫く通りには、人馬の行き交う様子が描かれ、とくに、屋敷の軒先で物をひさぐ風景や、棒手振、馬の背から俵を積みおろす馬借の姿が描かれるなど、商業空間として表現される。(67)

山内には堂社の合間に樹木や垣根により四壁を囲まれた坊舎や、常行堂から南に延びる参道の西側に四足門を備えた衆徒とみられる大坊の坊舎が描かれている。これら坊舎には職人の屋敷も含まれていたはずである。康暦二年（一三八〇）三月、衆徒法門坊教弁預状によれば、衆徒は自らの衆徒屋敷のほか、同住房（同宿・弟子）の坊舎、さらに紺屋を知行していた。(68)これら紺屋職人をはじめ、後の町屋に相当する職人の屋敷も含まれているはずだが、峻別することは不可能である。

当該期の絵図は、このほかにもう一点ある。「日光之絵図」の外題を有する一舗（絵図ⓒ）(69)である。そのトレース図は図4-2に示した。これは、東叡山本坊で焼失し元禄一三年（一七〇〇）二月に紛失状形式で再交付された徳川将軍家発給の領知寄進状・目録・年中行事の案文である「日光山・東叡山・滋賀院文書写」七冊と一括されるもので、絵図の書写年代もまた元禄一三年を下らないと思われる。

絵図ⓐと同様に鳥瞰図であるが、絵図ⓐと比べると、極めて平面的に、また模式的に描かれた図である。図4-2に示した通り、本図には「新宮権現」など七枚の押紙（貼紙）があるが、絵図そのものに文字表記はない。堂社は、画面中央の常行堂・法華堂・金堂や、滝尾鉄多宝塔・行者堂などが確認でき、その景観の内容は絵図ⓐと酷似する。景観年代は、絵図ⓐと同じ指標から、天正三年以降のもので、やはり、故実の整理や堂社の再建が推し進められた天正年間の状況を示す絵図とみることができる。

坊舎・町屋と思われる建物をみてみると、明らかに描き分けられている。鉢石町に茅葺きの建物が並ぶ両側町

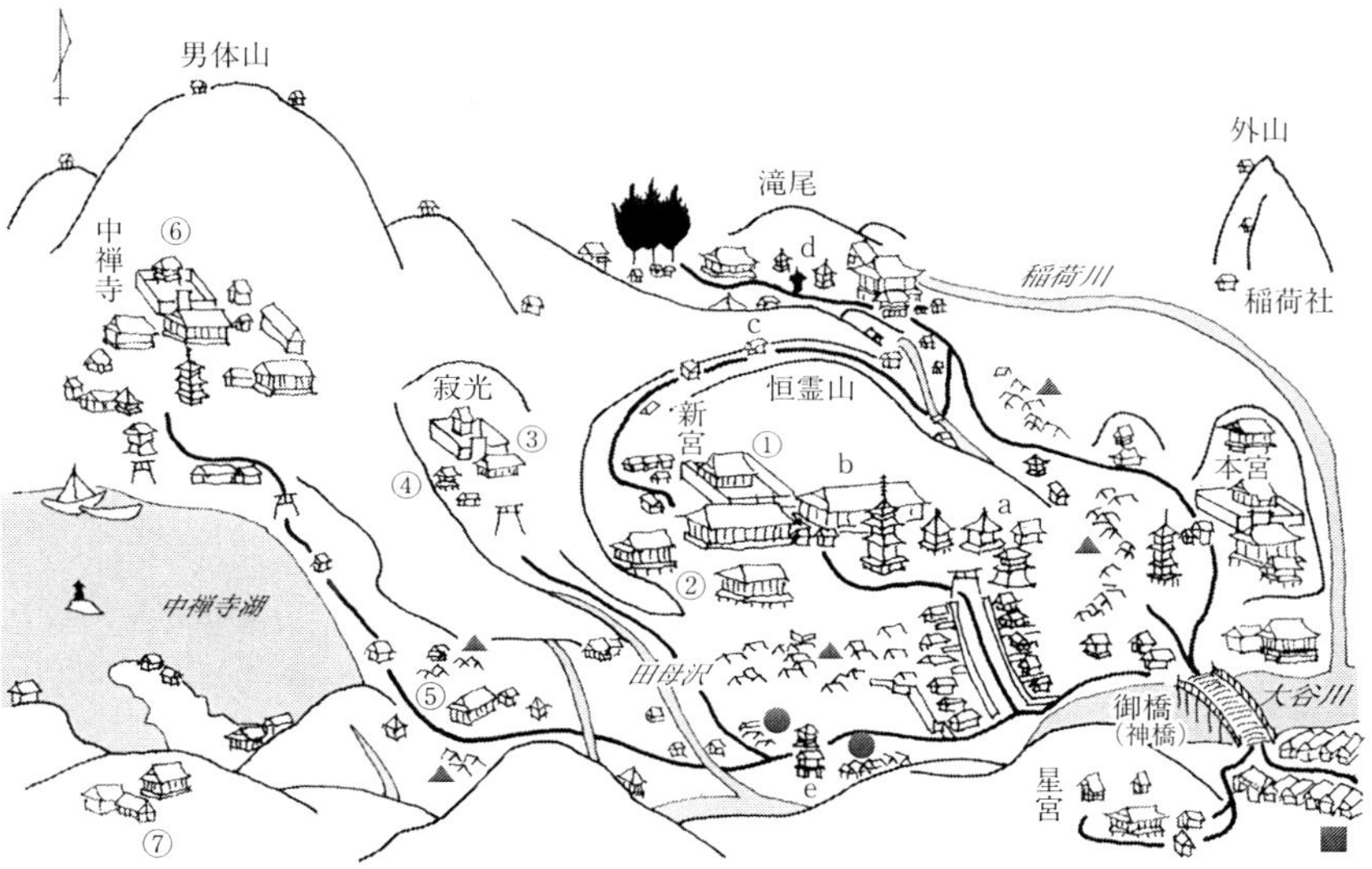

図４－２　天正年間（1573～92）　日光山の景観

〔凡例〕

押紙：①新宮権現　②別所（僧形文殊、慈覚大師御作也）　③地蔵堂　④不動堂　⑤清滝寺
⑥中禅寺権現　⑦山伏宿

記号：ａ常行堂・法華堂　ｂ金堂（三仏堂）　ｃ行者堂　ｄ鉄多宝塔　ｅ大門

屋敷：▲　●　■

註：「日光之絵図」により作成。

が見えるほか、山内には、板塀によって仕切られている坊舎以外に、松や杉のような針葉樹が周囲を取り巻く屋敷がある。それら草木の描写は町屋の種類を区別したランドマークであり、図４－２にはその町屋群ごとに▲●■と記号化して示した。このうち▲は前述した坊舎境内地に多く、そのなかに職人屋敷が含まれると考えられる。

以上の予察から、この三点の絵図はいずれも景観年代を天正年間におく絵図で、町屋群を検出することができる絵図といえる。次にこれらの町屋群の特徴と性格を見る。

その参考になるのは、「日光山往古年中行事帳写」のうち、「酒ヒサイノ事」と題する記事である。

酒ヒサイノ事、時々八木ノ子ヲ積テ酒ノ子ヲ申付、安西へモ届申候、ヒサイノ事ハ坊中ニテ無之故ニ、安西其見ハカライ可被申由申届候、モチ・トウフ等ノ事、安西子ヲ立候、御橋ノ内在家ハヒサイ鉢石ノ子ヲ上テ用之、鉢石ハ坊中ノ酒ノ子ヲ聞テウルヘシ

この記事によって、酒・餅・豆腐の生産と流通の形態が明らかになる。空間上、御橋（神橋）を境に山内（坊中）と山外（鉢石）に分ける認識があり、それぞれ図4-2上に示した▲と■の空間になる。山内の「御橋ノ内在家」、すなわち坊に知行される職人によって酒・餅・豆腐が生産されていた。生産物をひさぐ（あきなう）ことは山内では禁止されており、日光山の奉行である安西氏の差配のもと、山外の「鉢石」商人がこれを請け負っていた。安西が「子」（利潤）を立てるとあるから、これらの生産物の価格は安西氏によって決定され、鉢石の商人が稼いだ利潤が職人である「御橋ノ内在家」に上がるという形態であった。

このように、山内に所在する「御橋ノ内在家」（▲）は、職人を主体とする町屋と考えられる。これに相当する町屋群をみる参考となるのは、「三丸露払い」[70]と呼ばれる日光古町の草創伝承である。これは、日光三所権現の主神大己貴命が日光山に入るさいに露払いをした三人の家来たる松王丸・梅王丸・桜丸が、それぞれ鉢石町・稲荷町（稲荷川町）・花石町（蓮花石町）を領地として与えられて永住したというものである。この伝承において、それぞれの町々の町人は三丸の子孫である。そのうち稲荷川町・蓮花石町は、この絵図には直接描かれてはいない。以下、この二町に着目してみる。

稲荷川町は、女峰・赤薙両山を水源とする稲荷川の左岸、日光山の鬼門とされ毘沙門天を祀る外山の山麓に位置する。稲荷川町は、「日光山謂記覚」などに皆成川町とも表記されることからもうかがえるように、しばしば稲荷川の氾濫に見舞われ、集落や耕地を流出した。天文年間（一五三二～五五）の白髭水と呼ばれる洪水や、寛文二年（一六六二）六月一四日、天和三年（一六八三）六月二五日、貞享四年（一六八七）九月二〇日などの大洪水の記

録がある[71]。江戸時代、その名主格にあたる高橋次郎平家は、本坊台所御用を務める御本坊御家来であった。高橋家の先祖は、建保六年（一二一八）座主隆宣の上京に随行したさいに稲荷社を京から勧請したと言い、また、隆宣の後に座主職を継いだ弁覚の創始した光明院の代、稲荷川一丁目に表間口一二間・裏行二〇間の屋敷を拝領したと伝えている[72]。この稲荷社は同町の鎮守であり、高橋家は、その門前における稲荷川町の町立にも関与したことをうかがわせる。

一六世紀以前の稲荷川町に関するほぼ唯一の史料は、匠町浄光寺に建つ石造地蔵菩薩座像の一体（導地蔵）である。この銘文に「天文十九庚戌七月十日敬白　皆成河大工（以下判読不能）」とあり、天文一九年（一五五〇）に稲荷川町を在所とする石工が存在したことが判明する。一七世紀以降の稲荷川町には、前述した日光方木挽棟梁の柴田所左衛門や、塗師屋鈴木茂兵衛[73]など、日光山の御用を担う職人が居住していること、寛文二年大洪水で流出した稲荷川町の一部に鍛冶町と通称される町が含まれることもあわせて考慮すると、一六世紀以前から日光山堂社建築に携わる職人が居住していた可能性が高い。

また、田母沢以西の中禅寺道沿いに立地する蓮花石町は、日光山社家の屋敷の門前に成立した集落である。ここは、享禄三年（一五三〇）四月、田母沢上流にある寂光寺の什物であった竹虎漆絵手箱[74]を寄進した旦那斎藤隼人元家・同太郎左衛門尉の在所としてみえる。前節で考察したように、日光大工新井周防守の在所もこの町であった。少なくとも新井家は大工職人であり、やはり職人が社家屋敷門前に集住した町であったとみなすことができる。

これら「御橋ノ内在家」は、日光山に成立した職人の集住地であった。これに対し、[redacted]の鉢石は、その在家の生産物を換金する商業活動の場であり、それら商人の定住の場であったことになる。

鉢石町は、すでに一五世紀には市町として存在していた。その商人は、「常行堂施入帳」「施入目録[75]」によれば、常行堂に正長三年（永享二年＝一四三〇）一一月六郎兵衛が大火舎（火鉢）を、また、文明七年（一四七五）には藤五郎・五郎三郎の兄弟が柱六本と瑠璃旦（壇）を施入し、後者は継阿ミ陀仏という名号を授けられて常行堂大過去帳に載せられるなど、日光山の堂社に寄進し、神事・法会に結縁していた。永正六年「東路の津登」では日光山の入口にあたる「坂本」に町があり市のごとしとあり、やや誇張気味に「京・鎌倉の町」とも比喩される。その所在地は、近世から現在にいたる、正月一二日の初市の興行権と市神の祭祀権の継承のされ方に着目すると、中鉢石町と推定される。ただし、当時の立地は、「日光山志」にみえる「里老」の伝承や古道の記述、および北側の屋敷裏にあり町名の由来を示す霊石「鉢石」やその他宗教施設の立地をふまえるなら、人工的に堀の引かれた形跡のある一段低い段丘面とみなすことができる（図4-3）。

一六世紀になると、会津・小田原など隔地間の物資の移出入を担う他国商人が鉢石町の市に進出している。例えば、陸奥国南山の長沼氏に属した会津田島（現・福島県南会津郡南会津町）六斎市の連雀頭星（折橋）玄蕃は、日光にも見世場を持つ商人であったと伝えられる。その没年は天正一二年（一五八四）であり、一六世紀中葉に鉢石の市へ進出してきたと考えられる[76]。鉢石町北側には、会津道と呼ばれる道があり、会津との広範な往来を予想させる。また、相模国小田原（現・神奈川県小田原市）の後北条氏家中で、その城下商人である外郎宇野藤右衛門尉は、天正四年（一五七六）一〇月、権別当座禅院昌忠および日光山惣政所壬生周長が発給した二通の判物[77]によって、丸薬の販売権を独占した。

外郎家への特権付与にみられるように、鉢石町は、一六世紀には日光山一山の編成下に入り、再編された。「日光山往古年中行事帳写」によれば、一六世紀前半、権別当座禅院昌顕・昌歆が鉢石下の道普請を下命しており、それは鉢石町の編成とかかわるものである。また、天文年間（一五三二〜五五）には、後に座禅院となる壬生家出身の昌淳が入山するさいに随従した同家家来杉江播磨守吉房が鉢石町内に来住し、山中奉行として「市中取締」

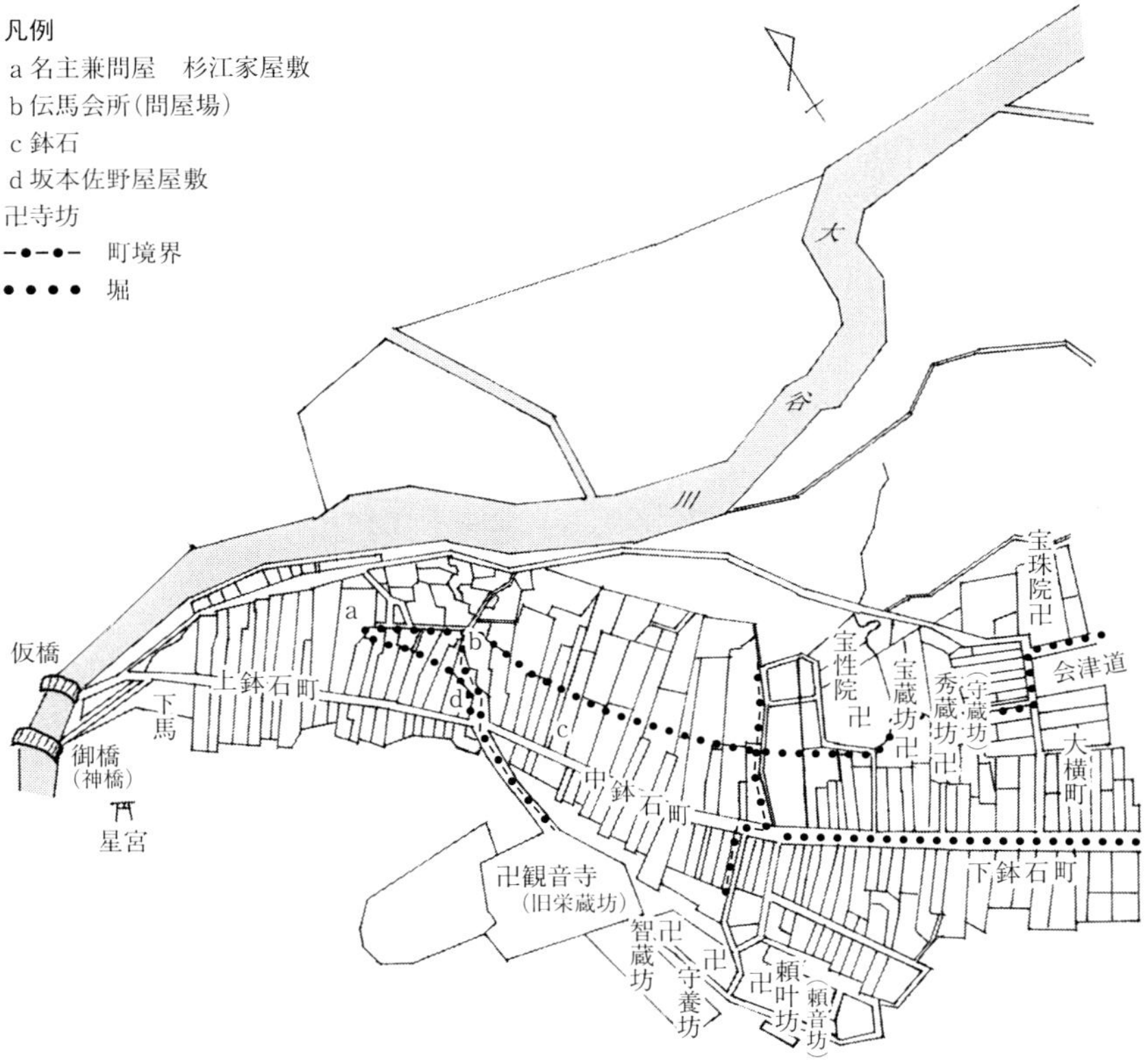

図４－３　寛文年間(1661～73)　鉢石町の景観

註１：「寛文三卯年絵図」により作成。基図は明治９年「下野国都賀郡日光町全図」日光市上鉢石町観音寺文書。

２：18世紀の諸史料によれば、図中の宝性院は宝珠院、宝珠院は里山伏金剛院である。

を担うようになり、後に子孫は鉢石町名主となったと伝える[78]。杉江家の屋敷は、後の上鉢石町に所在するが、ここは前述の市町を流れる堀の最上流部であり（図中のa）、また、同じく杉江家が所管した江戸時代の伝馬会所（問屋場）は中鉢石町北側西端奥に置かれている（図中のb）。これら屋敷の立地から判断すれば、杉江家は、来住とともに鉢石町を統括する役割を有していたと考えられる。これら鉢石の町屋は、慶長一二年（一六〇七）閏四月七日座禅院昌淳判物[79]に武蔵国羽生（現・埼玉県羽生市）の清水雅楽助が一代知行する「鉢石宿屋敷壱間《軒》」、元和元年（一六一五）極月衆徒教城坊分年貢算用状[80]に教城坊分の「鉢石やしき三間《軒》」などとあり、日光山衆徒やその給付する得分として存在していた。鉢石町は、日光古町のなかで特徴的な位置づけを有する町であった。

ところで、「酒ヒサイノ事」では、絵図ⓒ（図4-2）における屋敷群の分類中、●を読み解くことができない。次にこれら集落の性格を読み取ることを試みる。景観の復原にあたって目印となるのは宗教施設である。中禅寺道北側にある堂は往生院であり、その南側に描かれる大門（図4-2のe）は往生院に付属する妙覚門と見られる。この妙覚門の位置は、浄光寺境内の江戸時代以来の地字が「大門内」であることから、その境内地に比定できる。したがって●の屋敷群のうち東側の集落は、江戸時代以降、浄光寺東側の板挽町域に比定できる。そこでこの集落に注目してみよう。

元禄四年（一六九一）三月に編まれた「日光山本坊并惣徒旧跡之記[81]」往生院条、すなわち浄光寺弥陀堂についての記事に、「寛永十七年庚辰十月本堂并惣石塔・供僧六人共ニワタウチ村ノ西ニ引之」とある。浄光寺の位置から、後に板挽町とよばれる東側の集落はワタウチ村と呼称されていたことになる。このワタウチ村は、渡内・和田内などの名称で一六世紀末から一七世紀初頭の史料上に散見される。先述した元和元年極月衆徒教城坊分年貢算用状には、衆徒道樹坊の得分とされる屋敷中に「渡内やしき」（渡内屋敷）がみえる。また、天正二〇年（一五九二）六月衆徒光樹坊昌永「旧記（滝尾山旧記[82]）」に、滝尾に水銭を納める「和田内」がみえる。いずれも衆徒の

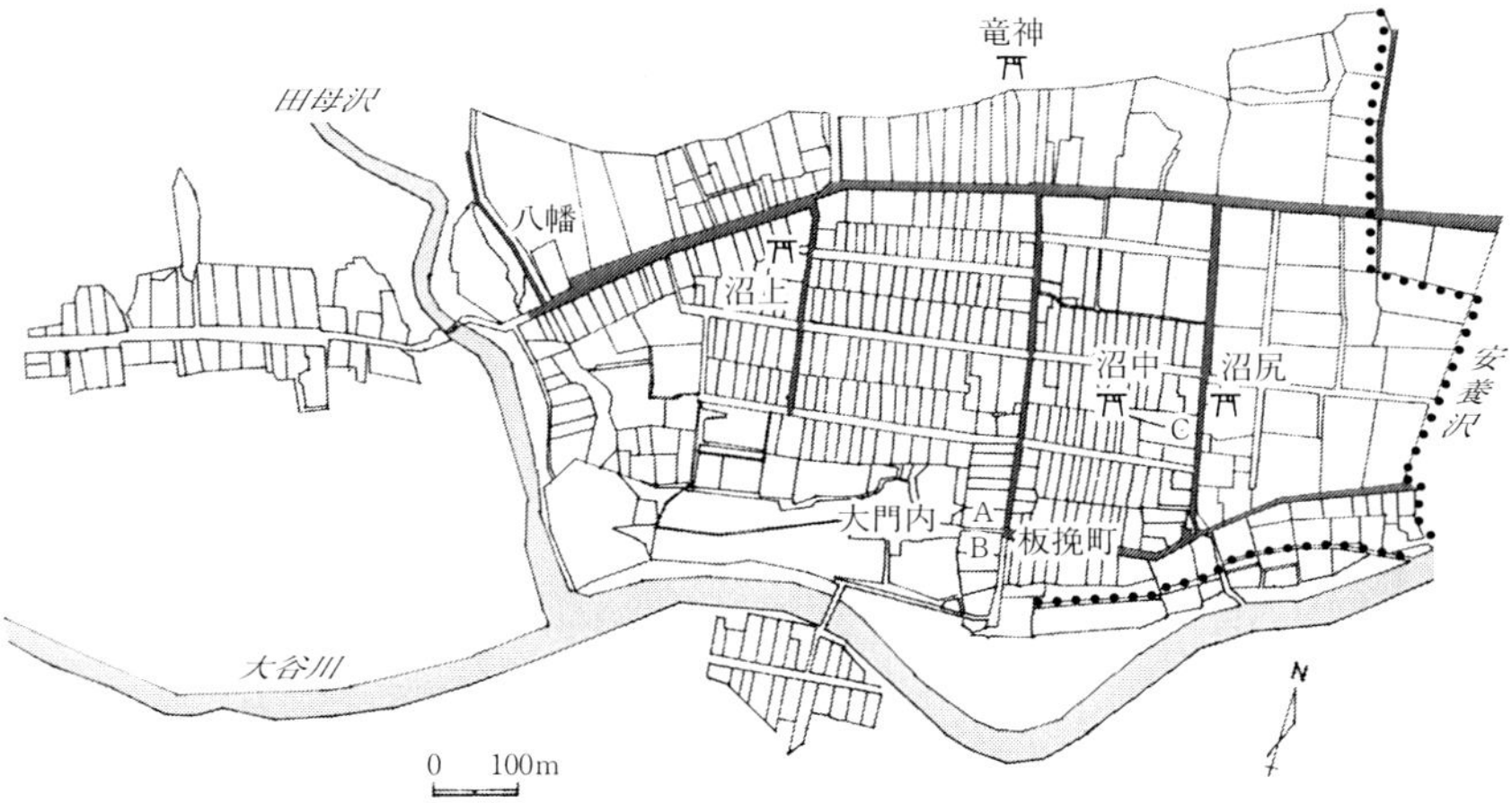

図４－４　寛文年間(1661〜73)　西町の景観

〔凡例〕A山内家(板挽町年寄)　B鈴木家(大工職)　C渋沢家(御本坊御家来)　●●●●堀・小河川
註１：「寛文三卯年絵図」他により作成。基図は昭和９年６月謄写地籍図、旧日光市税務課所蔵。
　２：太線は「日光山古図」(図４－５・８参照)の道を復原したものである。

知行地であったことを示す記事である。

現在の西町地区は、その地層から低湿地を埋め立てて造成されたことがうかがえ、現在も点在する稲荷社の地所には沼上・沼中・沼尻という字名が冠されている（図4-4）。また、「日光山志」によれば、江戸時代に火の番屋敷のおかれた地には、善女竜神を祭神とする竜神（青竜権現）が祀られ、また、「大なる池水」に接する地であったとの伝承がある。この低湿地が埋め立てられ、開発されたのが渡内屋敷であったと考えられる。

この渡内屋敷の開発時期については、その明確な史料を見出せない。ただし、江戸時代その東方にあった河原町（川原町）の開発が参考になる。ここは、山内中山の南崖を降りた字下河原にあたり、渡内屋敷と同様、山内の地先（屋敷・田畑と地続きの山野河海）にあたる。河原町は、鉢石町の塗物商人が「出店（出見世）」を出した地で、(83)「日光山略図」(84)には塗物店と記される。ここに祀られる下河原稲荷は「日光山生岡縁起」に市神とあることから、鉢石町から分立された市町とみられる。この稲荷は近年撤去された案内板に記されていた縁起によれば享禄年間（一五二八〜三二）に勧請されたものである。したがって河原町の町立は、その勧請時と想定できる。渡内屋敷の開発もまた、河原町の町立と同様、一六世紀のことと考えてよいだろう。

渡内屋敷は、日光山惣山の坊舎が立つ山内善女神谷・西谷・南谷に接する地域である。とするならば、渡内屋敷は、山内の地先であるこの低湿地の一部が開発されて成立した屋敷とみられる。山内の地先であること、そしてその屋敷の所持者が衆徒道樹坊であることをふまえるならば、日光山の衆徒と考えざるを得ない。

このような山内の地先が衆徒によって開発され、屋敷地化が進められたのが渡内であり、それは後に西町と呼ばれる屋敷群の端緒と考えられる。図4-2に●で示される他の屋敷群も、同様に衆徒による開発地と推測される。

このように、天正年間の町は、「日光之絵図」の景観を読み解くと、山内の職人たる「御橋ノ内在家」、その生産物を換金する機能を期待された鉢石町、渡内屋敷＝西町など中世末期に山内地先で開発された町屋群などから成っていた。とくに一六世紀は、鉢石町および渡内屋敷の開発と編成が進展した時代であった。

2 「日光山古図」の景観

以上の景観は、元和三年日光東照社の造営以降変化していく。次にその変化を、寛永初年の町の景観を通じ分析する。当該期の絵図に、「日光山古図」がある（図4-5）。まず、その史料的性格を検討しておきたい。

「日光山古図」は、寛永一一年（一六三四）に始まる大造替によって解体された元和三年造営の東照社社殿が描かれているため、これまでは建築に対する関心から検討がなされてきた(85)。日光山内を概観することを目的に作成された鳥瞰図と考えられるが、文字の記載は皆無で、その直接的な成立契機は未詳である。原本は、一九五〇年代後半以来、所在不明であるものの、原本を撮影した白黒の写真と、「日光山古図　元和・寛永之比」との書き入れがある極彩色の写が日光東照宮に残されている。

失われた絵図の原本の伝来については、その写の右下に影写された印記により推し量ることができる。それは、「日光山記家、不許他見」の文字を刻む。これは、衆徒から選出された記家職が本坊で所管した古記録類に捺されたもので、輪王寺文書のうち宝暦三年九月「旧記」、享保二年七月「日光山諸給人知行高并由緒書」など、日光山の由緒にかかわる古記録に捺されている。したがって、「日光山古図」の原本は日光山本坊に伝来したものであったことがわかる。

その内容の信憑性は、建築の描写から確認できる。元和八年（一六二二）東照社第七回御神忌法会にさいして建立された奥院の景観は、その根拠の一つである。奥院の木造多宝塔とその拝殿は、元和七年一一月からの作事によって建立された。また、「日光山本坊并惣徒旧跡之記」妙道院条には、現在妙道院に立つ徳川家譜代家臣の供養塔が承応元年（一六五二）以前、「元和年中ニ　東照宮ノ奥院ニ立テヲカ」れたものとある。さらに、慶安三年（一六五〇）八月成立の妙心寺福寿院東源「東叡開山慈眼大師伝記」および万治二年（一六五九）の現竜院諶泰編「武州東叡開山慈眼大師伝」[86]に、寛永二年（一六二五）奥院の傍らに「骨堂」が建立されたとある。

「日光山古図」には、これら奥院建築が描写されている。一際目立つのが多宝塔で、その前面には拝殿が設けられている。その両側には、徳川家譜代の石塔とみられる塔婆状の構造物が点在している。また、西側に「骨堂」と見られる小堂がある。このように、奥院については細部にいたるまで現実の景観を描写しており、信憑性ある史料と判断できる。

また、この奥院の景観を参考にすると、「日光山古図」の示す景観年代を絞り込むことができる。すなわち、「骨堂」が建立された寛永二年が上限であり、また、寛永大造替の開始された寛永一一年が下限となる。寛永初年

図4－5 「日光山古図」の景観

註：文字はすべて筆者加筆。点線は破損部分を示す(図4－6～9も同様。本図では町屋は省略した)。

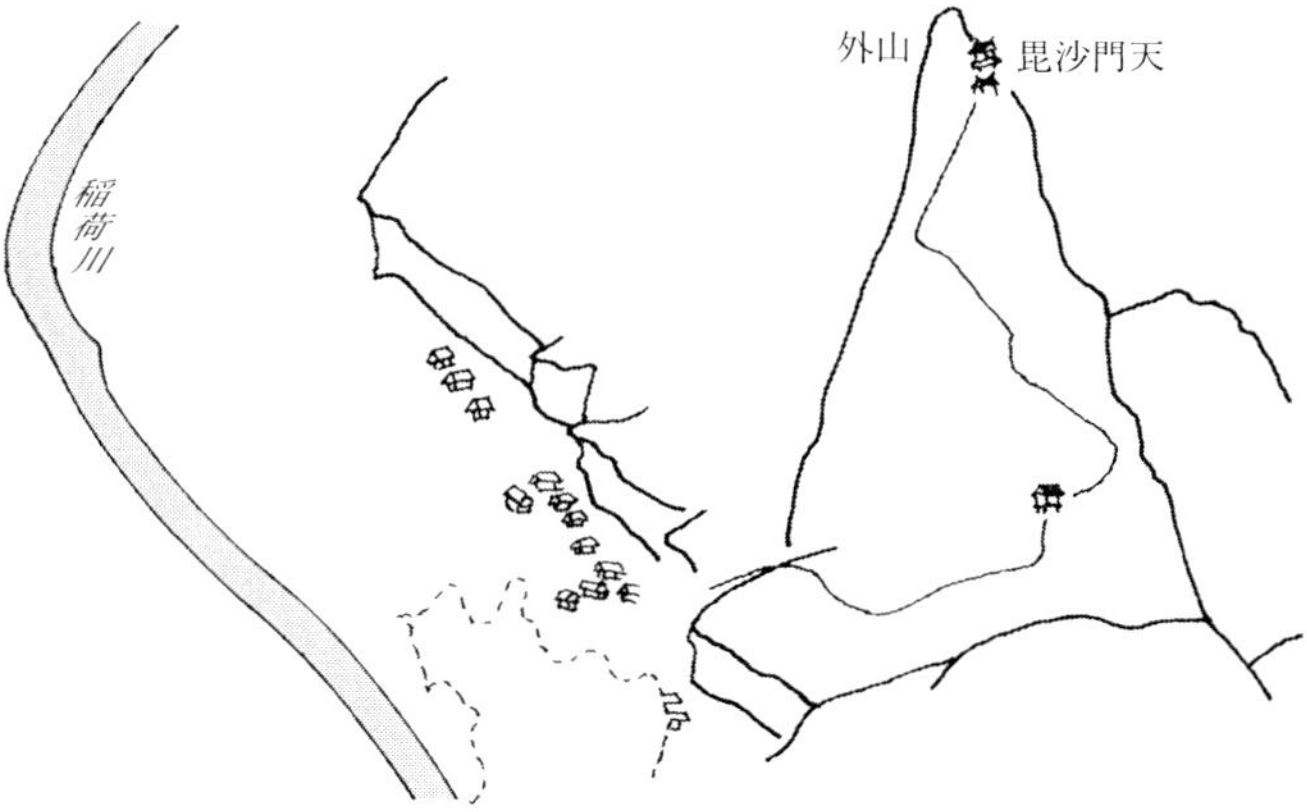

図4-6　寛永初年　稲荷川町の景観

註：「日光山古図」により作成。

の、極めて限定的な一〇年間の景観が示された絵図ということになる。

ただし、「日光山古図」の検討には限界もある。破損による判読不能の箇所、とくに大きく破損した稲荷川左岸は外山山麓の崖下に若干の町屋が確認できる程度である（図4-6）。また、西町も、田母沢以西の蓮花石町は省略されており、その景観をうかがうことはできない。しかし、それ以外の町については、おおよその景観を検出することが可能であり、検討に十分耐えうる。以下、この「日光山古図」を用いながら検討を進める。

3　鉢石町・西町の再編

鉢石町・西町は、「日光山謂記覚」元和三年条によると、東照社造営後、その祭礼の執行に組み込まれた。

鉢石・西町衆徒付被召上地代御赦免、御宮庭上ノ御掃除并仁王門番所輪番ニ毎日両人宛勤之

鉢石町・西町の屋敷は、日光山衆徒の得分として存在していたが、それを解き放たれた。地子は免許され、その代わりに東照社の庭上の掃除とその仁王門前番所への勤番を輪番で勤める御役の負担を命じられた。

最初に鉢石町について考察する（図4-7）。神橋以東の大谷川右岸には、天正年間の「日光之絵図」と同じように、両側町として描かれている。東端には通りから外れた北側の平坦地、および南側の山際に宗教施設が描かれる。

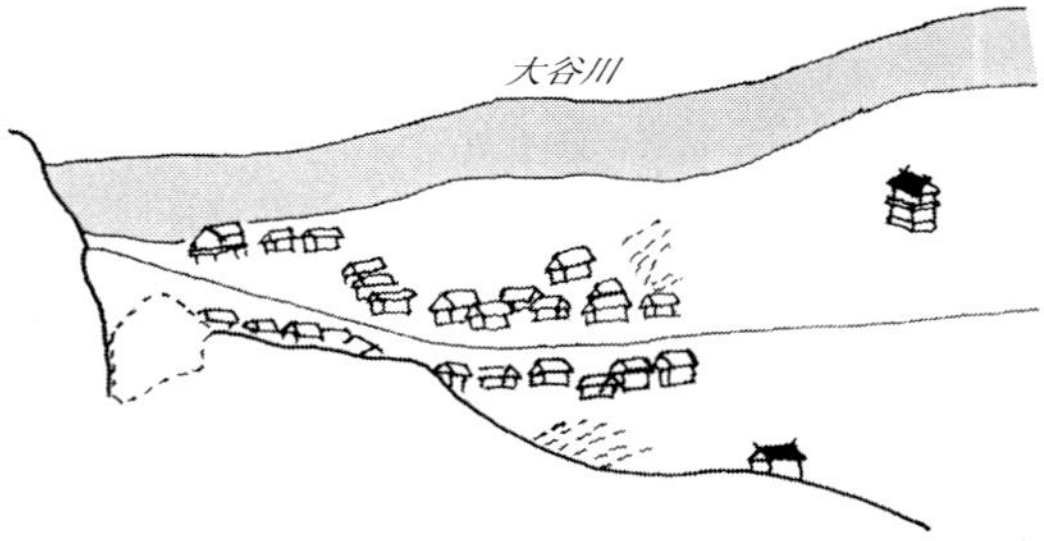

図4－7　寛永初年　鉢石町の景観

註：「日光山古図」により作成。

これらは、寛永四年（一六二七）真言宗から天台宗に改宗された栄蔵坊（現・観音寺）の門徒六供とみられる。「寛文三卯年絵図」をみると、門徒の宝珠院・守蔵坊・宝蔵坊は通り北側の町並の裏手、円長坊・真乗坊・守養坊は南側の山際にあり（前掲図4－3）、現在の中鉢石町の東端から下鉢石町の範囲に所在している。これらの寺院には移転伝承がないことから、寛永初年にも同位置に所在していたと見てよい。したがって、この町は、ほぼ中鉢石町および上鉢石町に相当する。

中鉢石町は、本節1でみたように一五世紀以来の市町鉢石である。しかし、栄蔵坊の門徒の位置を参考に対照するなら、段丘面を一段あがった現在地へ移動していると見なせる。また、神橋寄りの北側の町屋は通りよりも大谷川近くに描かれ、通りから川岸にいたる、東側の町屋よりも奥行のある長地状の地割を示している。その景観は、上鉢石町のうち西側の地割に一致している。文政八年（一八二五）「光嶺秘鑑」[87]巻一の神橋条には、次のような「里老」からの聞き書きが見える。

> 扨此所ハ御遷座の事に仍て荊棘をはらひ嶮岩を裂て直道を達し橋を設け通路の便宜とせられしより商家連住し町坊修飾せし事にて、扨里老ノ話れるを聞に、上鉢石坂上へもと星の宿山上より続きたる高山なるを坂口・下馬まで山の中腹を悉く切平らけられて中段に造れる町並なり、今中鉢石と言る北裏ハ町家の際まで押寄て大谷川の水瀬にて有て故に町幅至て狭し、其川瀬を山腹を切開らきて土石をもて塡められ、川筋を小倉山の麓寄へ疏鑿しけるゆへ今ハ川瀬北岸へ接し中鉢石・下鉢石迄の北裏通平坦の通路とハなれる由、されとも元河原の跡なれハ大石多く道路にまろへり

これは、東照社造営にともない、「直道」を通し、橋を設けて「通路」の便宜を図った結果、商家が「連住」するようになったとする、鉢石町の町割伝承である。ここに、上鉢石町は観音寺山の中腹を開鑿して造られた町並とある。また、中鉢石町北側で、開鑿して出た土石を利用し大谷川の川瀬を埋め立て、川筋を小倉山の麓寄りに付け替えることにより、中鉢石・下鉢石町の北裏通りを平坦にしたとある。鉢石町は、東照社造営にともない、町割が進められ、再編されたのである。

鉢石町の名主は、一六世紀中葉以降、座禅院家来で山中奉行であり、鉢石町をも管轄していた杉江家が世襲するようになったと伝える。杉江家は、同家の屋敷書上をみると、天海から下鉢石川久保に屋敷を拝領したとある。また、天海に召し出された家来である添田太左衛門(88)（前掲表2-5参照）の屋敷も下鉢石町に所在するが、その来住は、後述するように、山内仏岩にあった屋敷が寛永一二年（一六三五）御仮殿建立のため移転させられたさいと見られる。元禄年間（一六八八〜一七〇四）に日光山御留守居に提出した同家の由緒書(89)によれば、初代太左衛門は、「大師（天海）様ゟ隠居屋御造立被為　仰付被下置」とあり、下鉢石町の屋敷は天海からの拝領屋敷であった。すなわち下鉢石町も「日光山古図」の景観の下限である寛永一一年以降に町立されたことになる。

鉢石町の出店であった河原町にも変化がみられる。「造営帳」には、寛永一三年（一六三六）に竣工した日光東照社御厩屋（神厩舎）に釜石を二つ納品した商人として「日光かわら町」の五郎兵衛がみえる。五郎兵衛は石工であり、河原町は、すでに塗物店に特化した町ではなくなっている。天海が日光山に入院して以降、鉢石町は、東照宮造営とあいまって、町域も商業機能も変化していった。

同様に、田母沢以東の西町の景観も大きく変化した（図4-8）。

大門は、天正年間の「日光之絵図」にも描かれていた妙覚門である。大谷川とほぼ平行して神橋から妙覚門にいたる道、中山通り西の賄《まかないざか》坂と呼ばれる坂の延長線上に中禅寺に向かって延びる道、そして、両者をつなぐ三

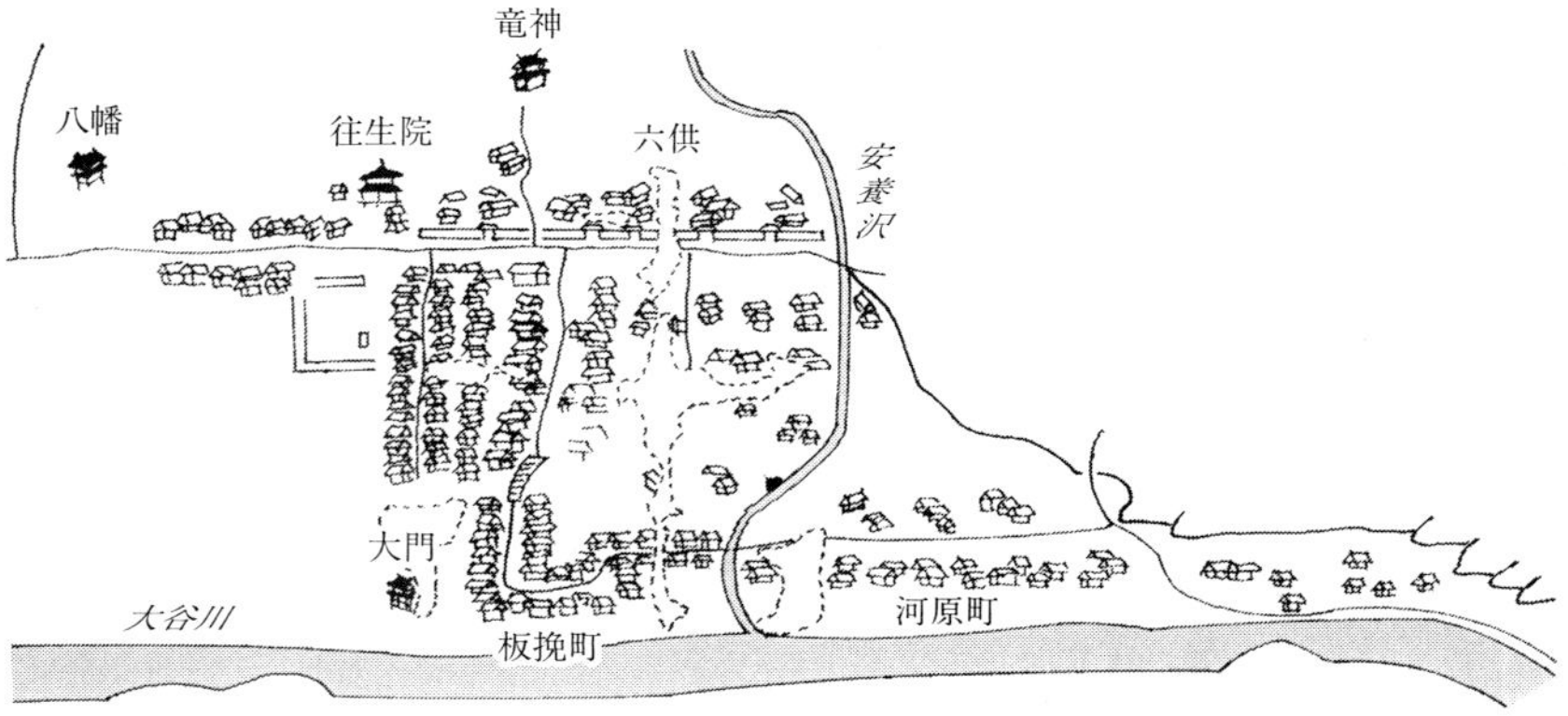

図4－8　寛永初年　西町･河原町の景観

註：「日光山古図」により作成。

本の南北の道がみえ、これらの道を軸とする両側町が展開している。これらの道は、地理上の特徴と地誌・年代記にみえる宗教施設の位置を通じ比定することができる（前掲図4-4）。

西町は、既述したとおり、一六世紀に低湿地帯に開発された渡内屋敷を原形とする。「日光山古図」にみえる景観を獲得したのは天海の入院以降、とくに東照社造営後と考えられる。その根拠には、天海が実施した給人に対する屋敷割をあげる。ここでは、本坊御納戸役を歴任した家の一つである渋沢武兵衛家を事例とする。渋沢家は、座禅院権別当昌淳以来の御本坊御家来と伝え、そのうち唯一西町に屋敷を拝領した家である。元禄年間に日光山御留守居に提出された渋沢家の由緒書[90]には、次のように記される。

> 永録（禄）二年粟野郷之内拾五貫所、渋沢弥八郎ニ被下置候由、昌淳法印御判形、尓今所持仕候、天正十五年昌淳法印御代官途渋沢左京亮と被下候御判形一通、尓今所持仕候、慶長五年昌淳法印官途名渋沢五郎右衛門と被下候御判形、今所持仕候
>
> 祖父　　　　　渋　沢　武　兵　衛
>
> 慈眼大師（天海）様御代御奉公申上、其節家屋敷拝領仕候、武兵衛義、弓指南仕候由ニ而居宅之裏ニ的場地被下置候、親渋沢武兵衛儀者　久門（毘沙門堂公海）様・本照院（守澄法親王）様迄相勤、其以後拙者唯今至迄御

奉公相勤罷在候、以上

渋沢三右衛門

渋沢家が屋敷を拝領したのは下本町である。その屋敷内には沼中稲荷が祀られる。この稲荷は大門林稲荷・大門稲荷と、妙覚門に由来する地名を冠することもある。嘉永五年（一八五二）に花表を再建したさいの棟札には次のように記されており、その勧請された時期が判明する。

寛永十二乙亥年献金従京都藤之森贈　正一位之宦厥、後於先代亦同所献金進　宦二級、嘉永二巳酉年冬十月

浄土院大僧都慈隆奉納金寄附、右同所従本宮祠宦松本筑前守贈増　宦之璽書

渋沢総之丞照興再拝謹識

これによれば、沼中稲荷は、寛永一二年（一六三五）に正一位の神階を京の藤森稲荷（伏見稲荷）から授与されている。これは沼中稲荷の勧請された年とみられる。このことから、沼中稲荷が祀られる渋沢家の屋敷の拝領は、寛永一二年以前となる。しかも、天海が日光山内の空間編成および惣山組織の編成に着手したのは元和五年のことであるから、その屋敷拝領も元和五年以降と考えざるを得ない。

また、前節でみた六職人の一、大工職を務める鈴木弥次右衛門は、前節で述べたように、元和五年以降、板挽町に屋敷を所持した。この渋沢家と鈴木家、および板挽町年寄山内家の屋敷を前掲の図4-4に示した。それらは、まさに南北軸の道沿いに表間口を有する。とくに、鈴木家・山内家の屋敷を含む板挽町については、この段階ですでに後の町域が確立されていた。この地は、前述の通り、渡内屋敷のあった地である。渡内屋敷は、新たな住人を迎えて再編され、板挽町として町立されたと想定せざるをえない。そして、そのほか町割が進められ、西町が成立したのである。

このように、鉢石町・西町は、日光東照社造営以降、とくに元和五年から寛永初年までの間に町割がなされ、

再編された。当該期は、東照社例祭が成立し、日光山惣山組織の編成が進展した時期である。この時期に町割がなされたのはなぜだろうか。

その一つの手がかりとして、栃木県立博物館所蔵の「日光東照社祭礼図屛風[91]」の景観がある。この屛風絵は、寛永一三年ないし同一七年の御神忌法会における神輿渡御を描いたものと考えられるが、その左隻第五・六扇下方に西町の描写がみうけられる。大谷川沿いに立地する町は物資の集散地として描かれ、俵を背負う馬を引く馬借がそこから山内に向かい、安養沢とみられる河川の西岸を北上していくようすが描かれている。

実際に、板挽町東側に立地する河原町には、享禄年間から鉢石町商人の出見世が存在した。初期の板挽町についても同様に、物資の集散地であったと想定できる。

そこで、板挽町の立地を図4-4を再度見てみると、その屋敷地に引き寄せるように大谷川から引かれた堀があることに気づく。この堀は、江戸新橋の仕立屋で多くの紀行文を残したことで知られる竹村長喬（独笑庵立義）が文化一五年（一八一八）四月に著した「日光巡拝図誌[92]」に「新堀」と呼称されている。板挽町の町立の仕方をみると、大門内に通じる参道の北側に板挽町年寄の山内家の屋敷が、また、南側には大工職鈴木家の屋敷が置かれている。鈴木家の屋敷は、第二節で明らかにしたように御細工所として与えられたものであり、ここで大工職としての役務が遂行されていたはずである。前節でみたように、屋敷拝領者が他国職人・商人の定着に介在したことを考えると、大工職鈴木家が板挽町の町立に重要な役割を果たしたことは想像に難くない。そう考えたとき、この新堀は、鈴木家を中心とする作事で用いられる材木を浸水する用途や、その他物資の集散と関わって開削された可能性が高い。

このように、中世末期までに開発された日光古町である鉢石町・西町は、元和五年、日光山における東照社を中心とした祭礼を創設するのにともなって再編され、町割がなされた。そのさい、従来の商業空間である鉢石町だけでなく、西町もまた、とくに物資の集散地としての機能をもつ空間として整備されたのである。

4　日光新町の形成

東照宮造営以降には、前述したように、会津・遠江など他国出身の職人・商人が来住した「山内所々ノ俗家」により日光新町が形成された。「日光山古図」をみると、山内には幾筋かの道沿いに多くの町屋とみられる屋敷が描かれている（図4-9）。ここでは、仏岩・東山と中山を中心に検討を進める。

まず仏岩・東山を見てみる。ここには堂社の周囲に町屋が見受けられる。既述した石町が立つのも東山である。仏岩では、他国から来住した職人を確認することができる。石工の坂本甚右衛門である。甚右衛門は、寛永九年（一六三二）六月二四日、江戸の芝増上寺内の台徳院殿御霊屋の作事において、「石屋」として、その本殿床下石の銘文に[93]「坂本甚左《ママ》衛門尉重正」の名を残しており、成立期江戸において台頭した職人と見られる。甚右衛門は、日光東照社の大造替における「造営帳」にも、東照社の敷石・石垣・玉垣・石瓦門・井筒・水道・石橋・土台などの石材を多数納品した「石屋」として頻出する。その在所は「日光」とあり、東照社大造替にともない日光に来住したことがわかる。その屋敷の在所がより詳しく記されているのは、紀伊高野山清浄心院の「下野国供養帳」第三[94]である。甚右衛門は、寛永一五年（一六三八）二月一四日に同院と結縁し、その供養帳に「日光山仏岩」を在所としていたことが明記されている。江戸から来住した坂本甚右衛門の屋敷は仏岩に存在したのである。

また、「造営帳」には、次のような記事がある。

一　御仮殿ノ場ニ居中者共屋敷替引料　　御馬屋別当 半兵衛㊞
　　其外御大工小屋場共ニ　　添田 太左衛門㊞
　此金百参両也　　仏岩ノ 助兵衛㊞

妙　忍　坊㊞
鏡　観　坊㊞

日光東照社の大造替を実施するさい、その本殿から祭神を遷す御仮殿が仏岩に建立された。その御釿立は寛永一二年正月に執行されている。これは、御仮殿建立に先立ち、その地所と周辺に所在した給人や一坊の屋敷を他所へ引いたさいに渡された屋敷替の引料の請取である。同所にこれらの屋敷が所在した事を示している。

このうち筆頭にあがる御馬屋（御厩）別当半兵衛は東照宮御神馬の飼育を役務とする給人で、若林を姓とする。寛永町割後に下大工町に移ることになる半兵衛の屋敷は、このときまで御神馬が飼育される下御厩内に所在した。その場所は現在御仮殿が立つ石鳥居東方にあたる。しかし、この屋敷替によって、下御厩は河原町に移動させられたのである。

また、添田太左衛門は、天海に召し出されて奉公した御本坊御家来である（前掲表2-5）。添田家の屋敷もまた、寛永一二年以前、仏岩にあり、この屋敷替によって下鉢石町に移ることになる。

このように、仏岩・東山には不規則に町屋が散在していた。それは、町割が実施されたわけではなく、急激に増加した来住者の屋敷が必要に応じ不規則に設定されたためであると考えられる。そのなかには、これら給人の屋敷も存在していた。

次に、中山に焦点を移してみる。中山には、仏岩・東山とは異なり、整然とした両側町が描かれている。この両側町は、前述した、寛永一〇年六月、御幸町の町号を付与された新町（中山新町）に相当する。「造営帳」には、この新町の「中通」に寛永一三年に竣工した東照社御供所からの排水路となる割石水道を引いた記事がみえる。この町には、寛永一〇年（一六三三）六月一日に座主天海から次に掲げる判物[95]が発給された。寛永大造替以前の数少ない同時代史料の一つである。

図４－９　寛永初年　山内の景観

註：「日光山古図」により作成。

日光山　東照大権現御勧請以来基立之間号御
幸町、依之永代諸役令免許畢、者守此旨、
御祭礼其外之御奉公不可有如在者也
　寛永十癸酉
　　六月朔日
　山門執行探題大僧正天海（花押）

「日光山譜記覚」には、この判物の発給について、「天海大僧正ヨリ中山新町ェ　東照宮御遷座之砌基立ノ功并ニ御祭礼御道筋ニ付御幸町ト改名被仰付、永代諸役免許之御証文被下置候」と記されている。中山新町は、東照社遷宮に寄与し、その神輿の渡御する祭礼の御幸筋に位置したことから、「御幸町の町号と諸役免許の特権が与えられ、「御祭礼其外之御奉公」、すなわち東照社祭礼の御役を遂行することが求められた。

新町は唯一、町号と諸役免許の特権を得た町であった。その特権的な位置づけは景観上にも確認できる。その東端、長坂の坂上には、ほかにはみられない櫓状の屋敷建築がみえる。同様の屋敷は、同時期の「江戸図屏風」にも見え、角屋敷と呼ばれている。角屋敷は、明暦大火（明暦三年＝一六五七）以前の江戸や、江戸時代初期に形成された各地の城下町において、町立にさまざまな形で関与し、その町を実質的に支配した有力上層町人が表通りの角地に建てた特徴ある屋敷である。(96)この屋敷の所持者が新町のなかで特異な位置にあったことともに、こうした特異な外観を有する屋敷が立地する新町自体に他の町とは異なった性格があったことを示している。

新町には、天海の家来など日光山の給人の拝領屋敷が存在した。御菓子職で御本坊御家来を兼ねた入江喜兵衛は、既述したように、新町に拝領屋敷をもち、その重立になった。日光山の御用医師である山中療病院の初代山名道与も新町に屋敷を拝領したと伝える。高野山清浄心院の「下野国供養帳」第三(97)には、寛永一一年三月二一日、山徳院妙連大姉の追善供養を依頼した「下野国日光山山名道与医師」がみえ、来住が確認できる。寛政一〇年（一七九八）正月に山中療病院が自らを社家格とするように願い出た願書や享和三年（一八〇三）一一月の「由緒書」(98)によれば、駿河国沖津（現・静岡県静岡市清水区）の出身で、天海の推挙により家康に仕えた医師と言い、東照社造営のさいに供奉する役人の道中病用のために随行し、台命によってそのまま日光山内外の給人への施薬・療治を命ぜられ定着した。そのさい、屋敷は「元御幸町」に拝領したとある。

新町の職人・商人には、第一節において「造営帳」から明らかにしたように、舟運で江戸の市場と連なるものがみられ、佐藤作兵衛をはじめとする有力な職人・商人が存在した。駿河屋高島庄左衛門もその一人で、寛文八年（一六六八）八月に原町の八幡に奉納した石鳥居銘によれば、阿州、すなわち阿波国（現・徳島県）の出身である。このように、中山新町は、重立の入江家をはじめ、駿河・阿波など他国より来住した職人・商人により構成された町であり、寛永一〇年には東照社祭礼との関わりから町号と諸役免許の特権を与えられた町であった。しかも、ある程度規則性のある両側町が形成されており、町を編成する何らかの力が働いたはずである。角屋敷の存在や重立たる特権的な職人の存在、そして、町を追認する天海判物の発給事実をふまえれば、それには特権的な職人による求心力を想定できる。

以上、寛永初年の町を「日光山古図」から復原し分析してみると、日光山の門前集落として成立した日光古町は元和五年以降、日光東照社祭礼の成立過程のなかで改めて町割がなされて、鉢石町・西町に再編され、その商業機能を強化されたことがうかがえる。また、他国からの職人・商人の来住により、山内にも町屋が乱立するようになった。その出身地は、会津・江戸・駿河・遠江・阿波など、遠隔地も含まれる。とくに東照社に隣接する山内の仏岩・東山は、町屋が高密に存在した空間であった。その背景には、前述したように、衆徒・一坊が坊舎を質入ないし売買するという現実があったと見るしかあるまい。そのなかで東照社の膝下に位置する中山新町は、寛永一〇年に東照社の祭礼に組み込まれ、祭礼そのほかの奉公を勤める代償として、町号の授与と諸役の免許を獲得した。当該期の町は、東照社造営と祭礼の形成という「荘厳」を背景とする、さまざまな要素をもつ諸町から構成されていたのである。

第四節　日光惣町の御役編成

1　寛永町割の施行

これまで述べてきた町を整序立てたのは、寛永一七年（一六四〇）から翌一八年に実施された寛永町割であり、日光惣町の成立であった。山内の町屋は山外に移転させられたのである。

寛永町割の施行にかかわる同時代の記述として、林羅山（信勝）が編んだ「東照大権現二十五回御年忌記」[99]の寛永一七年四月一九日の記事は注目できる。それは、家光が御神忌法会のために在山している最中、日光を発駕する前日の行動である。ここには、「大樹、復詣霊廟、巡覧社辺、命曰、所近於宮傍之院庵、宜除撤而遠之、備失火可也」とある。家光は、当日の法会が終了した後、再び東照社に参詣し、その後その周辺を巡回した。そして、東照社の傍近くにある院・庵を取り除き、遠ざけよと命じたのでる。それは、失火に備えるためであったと記される。

東照社近くに当時存在した一山菩提所たる妙道院の歴住記である「妙道院歴代記[100]」には、二世祐誉の伝記中に次のような記事がある。

同十七年仏岩者　東照宮御社地之近辺ナル故ニ火災ヲ厭テ、彼ノ所居住ノ衆徒・一坊他所ニ移ス時ニ　釈迦堂并ニ当院ヲ西町ノ玉沢（田母沢）　地蔵堂之東ニ曳移ス、公儀ヨリ曳料トシテ人歩（夫）二千人・金三百両ヲ賜フ、云々

家光の下命は、東照社周辺の坊舎および社堂を整理することにより、その防火を図ることを目的としていた。この家光の下命には現実に発生した火災が背景にある。それは寛永一五年（一六三八）正月二七日の大火で、寛永一三年に大造替がなった日光東照社の本社をも危険にさらした。「江戸幕府日記」によれば、その翌々日、将軍家光のもとにその情報がもたらされていた。

一　去廿七日、日光　院家之屋敷ゟ火事出来、坊舎焼失之由、注進、雖然、　東照大権現御宮無異儀云々、依之、秋元但馬守（泰朝）被差遣、人馬之　御朱印被下之、并継飛脚被遣之

ここでもっとも注意が払われているのは、東照大権現御宮、すなわち東照社の安否であった。飛脚がもたらした情報では安全と確認されたものの、事実確認のため東照社の造営惣奉行である秋元泰朝が派遣された。また、火元は院家屋敷とされる。教城院天全の編んだ「旧記」寛永一五年正月二七日条にも同じ大火について記す記事があり、それによれば、火元は「馬町弥陀堂ノ辺町屋」とある。弥陀堂は往生院の阿弥陀堂であるから、この院家屋敷とは往生院を指すことになる[101]。馬町とは、山内善女神谷の一角で、後には日光目代役宅・日光定番梶定良拝領屋敷・火之番屋敷などの役宅が設けられる空間である。

「江戸幕府日記」寛永一五年二月一日条には次の記事があり、秋元泰朝と日光目代山口忠兵衛から飛脚が到来し、家光に対し実況見分に基づく詳細な被害状況が報告された。

一　従　日光秋元但馬守（泰朝）并大僧正家来山口忠兵衛（日光目代）方ゟ継飛脚到来、是去月廿七日、馬町ゟ火事出来、余火移御殿、類火之所注進之、所謂

一　御殿、院家屋敷、大楽院、浄土院、桜本坊、実相坊、山口忠兵衛、西谷之一坊衆十弐ヶ寺、南谷一坊衆十三ヶ寺、東谷（東山）坊壱ヶ寺、在家弐百六十余云々

「日光山本房并惣徒旧跡之記」によれば、当時、浄土院は東照社別所大楽院の北側の仏岩、桜本坊は東山（後の修学院境内に相当）にあったはずである。したがって、西町から山内東山・仏岩にかけて広範囲にわたって類焼したことがわかる。東照社もまた、東接する別当大楽院が焼失したことをみると、まさに被災の危機にさらされたことになる。

このほか「在家」、すなわち町屋も二六〇軒焼失したとある。寛政六年（一七九四）閏一一月「由緒書」[102]には中山新町の入江喜兵衛屋敷も類焼したと記されており、山中療病院山名道与について述べる先述の享和三年一一月「由緒書」でも同家の中山新町の屋敷が同様に類焼したとある。

この大火によって、東照社の周囲を取り巻き、ひとたび出火すれば東照社を類焼させる恐れのある町屋や堂社、衆徒・一坊の屋敷を整理することが課題となったのである。その帰結が寛永町割であった。この移転は、堂社や衆徒・一坊、さらには町屋まで、前述の「妙道院歴代記」にあったように、将軍家から引料（曳料）として人夫と金子が出され、公儀普請として実施された。前章までに明らかにしたように、寛永一七年は、第二五回御神忌法会が執行された年であるとともに、「宗廟」としての東照宮祭祀を志向し、徳川将軍家を正統な政権担当者として定置するために完成された「東照社縁起」を将軍家光が奉納し、また、奥院の造営を開始した年である。寛永

町割は、将軍家光による東照宮「荘厳」の施策に連動し、断行されたのである。

2　日光惣町の編成形態

寛永町割後、日光山下の町は日光惣町と総称されていく。その呼称自体の初見は、寛文五年（一六六五）「日次記」[103]である。正月三日、日光神領の町場である日光および今市の諸町の惣代と職人が本坊において輪王寺宮に御目見する年頭儀礼があり、そこで町の総称として現れたものである。

一　同（巳）刻、於御広間、日光惣町年寄御目見、先新（御幸町）町惣代、次鉢石惣代、松原町・石屋町惣代、次西町惣代、稲（荷）成川惣代、次御宮諸職人、大工棟梁、次今市平左衛門・同五郎左衛門・同勘兵衛・同善兵衛、右四人者独礼、次今市町惣代・鍛冶長左衛門御目見、何も進物別紙有也

これは日光山本坊に勤める御本坊御家来が輪番で記した「表日記」の一冊である。「表日記」は、寛文元年（万治四年＝一六六一）から慶応元年（一八六五）までの一四七冊（途中に欠本あり）が現存する。[104]この年頭儀礼自体は、その第一冊、万治四年正月三日条にも見える。これは、日光惣町の成立、すなわち寛永町割により成立した儀礼とみられる。御目見の順席に、新町、鉢石町、松原町・石屋町、西町、稲荷川町という五つの町組が現れる。承応二年（一六五三）一二月「下野国日光山之図」などをみると、鉢石町は上・中・下鉢石町および河原町、西町は板挽町（枝町の宮原町を含む）[105]・袋町（小袋町）・蓮花石町・原町・本町（上・中・本町）・大工町（上・下大工町）、稲荷川町は稲荷川一丁目・同二丁目・同三丁目・同四丁目および裏町などにより構成されている。

寛永町割の史料としてよく知られるのは、以下にあげる宝暦三年（一七五三）九月に教城院天全が編んだ「旧記」である。

同十七（寛永）庚辰年九月上旬、新町ヲ鉢石ノ下ヱ引之、其跡ヱ浄土院・実教院・光樹院・観音院四ヶ寺移之、山中

所々ノ俗家、稲荷町并松原ヱ引之、各引料被下之

同十八辛巳年、（中略）

同年十一月、秋元但馬守登山、衆徒・一坊・山中町人ヱ為引料惣高金子七千三百七拾両被下之、衆徒十一坊ヱ百五十両或ハ百両釈迦堂并妙道院仏岩ヨリ原ヱ引之引料三百両、六供・往生院ハ五十両、六供ハ十五両已下、一坊ハ五十両已下、町人ハ三拾両已下、各有不同

寛永一七年九月上旬に中山新町以下の町々が引料《ひきりょう》を与えられて移転させられ、さらに翌年一一月にも、松平正綱とともに奥院造替の奉行として登山していた秋元泰朝を通じて「山中町人」に対して幕府からの引料が出されたとあり、二か年にわたって町割が実施されたことがみえる。この間、権別当座禅院を廃し、その跡に将軍が社参のさいに用いる御殿を移し、また光明院の坊舎を整理して本坊の建築が整えられた。これらは、当然座主たる天海が実施したものであるが、幕府が引料を出していることから、防火を図る将軍家光の意志を反映してのものであったことがわかる。

町割についてより詳細に記すのは、次の「日光山謂記覚」である。その地の文のなかに、もともと割書であったとみられる部分があり、ここではそれらの文言を割書に改めて示した。また、「旧記」と重複する後半部分は省略した。

寛永十七庚辰年坊中・在家屋鋪皆引越被　仰付、中山新町并石屋町但シ山内ニテハ石町ト云、石屋町ハ今医王院之住所也其外ノ在家百坊ノ地寺中ニ居住仕候、西町六供今ノ地ヱ引六坊ノ寺、四軒町・袋町本ノ六供也、新町・石屋町・松原町坊中所々俗家鉢石下ヱ引、（引脱）料被下之、町家引之、所々坊中引料被下之、寺引之、（後略）

「旧記」と「日光山謂記覚」の記事や、先学(106)の述べるところによれば、町割の施行過程は次のように整理できる。

①中山新町を鉢石の下手へ引いた。

②石町を含む「山内所々ノ俗家」を、新町東側の松原や稲荷川町へ引いた。松原に引かれた町は、石屋町・松原町となった。
③西町で往生院の供僧である六供は大門内に移り（現・浄光寺）、その跡が四軒町・袋町になった。その他西町については明記されないが、このとき「山中町人」を引き、新たに東西の通りを通して町立がなされ、板挽・大工・本・袋・原の五町が成立したと考えられる。

ここに成立した町において、町年寄となったその多くは、日光方の大工棟梁や木挽棟梁であった。

新町＝御幸町は、中山にあった時代から六職人入江家を重立としていた。その入江家の宗意は、稲荷川町や、その隣村で所野村の枝村である小倉村にも影響力をもっていた。それは、寛文六年に実施された日光神領の総検地によってうかがえる。すなわち、宗意は、この両村の検地にさいしてその名主格高橋弥次平・町年寄柴田所左衛門などとともに案内人として立ち、しかもその筆頭者であった[107]。このことは、入江家が稲荷川町や小倉村にも差配し得る立場にあったことを示している。日光惣町において、中山に所在して以来の御幸町とその重立入江家は卓越した地位に置かれた。

石屋町・松原町は、現在も金剛童子と称する石祠の祭祀を輪番で執行し、互いに兄弟町内と称している。既述した輪王寺宮御目見のさい、両町で合同して物代を出し、一つの座居を占めていることから、両町は山内では一つの町であったことが推察できる。すなわち東山にあり、散在する屋敷から成っていた石町であり、町割の結果、石屋・松原両町に二分され、再編されたものと考えられる。石屋町については、石町の系譜を引くとはいえ、米穀の請負商人としての特権は消失していたとみられ、むしろ石屋町の名の通り、石工の名前が前面に出てくる。

石屋町には、かつて仏岩に屋敷を構えていた石屋坂本甚右衛門が移転している。高野山清浄心院の「下野国供養帳[108]」第五には承応三年（一六五四）正月二一日に甚右衛門の名が見え、その在所を石屋町と記している。寛文四年（一六六四）五月、滝尾へ寄進された笠付円柱型石灯籠には、坂本甚右衛門勝興の名前が刻まれており、天和年間（一六八一～八四）の日光山修復御用も請け負っている(109)。当該期石屋町の町年寄については史料がなく不明であるが、新たに付された町名も考慮すると、この石屋甚右衛門が重立であった可能性が高い。

西町の場合、第二節で明らかにしたように、六職人大工職鈴木家に率いられる大工棟梁が町年寄となった町が多い。西町の町割には、大工職鈴木家の影響力が看取される。大工職鈴木家が重立となる板挽町のみは寛永初年の町域を引き継ぎそのままの形態を維持し、以後、西町の筆頭町内とされた。他の町については、新たに通された東西の通りを軸とする両側町として設定された。ただし、一部、もとの南北の通りに沿う屋敷割は継承され、新規に設定された町の横町に分割され、再編された。

稲荷川町は、名主格の御本坊御家来高橋家と町年寄の木挽棟梁柴田家などを重立としていた。この町は、稲荷川とほぼ平行する二筋の道にそって両側町が形成された。承応二年一二月「下野国日光山之図」をみると、東側の道沿いには、北から稲荷川一丁目、同二丁目、同三丁目、同四丁目の四町、西側の道には裏町が形成されていたことがわかる。寛文二年六月一三日の洪水について記す「旧記」によればこのほかに、鍛冶町、萩垣町と通称される町も存在していた。「日光山譜記覚」は、寛文二年の洪水時、流出したこの町の町勢を「皆成川町表町・裏町十三丁、家数三百軒余」と記しており、大きな町であった。

このように、寛永町割は諸町を、東照社造営・大造替に関わり他国から来住した六職人・日光方棟梁など職人を中核に編成するものであった。ここに日光惣町が成立した。六職人をはじめとする日光東照宮の「荘厳」のうち「常之御用」を担う職人は、以後、各町の運営を牽引する重立としての役割を果たしていった。とくに、入江家は、他町にも差配権を有し、日光惣町における指導的立場にあったことがうかがえる。

3　御役の編成

日光惣町の編成は、家光の命じた防火を契機に実施された。しかし、その編成は、寛永一七年以降における東照宮祭祀の推進にも対応し、以後、日光東照宮祭礼における役務の分担が明確化されるようになっていく。それは御役・御用などと呼称され、東照宮祭礼を惣山組織のもとで恒常的に分掌する祭礼役であった。次に、かかる御役の編成過程を明らかにしていく。

寛永町割後の御役賦課の状況を比較的よく示す史料に、慶安元年（一六四八）四月三日、東照宮第三三回御神忌法会にさいして将軍家光の日光社参に随行する大名・旗本に対して出された法度の一つである「下知条々」[110]がある。次に、日光山にかかわる第六条から第一〇条を抄出する。

一（第六条）於日光山、若火事出来之節、御殿并雖為近所、役人御定之外之輩、一切不罷出、面々宿所に有之て、合相待御下知事

一（第七条）御宮えは松平右衛門大夫（勘定奉行松平正綱）・太田備中守（奏者番太田資宗）罷出、可申付事

一（第八条）御殿より東方に火事出来之時は、井伊兵部少輔（井伊直好）・秋田河内守（秋田俊季）罷出、火を消へし、同西方に令出来は、水野備後守（奏者番水野元綱）・秋元越中守（秋元富朝）出向、火を消へし、勿論其坊中・其町屋に有之輩、精を入、火を消へき事

一（第九条）坊中・町方へも大目付之面々罷出、可申付事

一（第一〇条）御橋より外之町中・小屋等に火事出来之時も、御定之外之輩一切不可懸集、其一町切に相計之、堀美作守（堀親昌）罷出、火を消へき事

これは社参中の喧嘩・口論および火事の発生にさいしての対応を規定したものである。日光山で発生を想定された事項は火事である。このうち注目したいのは第一〇条である。「御橋より外之町中・小屋」、すなわち神橋東側の鉢石町から松原町の町屋、および鉢石町裏などに臨時に設けられる小屋などで火事がおきた場合には、定め

られた堀親昌のみが駆けつけて対応することとし、しかもその「一町切」で対応することが定められている。しかも、第八条には「町屋に有之輩」とあり、後の日光社参と同様、町屋に旗本や大名家来が寄宿していることがわかる。[111]町割によって成立した各町が、「一町」を単位に把握され、また、町屋を宿所とする宿割がなされていたことがわかる。宿割とは、公家や門跡、武家など日光山の法会への出仕者が日光に登山中の寝食に用いる宿所を割り当てるもので、山内の衆徒・一坊に収容しきれない出仕者の従者などの宿所については、日光惣町に御役の一つとして課されたのである。

慶安元年の日光社参にさいして発給された法度はこのほかに六通あり、計七通となる。この後の寛文三年（一六六三）社参時の法度は、慶安元年のそれを踏襲して定められたものであることが指摘されている。[112]寛永町割から正保二年（一六四五）宮号宣下を経て第三三回御神忌法会にいたる当該期が日光東照宮の御役賦課の形態を整えた時期であることを示している。

その一つとして注目されるのは、鉢石町の伝馬宿への指定である。鉢石宿は、日光道中の宿場町で、千住宿（現・東京都足立区）から数えて二一番目の宿である。問屋は、鉢石町名主杉江太左衛門が代々兼職した。宿の伝馬会所（問屋場）は上鉢石町と中鉢石町の境界にあたる観音寺坂下に設けられ、常備される建人馬は宇都宮宿以外の宿場町と同じ二五人・二五疋とされる。[113]その成立時期は、杉江太左衛門が熨斗目着用と帯刀の許可を日光山御留守居に願い出た願書である文化一一年（一八一四）七月「乍恐以書付奉願上候」[114]に「正保元申年鉢石御伝馬宿ニ被　仰付候ニ付、問屋役も兼」とあり、正保元年（一六四四）とされる。すなわち、鉢石町の伝馬宿としての機能が明確になったのは、日光東照宮に対して宮号が宣下される前年であった。宮号宣下は、江戸と日光山を結ぶ街道の伝馬制を確立させたのである。

新町（御幸町）に対しては、座主となった毘沙門堂公海が第三三回御神忌法会の翌年、天海の寛永一〇年判物によって定められた諸役免許と「御祭礼其外之御奉公」を、同様に判物[115]により安堵した。

日光山御幸町役儀、任寛永十年先師　慈眼大師先判之旨、至永代、令免許畢、者　御祭礼其外之御用等迄、厳重可相勤者也

慶安二年丑

二月二日　公海（花押）

これは、公海による代替り安堵である。以後、尊敬（守澄）法親王に始まり一二代にいたる輪王寺宮からもまた令旨形式による代替り安堵状が発給されていく[116]。

この安堵における「役儀」とは人足役である。御幸町は、以後、これら天海以来の判物・令旨を根拠に、鉢石町が伝馬役を転嫁しようとしても拒絶していった[117]。しかし、「祭礼其外之御奉公」「御祭礼其外之御用等」、すなわち日光東照宮祭礼に直にかかわる御役については、勤役を厭わなかった。この証文もまた、日光東照宮祭祀の確立を告げる第三三回御神忌法会を機に、町に対する御役の賦課が定型化されたことを示している。

また、元和三年遷宮以降に鉢石町・西町に対して定められた仁王門前番所への輪番勤務の御役についてもまた、慶安年間（一六四八～五二）に改定されたとされる。「日光山本坊并惣徒旧跡之記」によれば、東照宮仁王門前の番所から、新宮東側に配置される三仏堂（金堂）前の番所へと、勤役の場所が変更された。

このように、寛永町割以降、とくに天海の遷化後に公海が統率するようになった正保元年から第三三回御神忌法会の執行された慶安年間にかけて、日光惣町は御役を規定された。御役は、鉢石町や新町と、町を単位に定められたのである。

その御役の規定が成文化されたのは明暦元年（一六五五）九月一七日「日光山下知条々[118]」である。これは、第二章で明らかにした通り、将軍家綱の名のもとに、輪王寺門跡の成立期、日光山惣山組織の職掌をはじめて成文化

したものである。その第一一条・第一二条に日光惣町の御役が具体的に示される。

一（第一一条）御宮御掃除之事、御内陣者大楽院并社家可勤之、石間者宮仕、御拝殿者一坊并承仕可相勤之、惣門之内庭上・御拝殿之縁頬・楼門廻廊之内迄神人可勤之、但奥院者時分計之、大楽院御供所之役僧召連之、可相勤事

附、楼門之外、石鳥居、馬場通者、従鉢石町・新町・石屋町・松原町・河原町壱箇月、従稲荷川町壱箇月、従西町壱箇月充、替々可勤之事

一（第一二条）御堂御掃除之事、御内堂者竜光院并組頭・御供所之役僧四人可勤之、御拝殿并御廊下迄当番之一坊・承仕弐人可勤仕、唐門之内之庭上・縁頬・廻廊・夜叉門之内迄神人可相勤、但奥院者時分計之、竜光院并組頭・御供所之役僧可勤之事

附、夜叉門之外之庭上、上之御供所廻り・下之御供所内外、限常行堂前并新道・安養沢之木戸、従右之町中、如先条可掃除事

第一一条は東照宮、第一二条は大猷院の掃除について規定した条である。いずれも付けたりにおいて、東照宮の楼門（陽明門）外から石鳥居、馬場通り（町表）、および大猷院の夜叉門外の庭上、上御供所周り、下御供所内外（ただし常行堂前・新道・安養沢木戸まで）の掃除については、日光惣町の各町の月代わり輪番によって行うことが定められている。ここでは、日光惣町を、後に東町と呼称される鉢石町・新町・石屋町・松原町・河原町と、稲荷川町、西町の三つの町組に分け、それらの輪番制をとり、それぞれが一回一か月ずつ勤めることとされている。稲荷川町は、寛文二年洪水後に東町裏に移転し稲荷町と呼称されるようになるが、一八世紀前半、この御役を称して、古来よりの「日光惣町之三分一之御役」[119]と称している。日光惣町を三分した町組により分掌されたのである。

続く「日光山下知条々」の第一三条は次の条文である。

一　辻番三拾人之事、梶左兵衛佐可支配之、然者番所之儀、於　御本社二(仁)王門之内外弐箇所、上之御供所御門之外滝尾口江壱箇所、　御堂惣門之外壱箇所、竜光院下之御供所之上滝尾口壱箇所、合五箇所共、壱箇所付而六人充替々昼夜無懈怠可勤之、右之番所毎日組頭両人見廻可改之、若越度有之者、窺于左兵衛佐而、目代出合、相談之上可申付之、為私不可沙汰、此外三仏堂前之番所者、従右之町中、如先条、替々可勤之、是又両人之組頭改之、咎有之者、目代江相届、左兵衛佐相談之上可申付之事

これは、番所への勤番にかかる規定である。慶安年間に改定されたように、三仏堂（金堂）前番所への勤番を「町中」に課すことが明記されている。辻番もまた、三分の一御役の一つとされ、三つの町組による輪番制とされたのである。

この東町・稲荷川町・西町の三分の一という町組は、決して唐突なものではない。それは、それぞれが立地する鉢石村・稲荷川村（後　外山村）・向原村（後　蓮花石村）の領域に対応する組み合わせとなっている。これらの村は天海在世中は村切されていた形跡がない。これらの村が村切されたのは正保元年のことで、毘沙門堂公海が座主に就任した後、直ちに施行した、それまで高入されていなかった土地への検地によるものである。[120]このときの村高は、将軍家光が国絵図とともに編成した正保郷帳に詳しい。下野国の正保郷帳は、その奥書に慶安元年（一六四八）霜月の年紀があることから、慶安郷帳と通称されている。[121]その写本の一本が「下野国九郡郷村高附」[122]の表題で日光山に寄進されている。これによれば、鉢石村は高七五石四斗、稲荷川村（いなり川村）は高一六二石四斗二升、向原村は高三九石六斗八升九合の村高が打ち出されている。現存するのは、「日光山記家、不許他見」の朱印のある謄写本であるが、以下のような奥書がある。

此書者、依　大将軍源家光公鈞命ニ、本朝六十余州、糺国境ヲ、窮(究)郡界、野之下州者、土井遠江守(古河藩主土井利隆)・

奥平美作守（宇都宮藩主奥平忠昌）両家拝是、図是、而以納江城ノ宝庫ニ也、其下書有残余、因焉（ママ）当社明神ノ神職等、就其、予其図希望、甚深切也、予曰、需之《モトムルコト》為何乎、職対曰、後世作榜様也、於是、予曰、宜哉也、汝言語曰、雖百世、可知也、不能辞、則模写以寄附焉

慶安元戊子霜月吉辰

土井利隆（下総国古河藩主）・奥平忠昌（下野国宇都宮藩主）はともに下野国絵図・郷帳の編成を行った絵図元である。絵図元のいずれかの手元に残る下書から、日光山側の求めにより寄進されたものである。寄進を求めた理由は、「後世作榜様也」と、後々、神領村々の境界を明らかにするためであった。慶安元年ころ、日光山惣山組織では、正保元年検地により定まった村々への関心が高かったといえる。それは、御役の編成を進めようとする意図と密接に連関したものといわざるをえまい。すなわち日光惣町における御役編成も、正保元年の村切により確定された枠組みに習っていた。日光惣町への御役の賦課は、毘沙門堂公海が宮門跡を擁立することを前提に座主に就任して以降、確立されたのである。

このように、寛永町割を経て生み出された日光惣町は、毘沙門堂公海が座主となり、日光山惣山組織の編成が進められるなかで、その勤めるべき御役を定められることになった。これらの御役は、前章までに分析を進めてきた近世日光山における東照宮の「荘厳」を分掌するものであった。

それは、日光社参のさいに課される宿割にも顕著に示される。表4-7は寛文一一年（一六七一）四月二〇日、三代将軍家光の第二一回御忌法会が執行されたさいの宿割帳から、出仕した公家と、その饗応にあたった武家の宿割を抜き出して一覧にしたものである。宿割帳は、宿割について、割り当てられる出仕者、および宿所となる屋敷を書き上げたもので、日光社参や、東照宮の御神忌および大猷院の年忌のさいに江戸から派遣された祭礼奉行によって作成された賦課台帳である。出仕者と屋敷主の両方を明記した宿割帳としては、明治三〇年（一八九

表4-7　寛文11年(1671)4月　主要公家・饗応役武家の宿割

職　掌	公　家	宿	饗応役の武家	宿
勅使	久我前右大臣広通	(東山)桜本坊＊	御馳走人　京極備中守高豊	鉢石　観音坊 ※上鉢石より中鉢石迄之両輪
			御賄　伊奈左門忠利	(東山)　桜本坊ノ内＊
法皇・新院使	油小路大納言隆貞	東山　安居院＊	御馳走人　松平備後守恒元	東山　唯心院＊ ※(東山)妙月坊
			御賄　深谷忠兵衛吉永	(東山)　安居院ノ内＊
本院使	藪大納言嗣孝	仏岩　恵乗院＊	御馳走人　酒井大学頭忠恒	仏岩　養源院＊ ※東山　能観坊・仏岩 林教坊
			御賄　福村長右衛門	(仏岩)　恵乗院ノ内＊
女院使	五条中納言為庸	東山　禅智坊＊	御馳走人　六郷伊賀守政勝	東山　法門坊＊ ※(仏岩)妙力坊・大月坊・妙日坊
			御賄　熊沢彦兵衛忠徳	(東山)　禅智坊ノ内＊
例幣使(東照宮例祭)	平松宰相時量	西山　正円坊		
執綱	山木中将実富	仏岩　通乗坊		
執蓋	極﨟冬仲	仏岩　鏡徳坊		
被物役人			秋田淡路守季久	中鉢石　新右衛門
			大沢右近太夫尚親	下鉢石　市郎右衛門
			石川市正総氏	下鉢石　太左衛門
			小笠原丹後守長定	西山　円祐坊
			三好石見守政盛	新町　長兵衛
			稲葉出羽守正喬	東山　祐南坊
			東条稲葉守義叔	新町　三郎兵衛
			能勢山城守頼澄	上鉢石　平左衛門

註1：「大猷院殿二十一回御忌御法会記」(明治30年1月平賀慶寿写、宇都宮市明保野町 平賀イク家文書)により作成。
2：公家だけでなく門跡・僧侶・武家など全出仕者への被物を管掌する被物役人も含めた。
3：宿のうち網掛けは日光惣町の町人屋敷への宿割を示す。また、※は家臣の宿である下宿を指す。＊は衆徒。

七）作成の写本ではあるものの、表の典拠とした「大猷院殿二十一回御忌御法会記」(123)が現存最古の宿割帳である。この年日光山において執行されたのは前将軍家光の年忌法会であるが、その忌日である四月二〇日の三日前は東照宮の例祭当日に当たり、このとき参向した公家は、東照宮の例祭にも出仕し、その前日一六日に執行された例幣使による一社奉幣にも出仕しているので、このときの宿割は、東照宮「荘厳」のための御役賦課と同質のものと見てよい。

本表に明らかなように、出仕した公家のうち、勅使・院使など、そして本来は東照宮例祭へ出仕することが本務の例幣使は衆徒の屋敷を宿所としている。一方、その饗応に当たった御馳走人・御賄などの武家およびその家臣の宿所には、基本的には、公家の宿所と同じ屋敷か、あるいはその隣接地に立つ衆徒・一坊の屋敷を充てていたことが読み取れる。しかし、勅使久我広通の御馳走人である京極高豊（讃岐国丸亀藩主）のみ、鉢石町の観音坊（観音寺）が宿所で、その家臣団の入る「下宿」には観音寺の坂を下りた左右に位置する上鉢石・中鉢石両町の「両輪」が宛てられている。この宿割帳では、町の中央をほぼ東西に走る道を軸に、その北側の片側町を「北輪」、南側を「南輪」と称している。このほか公家を含め、法会の出仕者に将軍から賜る被物《かずけもの》の差配にあたる被物役人を勤めた中奥小姓の場合には、八人中六人の宿所が上鉢石・中鉢石・下鉢石・新町の各町内の町人屋敷に割り当てられている。これら公家は、第一章で見たように、日光東照宮の「荘厳」において重要な天皇の勅を奉り、その祭礼を勅会とする役割を果たす存在である。大名・旗本が指名されて出仕する、その饗応役や被物役人もまた「荘厳」の裏方を担う重要な役割であった。その饗応役・被物役人が山内で収容しきれない場合、日光惣町の内に宿割されたことを示している。

日光惣町が負担する御役とは、家光の営為による、天皇の勅を原理とした日光東照宮「荘厳」を分掌するものに他ならない。日光惣町は、日光山惣山組織のなかに位置づけられ、日光東照宮「荘厳」の役務を分掌するようになったのである。

4　御役編成の原理

日光惣町における御役編成には、どのような原理が働いていたのであろうか。

「仮名縁起」は「神は敬によつて威をまし、人は信を以て得益す」という家光の言で、また、「真名縁起」は東照大権現の功徳を「永守子孫、利益衆生、有御誓願」と説くことにより擱筆されている。東照大権現は、曾根原理[124]が指摘したように、衆生救済を目的とし個人から社会全体までの吉凶を占う仏教に裏打ちされて、現世利益をもたらす存在として位置づけられている。すなわち理念的に、民衆は、東照宮の祭礼を通じ、東照大権現の功徳を融通される存在であった。

その具体像は、早くも元和三年遷宮時に見出すことができる。行赦および五日間の殺生禁断の執行である。これらは、五畿内・東山道・北陸道・山陰道・山陽道・南海道の諸国、そして大宰府を宛所に各一通ずつ、計一四通の官宣旨を法源として発動された。例として、東山道諸国宛の殺生禁断官宣旨[125]を次に示す。

左弁官下　東山道諸国

　応令国郡司等殺生禁断事

右権大納言藤原朝臣（大炊御門経頼）経頼宣、奉　勅、来自四月廿二日、於下野国、就　東照大権現本地薬師堂供養五箇日間、

宜下知諸国限件日可殺生禁断者、諸国承知、依宣行之

　元和三年三月十七日　　大史小槻宿禰（壬生孝亮）奉（花押）

右大弁藤原朝臣（広橋兼賢）（花押）

官宣旨の内容は、殺生禁断を、元和三年四月二〇日から二二日、本地薬師堂において執行された法華万部供養

（万部会）の結願後に実施するというものである。行赦官宣旨も同じ様式で、事書に「応令国郡司等行赦事」、伝宣の内容に「来自四月廿二日、於下野国、可有　東照大権現本地薬師堂供養、宜令行赦者」と記され、同様に法華万部供養結願後に行赦を執り行うことが述べられている。

「孝亮宿禰日次記」(126) 同年四月一九日条には、その発令される状況が次のように記されている。

　薬師堂供養開眼供養有之、大樹於権現社頭有御見物、供養著座三人、日野大納言資勝、冷泉中納言為満、四辻宰相中将、政官頭右大弁兼賢朝臣、少納言坊城長維、大外記師生朝臣、左大史孝亮
　就堂供養、奉行頭弁仰行赦事、予、五畿七道宣旨五畿内・東山・北陸・山陰・山陽・南海・大宰府等諸国（使脱）、七通調之、検非違使ニ下之副使宗岡亮行
　殺生禁制宣旨下五畿七道、七通、於庭上、下検非違

奉行広橋兼賢が薬師堂の庭上において行赦と殺生禁断を順に伝宣し、官務壬生孝亮が調進した五畿七道宛の官宣旨を検非違使副使宗岡亮行に下している。供養の進行と官宣旨の発効までの過程をふまえるならば、功徳を与えるのは、東照大権現そのものではなく、その本地仏である薬師瑠璃光如来であった。その功徳が、天皇の勅を奉った官宣旨を法源として、全国の民衆に融通された。

これら官宣旨に実効性があったことは、「本光国師日記」(127) 元和三年（一六一七）三月八日条から看取できる。この日、以心崇伝は、江戸町奉行島田兵四郎利正・米津勘兵衛田政から東照社遷宮直前において罪人を成敗する、その可否について照会を受けた。崇伝は島田・米津に対し、「大赦、恩赦、非常赦と中候而加様之刻御宥免之事も在之様ニ承及候」と、遷宮にあわせて行赦が行われる可能性を示唆している。将軍周辺の武家の間において、これら官宣旨に示される行赦の実効性を認める認識は、確かに存在していたのである。

よりその実効性が確認されるのは、慶安元年（一六四八）の第三三回御神忌法会時である。このときには東海道宛二通を加えた計一六通の太政官符により、行赦・殺生禁断が告げられた。林鵞峰「東照宮三十三回御忌記」（仮

名本）には、行赦について同年五月二七日条に次のように記している。[128]

廿七日、（中略）今度御年忌につきて大赦を行はる、によりて、御勘気を蒙る者あまた御免あり、又、遠流・禁獄の者共も、其罪の軽重によりておほくゆるしたまふ、其上、諸国の大名・小名にも其領内にて赦をおこなふへきよし仰出さる。天下皆、冥助のありかたきをあかめ、武恩のあつき事をいた、かすといふ事なし

ここには、行赦の施行過程が簡潔に記されている。四月、太政官符の発給を受けて、行赦が実施されたが、それは諸国の私領に対しても、その執行が触れられた。勅を奉り、将軍家光が下命したのである。仏教思想に基づいて領域支配権を観念的に示す殺生禁断の場合も同様であったとみられる。[129]

御神忌における行赦・殺生禁断において、官宣旨ないし太政官符が出されたのは、元和三年およびこのときの合わせて二度のみである。しかし、行赦は、このほかの御神忌法会にさいしても実施されていたことを確認できる。例えば、寛永一七年（一六四〇）第二五回御神忌法会のさい、林羅山が著した「東照大権現二十五回御年忌記」の四月一二日条には次の記事がある。

今度、就御年忌、被行赦、先日、召町奉行神尾備前守元勝・朝倉二左衛門尉重宣、仰云、連年囚繋之内大辟以下、或其罪軽者赦之、或可以為奴卑者放之、但常赦所不免者不在此限云々、町奉行率獄吏、到東叡山霊廟門外、縦其囚、凡刑徒五十八人・奴卑二十七人、又京都・伏見・大坂・泉堺・駿府・肥前長崎・伊勢山田等所所、皆准前、可赦除之旨、執事者奉命、偏告遣之

勅を奉る場合とは明らかな相違点がみられる。すなわち、行赦の範囲は、江戸や遠国奉行を配置した幕府直轄の町に限定されている。このことは、勅を奉らなければ、全国法令とすることができなかったことを示している。ただ、将軍の権力が直接に及ぶ場所においては、東照大権現の功徳を融通することが図られたのである。そこには、冥助のありがたきを崇め、武恩の厚きことを戴く回路として、東照大権現の功徳が機能していた。しかも、

寛永一七年の江戸での行赦の場合、囚人は上野東叡山東照社の門外に引っ立てられ、ここにおいて実行された。行赦が東照大権現の功徳であることが、東照社の門前という空間において視覚的に演出されたのである。

日光山においても、そうした東照大権現の功徳の融通を見せる場が存在した。それが日光社参時に将軍を主体として行われた施行である。施行は、善根・功徳のために僧や貧民などに金品を施す行為である。

その初見は、林羅山の寛永一三年「東照大権現新廟斎会記」[130]である。四月一九日、第二一回御神忌での薬師堂供養の初日、法華曼荼羅供の執行後、社参中の家光は帰路につき、今市宿から老中酒井忠勝を遣わして「施」を実施した。その対象は「至於雛僧・小沙弥・巫童・弱女・神隷・社奴・谷中民戸」で、「不敢遺失、則無一箇不被其沢者」と記される。日光山惣山の僧侶・神職などとともに「谷中」（山内）に林立する「民戸」も恩沢を受けた。続く寛永一七年御神忌法会のさいにも「山中谷内僧俗・役人・民屋」に銀五八〇〇余枚が施されたと、「東照大権現二十五回御年忌記」にある。以降、将軍の日光社参、御神忌法会のさいに金銀の施行が実施され、それらは御拝領と呼ばれた[131]。

これら「民戸」「民屋」とは、前節において存在形態を明らかにした町および「山中所々ノ在家」にほかならない。寛永町割を経て、正保元年以降に進められた日光惣町の編成、そして御役の負担が明確化されていく過程にある慶安元年の第三三回御神忌法会において、施行は、より具体的な姿を示すようになる。林鵞峰「東照宮三十三回御忌記」（仮名本）中にある慶安元年四月二五日条の記事を次に掲げる。

又白銀六万二千余両を、日光山内谷々・御神領内へわかちあたふ、江戸より日光まて路次の人民にも、今度御年忌、其上往還の公役に労するによりて将軍家還御の時、其所々へ官米を若干ほとこし、にきわしたまふ、凡恩賜に浴する者、あけてかそふへからす

日光惣町だけでなく神領の村々にも御拝領があり、また、日光道中沿道の宿村には「官米」の施し、すなわち

施行米が行われた。宮号宣下を期に施行の範囲が拡大し、また村や町など明確な対象が示されるようになった。

さらに注目すべきは施行を実施する理由である。鷲峰はその第一に、御年忌（御神忌）であることを掲げている。法会における東照大権現の功徳を融通する意図が明確に示される。その第二に、御神忌法会にともなう日光道中の公役、すなわち御役をはじめ日光東照宮にかかわる役務への出仕に対する恩賜とする。このことは、施行が、御役という役務を分掌することの反対給付と位置づけられていたことを示している。施行は、法会における東照大権現の功徳を融通するためのものであり、しかも日光東照宮祭礼の役務分掌の成立に対応して生み出されたものである。それは日光惣町が御役を負担する日光山惣山組織の一端に組み込まれる過程において出現したことになる。

日光惣町においては、東照大権現の功徳に対する認識がさらに浸透していった。それは一八世紀に入ると、顕著に現れる。宝永七年（一七一〇）に発生した御幸町による鉢石宿伝馬加役の免除訴願一件[132]は、その一例である。

鉢石宿の伝馬は、鉢石町三か町によって賄われていたが、一七世紀後半以降、多分に漏れず負担が増大した。そのため、鉢石町は宝永七年、「新伝馬之加役」を道中沿いの御幸町・石屋町・松原町の三か町に課すことを道中奉行に願い出たのである。道中奉行はこれを認め、その下命により三か町に対する伝馬の転嫁が実施された。ところが、御幸町は、既述したように、天海から判物によって諸役免許の特権を与えられ、以後の日光山座主からもその安堵を得ていた。したがって、「町内一同評議」のうえ道中奉行の加役下命に対して反発し、訴訟を起こした。

御幸町は、惣代を出府させ、上野東叡山において、輪王寺宮の奉者である執当に対し、「私共義者従　慈眼大師様諸御役御免許之御証文頂戴仕置候間、新御伝馬役之義者御免被成下候様」と訴え、幕府との仲介を依頼した。

ここに諸役免許の根拠として「御証文」、すなわち天海が寛永一〇年に発給した先述の判物が示された。当時の執当の一人である信解院慧順はこの訴えを受け、寺社奉行・道中奉行・日光奉行に掛け合い、御幸町の主張を後押した。そのさい、慧順が宝永八年（一七一一）正月初旬、寺社奉行に宛てた書状の写[133]がある。その本文を次に示す。

一　御幸町、　慈眼大師様御入山以前ゟ　日光大権現御馬場先ニ罷在、新町と申候、只今之中山町表と申所ニ御座候、　東照宮様御鎮座之節色々重キ　御用之御奉公相勤、御造営中基立之砌も御座候ニ付、諸役等御免被　仰付候、　御祭礼御通御之御道筋故御幸町と号、入江喜兵衛義者慈眼大師様御家来ニ而御入山之節御供仕、日光住宅被　仰付候ニ付、町頭ニおゐて屋敷拝領被　仰付、手広々住居仕候ニ付、大名之止宿被　仰付候、右御幸町御用地ニ相成候ニ付、寛永十八年鉢石村之末江代地被　仰付候、其後も右之訳合を以大名衆其外共止宿仕来候事、鉢石町伝馬役之義者鉢石町ゟ相願出候ト相見へ申候、荒増右之通と相見ひ申候、心得之ため申入候、已上

この書状において慧順は、御幸町の「諸役等免許」の根拠を、東照宮の鎮座、そして造営中に「色々重キ　御用之御奉公」を勤めたことに求める。しかも町名は東照宮例祭の行列が通行する「御道筋」に由来するものであるとも明記されている。御幸町の諸役免許の特権は、東照宮「荘厳」のための御役を分掌しているということが唯一無二の根拠とされるのである。それは、慧順が掛け合った寺社奉行・道中奉行・日光奉行も認めるところとなり、御幸町は伝馬加役の免除をされることになった。御幸町はついに、同月一一日、日光奉行能勢頼恒を通じ、「御証文之御趣意」を立て、伝馬加役を免除する主旨の「御奉書」を発給された。

　このように、東照宮「荘厳」の役務分掌は、諸役免許の特権と表裏一体のものと見なされ、その特権は東照大権現の功徳として認識されていくのである。しかも、同様の原理は、御幸町にのみ作用したわけではない。それ

は一八世紀以降、顕著に見受けられる。例えば西町では、寛延二年（一七四九）二月、拝借金の下付と人足役の減免を訴え、「乍恐（以脱）書付奉願上候」[134]を日光目代に対して提出している。この願書には、「町人相応之御役」という文言が繰り返され、「相応」でない人足役を忌避し、また「町人相応之御役」を負担し得る町人の成り立ちを保証する拝借金の下付が求められている。その本文の冒頭を次に示す。

此度西町人共奉願上候者、　両　御宮御役・　御本房様御役相勤申候ニ付、町人屋敷御預被下置、諸御役相勤申上候、依之　御社参・御法会等之節ハ町人不残銀子御拝領頂戴仕、或ハ先年度々及困窮候節ハ御拝借被成下、又ハ類焼之節ハ御米被下置、先祖ゟ今ニ至迄御救被成下、重々難有御儀、御役相続仕候、（後略）

西町町人の認識においては、町人の屋敷は、「両　御宮」（東照宮・大猷院）の御役、および日光山本坊の御役を勤めていることによる「御預」り物であり、それ故に屋敷持の町人が御役を勤めるという回路のなかで説かれる。さらに、御役の分掌によって、日光社参・御神忌法会などのさいの施行の一環である「御拝領」、困窮したときに下される「御拝借」、さらに類焼時の「御救」などを受ける対象となるとする。ここにおいても東照宮「荘厳」の役務分掌は、「御拝領」「御拝借」「御救」などを特権的に得る根拠として認識されている。さらに、この願書の末文には次に示すように驚くべき認識が示される。

右願之通、以　御慈悲御拝借金被成下候様奉願上候、前申上候御役之義、御吟味之上、人足相減候様ニ奉願上候、尤両　御宮者不及申上、其外所々御掃除等相勤申候得ハ、西町中人高弐百軒程ニ而年中壱万六千人程相務申候、何卒御役之儀身上相続仕候而為冥加相勤申上度奉願上候、幾重ニも以　御慈悲願之通被　仰付候様町人一同ニ奉願上候、以上

先述のように、この願書は拝借金の下付と人足役の減免を訴える文書である。にもかかわらず、訴願が成就した後の「町人相応之御役」については分掌、履行を約束しているのである。東照宮をはじめ日光山所々の「御掃

除」については、西町惣町人二〇〇軒で年中一六、〇〇〇人ほどが勤めることを厭ってはいない。一軒当たり平均して年間延べ八〇人に及ぶ掃除役の負担をである。その「御役」を勤めることは、「冥加」とも述べられている。東照宮「荘厳」の役務分掌は、町人に「相応」の御役として認識され、かつ「冥加」ととらえられているのである。ここにおいて編成された御役は、「冥加」、すなわち東照大権現の功徳融通の一形態として作用するものとなり、町およびその町人の存立を支える基盤となり、また、諸役免許・御拝領・御拝借・御救など各種の特権をも付与するものとして存在していたのである。

このように、日光惣町における東照宮「荘厳」にかかる役務の分掌は、「東照社縁起」に叙述されているように、その基底に東照大権現が衆生を救済し現世利益という功徳を融通するという思想を置き、「諸役等免許」、さらには「御拝領」「御拝借」「御救」の下付などの各種特権を生み出し、その結果再び「荘厳」の役務分掌を再生産させていくという原理のうえに成り立っていた。東照宮の造営・大造替によって胚胎され、産み落とされた日光惣町は、かかる御役を分掌する町として編成されるなかで、東照大権現の功徳の融通を受ける固有の町として存在していくのである。

小　括

本章では、日光惣町が日光山における御役の編成を通じて日光東照宮の「荘厳」を分掌することを、他国から来住した職人・商人の定着過程および町の形成過程を考察することにより究明してきた。その結論は、以下の通りである。

元和二年から始まる日光東照社の造営以降、職人・商人が来住し、「山内所々ノ俗家」から成る日光新町が形成された。その職人・商人は、「造営帳」によれば、開発されつつあった河川舟運を活用し、日用という新規の労働力を統率するなど流通を把握し、複合的、多角的な経営をする者たちで、入札を通じて台頭した。日光新町には、飯米の供給および換金を担う穀屋商人を集住させた石町も町立された。しかし、実態としては、物資の供給に必要な職人・商人を取り立てて招請しなくとも充足しえるほど、他国から職人・商人が来住していた。

日光山惣山には、東照宮例祭の形成を目して惣山組織の編成が開始される元和五年以降、東照宮の日常的な営繕たる「常之御用」を担う六職人・日光方棟梁など職人組織が設けられた。大工職は将軍家御大工鈴木家の分家が勤める大工職をはじめ、職人の大部分は他国からの来住者であったが、一部には壬生家が一六世紀以降に編成した日光大工も加えられていた。寛永二一年、天海の遷化後、将軍の名の下にその役務が明確化された。

その動向は絵図にも現れる。天正年間の景観を示す「日光之絵図」によれば、中世末期の門前には、山内（稲荷川町・蓮花石町も含む）における職人の町屋群のほか、その生産物を売りさばく市町鉢石宿、後の西町に相当する渡内屋敷など、日光山の衆徒により山内の地先に開発された町屋群が存在した。鉢石町・西町は、日光東照社例祭が形成され、日光山惣山組織の編成が始まる元和五年以降、物資の集散地の形成を目指し新たに町割がなされた。

また、同時期には日光新町の開発も進められた。寛永二年から同一一年の景観を示す「日光山古図」を見ると、屋敷が不規則に並ぶ仏岩・東山の町々、両側町の景観を有する中山の新町（御幸町）が確認できる。このうち新町は町号と諸役免許の特権を天海から与えられた町で、日光新町・古町のうち唯一の角屋敷を有する町であった。東照宮祭礼に関与し、また特権的な職人をはじめとする給人の屋敷も所在したことにより、日光新町のなかで特異な位置づけが与えられていたことがうかがえる。当該期の町は、東照社造営に関わる職人屋敷や、物資の集散をはじめ多様な役割をそれぞれ担う諸町から構成されることになった。

これらの町は、寛永一七年から翌一八年に施行された町割により整序され、日光惣町として編成された。日光東照社を「宗廟」へと志向するようになった将軍家光の下命より、防火を目的として山内空間を再編する一環として実施された。このとき町への居住を義務づけられた六職人をはじめとする、日光山惣山組織下の職人が各町の重立になり、各町編成の核となった。そして正保元年、日光惣町は、座主となった毘沙門堂公海により日光山惣山組織の再編が進められるなかで、その位置を明確にする。すなわち東照宮「荘厳」を分掌する役務たる御役を恒常的に勤めることになったのである。日光惣町は、町割と検地による把握を通じて東町・稲荷川町・西町に三分され、これが御役出仕の単位とされた。この御役への出仕とは、日光社参時の宿割帳に顕著に示されているように、例幣使饗応役の宿割を受けるなど、将軍家光の営為のもと、天皇の勅を原理として執行される東照宮の「荘厳」を役務としてまさに分掌するものにほかならないのである。

しかも、その役務分掌には、東照大権現の功徳の融通を唱う「東照社縁起」の理念を背景に、諸役免許、施行などの特権の付与がともなわれていた。これら特権の付与には、将軍家・幕府の側に御役出仕への反対給付とみる認識があったが、町人の側にも、東照宮祭礼役の分掌を町人「相応」の御役ととらえ、かつ冥加と見る認識があった。これを原理として、「荘厳」の役務分掌は、この両者の応酬により再生産されていったのである。

日光東照宮の祭祀。それは、第一章において明らかにしたように、将軍家光の作為として、天皇の勅に基づき執行される「荘厳」である。日光惣町が御役を分掌することは、この「荘厳」の分掌に他ならない。近世日光山は、日光惣町をも包含することにより成り立っていたのである。日光惣町、なかんづく東町は、しばしば「門前町」と類型化されるが、町が「荘厳」にあたり期待された機能は、日光山への参詣堂者を対象とした旅宿・飲食業でも、土産物業でも、娯楽施設などでもない。そこには、日光山の堂社の維持を常時御用として求められた職人も居住し、その他給人と呼ぶべき日光山の諸職も混住している。「門前町」という既成概念には収まらない、日光山惣山と地理的にも連続し、惣山の機能を補完することを求められる、固有の性格を有した町であったのである。従来、「門前町」という類型は、寺社門前という立地条件と寺社参詣にのみ注目し、寺社との関係あるいはその個性は捨象されてきた。「門前町」という類型は今後、再検討が要請される。

本章により、「荘厳」には、東照大権現が衆生を救済し現世利益という功徳を融通するという、社会統合を目指す思想を含みこむものであったことが明らかになり、日光惣町においては、それが「諸役等免許」、さらには「御拝領」「御拝借」「御救」の下付などの各種特権を生み出し、その結果として役務分掌を再生産させていくという原理を構成していたことになる。日光惣町町人が種々の権益を保持するさいに、日光東照宮「荘厳」のための御役を分掌することを最大の根拠とする社会的な素地は、近世日光山の成立過程において規定されていた。「荘厳」による社会統合とは、将軍家・幕府が天皇の勅を原理として執行する東照宮祭礼を通じ、日光山惣山、さらには日光惣町町人をも包摂するものであった。ここに従来の東照宮祭礼の研究が見落としてきた東照宮「荘厳」の本質が究明されたのである。

註

（1）序章註(66)で指摘したように、日光惣町の性格は従来の門前町の性格規定に収まらない。

（2）日光市稲荷町 星野宗四郎家文書（拙稿「『中興開闢記』及び『日光山譜記覚』について」『歴史人類』三〇、二〇〇二年）。「日光山譜記覚」は、東照社造営以降の日光山「中興」から東照社第一〇〇回御神忌までを対象とする年代記で、内容から、日光山内で編まれたものとみられる。星野宗四郎家文書中の写本は、日光山御幸町の御菓子職・御本坊御家来入江家に伝来したものである。引用は以下同様。

（3）「御代々 御朱印写」（日光市山内 輪王寺文書、栃木県立文書館架蔵写真帳）。第二章参照。以下同様。

（4）小野均（晃嗣）『近世城下町の研究』（至文堂、一九二八年）。

（5）「御代々 御朱印写」。

（6）太田勝也編『日光山志』（版本地誌大系一一、臨川書店、一九九六年）。以下同様。

（7）日光市山内 輪王寺文書（日光市山内 輪王寺文書、福井康順編『日光山輪王寺史』輪王寺門跡教化部、一九六六年）。以下同様。

（8）元文二年四月「新町・石屋町・松原町類焼ニ付願書」、同一二月「貞享元子年日光類焼諸給人并町中御救米被下候覚」（柴田豊久家文書、日光市日光公民館保管）。

（9）保晃会旧蔵梅村秀洪家文書（日光市山内 日光東照宮文書、栃木県立文書館架蔵写真帳）。

（10）山村信栄「筑前黒田藩と石鳥居の奉納」（『大日光』六六、一九九五年）。なお、大島延次郎「間々田乙女河岸と日光廟との相関性」（『下野史学』一、一九五二年）が提起して以来、元和三年日光東照社造営から思川乙女河岸が御用河岸として活用されていたことが定説化しているが、それは誤りである。元和四年段階では、江戸からの舟運は直結しておらず、また、寛永一三年大造替のさいも「造営帳」にあるようにその対岸の網戸河岸が御用河岸である。宇都宮藩の年貢廻米を見ても、初期には網戸河岸が用いられている（栃木県史編さん委員会『ふるさと栃木県のあゆみ』栃木県教育委員会、一九八六年）。乙女河岸が御用河岸として用いられるようになるのは一七世紀後半とみられ、再検討を要する。

（11）渡辺英夫『東廻海運史の研究』（山川出版社、二〇〇二年）。

（12）北原糸子『江戸城外堀物語』（筑摩書房、一九九九年）、藤木久志『新版雑兵たちの戦場——中世の傭兵と奴隷狩り——』（朝日新聞社、二〇〇五年。初出は一九九五年）。

（13）是沢恭三編『重要文化財会津塔寺八幡宮長帳』（吉川弘文館、一九五八年）。寛永一二年の記事中に、「関東日光山御こんりやう之事、九月中より御ふしん被成候而、仏・神宮とも立申ニ帰日四月ニハきわまり、やかて其人足共□□様ゟ日用ヲ御かき候へハ、二国之国々ものとも罷出、日用取申候也」とある。

（14）日光道中に沿ってみると、現在の日光市野口字十文字付近が稲作の北限である。

（15）例えば、柴田豊久「日光の門前町」（『柴田豊久著作集——近世日光・下野刀剣考——』柴田豊久著作集刊行会、一九八三年。初出は一九五四年）。

（16）柴田豊久家文書（栃木県立博物館所蔵）。外題は「日光山細見絵図」。以下同様。なお、本書第二章の図2−1は、本絵図を基図にしたトレース図である。

(17)前掲註(4)小野著書、田中圭一『佐渡金銀山の史的研究』(刀水書房、一九八六年)。

(18)「日光三滝図」(茨城県古河市 鷹見家歴史資料、古河市立歴史博物館所蔵)所収。これは、古河藩家老鷹見泉石が天保一四年に実施された将軍家慶の日光社参に随行したさいに日光山内で筆写、収集した史料の一つとみられる。同系統の絵図に「日光山往古図」(文政年間、小林観湖「やしほ木」所収、独立行政法人国立公文書館および東京大学附属図書館(旧南葵文庫)所蔵)、「日光古図」(日光市山内 日光東照宮文庫所蔵。題箋は柴田豊久氏筆と推定)があり、いずれも東照大権現の文字の書入がないことから中世日光山図とされてきたが、元和三年以降に造営された堂社も描写されており、明らかにそれ以降、寛永町割以前の麁絵図である。ただし書入には誤謬があり、東照大権現を日光大権現、本坊を座禅院としている。

(19)天保九年八月「入江亘理ゟ願之義者本陣喜兵衛と本家分家之訳柄御紀被下候様願ニ付、本陣喜兵衛呼出利解為被聞之様拙者ゟ御留主居江仰渡されニ付留メ書」(日光市下鉢石町 高野忠治家文書)。以下同様。

(20)承応二年一二月「東照宮大権現御領配当目録」(「日光山 御宮方書物之写」独立行政法人国立公文書館所蔵)、同年四月「日光山大猷院殿御堂御領配当目録」(「日光山 御堂方書物之写」同前)。

(21)柴田豊久家文書(日光市日光公民館保管)。

(22)「東叡山寛永寺子院歴代年譜」(滋賀県大津市 叡山文庫所蔵)。同書の外題は「東叡山暦記」で、天保一〇年三月比叡山無量院慈本が戸隠勧修院尭威蔵本から筆写したものである。

(23)柴田豊久家文書(日光市日光公民館保管)。

(24)前掲註(15)柴田論文。

(25)日光社寺文化財保存会編・発行『重要文化財東照宮奥社拝殿・同鳥居・同銅神庫・同唐門・非常門・銅庫門修理工事報告書』(一九七二年)。

(26)例えば、鈴木修理「日記」延宝二年四月一六日条・同年六月二二日条・天和三年八月二八日条・同年九月一九日条・同月二五日条・同年一一月一日条・元禄二年三月一一日条・元禄四年七月一二日条。以下、鈴木修理「日記」は、鈴木棠三・保田晴男編『鈴木修理日記』一・二(近世庶民生活史料未刊日記集成三・四、三一書房、一九九七・九八年)による。

（27）例えば享保一五年四月「御宮・御霊屋・御本房御普請日誌」（日光市匠町　荒川甲子雄家文書、日光市日光公民館保管複製）。その願書を一例として示す。

乍恐書付を以奉願上候覚

一　今度　御宮・　御霊屋・御本坊其外為御見分江戸表　御役人様方御登山被遊候由、就夫私共義常之御用も相勤申候者共ニ御座候、何とそ此度御見分御用被為召出候様ニ御慈悲を以被為仰付被下置候様偏ニ奉願上候、以上

享保十五年戌八月　　大工・木引棟梁惣代
岡本庄兵衛
横山平助

山口新左衛門様
御役所

（28）元禄一三年九月「日光山　御宮方御書物之写」「日光山　御堂方御書物之写」（独立行政法人国立公文書館所蔵）。以下同様。

（29）「江戸幕府日記」寛永一一年一一月一日条。

（30）「日光山　御宮方書物之写」「日光山　御堂方書物之写」。

（31）例えば、宝永八年「御番所日次記」一（東照宮社務所編・発行『日光叢書　御番所日記』四、一九三四年）六月一日条、正徳元年「御番所日次記」二（同前）七月二八日条・一二月一四日条、正徳四年「御番所日次記」二ノ一（同前）四月二日条。

（32）谷直樹「慶長末・元和期における中井家大工支配」（『中井家大工支配の研究』思文閣出版、一九九二年。初出は一九八二年）。

（33）拙稿「日光・鉢石町における大工職の編成形態」（『年報日本史叢』一九九七、一九九七年）では、「日光　ぬいの助」を日光鉢石町の野口縫殿介に比定したが、その後の検討により本文の通り訂正する。

（34）屋部憲吉「日光東照宮元和創建時の仮殿拝殿――二荒山神社神輿舎の前身――」（『大日光』四九、一九七八年）、日光社寺文化財保存会編『重要文化財二荒山神社別宮滝尾神社鳥居他・大国殿・神輿舎・末社日枝神社本殿・別宮本宮神社

拝殿・本社拝殿他五棟修理工事報告書』（二荒山神社、一九八一年）。

（35）鹿沼市玉田　渋江正雄家文書。過去帳は、同家が檀家惣代を勤めてきた曹洞宗瑞光寺三九世良山が同寺の過去帳から抜き書きして、当主渋江縫殿之介に送ったものである。拙稿「神社と頭役」（鹿沼市史編さん委員会編『鹿沼市史』通史編原始・古代・中世、鹿沼市、二〇〇四年）参照。

（36）日光二社一寺文化財保存委員会編『重要文化財二荒山神社神橋修理工事報告書』（二荒山神社、一九六七年）。

（37）「二荒山叢書」巻二九（日光市山内　日光二荒山神社文書、鹿沼市史編さん委員会編『鹿沼市史』資料編古代・中世、鹿沼市、一九九九年）。同書から引用する場合には、写真版と校合のうえ使用した。以下同様。

（38）東京大学史料編纂所所蔵（同右鹿沼市史編さん委員会編著書）。

（39）荒川善夫「壬生氏の発展と存在形態」（『戦国期北関東の地域権力』岩田書院、一九九七年。初出は一九九五年）。

（40）ただし前述の過去帳によれば、渋江長宗は慶長二年一〇月一九日に没したとある。

（41）皆川義孝「日光山別当昌淳発給文書の基礎的考察」（『かぬま歴史と文化――鹿沼市史研究紀要――』一、一九九六年）。

（42）拙稿「日光修験冬峰における御松焼・扇之的の執行形態」（『山岳修験』二八、二〇〇一年）。

（43）鈴木長頼「日記」。「玉田大工渋江加右衛門」は、元禄三年五月一四日御釿始のさいに設けられた神橋北岸の仮屋に、本宮上人醍醐坊・神人山崎太夫とともに、狩衣を着て小工（木挽棟梁）をともない座し、刻限になると座を立ち、右、左、中と乳の木を削り、この作法を三度行ったあと、洗米と神酒を供えた。その後、三方に載せた昆布を列座の面々に引いている。このほか万治二年八月から九月の神橋掛替時の「山菅橋遷宮次第」（前掲註36日光二社一寺文化財保存委員会編著書）にも、御釿始を実施した大工として、作事方大棟梁の平内大隅守とともに「玉田大工、日光とうりやう」がみえる。

（44）塙保己一編『群書類従』一八　日記部・紀行部（続群書類従完成会、一九五九年）。

（45）同右。

（46）鈴木修理「日記」元禄三年四月二日条。

（47）同右。

（48）元禄三年四月「日光山神橋御掛替之節遷宮入用之記」（前掲註36日光二社一寺文化財保存委員会編著書）。これは、山

崎太夫が万治二年遷宮入用を書き上げたものである。
(49) 佐藤権司「日光山神人の二、三の問題」（『鹿沼史林』三七、一九九七年）。
(50) 日光市山内　日光二荒山神社文書。
(51) 御幸町鷹橋治郎左衛門義武著・板行、享保一三年二月「日光山名跡誌」（日光市松原町　山本忠史家文書）に、「橋の行桁三通りあり、日光にてハ乳の木と云、西の端一の乳の木引込し穴ハ竜宮へ通しよし、此橋の内に七社の明神を勧請あるゆへ常に不浄の者を渡さず、橋かけかへの時ハ神事法楽規式あり」とある。
(52) 『続々群書類従』五（国書刊行会、一九〇九年）。
(53) 前掲註(36)日光二社一寺文化財保存委員会編著書。
(54) 朝尾直弘「近世の身分制と賤民」（『都市と近世社会を考える――信長・秀吉から綱吉の時代まで――』朝日新聞社、一九九五年。初出は一九八一年）、拙稿「門前町日光における御役屋敷ついて」（『年報都市史研究』六　宗教と都市、一九九八年）。
(55) 寛政二年「深秘旧記趣意書」（日光市山内　輪王寺文書、栃木県立文書館架蔵写真帳）。
(56) 柴田豊久家文書（日光市立日光公民館保管）。
(57) 拙稿「一七世紀日光の町と商人・職人」（『関東近世史研究』四七、一九九九年）。
(58) 例えば寛政一〇年四月「差上申一札之事」（柴田豊久家文書、栃木県立博物館所蔵）。
(59) 柴田豊久家文書（栃木県立博物館所蔵）。
(60) 享保七年一一月「永代売渡申家屋敷之事」（本町　鈴木康家文書）。年寄金子権兵衛とある。
(61) 東京国立博物館所蔵（徳川宗敬氏旧蔵）。写真は、日光市史編さん委員会編『日光市史』上巻（日光市、一九七九年）、栃木県立博物館編・発行『日光参詣の道』（一九八四年）、大阪市立博物館編『社寺参詣曼荼羅』（平凡社、一九八七年）、土浦市立博物館編・発行『神奈備の山』（一九九三年）、NHK・NHKプロモーション編・発行『聖地日光の至宝』（江戸東京博物館他世界遺産登録記念特別企画展図録、二〇〇〇年）などに掲載されている。
(62) 「日光山志」巻一。
(63) 近藤喜博「中世の日光――日光山古図をめぐりて――」（日光二荒山神社社務所編・発行『二荒山』神社資料二、一九五九年)。
(64) 前掲註(61)大阪市立博物館編著書。
(65) 宝永五年五月竜光院天祐「日光山満願寺勝成就院堂社建立旧記」(日光市本町 高藤晴俊家文書)。以下同様。
(66) 同右。
(67) 近藤は「日光山志」を引いて、一六世紀段階から鉢石宿で名産の指物・塗物・曲物・膳・椀・食籠、その他諸品を商っていたと推定しているが、同意できない。近藤の推定は付図に基づく。付図には、本図で他所に描かれる人物を鉢石宿の空間に移して模写している。稚児をともなう僧侶や、半切桶の傍らに座り作業をする女性がそれである。また、筆致も本図よりも強く、着色も濃いなど異同が多く、検討の余地を残す。
(68) 井原今朝男「東国の商人集団の構造の研究」(竹内誠編『中世・近世初頭、東国における市、町場および都市の総合的研究』平成二~四年度文部省科学研究費〈総合研究A〉補助金研究成果報告書、一九九三年)、新井敦史「中世後期の日光山坊舎――その世俗的活動を中心に――」(『史境』二九、一九九四年)、拙稿「元和~寛永期日光における新町の形成」(『歴史と文化』五、一九九六年)。
(69) 独立行政法人国立公文書館所蔵。
(70) 明治四四年一〇月日光町・日光尋常高等小学校編「日光町史」(日光市立日光小学校所蔵)巻四。
(71) 「日光山満願寺勝成就院堂社建立旧記」。
(72) 元禄年間「御本坊御家来由緒書」(宇都宮市塙田 葦名彰司家文書)、享保一五年一〇月「御内役人・外様御中間屋敷帳」(日光市史編さん委員会編『日光市史』中、日光市、一九七九年)。
(73) 「滝尾参籠之大帳」(日光市山内 輪王寺文書)天和三年・元禄六年記事。
(74) 日光市史編纂委員会編『日光市史』史料編上(日光市、一九八六年)。
(75) いずれも常行堂旧蔵文書(前掲註37鹿沼市史編さん委員会編著書)。
(76) 貞享二年三月「郷村地方内定風俗帳」(福島県南会津郡南会津町 室井康弘家文書、庄司吉之助編『貞享風俗帳』会津風土記・風俗帳二、歴史春秋社、一九七九年)に、「(三月)朔日ハ田島之市初日、惣而市ハ一・六之日也、(中略)古ハ上郷・下郷之連釈頭ハ田島之端村折橋之玄蕃ニテ、諸商売人、十月廿日ニ玄蕃方へ礼ヲ勤シ也、今ニ日光ニハ折橋玄蕃見世場トテ有之」とある。貞享風俗帳は、会津藩松平家が領知の掌握のため寛文五年に編纂した「会津風土記」を増補するために組合村を単位に提出させた地誌である。須賀忠芳『会津田島にみる地域史教材の一視点』（筑波大学大学院修士課程教育研究科修士論文、二〇〇一年）参照。

(77) 相模国足柄郡小田原町　外郎以春所蔵文書（「相州文書」東京大学史料編纂所所蔵影写本、前掲註37鹿沼市史編さん委員会編著書）。

(78) 前掲註(72)「御本坊御家来由緒書」。

(79) 武蔵国埼玉郡羽生町　弥右衛門所蔵文書（「武州文書」東京大学史料編纂所架蔵影写本、前掲註37鹿沼市史編さん委員会編著書）。

(80) 常行堂旧蔵文書（前掲註37鹿沼市史編さん委員会編著書）。

(81) 元禄四年三月「日光山常行三昧堂新造大過去帳」（日光市山内　輪王寺文書、前掲註37鹿沼市史編さん委員会編著書）所収。

(82) 日光市山内　輪王寺文書（前掲註37鹿沼市史編さん委員会編著書）。

(83) 「日光山生岡縁起」（小林一成他編『神道大系』神社編二五上野・下野国、神道大系編纂会、一九九二年。以下同様）、貞享五年「表日記」（日光市山内　輪王寺文書）七月二一日条。

(84) 前掲註(18)史料。

(85) 大河直躬「奥社について（上）」（東照宮建築の系譜九、『大日光』二二、一九六四年）、同編『東照宮』（秘宝一二、講談社、一九六五年）、同「元和創建の東照宮本社について（下）」（東照宮建築の系譜一五、『大日光』三〇、一九六八年）、同『東照宮』（鹿島研究所出版会、一九七〇年）、佐古秀雄「東照宮の仮殿について――その建立年代と位置変遷の事情――」（『大日光』五七、一九八四年）、小西敏正「奥院の配置について」（『大日光』七〇、二〇〇〇年）、前掲註(61)NHK・NHKプロモーション編著書。

(86) 寛永寺編『慈眼大師全集』上（国書刊行会、一九七六年。初出は一九一六年）。

(87) 「晃山叢書」巻五（日光市山内　日光東照宮文書）。本史料は「日光山志」の稿本の一つである。なお、引用した記事の後には、鉢石町の町割が御手伝の大名仙台侯、すなわち伊達家の功績とあるが、この点については検討の余地がある。

(88)前掲註(72)「御内役人・外様御中間屋敷帳」。なお、川久保は現在の下鉢石町の屋敷地北裏にあたり、この時期すでに裏町の開発もなされていたと考えられる。本史料によれば、この屋敷は寛文二年の洪水で流出した。
(89)前掲註(72)「御本坊御家来由緒書」。
(90)同右。
(91)前掲註(61)NHK・NHKプロモーション編著書。
(92)筑波大学附属図書館所蔵(外題「日光御社参図誌」)。
(93)田辺泰『芝・上野徳川家霊廟建築論』(東京府史蹟保存調査報告書一一、東京府、一九三四年)。
(94)鹿沼市史編さん委員会編『高野山清浄心院下野国供養帳　第三』(鹿沼市史叢書五、鹿沼市、一九九九年)。
(95)日光市御幸町　御幸町文書。
(96)宮本雅明「櫓屋敷考(上)・(下)」(『日本建築学会論文報告集』三五五・三六〇、一九八五・八六年)、玉井哲雄「角屋敷の三階櫓――初期江戸町の都市景観一――」(『江戸――失われた都市空間を読む――』平凡社、一九八六年)。
(97)前掲註(94)鹿沼市史編さん委員会編著書。
(98)寛政一〇年正月「乍恐以書付奉願上候御事」、享和三年一一月「由緒書」(いずれも日光市山内　輪王寺文書、栃木県立文書館架蔵写真帳)。
(99)島原図書館松平文庫所蔵(曾根原理編『続神道大系』神社編　東照宮、神道大系編纂会、二〇〇四年)。以下同様。
(100)「光嶺秘鑑」巻三(「晃山叢書」巻七、日光市山内　日光東照宮文書)。
(101)同時代の史料である「江戸幕府日記」に信頼をおくならば、「旧記」の示す火元と齟齬する理由に、二つの可能性を考えることができる。一つには往生院の境内に町屋が存在したこと。またもう一つには往生院からの出火を「旧記」編者の日光山衆徒としての立場から町屋に仮託して隠蔽したことである。
(102)柴田豊久家文書(日光市日光公民館保管)。
(103)日光市山内　輪王寺文書。
(104)小暮道樹「『日光山当役者日記』について」(『下野民俗』三三　下野民俗論纂、一九九三年)。
(105)宮原町は、後に向川原町と呼称され、板挽町の枝町とされる。宮原町の呼称は、寛文六年八月「所野村之内下野国日光領小倉村御検地水帳」（日光市松原町　山本忠史家文書）にもみえる。
(106) 星野理一郎『日光史』（日光第二尋常小学校、一九三七年）、前掲註(15)柴田論文。
(107) 寛文六年八月「下野国日光領所野村御検地水帳」（日光市松原町　山本忠史家文書）、前掲註(105)史料。
(108) 和歌山県伊都郡高野町　高野山清浄心院文書。同史料は、平成一二～一五年度文部科学省科学研究費補助金（基盤研究（b―2）「奥羽地方における宗教勢力展開過程の研究」（研究代表者今井正晴）における同院所蔵史料の調査に参加した際、同院前住職故山岸俊岳師から格段の御高配を賜り、閲覧させていただいた。
(109) 貞享元年七月「日光山御宮方・御堂方新規破損御修復万御入用御勘定帳」（山形県新庄市　戸沢家文書、日光市日光公民館保管複製）。前掲註(57)拙稿参照。
(110) 「御当家令条」（石井良助編『近世法制史料叢書』二、創文社、一九五九年）巻一三。
(111) 寄宿・宿割については津田良樹『街道の民家史研究――日光社参史料からみた住居と集落――』（芙蓉書房出版、一九九五年）。
(112) 阿部昭「享保の日光社参における公儀御用の編成」（『人文学会紀要』二六、一九九三年）。
(113) 「日光道中宿村大概帳」（児玉幸多編『近世交通史料集』六　日光・奥州・甲州道中宿村大概帳、吉川弘文館、一九七二年）。
(114) 柴田豊久氏筆耕（柴田豊久家文書、栃木県立文書館架蔵写真帳）。
(115) 日光市御幸町　御幸町文書。
(116) 同右。
(117) 前掲註(57)拙稿。
(118) 「日光山　御宮方書物之写」「日光山　御堂方書物之写」。
(119) 例えば寛延元年一二月「乍恐以書付奉願上候御事」（柴田豊久家文書、日光市日光公民館保管）。
(120) 拙稿「成立期近世日光神領の一考察――寛永・正保期を中心に――」（『大日光』六五、一九九四年）。
(121) 平凡社地方資料センター編『栃木県の地名』（日本歴史地名大系九、平凡社、一九八八年）文献解題。
(122) 日光市山内　輪王寺文書（栃木県立文書館架蔵写真帳）。

(123) 宇都宮市明保野町 平賀イク家文書(明治三〇年一月平賀慶寿写、栃木県立文書館寄託)。平賀慶寿は、元は下本町に居住していた日光奉行支配同心で、維新時に日光県、ついで栃木県に出仕し、かつ宇都宮町に移住した人物である。平賀イク家文書には、慶寿が輪王寺文書などを原本として謄写した近世日光山の文書・記録が含まれている。

(124) 曾根原理『徳川家康神格化の道――中世天台思想の展開――』吉川弘文館、一九九六年)。

(125) 日光市山内 輪王寺文書(中里昌念・柴田立史『日光山輪王寺宝ものがたり』東京美術、一九九二年、日光山輪王寺・読売新聞社編・発行『日光山輪王寺展――慈眼大師(天海大僧正)三五〇年御遠忌記念――』、一九九二年)。なお、現存の官宣旨は正保二年再発給のものである(第一章参照)。

(126) 独立行政法人国立公文書館所蔵。

(127) 「本光国師日記」(副島種経編『新訂本光国師日記』三、続群書類従完成会、一九八三年)。

(128) 前掲註(99)曾根原編著書。

(129) 殺生禁断は、中世社会における領域支配にかかわるイデオロギーとして小山靖憲「荘園制的領域支配をめぐる権力と村落」(『中世村落と荘園絵図』東京大学出版会、一九八七年。初出は一九七四年)、伊藤清郎「中世国家と八幡宮放生会」(同『中世日本の国家と寺社』高志書院、二〇〇〇年。初出は一九七七年・七八年)、苅米一志「日本中世における殺生観と狩猟・漁撈の世界」(『史潮』新四〇、一九九六年)などに指摘されている。伊藤は、とくに鎌倉時代、源氏の氏神とされる石清水八幡宮の放生会における殺生禁断が、公家からは宣旨・官宣旨の発給を通じ諸国の国衙に命じられ、さらに鎌倉幕府からは諸国守護を通じ地頭・御家人に厳守させられた結果、公家・武家・社寺からなる「中世国家」全体で維持され「国営」化されたとする。東国で政権を樹立した源頼朝も、文治四年(一一八八)鶴岡八幡宮の放生会を創出するにあたって五畿七道宛の殺生禁断宣旨を獲得したことが「吾妻鏡」(黒板勝美・国史大系編修会編『吾妻鏡』前篇、新訂増補国史大系三二、吉川弘文館、一九六四年)文治四年八月一九日条・三〇日条にあり、日光東照宮における殺生禁断もこれを先例とした可能性がある。しかも、その施行形態から見るなら何ら目新しい施策ではなく、また、天皇の勅の無機能を古例にならったのみで行政力をともなうものではないとして論ずることもできない(第一章参照)。

(130) 「羅山林文集」(京都史蹟会編『林羅山文集』弘文社、一九三〇年)。

(131) 前掲註(54)拙稿。

(132)「御幸町古来ヨリ書留覚」(日光市山内 二荒山神社文書)。以下、本一件は同史料による。

(133)宝永八年正月「御執当信解院様江寺社御奉行様被遣候書付之写」(同右「御幸町古来ヨリ書留覚」)。前掲註(57)拙稿参照。

(134)寛延二年「諸願書留」(柴田豊久家文書、日光市日光公民館保管)。本文書の全文は、沢登寛聡「都市日光の曲物職仲間と地域秩序――近世後期における門前町の林業・手工業と地域経済について――」(『徳川林政史研究所研究紀要』昭和六二年度、一九八八年)に引用されている。ただし、解釈については、「町人相応之御役」をも西町町人が忌避するものと評価している点において筆者の解釈とは相違する。

終章

序章において述べたように、日光東照宮祭礼を中心とする研究史の整理によれば、近世日光山の成立を解明するための課題は、(1)家光政権の権力としての確立・展開との連関性、(2)将軍と天皇、幕府と朝廷という国家の枠組みの反映、(3)社会統合の機能の所在、以上の三点にある。本研究では、これらをふまえたうえで、その成立と特質を構造的に究明することを目指してきた。そのためには、東照宮を支えた存立原理と祭礼創出のあり方、祭礼を運営・執行してきた門跡以下の祭祀組織と既存の法会の再編、祭礼の場としての建築、そしてその山下に立地する日光惣町という四要素の解明が不可欠で、これら全体の総合化によってはじめて明らかにできるという問題視角のもと、四章一六節にわたり検討を進めてきた。

第一章「日光東照宮祭祀の存立原理」では、日光山に樹立された国家神としての日光東照宮の存立を規定する原理を例祭確立の過程のなかに解明するために、従来等閑視されてきた天皇・朝廷発給文書、および東照大権現を皇祖神に比して「宗廟」と号する「東照社縁起」を検討した。

日光東照社は、家康が没した翌元和三年（一六一七）、天海主導のもと、駿河国久能山から遷宮し、徳川将軍家の政権を護持する「八州之鎮守」として鎮座した。その神格化は、大社に先例を見出しながら、後水尾天皇の勅を奉ることにより行われた。御神忌法会は勅会であり、その執行にあたっては吉田神道を退け、古代律令制にもとづき神祇官を復興したうえで、宣命や官宣旨など、天皇の勅を奉り発給された文書を法源として執行された。

一方、例祭も鎮座の翌年から執行され、元和六年（一六二〇）には神輿渡御が創出されたことが確認できるが、勅会ではなかった。また、これら祭礼の場である東照社拝殿における将軍の座居は、天皇の勅を奉ずる公家、祭祀を執行する門跡らに比して、相対的に低い位置に置かれていた。これを改めたのは、将軍家光である。家光は、将軍権力の強化を開始した寛永一一年（一六三四）、翌々年の第二一回御神忌法会を前に日光東照社の大造替を命じた。その結果、従来存在しなかった将軍着座の間が拝殿に設けられ、東照社祭礼における将軍の地位を向上させた。

家光は、その後病状を悪化させたが、寛永一六年（一六三九）ごろ快気すると、この年を画期に、東照社の祭祀をいっそう強化した。翌一七年に完成されて東照社に奉納された「東照社縁起」の編纂もその一つである。この縁起は、きわめて政治性が強く、後水尾上皇の清書した「御立願」の段において、徳川将軍家が皇胤かつ君を守り国を治めるべき家職を有する新田源氏で、政権を握る正当な存在と定置する因縁が説かれる。また、同じく「鶴」の段では、『漢書』を引用しつつ東照大権現を伊勢神宮・石清水八幡宮と鼎立しえる皇祖神に準え、東照社を第三の宗廟とする志向を示すのである。

その志向は、天海遷化後の正保二年（一六四五）、有職故実に従えば皇祖神の号に相当する宮号の宣下に結実する。ここに将軍家にとっての「皇祖神」たる「宗廟」東照宮が樹立されたのである。当該期は、家綱の継嗣が確定される時期に当たり、家光はこれとも連動させ、「東照社縁起」の説く将軍家の姿に実態を合致させるべく、将軍家を新田源氏と明記する東照宮の位記・官宣旨・宣命の再発給を求め、また、尾張徳川義直撰「御年譜」の編纂にさいし将軍家は「皇胤」と強調された。さらに宮号宣下の翌年以降、東照宮四月御祭礼への一社奉幣が恒例化され、日光例幣使が創設される。これにより例祭の勅会化が実現し、毎年天皇の宣命と金幣により神威を再生産する例祭が確立された。

このように、東照宮祭礼は天皇の勅を存立原理として成立した。これを強化したのは将軍家光の営為であり、将軍家の存立を正統として意味づけるために天皇の勅をその根拠とした。その営為は、家光自らが東照社の法華曼荼羅供に供えた願文に基づくならば、「荘厳」と呼ぶことができる。家光を主体とし、天皇の勅を原理とする「荘厳」こそが近世日光山の存立を規定したのである。

第二章「近世日光山惣山組織と法会の編成」は、輪王寺門跡を冠し東照宮祭礼を執行する日光山惣山組織編成の特質を明らかにすることを目的とし、家光の目指す「荘厳」の執行者たる惣山組織の諸職の編成と日光山における法会の再編の具体相を、確実な同時代史料と比較的信頼のおける歴住記を用いて考察した。

中世末期における日光山惣山の秩序は、天文八年（一五三九）・九年ころに発生した座禅院昌膳の乱にみられるように動揺していた。衆徒による一坊の蔑視が進み、また元来天台宗における中心堂社であった常行堂の法会の運営においては、山外に位置する一山菩提所清滝寺に代表される真言僧の台頭をみた。天正一八年（一五九〇）、権別当座禅院昌淳を筆頭とする衆徒中は、秀吉政権により山内運営を安堵されたものの、離反者が相次ぎ、その結果、慶長一八年（一六一三）には座禅院昌尊の排斥にいたった。

その混乱の収拾にあたり、惣山に迎えられたのが天台宗の実力者天海であり、日光山入院後ただちに衆徒・一坊の再編を開始した。とくに元和五年（一六一九）を画期とし、東照社の例祭を創出する前提として、既存の堂社の法会を改廃し、新たな惣山組織を編成した。その中心堂社であった常行堂は、従前の法会を改廃され、その機能を著しく低下させた。また、衆徒の旧跡に天海の法流を継ぐ僧を迎え、新たな衆徒が創出された。そして寛永四年（一六二七）、江戸上野寛永寺の創立と軌を一にして惣山の天台化が図られ、惣山組織が確立される。このとき一山菩提所として妙道院が建立され、改宗した清滝寺はその兼帯寺院とされた。これらの整序に対して反発、離山する衆徒・一坊もあったが、寛永一一年、日光東照宮「荘厳」の確立を図る将軍家光により発せられた「日光山法式」によって諸職規定を成立させ、抑えていった。当該期の惣山組織の存立は、天海個人と結ばれた師弟関係ないし法縁に基づき、天海の私的裁量を根拠としていた点に特徴がある。

寛永二〇年（一六四三）に天海が遷化すると、家光による「荘厳」を結実させる宮号宣下を前に、その組織再編が急務となる。翌年五月、座主など惣山の重職は将軍により直轄、任命されるようになり、また、寛永三年に天海が構想していた、天台宗の頂上に冠する「仏家棟梁」として、日光門跡尊敬（守澄）法親王の下向が実現される。日光門跡の後見を家光から下命され、日光山の寺務を掌った毘沙門堂門跡公海は、将軍家光の威光のもと惣山組織を再編し、さらには東照宮例祭に不可欠な新宮境内を再編し、延年舞の舞台となる金堂を整備した。公海は家光の権力を梃子にし、この再編に反発する一坊を退け、衆徒二〇か院・一坊八〇坊の態様を整えた。そして承応二年（一六五三）の大猷院の建立を機に、幕府から日光山の既存の法会を組み込んだ年中行事の発給をみる。

明暦元年（一六五五）、前年に公海から寺務を継承した尊敬法親王は、後水尾上皇院宣により輪王寺号を与えられ、かつ天台座主を兼任した。「仏家棟梁」たる輪王寺門跡が誕生し、日光山の惣山組織はここに完成された。この年、四代将軍家綱は領知を安堵するとともに「日光山条目」「日光山下知条々」を発し、惣山諸職の役割を規定した。日光山の惣山組織は、輪王寺門跡を頂点に、衆徒による一山を核心に据え、その中から選出された別当大楽院・竜光院と日光目代山口氏、日光定番梶定良の四者の合議を軸に、東照宮「荘厳」の執行を根幹に置き、運営されるようになったのである。

このように、日光山の惣山組織と法会は、第一章で究明した例祭の成立過程に対応し家光の東照宮「荘厳」の営為に沿うものへと再編されたことが明らかになった。惣山組織を構成する諸職は、東照宮「荘厳」を根本とし、「荘厳」を執行し、かつ「荘厳」を毎年再生産していくことを本分とする組織となり、ここに近世日光山固有の位置が定立されたのである。

第三章「日光東照宮建築の系譜」は、日光東照宮を演出する祭礼の空間となる建築の固有性を、その背景にある将軍家の「荘厳」の志向と、その創出を担った職人の存在形態を通じて明らかにし、その権現造建築の前史となる北野社・豊国社、後史となる徳川家霊廟建築その他の権現造建築へといたる文化的系譜に位置づけることを目的とした。

日光東照宮は、徳川歴代将軍を個々に祭祀する徳川家霊廟建築の嚆矢である。その特徴は、以心崇伝が意味づけたように、権現造建築と奥院建築から成るところにある。前者は天台系習合神道に基づく北野社固有の建築、後者は中世後期に人を神として昇華させる法儀を獲得した吉田神道に基づく霊社建築を源流とする。中心社殿は当初、吉田神道の実力者神竜院梵舜の手により、同じく梵舜の法儀と天皇の勅により豊臣秀吉を神として祀った豊国社の権現造建築に準じられた。しかし、天海により吉田神道が排除され、古代律令制以来の神祇官を再興することにより神格化が進められるようになると、北野社を唯一の範として整えられた。この新儀に異論を唱える公家を説得するためにも北野社の勅筆三十六歌仙扁額を綿密に模すなど、京の公家文化を受容しながら、天皇の勅に依拠し、祭礼の場に相応しい権現造建築を構築した。

かかる建築の構築を可能にさせた社会背景として、京における職人、とくに権現造建築の担い手であった北野社大工職の存立形態の変質がある。大工職は、一五世紀前半に祠官松梅院が御師職となり護持する足利将軍家の関与のもと確立され、一六世紀前半までに将軍家大工職弁慶家が就任した。しかし職は二座に分割され、その後、職の保有をめぐる相論が半世紀にわたって続行した。この相論に顕著な、職人の既得権の混乱を仲裁し収束させつつ台頭したのが、天下人の御大工中井正清で、以後、弁慶家はその編成下に入った。また、中世末期に職人の雇用が自由になったことにより、京と江戸の双方に屋敷を構えて活動する職人も出現した。錺師体阿弥家はその好例である。その結果、権現造建築は、北野社固有の建築ではなくなり、他の神社建築にも採用しえる可能性が生まれた。慶長一二年（一六〇七）、陸奥仙台に建立された大崎八幡宮の権現造建築はその所産である。

権現造建築が他の神社建築に採用され、無制限に拡散するなら、日光東照宮「荘厳」の固有性が失われる。将軍家光が「荘厳」を強化し始める寛永一六年以降、その固有性を保持するべく、事実上の建築規制が図られ、かつ徳川将軍家による独占が進められた。天海もまた、天台宗寺院の本末編成を通じてその一翼を担った。将軍家が独占する権現造建築の担い手となったのは、寛永九年（一六三二）に設置された作事方である。作事方は家光の建築規制・独占の意図に符合する職制として機能し、作事奉行を除き諸職人の家を固定した。作事方の職人は、大棟梁平内家の家職観に見られるように、家伝の技術を保持することを第一としていた。しかし入札により登用される諸請負人と同様、新たな技術の導入を図ることも可としていた。その結果、寛永大造替による日光東照宮の建築が成立したのである。

このように、日光東照宮の建築は、将軍家光により極めて政治的な意味を付与された「荘厳」の賜物である。将軍家光は、そのために建築、ひいては文化のうえにも編成の手を伸ばし、日光東照宮の「荘厳」の固有性を保持しようとしたのである。近世日光山に定立した日光東照宮の建築は、きわめて高度な政治性をもつ「荘厳」の所産であった。東照宮は、文化的系譜からとらえるならば、単に新興の奇抜な文化ではなく、京の公家文化を継承しつつ、これに新たな趣向を加えて創造したものであった。近世日光山の成立には、武家対公家の単純な二項対立的構図では計れない文化的特質を見出すことができる。

第四章「日光惣町における御役の編成」では、日光山および東照宮の山下に編成された日光惣町が御役と呼ばれる日光東照宮祭礼役を分掌することを、各町の形成過程を検討しながら究明した。そのさい、史料としては「日光山東照宮御造営帳」および同時代の絵図を重視した。

元和二年（一六一六）から始まる日光東照社の造営以降、山内に職人・商人が来住し、日光新町が形成された。

東照社例祭の形成に先立ち惣山組織・既存法会の編成が開始された元和五年以降、営繕の日常的な御用を担う六職人・日光方棟梁など職人組織が惣山に設けられた。その組織には、中世から活動していた日光・鹿沼など在地の職人も加えられたものの、その大部分は将軍家御大工鈴木家の分家が勤める大工職をはじめ、他国からの来住者であった。当該期の職人・商人は、開発途上の河川舟運を活用し、また日用という新規の労働力を統率するなど流通を把握し、複合的・多角的な経営をする者たちで、入札を通じ台頭した。

そのことは絵図上に表現された景観からもうかがうことができる。中世末期にはすでに、職人屋敷たる山内の町屋群、その産物をひさぐ鉢石町があり、渡内（西町）の屋敷群など山内の地先の開発も衆徒により進められていた。鉢石町・西町は、東照社造営後、とくに元和五年以降に、新規に物資の集散地として町割がなされた。また、日光新町のうち中山の新町（御幸町）は、角屋敷のある特異な景観を持っていた。新町は、日光山の諸職を勤める給人の屋敷が置かれ、諸役免許の特権を付与されるなど、他に卓越した地位を有する町であった。このほか穀屋商人の集住する石町など、東山・仏岩にも来住者の屋敷が立地したが、その不規則な配置から、必要に応じ個々に屋敷割がなされたことを推定できる。当該期の門前町は、東照社造営にかかわる職人屋敷や、物資の集散をはじめ多様な役割をそれぞれ担う諸町から構成されていたのである。

これらの諸町は、寛永一七年から翌年、「荘厳」をより積極的に推進する将軍家光の下命により、防火を目的とした山内空間の再編に対応して実施された寛永町割により、日光惣町として編成された。このとき六職人など日光方棟梁は各町の重立として、町編成の核となった。続いて正保元年、将軍家光の権威を背景に毘沙門堂公海が惣山組織を再編するなかで、日光惣町は東町・稲荷川町・西町の三つの町組を単位とし、東照宮「荘厳」の役務分掌たる御役に恒常的に出仕する町とされた。御役の一つである日光社参の宿割にさいし例幣使饗応役の宿を担うなど、家光の営為である、天皇の勅を原理とする「荘厳」を分掌するものとして定置されたのである。

しかも、その役務分掌には、東照大権現が衆生を救済し現世利益という功徳を融通するという「東照社縁起」の理念を背景に、諸役免許、施行などの特権の付与がともなわれていた。これらの付与には、将軍家・幕府の側に御役出仕への反対給付とする認識があったが、対する町人の側にも、東照宮「荘厳」の分掌を「町人相応之御役」ととらえ、かつ冥加ととらえる認識があった。これを原理として、祭礼役の役務分掌は再生産されたのである。そこに社会統合を目指す思想も含んでいたことは明らかである。すなわち、「荘厳」における社会統合とは、天皇の勅により将軍家が執行する東照宮祭礼に日光山惣山、さらには日光惣町までも包摂するものであった。

このように、日光惣町は、日光山惣山と地理的にも連続し、惣山の機能を補完することを求められる、固有の性格を有した町であった。日光惣町は、惣山と一体となって東照宮の「荘厳」を担っていたのである。それは、従前の「門前町」という類型には収まらない固有性を有する町といえる。

以上の検討により、近世日光山成立の特質は、将軍家光の営為である日光東照宮の「荘厳」にあると結論できる。「荘厳」とは、将軍家光が幕藩制国家の確立期に、徳川将軍家を、政権を掌握すべき正統な存在と位置づけるために、天皇の勅を原理とし、東照宮を皇祖神たる宗廟と同格にしようとした作為である。その作為の実現のために、輪王寺門跡を頂点とする惣山組織とその法会をそれに相応しい態様に編成し、祭礼の場としての建築を創造し、かつ御役編成を通じ日光惣町をもその分掌者として定立した。序章で述べたように、これら個別具体的な事象は相互に連関しているにも関わらず、これまで個々に分断されて論じられてきた。そのために、近世日光山の総体を構造的に見極めることができず、個々の事象の間にある相関は見出されないまま、今日にいたった。近世日光山は、家光の「荘厳」という語に込められた作為が諸要素に作用し、相互に連関しながら成立したのである。

本書を擱筆するにあたり、序章において提示した三点の課題に即して、本研究の成果を総括し、今後の研究の展望を示しておきたい。

まず第一に、近世日光山を規定する日光東照宮の樹立が、家光の私的な崇敬を越え、その政権の確立・展開過程に対応して行われたことは、本研究で究明できた成果の一つである。大御所秀忠の死後、家光の権力強化が開始された寛永一一年、老中制の形成と家光の病からの快気によって幕政が展開し始めた寛永一六年、そして家綱の将軍継嗣擁立期にあたる正保元年以降と、幕藩制国家の確立と展開に相関し、「荘厳」の作為は強化されたのである。確かに、それは家光個人の崇敬に端を発したものである。しかし、各章でたびたび指摘してきたように、東照宮に用いられた場合の「荘厳」という語、そしてその作為には、高度な政治性が内在している。即物的には仏像・仏堂を天蓋・幢幡・瓔珞などで美しく厳かに飾り付ける営為であり、観念的には智慧・福徳など善美をもって身やその住まう国土を飾る営為を指す「荘厳」という語は、本研究で研究対象とした近世日光山においては、将軍家光の作為、そして御神忌法会・四月御祭礼など東照宮祭礼の執行形態のなかに見られるものである。

第二の課題にも関わるが、徳川将軍家・幕府は、近世日光山における東照宮、東照大権現という新たな神格の創造にさいし、天皇の勅を原理として神格と祭礼を創出した。家光による「荘厳」の強化にさいしては、将軍家自体の政権としての正統性までもが、「皇胤」「皇考」などと天皇家との親近性により説明された。それは、徳川将軍家の武力、武威のみでは達成しえないものであった。近世日光山の成立史から捕捉するならば、幕藩制国家と称される徳川将軍家の国家とその権力は、それ単独では完結できない存在として予想されよう。この点において、本研究が対象とした明暦元年以降の、次なる東照宮の荘厳のあり方の検討を課題としていかなければならない。

第二に、一九八〇年代以降の研究において注視されてきた、将軍と天皇、幕府と朝廷という国家の枠組みについては、第一の課題に答えるなかでも言及したように、日光東照宮存立の原理として存在し、家光の「荘厳」を後押しするものとして現れる天皇の勅の実効性に端的に表れているといえる。勅は、従来、「形式的」で政治的実行力のないものとされ、将軍や東照大権現の神格化のために宗教性を発揮する場合にのみ意味をもったと、消極的に評価されてきた。しかし、本研究で明らかにしてきたように、近世日光山における家光の「荘厳」をみた場合、宗教性のうえで将軍・幕府権力を補うに余りある実効性が確認できる。東照宮という新たな神格の創造は、武力・武威の頂点に立つ徳川将軍家だけではなし得ない。天皇は、将軍家光の「荘厳」の志向においては、宗教的には将軍の上位に位置づけられていたのである。

かかる天皇が有してきた宗教的な権能を評価するにさいしては、天皇と朝廷が近世において東照宮をどのように認識していたのか、この点も重要になる。第一章で検討した東照宮の神宝である天皇・朝廷発給文書は、明らかに伊勢・石清水の二所宗廟、さらには他の畿内近国で御願の対象とされた寺社に対するものとは質的に異なる内容を持っている。すなわち右の寺社に発給された文書群には、天皇・皇后をはじめとする天皇家の身辺にかかわる無為祈禱、天皇の治天・政務にかかわる天変地異・怪異の祈禱などを下達するものが含まれているが、日光東照宮にはこのような祈禱命令を含む文書は直接には発給されていないのである。天皇・朝廷にとって、東照宮はあくまでも二所宗廟・御願寺社とは別個に扱われ、あくまでも徳川将軍家にとっての「皇祖神」「宗廟」とする程度の希薄な認識下にしかないことは明らかである。将軍家および天海の幾度にわたる要求に対し、新儀として異論が唱えられたことも想起される。この点において、天皇・朝廷側は、一定の自立性を保持していたといえる。

将軍・幕府と天皇・朝廷の間にある、かかる関係は、先行研究がとりあげてきた行政機構・法制、あるいは個々の紫衣事件など一回性の衝突からは見通すことができない。両者の秩序を把握するためには、近世寺社に対する両者の関与のあり方を、史料学的にも等閑視されてきた天皇・朝廷の文書発給の態様に注視しつつ個別具体的に検討し、事例を蓄積したうえで論じる必要があると考える。また、神道の本所としての地位を有した吉田家の動向、文書発給とも対比せねばなるまい。さらには、幕末・維新期を経ても廃されることなく、近代神道において別格官幣社に位置づけられていく近代の東照宮に分析の眼を向けることも不可避の課題である。

そして第三に、東照宮における社会統合の機能のとらえ方である。東照宮を通じた社会統合のあり方は、これまでは、諸国に勧請された東照宮の祭礼、とくにその付祭を通じ明らかにされてきた。一方で、本家本元たる日光東照宮についての検討は、ほとんど未着手であった。本研究もまた不十分のそしりは免れないものと自覚しているが、少なくとも付祭ではなく本祭に焦点を当てて研究することが可能であることは示し得たと考えている。しかも、近世日光山において図られた社会統合は、天皇の勅を頂点とし、日光の町方を裾野として拡がるものである。近世日光山の成立過程において、社会統合をとらえる鍵として、祭礼役、殺生禁断、行赦、施行、拝借などの事象を検討した。日光惣町の個性のなかで展開したこれらの事象に、東照大権現が現世利益を国土へと融通する思想、すなわち創造された国家神による民衆心性へのはたらきかけが存在し、その功徳、恩を民衆にまで下降させ、社会に浸透させる思想が確認できたのである。

家光政権下の東照宮を通じた社会統合を解く鍵となる事象の一つである行赦が、諸国の東照宮祭礼においても確認できることは、本研究においても上野東叡山の東照宮門前における行赦の事例によって、ごく一部ながら指摘した。また、第三章第四節において触れたように、久能山、御三家の名古屋・和歌山・水戸、上野、近江坂本の東照宮は、天皇の勅を得て勧請されているし、その他の東照宮についても、天海による天台寺院の本末編成を通じた規制、さらには天皇に代わってその皇子である輪王寺門跡の関与によって勧請がなされている。したがって、成立期の諸国東照宮においても、日光山と同様、天皇を頂点とする社会統合をうかがわせる要件がやはり現出している。無論それは、日光山で行ったように存立原理、祭祀組織、建築、町人・百姓にも及ぶ祭礼の構造的把握を個別具体的に考察することによってのみ明らかになるものと予想されるのである。

参考文献一覧

（著者・編著者名五十音順）

（枠組みにかかわる主要なものに限定した。本書あとがきの拙稿も参照）

〔著書・論文〕

赤堀又次郎執筆、二荒山神社社務所編・発行『二荒山神社』（一九一七年）
秋本典夫『近世日光山史の研究』（名著出版、一九八二年）
秋本典夫「近世日光山に於ける一坊の一考察」（『宇都宮大学教養部研究報告』第一部一七、一九八四年）
朝尾直弘『朝尾直弘著作集』三～七（岩波書店、二〇〇四年）
阿部　昭「享保の日光社参における公儀御用の編成」（『人文学会紀要』二六、一九九三年）
阿部　昭「日光山領所務定法の成立過程」（『国士舘史学』八、二〇〇〇年）
阿部能久『戦国期関東公方の研究』（思文閣出版、二〇〇六年）
網野善彦『東と西の語る日本の歴史』（講談社、一九九八年。初出は一九八二年）
新井敦史「中世後期の日光山坊舎――その世俗的活動を中心に――」（『史境』二九、一九九四年）
新井敦史「室町期日光山の組織と運営――堂講相論・皆水精念珠紛失事件の検討を通して――」（『古文書研究』四〇、一九九五年）
新井敦史「応永期日光山領符所郷関係文書の再検討」（『かぬま歴史と文化――鹿沼市史研究紀要――』六、二〇〇一年）
荒川善夫『戦国期北関東の地域権力』（岩田書院、一九九七年）
荒川善夫『戦国期東国の権力構造』（岩田書院、二〇〇二年）
荒野泰典『近世日本と東アジア』（東京大学出版会、一九八八年）
市村高男『戦国期東国の都市と権力』（思文閣出版、一九九四年）
伊藤清郎『中世日本の国家と寺社』（高志書院、二〇〇〇年）
伊藤　毅『都市の空間史』（吉川弘文館、二〇〇三年）
伊東忠太『日本建築の研究』下（伊東忠太著作集一、原書房、一九八二年）

伊藤裕久『近世都市空間の原型――村・館・市・宿・寺・社と町場の空間形成――』（中央公論美術出版、二〇〇三年）
伊藤要太郎『匠明五巻考』（鹿島研究所出版会、一九七一年）
井上　攻『由緒書と近世の村社会』（大河書房、二〇〇三年）
井上章一『つくられた桂離宮神話』（講談社、一九九七年。初出は一九八六年）
今市市史編さん委員会編『いまいち市史』通史編Ⅰ～Ⅳ（今市市役所、一九八二・九五・九八・二〇〇四年）
宇高良哲『徳川家康と関東仏教教団』（東洋文化出版、一九八七年）
宇高良哲「天台宗南光坊天海と真言宗知足院光誉――特に肥前国一宮争論を中心に――」（大久保良順先生傘寿記念論文集刊行会編『仏教文化の展開――大久保良順先生傘寿記念論文集――』山喜房仏書林、一九九四年）
宇高良哲「南光坊天海の大僧正補任年次考――『南僧正天海』の発給古文書を中心に――」（村中祐先生古稀記念論文集刊行会編『大乗仏教思想の研究――村中祐先生古稀記念論文集――』山喜房仏書林、二〇〇五年）
浦井正明『もうひとつの徳川物語――将軍家霊廟の謎――』（誠文堂新光社、一九八三年）
江田郁夫「武力としての日光山――昌膳の乱をめぐって――」（『日本歴史』六三八、二〇〇一年）
大河直躬『東照宮』（鹿島研究所出版会、一九七〇年）
大熊喜邦『江戸建築叢話』（東亜出版社、一九四七年）
大桑　斉「徳川将軍権力と宗教――王権神話の創出――」（安丸良夫他編『宗教と権威』岩波講座天皇と王権を考える四、岩波書店、二〇〇二年）
大島延次郎「間々田乙女河岸と日光廟との相関性」（『下野史学』一、一九五二年）
大友一雄『日本近世国家の権威と儀礼』（吉川弘文館、一九九九年）
大友一雄「日光社参と身分――大名行列の編成をめぐって――」（『国史学』一九〇、二〇〇六年）
大野瑞男『江戸幕府財政史論』（吉川弘文館、一九九六年）
岡崎寛徳『近世武家社会の儀礼と交際』（校倉書房、二〇〇六年）
岡田莊司「近世神道の序幕――吉田家の葬礼を通路として――」（『神道宗教』一〇九、一九八二年）
岡野友彦『中世久我家と久我家領荘園』（続群書類従完成会、二〇〇二年）

岡野友彦『源氏と源氏長者』（講談社、二〇〇三年）
尾崎喜左雄『上野国長楽寺の研究』（尾崎先生著書刊行会、一九八四年）
小野　将「日本近世の政治文化」（歴史学研究会編『国家像・社会像の変貌』現代歴史学の成果と課題一九八〇～二〇〇〇年Ⅱ、青木書店、二〇〇三年）
小野均（晃嗣）『近世城下町の研究』増補版（法政大学出版局、一九九三年）
笠谷和比古『関ケ原合戦と近世の国制』（思文閣出版、二〇〇〇年）
勝俣鎮夫『戦国時代論』（岩波書店、一九九六年）
鹿沼市史編さん委員会編『鹿沼市史』通史編原始・古代・中世（鹿沼市、二〇〇四年）
紙屋敦之『大君外交と東アジア』（吉川弘文館、一九九七年）
苅米一志「日本中世における殺生観と狩猟・漁撈の世界」（『史潮』新四〇、一九九六年）
川上　貢『近世上方大工の組・仲間』（思文閣出版、一九九七年）
川上貢編『近世建築の生産組織と技術』（中央公論美術出版、一九八四年）
河内八郎『幕末北関東農村の研究』（名著出版、一九九四年）
川村博忠『江戸幕府撰国絵図の研究』（古今書院、一九八四年）
神崎充晴「『東照社縁起』製作の背景」（小松茂美編『東照社縁起』続々日本絵巻大成　伝記・縁起篇八、中央公論社、一九九四年）
北島正元「徳川家康の神格化について」（『国史学』九四、一九七四年）
北原糸子『江戸城外堀物語』（筑摩書房、一九九九年）
久保智康『錺金具』（日本の美術四三七、至文堂、二〇〇二年）
熊倉功夫『後水尾天皇』（岩波書店、一九九四年。初出は一九八二年）
熊倉功夫『寛永文化の研究』（吉川弘文館、一九八八年）
倉地克直『近世の民衆と支配思想』（柏書房、一九九六年）
黒田日出男『王の身体 王の肖像』（平凡社、一九九三年）
黒田日出男・ロナルド・トビ編『行列と見世物』（朝日百科日本の歴史別冊　歴史を読みなおす一七、朝日新聞社、一九九四年）

黒田竜二「中世寺社信仰の場」（思文閣出版、一九九九年）
小路田泰直編『ナショナリズムと美――稿本日本帝国美術略史――』（史料集公と私の構造――日本における公共を考えるために――別巻、ゆまに書房、二〇〇三年）
子安宣邦『国家と祭祀――国家神道の現在――』（青土社、二〇〇四年）
小山靖憲『中世村落と荘園絵図』（東京大学出版会、一九八七年）
斎藤夏来「家康の神格化と画像」（『日本史研究』五四五、二〇〇八年）
坂本是丸『国家神道形成過程の研究』（岩波書店、一九九四年）
桜井英治『中世日本の経済構造』（岩波書店、一九九六年）
佐藤権司『日光領の農民世界――生活と文化を育てた人々――』（随想舎、二〇〇一年）
佐藤常雄・大石慎三郎『貧農史観を見直す』（新書江戸時代三、講談社、一九九五年）
沢登寛聡「『一揆』集団の秩序と民衆的正当性観念――安永七年五月、都市日光の惣町『一揆』を中心として――」（『歴史学研究』五四七、一九八五年）
沢登寛聡「都市日光の神役と町役人制度―稲荷町の町政運営の変動を中心として―」（村上直編『幕藩体制社会の展開と関東』吉川弘文館、一九八六年）
沢登寛聡「都市日光の曲物職仲間と地域秩序――近世後期における門前町の林業・手工業と地域経済について――」（『徳川林政史研究所研究紀要』昭和六二年度、一九八八年）
史蹟名勝天然記念物保存協会編『日光』（画報社、一九一五年）
篠田英雄訳『日本――タウトの日記――一九三三年』（岩波書店、一九七五年）
篠宮雄二「職人国役にみる幕藩制国家の一特質」（『歴史学研究』六六三、一九九四年）
柴田豊久『柴田豊久著作集――近世日光・下野刀剣考――』（柴田豊久著作刊行会、一九八三年）
柴田宜久『明治維新と日光――戊辰戦争そして日光県の誕生――』（随想舎、二〇〇五年）
柴田立史「日光山の入峰修行――華供峰を中心として――」（宮田登・宮本袈裟雄編『日光山と関東の修験道』山岳宗教史研究叢書八、名著出版、一九七九年）

新川武紀『下野中世史の新研究』（ぎょうせい、一九九四年）
菅原信海『山王神道の研究』（春秋社、一九九二年）
菅原信海『日本思想と神仏習合』（春秋社、一九九六年）
菅原信海『日本人の神と仏――日光山の信仰と歴史――』（法蔵館、二〇〇一年）
菅原信海『日本人と神たち仏たち』（春秋社、二〇〇三年）
菅原信海『神仏習合思想の研究』（春秋社、二〇〇五年）
仙台市史編さん委員会編『仙台市史』特別編三 美術工芸・通史編三 近世一（仙台市、一九九六・二〇〇一年）
曾根原理『徳川家康神格化の道――中世天台思想の展開――』（吉川弘文館、一九九六年）
曾根原理『神君家康の誕生――東照宮と権現様――』（吉川弘文館、二〇〇八年）
曾根原理「徳川家康年忌行事にあらわれた神国意識――家光期を対象として――」（『日本史研究』五一〇、二〇〇五年）
曾根原理「東照宮祭祀と山王一実神道」（『国史学』一九〇、二〇〇六年）
杣田善雄『幕藩権力と寺院・門跡』（思文閣出版、二〇〇三年）
高木昭作『日本近世国家史の研究』（岩波書店、一九九〇年）
高木昭作『将軍権力と天皇――秀吉・家康の神国観――』（シリーズ民族を問う二、青木書店、二〇〇三年）
高木昭作「最近の近世身分制論について」（『歴史評論』四〇四、一九八三年）
高野信治「武士神格化と東照宮勧請」（『国史学』一九五、二〇〇八年）
高埜利彦『近世日本の国家権力と宗教』（東京大学出版会、一九八九年）
高埜利彦「江戸幕府の朝廷支配」（『日本史研究』三一九、一九八九年）
高埜利彦「江戸時代の神社制度」（同編『元禄の社会と文化』日本の時代史一五、吉川弘文館、二〇〇三年）
高橋　修「紀州東照宮の創建と和歌浦」（和歌山県立博物館編・発行『紀州東照宮の歴史』、一九九〇年）
高藤晴俊『家康公と全国の東照宮』（東京美術、一九九二年）
高藤晴俊『日光東照宮の謎』（講談社、一九九六年）
高藤晴俊『図説社寺建築の彫刻』（東京美術、一九九九年）

高藤晴俊「東照社縁起に描かれた祭礼行列」(『下野民俗』四二、二〇〇二年)
高藤晴俊「日光東照宮の神輿渡御行列について――その成立過程の考察を中心として――」(『儀礼文化』三二、二〇〇三年)
武田恒夫『狩野派絵画史』(吉川弘文館、一九九五年)
田中圭一『佐渡金銀山の史的研究』(刀水書房、一九八六年)
田中圭一『日本の江戸時代――舞台に上がった百姓たち――』(刀水書房、一九九九年)
田辺　泰『芝・上野徳川家霊廟建築論』(東京府史蹟保存調査報告書一一、東京府、一九三四年)
田辺　泰『徳川家霊廟』(彰国社、一九四二年)
田辺　泰『日光廟建築』(彰国社、一九四四年)
田辺　泰「江戸幕府作事方職制に就て」(『建築雑誌』臨時増刊大会論文集、一九三五年)
谷　直樹『中井家大工支配の研究』(思文閣出版、一九九二年)
種村威史「天保期日光社参における宿城儀礼と奏者番」(『国史学』一九〇、二〇〇六年)
玉井哲雄『江戸――失われた都市空間を読む――』(平凡社、一九八六年)
玉井宮東照宮誌編纂委員会編『玉井宮東照宮誌』(玉井宮東照宮、一九八三年)
圭室諦成「治病宗教の系譜――中世後期を中心として――」(『日本歴史』一八六、一九六三年)
圭室文雄編『政界の導者天海・崇伝』(日本の名僧一五、吉川弘文館、二〇〇四年)
千田孝信「養源院覚書」(『日光山輪王寺』五五、一九九〇年)
千田孝明「日光山をめぐる宗教世界」(浅野晴樹・斎藤慎一編『中世東国の世界』一　北関東、高志書院、二〇〇三年)
地方史研究協議会編『日本の町――その歴史的構造――』(雄山閣出版、一九五八年)
地方史研究協議会編『封建都市の諸問題――日本の町Ⅱ――』(雄山閣出版、一九五九年)
地方史研究協議会編『宗教・民衆・伝統――社会の歴史的構造と変容――』(雄山閣出版、一九九五年)
塚本靖・大沢三之助『日光廟建築論』(『東京帝国大学紀要』一―二、一九〇三年)
辻善之助『日本仏教史』八　近世篇之二(岩波書店、一九五三年)
津田良樹『街道の民家史研究――日光社参史料からみた住居と集落――』(芙蓉書房出版、一九九五年)

栃木県史編さん委員会編『栃木県史』通史編三 中世・同四 近世一・同五 近世二（栃木県、一九八四・八一・八四年）
富田正広「近世東大寺の国家祈禱と院宣・綸旨」（綾村宏編『東大寺所蔵聖教文書の調査研究』平成一三年度～平成一六年度科学研究費補助金（基盤研究（A）（一））研究成果報告書、二〇〇五年）
豊田 武『中世日本の商業』（豊田武著作集二、吉川弘文館、一九八二年）
内藤 昌『江戸の都市と建築』（江戸図屏風別巻、毎日新聞社、一九七二年）
内藤 昌『近世大工の美学――環境倫理としての日本古典建築学――』（中央公論社、一九九七年）
内藤昌・渡辺勝彦・麓和善「元和創建日光東照宮の復原的考察」（『建築史学』五、一九八五年）
内藤直子「光悦村の金工――埋忠明寿と本阿弥光悦の関係を注進に――」（『フィロカリア』一九、二〇〇二年）
内藤直子「光悦村の金工――『光悦町古図』中に見る『埋忠』と『体阿弥』――（上）・（下）」（『刀剣美術』五六二・五六三、二〇〇三年）
内藤正敏『江戸・王権のコスモロジー』（民俗の発見Ⅲ、法政大学出版局、二〇〇七年）
中川光熹「日光山修験道史」（宮田登・宮本袈裟男編『日光山と関東の修験道』山岳宗教史研究叢書八、名著出版、一九七九年）
中川光熹「日光山の延年舞と強飯式」（五来重編『修験道の美術・芸能・文学〔Ⅰ〕』山岳宗教史研究叢書一四、名著出版、一九八〇年）
中川仁喜「天海と深秘の絵仏師木村了琢について――三代了琢の現存作品を中心として――」（『大正史学』三一、二〇〇一年）
中川仁喜「江戸幕府開創以前の関東における天海の活動――常陸国不動院を中心に――」（佐藤清順博士古稀記念論文集刊行会編『東洋の歴史と文化――佐藤清順博士古稀記念論文集――』山喜房仏書林、二〇〇四年）
中川仁喜「『天海蔵』の成立について」（村中祐先生古稀記念論文集刊行会編『大乗仏教思想の研究――村中祐先生古稀記念論文集――』山喜房仏書林、二〇〇五年）
中村孝也『家康伝』（国書刊行会、一九八八年。初出は一九六五年）
永村 真『中世東大寺の組織と経営』（塙書房、一九八九年）
中野光浩「東照宮信仰の民衆受容に関する一考察」（『地方史研究』二三七、一九九二年）
中野光浩「諸国東照宮の勧請と造営の政治史」（山本信吉・東四柳史明編『社寺造営の政治史』思文閣出版、二〇〇〇年）

中野光浩「『諸国御宮在之寺院記』（乾）に関する一考察」（『信濃』六二一、二〇〇一年）
中野光浩「諸大名による東照宮勧請の歴史的考察」（『歴史学研究』七六〇、二〇〇二年）
中野光浩「民衆が祀る東照宮の歴史的性格について」（『論集きんせい』二四、二〇〇二年）
浪川健治編『近世武士の生活と意識「添田儀左衛門日記」――天和期の江戸と弘前――』（岩田書院、二〇〇四年）
奈良女子大学古代学学術研究センター設立準備室編『儀礼にみる日本の仏教――東大寺・興福寺・薬師寺――』（法蔵館、二〇〇一年）
西　和夫『江戸時代の大工たち』（学芸出版社、一九八〇年）
西山　克「豊臣『始祖』神話の風景」（『思想』八二九、一九九三年）
日光市史編さん委員会編『日光市史』上・中・下（日光市、一九七九年）
根岸茂夫「享保期日光社参における将軍の行列」（『大日光』七五、二〇〇五年）
根岸茂夫「江戸幕府の祭祀と東照宮」（文部科学省二一世紀COEプログラム国学院大学「神道と日本文化の国学的研究発信の拠点形成」編・発行『神道と日本文化の国学的研究発信の拠点形成研究報告』二、二〇〇七年）
根岸茂夫「寛文三年徳川家綱日光社参の行列と政治的意義」（『国史学』一九五、二〇〇八年）
野村　玄『日本近世国家の確立と天皇』（清文堂出版、二〇〇六年）
野村　玄「東照宮号宣下をめぐる政治過程再考」（『史海』五五、二〇〇八年）
芳賀　登『日本風俗史学序説――微視の復権――』（つくばね舎、一九九三年）
萩原龍夫『中世祭祀組織の研究』再版（吉川弘文館、一九六五年。初出は一九六二年）
橋本政宣『近世公家社会の研究』（吉川弘文館、二〇〇二年）
畑　麗「東照宮縁起絵巻の成立――狩野探幽の大和絵制作――」（『国華』一〇七二、一九八六年）
浜田直嗣『伊達の文化誌』（続東北の原像、創童舎、二〇〇三年）
林屋辰三郎『中世文化の基調』（東京大学出版会、一九五三年）
林屋辰三郎『近世伝統文化論』（創元社、一九七四年）
原田伴彦『日本封建都市研究』（東京大学出版会、一九五七年）

原田伴彦「近世門前町研究序説」（同『原田伴彦論集』二、思文閣出版、一九八五年。初出は一九七一年）
肥後和男『宮座の研究』（弘文堂、一九七〇年。初出は一九四一年）
尾藤正英『江戸時代とは何か――日本史上の近世と近代――』（岩波書店、一九九二年）
平井　聖「近世初頭における大工の再編」（井上光貞他編『日本歴史大系』三 近世、山川出版社、一九八八年）
平泉　澄『我が歴史観』（至文堂、一九二六年）
平泉澄他執筆、東照宮社務所編・発行『東照宮史』（一九二七年）
平岡定海編『権現信仰』（民衆宗教史叢書二三、雄山閣出版、一九九一年）
平野哲也『江戸時代村社会の存立構造』（御茶の水書房、二〇〇四年）
広野三郎執筆、日光東照宮社務所編・発行『徳川家光公伝』（一九六一年）
深谷克己『近世の国家・社会と天皇』（校倉出版、一九九一年）
福井康順『日本天台の諸研究』（福井康順著作集五、法蔵館、一九九〇年）
福井康順他執筆、日光山史編纂室編『日光山輪王寺史』（日光山輪王寺門跡教化部、一九六六年）
福原敏男『神仏の表象と儀礼――オハケと強飯式――』（歴史民俗博物館振興会、二〇〇三年）
福原敏男「祭礼の練物――岡山東照宮祭礼――」（『国立歴史民俗博物館研究報告』七七、一九九九年）
藤井讓治『江戸幕府老中制形成過程の研究』（校倉書房、一九九〇年）
藤井讓治『徳川家光』（吉川弘文館、一九九七年）
藤井讓治『江戸時代の官僚制』（青木書店、一九九九年）
藤井讓治「江戸幕府の成立と天皇」（高埜利彦他編『講座・前近代の天皇』二 天皇権力の構造と展開その二、青木書店、一九九三年）
藤井万喜太「日光山常行堂安置源頼朝遺骨の検討――附安達藤九郎盛長の碑――」（『歴史地理』六八―五、一九三六年）
藤川昌樹『近世武家集団と都市・建築』（中央公論美術出版、二〇〇二年）
藤木久志『新版雑兵たちの戦場――中世の傭兵と奴隷狩り――』（朝日新聞社、二〇〇五年。初出は一九九五年）
藤本利治『門前町』（古今書院、一九七〇年）

古谷清執筆、東照宮社務所編・発行『東照宮宝物志』（一九二七年）
星野理一郎『日光史』（日光第二尋常高等小学校、一九三七年）
堀　勇雄『林羅山』（吉川弘文館、一九六四年）
堀　一郎『堀一郎著作集』五・七（未来社、一九八七年・二〇〇二年）
真栄平房昭「幕藩制国家の外交儀礼と琉球――東照宮儀礼を中心に――」（『歴史学研究』六二〇、一九九一年）
松本久史「近世朝廷における祈禱の意義――七社祈禱を中心に――」（『国史学』一九五、二〇〇八年）
三崎良周「『一実神道秘決』について」（『台密の理論と実践』創文社、一九九四年。初出は一九九二年）
水江漣子『江戸市中形成史の研究』（弘文堂、一九七七年）
皆川義孝「日光山別当昌淳発給文書の基礎的考察」（『かぬま歴史と文化――鹿沼市史研究紀要――』一、一九九七年）
皆川義孝「日光山の組織と意思決定――慶守の活動を通じて――」（同右六、二〇〇一年）
皆川義孝「布教者の活動から見た中世日光山」（『山岳修験』二九、二〇〇二年）
宮沢誠一「幕末における天皇をめぐる思想的動向」（『歴史における民族の形成』歴史学研究　別冊特集　一九七五年度歴史学研究会大会報告、一九七五年）
宮沢誠一「幕藩制期の天皇のイデオロギー的基盤――擬制的氏族制の問題を中心に――」（北島正元編『幕藩制国家成立過程の研究』吉川弘文館、一九七八年）
宮田　登『民俗宗教論の課題』（未来社、一九七七年）
宮地正人『天皇制の政治史的研究』（校倉書房、一九八一年）
宮本袈裟男『里修験の研究』（吉川弘文館、一九八四年）
宮本雅明『都市空間の近世史研究』（中央公論美術出版、二〇〇五年）
村上訒一編『霊廟建築』（日本の美術二九五、至文堂、一九九〇年）
守屋正彦「東照大権現像の成立」（真保亨先生古稀記念論文集編集委員会編『芸術学の視座――真保亨先生古稀記念論文集――』勉誠出版、二〇〇二年）
柳田国男「人を神に祀る風習」（『定本柳田国男集』一〇、筑摩書房、一九六九年。初出は一九二六年）

山岸常人『中世寺院の僧団・法会・文書』（東京大学出版会、二〇〇四年）
山口啓二「日光社参寄人馬についての一考察」（永原慶二他編『中世・近世の国家と社会』東京大学出版会、一九八六年）
山田雄司『崇徳院怨霊の研究』（思文閣出版、二〇〇一年）
山田雄司『跋扈する怨霊――祟りと鎮魂の日本史――』（吉川弘文館、二〇〇七年）
山村信栄「筑前黒田藩と石鳥居の奉納」（『大日光』六六、一九九五年）
山本信吉・東四柳史明編『社寺造営の政治史』（神社史料研究会叢書二、思文閣出版、二〇〇〇年）
山本隆志「鎌倉後期における地方門前宿市の発展――上野国世良田を中心に――」（『歴史人類』一七、一九八九年）
山本博文「徳川王権の成立と東アジア世界」（水林彪他編『王権のコスモロジー』比較歴史学大系一、弘文堂、一九九八年）
横田冬彦「幕藩制的職人編成の成立――幕府大工頭中井家の工匠編成をめぐって――」（『日本史研究』二二七、一九八一年）
横田冬彦「幕藩制前期における職人編成と身分」（同右二三五、一九八一年）
横田冬彦「中井正清――棟梁たちをひきいた大工頭――」『講座・日本の技術の社会史』別巻一　人物篇　近世、日本評論社、一九八六年）
横田冬彦「近世都市と職人集団」（高橋康夫・吉田伸之編『日本都市史入門』Ⅲ人、東京大学出版会、一九九〇年）
吉井敏幸「近世初期一山寺院の寺僧集団」（『日本史研究』二六六、一九八四年）
吉田純一『京大工頭中井家配下の棟梁層の形成過程と組織化に関する研究』（私家版、一九八五年）
吉田伸之『近世都市社会の身分構造』（東京大学出版会、一九九八年）
米田雄介「徳川家康・秀忠の叙位任官文書について」（『栃木史学』八、一九九四年）
和歌森太郎『神と仏の間』（講談社、二〇〇七年。初出は一九七五年）
和歌森太郎「中世に於ける協同体の秩序と神社」（『社会経済史学』一三―四、一九四三年）
脇田晴子『日本中世商業発達史の研究』（御茶の水書房、一九六九年）
渡辺英夫『東廻海運史の研究』（山川出版社、二〇〇二年）
渡辺　浩『東アジアの王権と思想』（東京大学出版会、一九九七年）

〔博物館図録・文化財修理工事報告書等〕

石川県教育委員会文化財課金沢城研究調査室編・発行『金沢東照宮（尾崎神社）の研究』（金沢城史料叢書三、二〇〇六年）
NHK・NHKプロモーション編・発行『聖地日光の至宝』（二〇〇〇年）
NHK・NHKプロモーション編・発行『江戸開府四〇〇年記念徳川将軍家展』（二〇〇三年）
大阪市立博物館編『社寺参詣曼荼羅』（平凡社、一九八七年）
大崎八幡宮編・発行『国宝大崎八幡宮』（二〇〇四年）
太田博太郎編『日本建築史基礎資料集成』一　社殿Ⅰ（中央公論美術出版、一九九八年）
寛永寺編・発行『重要文化財常憲院霊廟勅額門及び水盤舎修理工事報告書』（一九六七年）
城戸久編『中井家系譜』（名古屋工業大学建築学研究室、一九五一年）
京都国立博物館編・発行『都の形象――洛中・洛外の世界――』（一九九四年）
京都国立博物館編・発行『京都社寺調査報告』一九　北野天満宮（一九九八年）
京都国立博物館編・発行『北野天満宮神宝展』（二〇〇一年）
京都国立博物館編・発行『金色のかざり――金属工芸にみる日本美――』（二〇〇三年）
京都府教育庁文化財保護課重要文化財東照宮（金地院）修理事務所編・発行『重要文化財東照宮（金地院）修理工事報告書』（一九六一年）
群馬県立歴史博物館編・発行『長楽寺の宝蔵を開く』（二〇〇三年）
古河歴史博物館編・発行『日光社参と古河藩』（一九九四年）
滋賀県教育委員会編・発行『重要文化財日吉大社末社東照宮修理工事報告書』（一九六一年）
重要文化財樗谿神社修理委員会編・発行『重要文化財樗谿神社本殿唐門拝殿及幣殿修理工事報告書』（一九五六年）
重要文化財久能山東照宮修理委員会編・発行『重要文化財久能山東照宮第一期・第二期修理工事報告書』一（一九六八年）
重要文化財久能山東照宮修理委員会編・発行『重要文化財久能山東照宮第三期・第四期修理工事報告書』二（一九六八年）
重要文化財厳有院霊廟勅額門修理委員会編・発行『重要文化財厳有院霊廟勅額門修理工事報告書』（一九五七年）
重要文化財滝山東照宮社殿修理委員会・文化財建造物保存技術協会編『重要文化財滝山東照宮修理工事報告書』（重要文化財

滝山東照宮社殿修理委員会、一九七一年）
重要文化財東照宮社殿修理委員会編・発行『重要文化財東照宮社殿修理工事報告書』（一九六五年）〈東京都・上野〉
重要文化財東照宮社殿修理委員会編・発行『重要文化財東照宮社殿修理工事報告書』（一九六六年）〈群馬県・世良田〉
重要文化財東照宮本殿修理委員会編・発行『重要文化財東照宮本殿修理工事報告書』（一九七一年）〈青森県・弘前〉
世良田東照宮編・発行『世良田東照宮板面著色三十六歌仙図修理報告書』（二〇〇八年）
仙台市博物館編・発行『平成の大修理 国法大崎八幡宮展』（二〇〇二年）
筑波大学附属図書館編・発行『「学問の神」をささえた人びと――北野天満宮の文書と記録――』（二〇〇二年）
東叡山寛永寺・日本経済新聞社編『創建三百六十年記念 上野寛永寺展』（日本経済新聞社、一九八五年）
東京都教育庁生涯学習部文化課編・発行『寛永寺及び子院所蔵文化財総合調査報告』上 石造遺物・聖教典籍編・二 絵画編・

三 彫刻・工芸品編（一九九九年・二〇〇一年・〇二年）
東毛歴史資料館編・発行『長楽寺の宝物』（二〇〇三年）
徳川美術館編・発行『尾張の殿様物語――尾張徳川家初代義直襲封四〇〇年――』（二〇〇七年）
栃木県教育委員会事務局編・発行『重要文化財本地堂修理工事報告書』一・二（一九六八年）
栃木県立博物館編・発行『日光参詣の道』（一九八四年）
栃木県立博物館編・発行『天海僧正と東照権現』（一九九四年）
鳥取市歴史博物館編・発行『江戸開府四〇〇年東照宮展前期 東照宮の誕生――神になる徳川家康――』（二〇〇三年）
鳥取市歴史博物館編・発行『江戸開府四〇〇年東照宮展後期 東照宮の名宝――諸大名と東照宮――』（二〇〇三年）
中里昌念・柴田立史編『日光山輪王寺宝ものがたり』（東京美術、一九九二年）
奈良国立文化財研究所編『和歌山県の近世社寺建築』（近世社寺建築緊急調査報告書、和歌山県教育庁文化財課、一九九一年）
日光山輪王寺・読売新聞社編・発行『日光山輪王寺展――慈眼大師（天海大僧正）三五〇年御遠忌記念――』（一九九二年）
日光山輪王寺宝物殿・徳川記念財団編『日光山と徳川四〇〇年の文化』（日光山輪王寺、二〇〇四年）
日光市文化財保護審議会編『日光の石造美術品』（日光市教育委員会、一九九六年）
日光社寺文化財保存委員会編・発行『重要文化財輪王寺大猷院霊廟奥院拝殿・瑞垣・奥院鋳抜門修理工事報告書』（一九七一年）

日光社寺文化財保存会編・発行『重要文化財東照宮奥社拝殿・同鳥居・同銅神庫・同唐門・非常門・銅庫門修理工事報告書』（一九七二年）
日光社寺文化財保存会編・発行『国宝東照宮陽明門・同左右袖塀修理工事報告書』（一九七四年）
日光社寺文化財保存会編『国宝・重要文化財東照宮東西廻廊・坂下門・西浄修理工事報告書』（日光東照宮、一九七五年）
日光社寺文化財保存会編『重要文化財二荒山神社中宮祠本殿・拝殿屋根その他修理工事報告書』（二荒山神社、一九七五年）
日光社寺文化財保存会編『重要文化財二荒山神社別宮滝尾神社本殿・別宮滝尾神社唐門・別宮滝尾神社拝殿・別宮滝尾神社楼門・末社朋友神社本殿修理工事報告書』（二荒山神社、一九七五年）
日光社寺文化財保存会編・発行『重要文化財輪王寺常行堂修理工事報告書』（日光山輪王寺、一九七五年）
日光社寺文化財保存会編・発行『重要文化財東照宮神輿舎・東通用御門・表門附簓子塀・内番所・燈台穂屋（八角）・燈台穂屋修理工事報告書』（一九八一年）
日光社寺文化財保存会編『重要文化財二荒山神社別宮滝尾神社鳥居他・大国殿・神輿舎・末社日枝神社本殿・別宮本宮神社拝殿・本社本殿他五棟修理工事報告書』（二荒山神社、一九八一年）
日光社寺文化財保存会編・発行『重要文化財輪王寺法華堂・常行堂法華堂渡廊・大猷院霊廟宝庫修理工事報告書』（一九八一年）
日光社寺文化財保存会編・発行『重要文化財東照宮仮殿本殿・相之間・拝殿・仮殿唐門・仮殿掖門及び透塀修理工事報告書』（一九八六年）
日光社寺文化財保存会編・発行『重要文化財輪王寺大猷院霊廟仁王門修理工事報告書』（一九八六年）
日光社寺文化財保存会編・発行『重要文化財輪王寺開山堂・大猷院水屋その他修理工事報告書』（二〇〇二年）
日光二社一寺文化財保存委員会編『重要文化財輪王寺本堂（三仏堂）修理工事報告書』（輪王寺、一九六三年）
日光二社一寺文化財保存委員会編『国宝東照宮本殿・拝殿・付属蒔絵扉修理工事報告書』（東照宮、一九六五年）
日光二社一寺文化財保存委員会編『重要文化財東照宮表門・神厩・水盤舎修理工事報告書』（東照宮、一九六五年）
日光二社一寺文化財保存委員会編・発行『国宝輪王寺大猷院霊廟本殿・相之間・拝殿修理工事報告書』（一九六六年）
日光二社一寺文化財保存委員会編・発行『国宝東照宮唐門・透塀修理工事報告書』（一九六七年）
日光二社一寺文化財保存委員会編・発行『国宝東照宮本殿・石之間・拝殿修理工事報告書』（一九六七年）

日光二社一寺文化財保存委員会編・発行『重要文化財東照宮神楽殿・上中下神庫・御旅所社殿・仮殿鐘楼その他修理工事報告書』（一九六七年）
日光二社一寺文化財保存委員会編・発行『重要文化財二荒山神社神橋修理工事報告書』（一九六七年）
日光二社一寺文化財保存委員会編・発行『重要文化財二荒山神社鳥居・中宮祠社殿・別宮本宮神社本殿その他修理工事報告書』（一九六七年）
日光二社一寺文化財保存委員会編・発行『重要文化財二荒山神社本殿・拝殿修理工事報告書』（一九六七年）
日光二社一寺文化財保存委員会編・発行『重要文化財輪王寺大猷院霊廟二天門・唐門・皇嘉門・西浄その他修理工事報告書』（一九六七年）
日光二社一寺文化財保存委員会編・発行『重要文化財日光山輪王寺児玉堂・銅包宝蔵（大猷院）修理工事報告書』（一九六八年）
福岡市美術館・徳川記念財団編『将軍 徳川家十五代展』（福岡市美術館、二〇〇四年）
福島県立博物館編『徳川将軍家と会津松平家――葵の絆――』（福島県立博物館、二〇〇六年）
文化財建造物保存技術協会編『重要文化財東照宮本殿・拝殿・幣殿・中門・左右透塀・水屋・附石柵修理工事報告書』（鳳来町東照宮、一九七五年）
文化財建造物保存技術協会編『重要文化財東照宮（仙台）本殿・唐門・透塀保存修理工事並びに災害復旧工事報告書』（東照宮、一九八〇年）
文化財建造物保存技術協会編『重要文化財鹿島神宮本殿・石の間保存修理工事報告書』（鹿島神宮、一九八九年）
文化財保護委員会編・発行『戦災等による焼失文化財』建造物霊廟・東照宮篇（一九六五年）
豊国会・豊国神社編・発行『豊太閤没後四〇〇年記念 秀吉と京都――豊国神社社宝展――』（一九九八年）
和歌山県文化財研究会編『重要文化財東照宮本殿・石の間・拝殿ほか二棟修理工事報告書』（東照宮、一九八一年）
和歌山県文化財センター編『重要文化財東照宮本殿・石の間・拝殿・唐門・東西瑞垣・楼門・東西廻廊修理工事報告書』（東照宮、二〇〇一年）
和歌山県立博物館編・発行『紀州東照宮の歴史』（一九九〇年）

あとがき

本書は、平成一九年（二〇〇七）八月に筑波大学へ提出し、同年一一月に博士（文学）の学位を授与された学位論文『近世日光山成立史論』に若干の加除修正を加え、改題して刊行するものである。大学院人文社会科学研究科学位論文審査委員会における審査には、歴史・人類学専攻から主査に日本中世史の山本隆志先生、副査に日本古代史の根本誠二先生、日本近世史の浪川健治先生、日本民俗学の徳丸亞木先生、哲学・思想専攻から宗教学の山中弘先生があたってくださった。懇切なる御指導に改めてお礼申し上げる。

本書の各章は新たに書き下ろしたものであるが、とくに関連する公表済みの拙稿を発表順にあげておく。

「成立期近世日光神領に関する一考察――寛永・正保期を中心に――」（『大日光』六五、一九九四年）
「元和～寛永期日光における新町の形成」（『歴史と文化』五、一九九六年）
「日光・鉢石町における大工職の編成形態」（『年報日本史叢』一九九七、一九九七年）
「門前町日光における御役屋敷について」（『年報都市史研究』六、山川出版社、一九九八年）
「一七世紀日光の町と商人・職人」（『関東近世史研究』四七、一九九九年）
「東照宮造営期日光山における職人の編成と門前町形成」（『年報日本史叢』二〇〇一、二〇〇一年）
「権現造建築を支えるしくみ――北野神社の遷宮記録――」（筑波大学附属図書館編・発行『学問の神』をささえた人びと――北野天満宮の文書と記録――』二〇〇二年）
「徳川家霊廟建築の史的分析――入札と投機の時代史――」（『関東近世史研究』五三、二〇〇三年）
「修験勢力のひろがり」「神社と頭役」（鹿沼市史編さん委員会編『鹿沼市史』通史編原始・古代・中世、鹿沼市、二〇〇四年）

「東照宮祭礼と民衆――祭礼成立期を中心に――」(『国史学』一九〇、二〇〇六年)

このほか地方史研究協議会、関東近世史研究会、国史学会、社会文化史学会、日本山岳修験学会、社寺史料研究会、都市史研究会、栃木県歴史文化研究会、栃木県近世史研究会、筑波大学日本史談話会、第四一回近世史サマーセミナーなどから口頭発表の場、そして御叱正を賜る機会を頂戴した。関係の諸先生方にお礼申し上げる。また、これらの論文・口頭発表・史料収集にあたり、独立行政法人日本学術振興会科学研究費補助金の平成一二年度奨励研究(B)「日光東照宮祭礼図の基礎的研究」、平成一四年度奨励研究「東照宮権現造建築の分布とその特質に関する基礎的研究」、また、研究分担者にお加えいただいた東北大学の曾根原理先生を研究代表者とする平成一八年度~継続中の基盤研究(B)(一般)「東照宮祭祀の基盤・確立・展開」の一部を使用した。

本書は、近世日光山の成立と特質を、遷宮から宮号宣下にいたる東照宮の存立原理、東照宮例祭を執行する門跡輪王寺宮を頂点とした惣山組織と既存法会の再編、祭礼の場としての建築、その山下に立地する日光惣町、これら全体を構造的に把握することを通じ、究明してきた。それは、徳川将軍家が幕藩制国家の確立期に政権を掌握する正統な存在と位置づけるために、天皇の勅を原理とし、東照宮を皇祖神たる宗廟と同格にしようとした将軍家光の営為としての日光東照宮の「荘厳」である。その実現のために、惣山組織とその法会はそれに相応しい態様に編成され、祭礼の場としての建築が創造され、かつ日光惣町は御役の分掌者として定立されたのである。これら個別具体的な事象は相互に連関している。にも関わらず、従来それぞれが個別分散的な議論に押し込められ、そのために総体としての近世日光山を把握できないまま今日までいたったのである。私は、一見して個々に完結するこれらの要素に構造的な相関を見出すことにより、家光が目指し、天皇・朝廷を取り込むことによってのみ成し遂げられた日光東照宮の成立、そして近世日光山の成立が意味するところを明らかにした。

日光二社一寺は、平成一一年(一九九九)に「日光の社寺」の名称でユネスコ世界文化遺産に登録されたが、その過程で国内・国外から広く関心が寄せられるようになった。本書の構想は、くしくもその前後に固まってきたように思う。その着想は、私自身が日光の地に生まれ育ったことと無関係ではない。私の生家は、本書で詳述した御幸町にあり、蔵宿の旧屋敷を借りる「店借」であった。幼いころには、近所であった六職人岸野家や山中療病院の末裔と遊び、伝承も聞いた。町内では、毎年、天海判物をはじめとする御幸町文書の虫干し行事があり、また母や祖母に手を引かれ、天海さんをまつる御大師様の御日待に出かけた。中学生のころからは、毎年五月三日、町内の一員としてオミヤ（東照宮）とサンダイサマ（大猷院）へ栗石返しと呼ばれるオヤク（御役、祭礼役）に出た。小・中学校の卒業時には、卒業生全員が学級担任に引率され、二社一寺へお礼参りに行った。折々に、徳川宗家や御三家、そして昭和天皇をはじめ皇族が日光の社寺を参拝する写真も目にした。

身近な生活の場でおこる、これら一つ一つの出来事は、小・中学校歴史、そして高等学校日本史の教育のなかで教わる事項と交錯した。とくに夫役賦課が近世の民衆を苦しめていたと習ったさい、自らも勤めるオヤクがその系譜にあると気づき、言い表せぬ驚きを感じたことを記憶している。しかも、住民が協力同心する町内のありかたは、戦後の民主化・個人主義とはあい対するもの、しかも封建的なもの、解体されるべきものとして説かれる。これらに対する疑問、違和感こそが、私の研究における初志にほかならない。

栃木県立宇都宮高等学校進学後、所属する郷土史クラブの顧問の渡辺平良先生に御指導いただいた自主研究で、オヤクに出る町の若者組と日光二荒山神社弥生祭付祭を取りあげ、活字史料と聞き取りに基づく研究に挑んだ。よほど珍しがられたのか、『朝日新聞』栃木版でその自主研究の成果をとりあげていただいたことも手伝って、進学先には「地方史」を冠した授業科目がある筑波大学第一学群人文学類を選択し、進学した。

以後、生活の場となった大学の周辺地域では、学生宿舎であれアパートであれ近所づきあいと呼べるものはほとんどなかった。この無機質な生活環境は日光のそれとはまったく異なるもので、その結果、研究の関心は町の協同体（共同体）論へと傾斜した。当時は、国内では天皇の代替わり儀礼、国外では中国の天安門事件、そして東西冷戦の終結、ソ連・東欧諸国の崩壊、そして歴史学では既存の枠組みの再検討が揺らぎ出した時期であり、かかる時代の洗礼を受けるなかで、考えるようになったのである。

筑波大学在学中から現在まで学恩をこうむった諸先生にも、感謝を込めつつ触れさせていただきたい。

学群（学部）・大学院の指導教官は岩崎宏之先生であった。先生には、けっして経済的には恵まれていなかった私の学群生・大学院生時代、文字通り公私ともにお世話になった。近世・近代社会経済史を御専門とされる先生から学類の演習で与えられた課題は江戸および常総地域の都市形成史であった。その学びから、卒業研究は「門前町日光の研究」、さらに進学した大学院博士課程歴史・人類学研究科で修士論文に相当する中間評価論文は「門前町日光における町人社会と祭礼」とした。日光の町・町人の形成と展開を、生業に着目しつつ、近世日光山の祭礼のあり方と関連させながら解明しようとしたもので、御役がもつ意味を問い続けた。そして、大学院満期退学後に筑波大学の準研究員（文部科学技官）となったころまでに、宗教社会史へと関心が固まっていった。

この間には田中圭一先生、大濵徹也先生、そして山本隆志先生からも御指導いただいた。岩崎先生をはじめ、各先生には、実習授業・現地調査での実地指導もいただいた。いずれの先生も地域の個性にこだわり、現地を歩き、個別具体的な事例を徹底的に掘り下げること、そしてその個別具体相から普遍的な議論を立ち上げていく実証的な研究方法を指導された。とくに田中先生には、先生の定年退官後もたびたび御指導をいただく機会を得、現地の情況を見極めつつ史料を読み解くことの大切さを教わった。大濵先生も、私の視野が狭いことをしばしば叱正され、時代と社会を見る眼を常に問いかけ、私の甘さを戒めてくださった。

山本先生の御指導もその一つ一つが忘れがたい。先生はお忘れになられているかもしれないが、播磨国大部荘調査に参加したさい、先生が小野市立好古館に展示される空中写真の前に胡座をかいて、用水系を地形図に丹念に、黙々と書き写されているところに遭遇した。先生は学群生であった私に、その景観から地域の開発がどのように進められたのか、現在の用水系から想定できる開発過程をその場で説明してくださった。私自身が学生を指導する場面になると、このときに見た先生の背中をしばしば思い出す。文書の厳密な解釈、同行させていただいた各地での現地調査、そしてお誘いくださる議論の場、それぞれから研究者、教育者としてのあり方を学ばせていただいた。先生には、本書の出版にあたり、出版社への御紹介をもいただいた。心よりお礼申し上げたい。

筑波の日本史コース（現・日本史学領域）の先生方の研究指導では、常に通史的な位置づけを問われたことが思い出される。岩崎先生が、近世史専攻と名乗る学群生に対して、筑波大学には近世史専攻はない、日本史専攻だけだと、しばしば叱正されていたことを最近とみに思い出す。研究分野を個別細分化させて通史的な見通しを失ってはならない。上述の諸先生も含めコース教員全員から御指導をいただく大学院全体ゼミ（研究演習）での発表は、期待以上の酷評にさらされる恐怖の場であったが、それ以上に、自らの研究をどのように大きくまとめていくのか、見つめ直す場であった。御定年まで学位論文に向けて宗教史的観点を問いただしてくださった今井雅晴先生、副査として学位論文を丁寧に読んでくださった根本・浪川両先生の温かくも厳しい御指導もまた、私の研究を豊かなものとしてくださった。田沼睦・池田元・伊藤純郎・千本秀樹・中野目徹・朴宣美の諸先生方からも、学生時代から今日まで多くの御指導・御助言を賜った。学恩に感謝申し上げる。

また、歴史地理学の石井英也先生、小口千明先生、民俗学の故宮田登先生、古家信平先生、佐野賢治先生（現・神奈川大学）、徳丸亞木先生、考古学の川西宏幸先生をはじめとする人文社会科学研究科歴史・人類学専攻の諸先生方、哲学・思想専攻の山中弘先生、生命環境科学研究科の故佐藤常雄先生、加藤衛拡先生、人間総合科学研究科の守屋正彦先生からも有益な御指導・御助言をいただいた。学際性を唱える大学ならではの教育・研究環境において、現在もまた、私の視野、そして人間としての幅を広げていただいていることにお礼申し上げる。

林敬・木塚久仁子・六本木健志・新井敦史・平野哲也・佐々木倫朗・山田雄司・田中達也・阿部綾子・山田英明の各氏をはじめ同窓の諸氏にもこの場を借りてお礼申し上げたい。共同調査・研究会・勉強会などの、時には深更にも及んだ議論は私の血となり肉となった。実は、私の近世日光山の研究に京都・北野社を結びつけたのは、山田雄司氏らとの北野社家日記研究会で、偶然にも未刊の「引付」中に「日光山東照宮御造営帳」に現れる体阿弥の名を見つけた瞬間であった。本書第三章における建築様式と職・技術への着想はここから始まった。

本書の一部は平成一五年（二〇〇三）四月に現職となって以降、担当する人文・文化学群（旧・第二学群）比較文化学類地域主専攻日本研究分野、大学院人文社会科学研究科歴史・人類学専攻の講義でとりあげた。講義のさい忌憚なく、鋭く問題点を突いてくれた学群生・大学院生の皆さんにも謝意を述べたい。歴史・人類学専攻で戦国期の政治権力論を専門とする濵口誠至氏、日本研究分野の卒業生である人文社会科学研究科国際地域研究専攻の赤羽智世、人間総合科学研究科世界遺産専攻の齊藤桃の両氏には本書の校正にも御助力いただいた。

振り返ると、本書、そして私自身は、筑波大学日本史学領域に流れる学脈のなかで育ったことを改めて感じる。とはいえ脱稿後一年半が経過した現在、校正刷を読み返すと、視点が深化したのか（現役の研究者としては深化していなければなるまい）、いささか心許なくも思えてくる。日光東照宮の成立を近世日光山の成立と見て、天皇・朝廷と将軍・幕府の関係性を軸として構造的にとらえようとした本書の挑戦は、終章等で述べた通り課題を残す。東アジア各地における権力による宗廟祭祀のあり方も気になっている。これらを解決していくためには、これまで以上に丹念に史料の収集と読解を行っていかなければならないし、また、成立期以降の展開を、祭礼・法会の構造的検討を通じて問いただし、より明瞭に社会像を提示していくことも必須の課題である。同時に、近世日光山という場での検証を、より相対化するための研究も進めたい。具体的には、戦国期から近世初頭に質的な転換を遂げた霊山の研究、とくに修験道・山岳信仰の展開した出羽三山をとりあげ、修験の存在形態、法会のあり方、これらと結びつく協同体のあり方、開祖を皇族に連ねる羽黒山一山とこれに対峙する湯殿山別当の権威の構造を検証することを当面の課題として考え、研究を進めている。地域を歩き、個別具体相の実証を通じ、これら山積みの課題に誠実に取り組み前進していくこと、これ以外に研究者としての私がなすべきことはない。

これまでお世話になった史料所蔵者・所蔵機関の皆さまには深甚の謝意を表したい。また、栃木県内の研究者、とくに栃木県歴史文化研究会、鹿沼市史・さくら市郷土史（氏家町史）・芳賀町史の各編さん委員会、日光史談会、日光の古文書に親しむ会の諸氏にもたいへんお世話になった。なかでも国士舘大学の阿部昭先生には、研究上の御助言をいただいただけでなく、前職である芳賀町史編さん室嘱託職員、さらには勤務校の非常勤講師をも御紹介いただき、代えがたい経験を積ませていただいた。早稲田大学名誉教授・妙法院門跡の菅原信海先生、日光東照宮および高藤晴俊氏、日光山輪王寺および小暮道樹氏・柴田立史氏・関口和宏氏・今井昌英氏・人見良典氏、日光二荒山神社および中磨輝美氏・柴田美晴氏、平泉中尊寺前貫主の千田孝信氏、観音寺の千田孝明氏、興雲律院の中川光熹氏、大正大学の中川仁喜氏、芳賀町史編さん室奉職中の上司であった大谷津忠一・綱川義弘両氏、このほかお名前をいちいちあげられないが、これまでお世話になったすべての方々にお礼申し上げたい。

本書の刊行にあたっては、厳しい出版事情のなか、株式会社思文閣出版に格段の御高配を賜った。ことに原宏一・田中峰人の両氏にはたいへんお世話になった。研究者として、私のはじめての単著をようやく世に送り出せる喜びと、今までに感じたことのない緊張を感じつつ、お礼申し上げる。

最後に、遅々として進まぬ学問の営みを温かく見守ってくれた父・母・姉、また本書の完成を待たずに平成一八年（二〇〇六）一一月二日、一〇一歳にて他界した祖母 廣瀬あいに感謝の意を表したい。

本書の出版には独立行政法人日本学術振興会平成二〇年度科学研究費補助金（研究成果公開促進費）の交付を受けている。

索　　引

あ

「会津塔寺八幡宮長帳」　279
県五郎作(石屋)　251
秋元泰朝　43, 50, 188, 276, 326, 327, 329
足尾村　117
足利家門跡　52
網戸河岸　279, 351
芦谷家(錺屋)　283, 折込
「東路の津登」　294, 308
天照大神　8, 62, 64, 88
新井(荒井)周防守(日光大工)　289〜291, 307
安居院　92, 121, 124, 139, 147
安西氏(奉行)　306
安養院(新宮別所)　15, 92, 96, 161, 173

い

医王院　92, 124, 138, 173, 280, 329
位記　34, 37, 38, 41, 67, 70〜72, 79, 166, 191, 197, 363
「池田光政日記」　190〜192, 233, 236, 271, 341
石工　251, 297, 307, 321
石屋町　92, 274, 276, 277, 280, 328〜331, 335, 344
以心崇伝(南禅寺金地院)　5, 29, 33, 42, 189〜192, 258, 366
伊勢神宮　8, 9, 13, 21, 22, 32, 33, 64〜66, 68〜70, 75, 77〜79, 85, 88, 222, 223, 363, 371
板倉勝重　29, 200〜202, 204, 205, 268
板倉重昌　30
板倉重宗　52, 54, 55, 191
板挽町　274, 310, 311, 318〜320, 328, 330, 331, 358
一坊　14, 15, 25, 91, 93〜98, 100, 102, 103, 118, 122, 124, 127, 130, 131, 134〜137, 139, 141, 153〜170, 172, 275, 325〜327, 329, 335, 339, 364, 365, 折込
一山　73, 95, 96, 108, 168, 173, 365
因幡国(鳥取)東照宮(社・樗谿神社)　149, 236, 237
稲荷町(稲荷川町)　92, 273, 274, 276, 301, 306, 307, 315, 328〜331, 335, 336, 348, 349, 368
今宮社(鹿沼)　290〜292
鋳物師　206, 220
入江家(喜兵衛／御菓子屋)　139, 277, 282〜284, 287, 299, 300, 324, 327, 330, 345, 350, 折込
入札　216, 251, 259, 278, 348, 367, 368
岩倉五郎左衛門(北野社大工職)　215, 217〜219
岩倉新右衛門(同上)　212〜215
石清水八幡宮　13, 21, 32, 33, 65, 66, 69, 70, 75, 77〜79, 84, 88, 89, 222, 223, 360, 363, 371
石清水文書　38, 84
院号　30, 31, 41
院宣　17, 163, 170, 365
「蔭凉軒日録」　209

う

宇都宮大明神　136
馬町　326
梅村家(仙台藩大工頭)　227〜229

え

永保寺開山堂　5, 189
恵乗院(坊)　92, 99, 117, 118, 120, 121, 154
江戸城二の丸東照宮(社)　8, 61, 62, 71, 232

「江戸図屏風」　190, 324
「江戸幕府日記」　14, 51, 75, 89, 91, 126, 132, 145, 147, 148, 151, 154, 180, 181, 248, 326, 327, 353, 358
縁次第　220
円実坊　99, 120, 124
延年舞(延年)　152, 153, 170, 182, 183, 296, 297, 365
「遠碧軒記」　208, 252

お

扇之的　128
往生院　107, 108, 111, 115, 310, 314, 318, 326, 329, 330, 358
大崎八幡宮(仙台)　5, 225, 226, 228〜230, 259, 367
「大館常興日記」　209
大輪職人　294
岡山東照宮(社・玉井宮東照宮)　233, 235
御仮殿(仮殿／東照宮)　32, 33, 43, 50, 222, 224, 278, 288, 291, 317, 321, 322
御経供養　40, 41, 43〜45, 47
奥院(奥宮／東照宮)　6, 13, 31, 33, 50, 51, 61, 79, 151, 167, 186, 190, 203, 251, 262, 284, 313, 314, 327, 329, 335
奥院建築　184〜186, 188, 190〜192, 195, 258, 313, 366
小倉村　330, 359
御救　346, 347, 350
御手伝　187
乙女河岸　351
鬼切　57, 58, 59
「御念仏所作配」　122
思川　279, 281
「表日記」　15, 328, 357
御役(祭礼役)　12, 16, 17, 273, 315, 323, 332〜335, 337, 339, 340, 344〜347, 349, 350, 367〜369, 372
折橋(星)玄蕃(連雀頭／会津田島)　308, 356
音奏警蹕の停止　48, 78
御大工(将軍家御大工)　33, 197, 200, 217, 219, 247, 252, 259, 281, 286, 288, 348, 366, 368

か

海号　110
「廻国雑記」　294
開山堂(地蔵堂)　92, 107, 123, 305
楽人　135, 166〜168, 折込
錺師　206, 216, 222, 224, 250, 259
梶定良(日光定番・日光山守護)　160, 167, 171, 287, 326, 365, 折込
鍛冶町　307, 331
家職　56, 57, 78, 252, 254, 255, 257, 258, 260, 367
春日社　32, 33, 75, 77
河川舟運(舟運)　279, 281, 324, 347, 351, 368
片桐且元　193, 204, 205, 214, 218, 222, 224, 268
「華頂要略」　149, 181, 182
桂離宮　4, 5, 19
角屋敷　323, 324, 348, 368
金沢東照宮(社・尾崎神社)　235
鹿沼大工　291〜293
狩野左京(仙台藩絵師)　227, 228
狩野探幽　43, 49, 202
狩野派　204, 205
上鉢石町　274, 309, 310, 316, 317, 328, 333, 338, 339
賀茂社　77, 222, 223
烏丸光広　32, 45, 65
仮橋　295, 309
川越仙波東照宮(社)　235, 236
河原町(川原町)　92, 278, 311, 312, 317, 318, 320, 322, 328, 335
寛永寺(上野・東叡山)　91, 118, 120, 125, 128, 130, 133, 138, 142〜146, 149, 152, 163, 165, 167, 169, 186, 191, 236〜240, 271, 304, 344, 364
「寛永十一年記」　180
「寛永諸家系図伝」　49, 86
寛永大造替　3, 4, 8, 13, 17, 42〜44, 47, 48,

50, 51, 60, 64, 78, 150, 187, 201, 222, 250, 251, 259, 278, 279, 312, 313, 321, 322, 331, 347, 351, 363, 367
寛永文化　4, 17, 19, 184
寛永町割　47, 280, 284, 302, 325, 327～329, 331～334, 343, 348, 349, 368
『漢書』　62, 79, 88, 363
官宣旨　13, 34～42, 48, 78, 84, 231, 340～342, 360, 362, 363
関東勘定頭　132
観音院　92, 124, 138, 140, 276, 328
観音寺（栄蔵坊／鉢石町）　104, 126, 274, 309, 316, 339
「寛文三卯年絵図」　278, 290, 309, 311, 316
勘文　38, 39

き

義演（醍醐寺座主）　197, 201
「義演准后日記」　201, 202, 264
喜多院（川越仙波）　117, 144, 149, 181
喜多院文書　89, 238
北野社（北野神社）　5, 15, 69, 192～195, 197～211, 214, 217～225, 230, 232, 252～254, 257～267, 366
木原義久（将軍家御大工・作事方大工頭）　224, 232, 236, 246, 247
木村了琢　9
「旧記」　83, 115, 116, 148, 151, 152, 176, 178, 272, 277, 313, 326, 328, 329, 358
「旧記（滝尾山旧記）」　101, 104, 114, 310
経王堂（北野社）　220, 221, 269
行赦　340～342, 372
行者堂　303～305
教城院（坊）　92, 98, 99, 101, 105, 106, 112, 114, 118～121, 130, 139, 169, 251, 310
教城院（竜光院）天祐　14, 15, 32, 94, 95, 97, 102～104, 120, 130, 169, 173, 175, 356
教城坊天雄　98, 101, 119～121, 127, 130
鏡泉坊　130, 139, 140
「禁中并公家中諸法度」　142, 168, 181

く

空海　104, 107, 109, 111
宮号宣下　8, 9, 11, 13, 22, 28, 34, 66, 67, 69～73, 77～79, 89, 90, 145, 149, 164, 170, 333, 344, 363, 365
宮寺造　197, 199
「愚子見記」　197, 263
国役　217
久能山東照宮（社）　13, 29, 32, 33, 49, 133, 186, 187, 197, 199～201, 203, 230～232, 247, 252, 253, 258, 262, 288, 362, 372,

け

「慶安元年東照宮法華八講記」　69, 70
華蔵院　92, 154, 173
「下知条々」（慶安元年）　332
検地　330, 336, 337, 349
厳有院殿御霊屋　186, 187, 232

こ

光樹院（坊）　92, 124, 138, 139, 173, 276, 300, 328
光樹坊昌永　101, 104
「弘誓院御記」　84
洪水　273, 306, 307, 331
皇祖神　13, 28, 65, 66, 70, 73, 78～80, 88, 362, 363, 369
高野修理亮（鹿沼大工）　291, 292
光明院　31, 107, 108, 117, 307, 329
高野山行人方（興山寺）東照宮（社）　232, 235, 240, 241, 243～245
高野山聖方（大徳院）東照宮（社）　235, 241～244
「高野春秋編年輯録」　241～244, 272
甲良宗広（作事方大棟梁）　224, 247, 250, 282
「光嶺秘鑑」　109, 110, 316, 358
御忌日講導師　122
石町　280, 281, 321, 330, 348, 368
護光院　92, 120, 121, 124, 139, 173

御幸町(中山新町・新町)　92, 274, 276～278, 280, 283, 284, 300, 322～325, 327～330, 333～335, 338, 339, 344, 345, 348, 368
御幸町文書　300, 358, 359
後光明天皇　8, 13, 28, 66～68, 70, 75, 90
後西天皇　163
御神忌法会　8, 9, 13, 21, 28, 33, 41～43, 45, 47, 48, 50, 51, 69, 71, 73, 75, 77～79, 90, 126, 136, 149, 203, 313, 325, 327, 332～334, 341～344, 346, 362, 363, 370
「御造営并御遷宮覚書」(北野社)　215
国家神　6, 9, 11～13, 16, 17, 28, 273, 362, 372
御殿(将軍家御殿)　157, 329, 332
「御年譜」(徳川義直撰)　71, 79, 363
御拝借　346, 347, 350, 372
御拝領　346, 347, 350
木挽(引)棟梁(日光方)　284, 285, 286, 299～302, 307, 330, 331, 353, 354
御本坊御家来(御家来)　138～141, 282, 307, 318, 322, 324, 328, 331, 350
「御本坊御家来由緒書」　356～358
後水尾天皇(上皇・法皇)　17, 30, 32, 38～40, 45, 48, 49, 52～59, 66～68, 73～76, 78, 79, 142～144, 149, 163, 170, 191, 192, 201, 202, 231, 362, 363, 365
御立願(「仮名縁起」第1段)　52～56, 61, 79, 87, 363
御霊信仰(御霊・怨霊)　30, 192, 196, 203, 258, 264
権現造建築　3, 5, 11, 12, 15, 16, 33, 184～186, 188～195, 197～200, 203～205, 207, 219, 225, 229～231, 240, 241, 243, 245, 246, 250～252, 255～261, 288, 366, 367

さ

最胤法親王(三千院宮・梶井門跡)　125, 143, 144
最教院晃海　124, 126, 145, 146, 155, 157
坂本(鉢石町)　308, 309
坂本甚右衛門(石屋)　278, 321, 330, 331
作事方(幕府)　43, 249, 252, 259, 299, 367
作事方大工頭(江戸方)　236, 246～250, 281, 283, 284, 286, 293
作事方大工頭(京方)　208, 217, 242, 248
作事方大棟梁　225, 229, 248, 249, 255, 260, 354
作事奉行　248～250, 259, 295, 367
桜本院(坊)　92, 118, 128, 139, 173, 327
桜本坊宗安　98, 100, 108, 112, 303
座禅院　31, 115～117, 131, 169, 296, 297, 317, 329, 352
座禅院昌顗・昌歆　308
座禅院昌淳　115, 116, 177, 293, 308, 310, 318, 364
座禅院昌膳　102, 169, 364
座禅院昌尊　116, 117, 364
座禅院昌忠　308
佐藤作兵衛(御幸町)　280, 324, 277, 278
参詣堂者　93, 172, 349
「山家要略記」　7, 56
三座　97, 99, 100, 154
三十六歌仙扁額　149, 200, 202, 204, 258, 366
「三十講表白」　112
山王一実神道　7, 49, 62
山王権現　57～59
三分一之御役　335, 336
三仏堂(金堂)　92, 150～153, 155, 158, 160, 161, 170, 274, 303～305, 314, 323, 334, 336, 365, 折込
三品立之御供(三品立七十五膳)　32, 33, 161, 162
三丸露払い　306

し

死穢　108, 111, 112, 126, 127, 169, 195
紫衣事件　6, 48, 55, 371
滋賀院　145, 163～166
慈眼大師号　149
「慈眼大師御年譜」　125, 128, 178, 179
四軒町　274, 329, 330

慈眼堂(大師堂)
15, 92, 145, 150, 151, 160, 162
地子 122
地子免許 275, 315
下河原稲荷 311
下本町 274, 319, 360
「拾芥抄」 65, 70
実教院(実相坊)
92, 124, 139, 173, 276, 300, 328
執当(役者) 73, 91, 120, 125, 146, 147, 167, 168, 344, 折込
神人 95, 122, 136, 167, 180, 298, 299, 335, 354, 折込
篠原常賀(御幸町) 278
芝三縁山東照宮(社・増上寺安国殿)
235, 236
渋江縫殿助(介／鹿沼大工・大工棟梁)
288, 290～293, 295, 298, 354
渋沢家(御本坊御家来)
177, 302, 311, 318, 319
「下野国九郡郷村高附(慶安郷帳)」 336
「下野国供養帳」(高野山清浄心院)
321, 324, 330
「下野国日光山之図」 92, 280, 328
下鉢石町 274, 309, 316, 317, 322, 328, 338, 339, 358
社会統合
11, 12, 16, 17, 273, 350, 362, 369, 372
釈迦堂 104, 105, 123, 126, 127, 329
社家 76, 95, 122, 135, 136, 164～168, 275, 287, 290, 307, 335, 折込
寂光寺(寂光／若子神社)
15, 92, 96, 104, 111, 131, 166, 305, 314,
「寂光寺釘抜念仏縁起」 111
寂光寺上人(大聖) 96
修学院(学頭) 73, 92, 146, 147, 154, 164, 165, 168, 181, 327, 折込
宿割 333, 337, 339, 349, 368
守澄法親王(今宮・幸教親王・尊敬法親王) 44, 73, 143, 147～150, 163, 164, 170, 182, 318, 334, 365
十穀 114
十穀堯淳 221
出頭人的性格 141
衆徒 13～15, 25, 91, 93～103, 105, 106, 108, 112, 114～118, 120～125, 127, 128, 130～132, 134～141, 152～154, 158～171, 173, 251, 275, 276, 300, 303, 304, 310, 312, 325～327, 329, 338, 339, 348, 358, 364, 365, 折込
衆徒付 275, 315, 122
「舜旧記」
82, 196, 198～200, 224, 263, 264
常行堂 14, 26, 92, 103, 106, 111, 112, 114, 116, 123, 150～153, 160, 161, 163, 169, 247, 281, 303～305, 308, 314, 323, 364, 折込
常行堂旧蔵文書 15, 26, 96, 98, 101, 112, 113, 118, 122, 128, 173, 174, 177, 178, 356, 357
「常行堂供養之次第」 112, 153
「常行堂施入帳」 106, 307
将軍着座の間 43～46, 48, 78, 363
浄月坊 124
常憲院殿御霊屋 186, 187, 232
浄光寺(板挽町・大門内)
115, 274, 307, 310, 330
「荘厳」 61, 81, 82, 90, 91, 121, 133, 141, 145, 170, 171, 184, 230, 258, 259, 261, 273, 276, 277, 287, 302, 325, 328, 331, 337, 339, 345～347, 349, 350, 364～370, 371
承仕 76, 335, 折込
昌宇 120, 121, 128
照尊院 92, 154, 173, 183
浄土院
92, 101, 118, 130, 139, 173, 276, 328
浄土院昌策 127
浄土院亮俊 105, 123, 126～128
松梅院(北野社) 192, 198, 201, 202, 205, 206, 208, 210, 212, 214～216, 218, 220, 223, 224, 254, 257, 259, 264, 366
松梅院禅興 211, 213, 214, 221
松梅院禅光 209, 223, 269

松梅院禅昌
205, 214～216, 218～220, 263, 265, 268
松梅院禅能 207
松梅院禅予 206, 207, 267, 269
乗法坊(定宝坊) 139, 140, 154
「匠明」 225, 255, 256, 260, 263, 197
定免石代納 132
職縁 217, 219
長講会 163
諸職支配規定 17, 127, 折込
諸役免許 323～325, 334, 344, 345, 347～350, 368, 369
神格化 3, 4, 6, 9, 30, 33, 40, 41, 47, 78, 362, 366, 371
神祇官 39～41, 78, 362, 366
神橋(御橋) 92, 273, 274, 278, 292, 294～299, 305, 306, 307, 309, 316, 332, 354
新宮(二荒山神社) 15, 92, 96, 131, 137, 150～153, 158, 160, 161, 163, 165, 166, 169, 170, 176, 247, 274, 281, 289, 304, 305, 314, 323, 334, 365
神庫(東照宮中神庫) 33, 247, 281
真言僧 14, 91, 101, 104, 105, 109, 111, 112, 114, 127, 128, 169, 176, 364
新左衛門(北野社大工職・番匠)
210, 212, 214, 215
「神社考詳節」 65
神宝 6, 13, 40, 166, 167, 折込
神竜院梵舜 29, 193～195, 197, 199, 200, 258, 259, 264, 366

す

杉江家(太左衛門／鉢石町名主)
309, 310, 317, 333
杉江播磨守吉房(山中奉行) 177, 308
高仁親王 59, 144, 145
鈴木家(大工職) 282～285, 287, 294, 311, 319, 320, 331, 348, 368, 折込
鈴木長次(将軍家御大工)
33, 123, 224, 232, 246, 247, 281, 283

せ

政治神 9
清滝寺
104, 106, 108～114, 126, 169, 305, 364
清滝寺尊豪 106, 110, 112
「清滝寺并妙道院歴代記」 110
清和源氏 56, 57, 72, 79
石造宝塔(東照宮奥院) 50, 251
施行 343, 344, 346, 349, 369, 372
世宗廟 61～63
殺生禁断 40, 340～342, 360, 372
「施入目録」 307
世良田東照宮(社) 60, 235
遷宮(元和3年／東照社) 13, 28, 30～35, 37～39, 41, 43, 84, 121, 122, 275, 334, 340, 341, 362
宣旨 6, 41, 48, 70, 72, 79, 163, 166, 360
禅宗開山堂建築 188, 189
浅草寺 124
仙台東照宮 149, 237
禅智院(坊) 92, 118, 139, 173
禅智坊昌能 127, 139
千部会 137
宣命 9, 28, 32, 34, 37, 38, 41, 42, 48, 50, 64, 67, 68, 70, 72, 75～79, 86, 90, 133, 196, 231, 362, 363
宣命使 32, 39, 40, 196

そ

造営奉行
31, 50, 193, 205, 214, 242, 298, 326
宗光寺(長沼) 120, 147
双厳院豪倪
126, 140, 141, 145, 146, 155, 158, 283
惣山組織 13, 14, 96, 121～123, 126, 127, 132, 133, 135, 136, 138, 141, 142, 145, 147, 149, 150, 155, 157, 160, 163, 165, 167～171, 319, 320, 332, 334, 337, 339, 344, 348, 349, 364, 365, 368, 369
増上寺(芝・三縁山)
29, 133, 186, 187, 321

宗廟　13, 28, 44, 62～67, 70, 73, 75, 77～80, 88, 89, 91, 94, 142, 145, 160, 168, 171, 233, 240, 245, 259, 260, 327, 349, 362, 369, 371
相輪樘　92, 151, 152, 255
添田太左衛門(御本坊御家来)　139, 317, 321, 322
尊純法親王(青蓮院宮)　33, 49, 52～55, 148

た

体阿弥　222～224, 250, 259, 269, 366
大工職(北野社)　205～211, 213～221, 252, 259, 266, 366
大工所　220～223, 230
大工町　92, 274, 284, 285, 301, 322, 300, 330
大工棟梁(日光方)　284～287, 290, 293, 294, 298～302, 328, 330, 331, 353
醍醐寺　108, 109, 197, 264
大赦　40
大樹寺(岡崎)　29, 235
帯刀停止　282, 299
台徳院殿御霊屋　133, 186, 187, 189～192, 222, 224, 232, 248, 255, 270, 321
「台徳院殿御実紀」　42, 83
大明神造　197, 200
大門(大門内)　305, 310, 311, 314, 318, 320, 330
大猷院(大猷院殿御霊屋)　5, 15, 26, 27, 65, 91～93, 160～162, 164～167, 170, 186, 187, 189, 232, 251, 255, 259, 260, 274, 282, 287, 303, 335, 337, 346, 365, 折込
「大猷院殿御実紀」　89, 272
「大猷院殿御実紀附録」　187
「大猷院殿二十一回御忌御法会記」　338, 339
大楽院(東照宮別当)　33, 73, 76, 92, 122, 138, 139, 146, 147, 160, 165, 167, 171, 181, 287, 295, 298, 327, 335, 365, 折込
「孝亮宿禰日次記」　31, 34, 35, 37, 38, 40, 82～85, 341
高橋家(稲荷町名主格)　307, 330, 331
滝山東照社　235, 236
滝尾　15, 32, 33, 92, 96, 101, 104, 111, 131, 160, 162, 163, 165, 166, 173, 303, 305, 310, 314, 331
「滝尾建立草創日記」　104
「滝尾山年中行事」　32, 95, 174
「滝尾参籠之大帳」　130, 356
滝尾上人　96, 101, 102, 130
滝尾鉄多宝塔　111, 303～305
竹虎漆絵手箱　307
太政官符　6, 9, 34, 37, 38, 41, 48, 68, 75～77, 86, 90, 164, 166, 341, 342
玉田大工　292, 354
多聞寺(稲荷町)　274
旦勝坊(壇勝坊)　92, 140, 141, 154

ち

中禅寺　15, 92, 96, 111, 116, 131, 137, 161, 166, 289, 291, 305
中禅寺上人　130
町人相応之御役　346, 361, 369
長楽寺(上野世良田)　14, 60, 61, 91, 125, 138, 139, 181, 240
長楽寺中興文書　60, 88
勅　6, 7, 13, 28, 39～42, 47, 48, 66, 71, 77, 79, 80, 82, 196, 197, 199, 204, 258, 259, 339, 341, 342, 349, 350, 360, 362～364, 366, 368～372
勅会　13, 28, 34, 42, 48, 75, 77～79, 191, 339, 362, 363
勅使　31, 75, 339

つ

筑波大学附属図書館所蔵北野神社文書　263～267, 269
付祭　10, 372
辻番　166, 167, 336, 折込
土御門泰重(陰陽頭)　30, 38～40, 202
常之御用　286, 287, 331, 348
鶴(「仮名縁起」第18段)　52～56, 61, 64, 65, 79, 363

鶴家(作事方大棟梁)　229, 247

て

寺役　93, 100, 155, 158, 172
天海　4, 7, 8, 14, 16, 29～34, 41, 42, 44, 46, 47, 49, 52, 53, 55～57, 60～62, 66, 73, 78, 79, 81, 89, 94, 102, 104, 105, 115, 117, 118, 120～122, 124～130, 133～138, 140～148, 150, 151, 154, 155, 157, 160, 164, 168～171, 182, 189, 190, 201, 236, 237, 240, 243～245, 251, 259, 261, 282, 283, 286, 287, 300, 302, 317～319, 322～325, 329, 333, 334, 336, 345, 348, 362～367, 371
天台座主　52, 53, 64, 163, 171, 206, 365
天皇・朝廷発給文書　6, 13, 21, 28, 41, 79, 90, 362, 371
伝馬会所(問屋場)　309, 310, 333
伝馬加役　344
伝馬宿　333
伝馬役　334

と

「当内堂大衆舞帳」　122
「東叡開山慈眼大師伝記」　83, 125, 143, 177, 313
「東叡山開山慈眼大師縁起」125, 142, 177
東叡山東照宮(社・上野東照宮)　120, 133, 231, 232, 251, 259, 343, 372
「東叡山暦記」　177, 352
「当山再興刻御祝儀到来之目録」(長楽寺)　138, 140
「当山入峰諸法度」　157, 158, 183
道樹坊　99, 101, 117, 118, 120, 310, 312
「東照宮三十三回御忌記」(仮名本)　49, 341, 343
「東照宮三十三年御忌記」(真名本)　49
「東照社縁起」　4, 7, 13, 18, 28, 34, 49～51, 61, 65, 66, 70～73, 79, 87, 260, 327, 347, 349, 362, 363, 369
「東照社縁起(仮名縁起)」　18, 43, 49, 50, 52～55, 58, 59, 61, 64, 66, 71, 87, 136, 261, 340
「東照社縁起(真名縁起)」　7, 18, 43, 49, 50, 52, 56～59, 62, 64, 71, 87, 260, 261, 340
東照大権現　3, 4, 6, 8, 9, 11, 13, 20, 30, 32, 33, 40～43, 45, 47, 49, 52, 55～58, 62, 64, 66, 67, 70, 74, 78, 79, 191, 201, 202, 237, 238, 240, 261, 275, 288, 323, 340, 342～344, 350, 352, 362, 363, 369～372
「東照大権現新廟斎会記」　48, 51, 343
「東照大権現二十五回御年忌記」　48, 325, 342, 343
東大寺　90
藤堂高虎　31, 251
多武峰　32, 153
東福門院(和子)　45, 48, 59, 143, 144
「東武実録」　83
「言緒卿記」　82, 83
徳川家綱　70, 72, 152, 160, 163, 165, 171, 182, 232, 334, 363, 365
徳川家光　4, 5, 7～9, 11, 12, 15, 16, 44～52, 54～56, 59～62, 64～66, 68, 70, 71, 73～75, 78～80, 82, 90～91, 132, 133, 136, 143, 145, 146, 148～150, 152, 153, 157, 160, 164, 166, 168, 170, 184, 187～192, 232, 233, 236, 237, 240～242, 244, 245, 253, 255, 258～261, 271, 275, 286, 325～329, 332, 336, 337, 339, 342, 343, 349, 362～365, 367～372
徳川家康　3, 6, 7, 21, 29～31, 42, 56～60, 68, 70～72, 78, 79, 116, 117, 143, 195, 199, 217, 242, 324
徳川家霊廟建築　5, 15, 133, 184, 186～189, 191, 192, 222, 229, 230, 231, 245, 250, 251, 258, 366
徳川秀忠　3, 5, 8, 31, 32, 45～47, 59, 70, 123, 133, 186, 189, 191, 192, 199, 200, 214, 218, 232, 241, 247, 275, 370
徳川義直　44, 45, 47, 71, 72, 79, 363
床の浄火　32, 33
「豊国祭礼図屏風」　197
豊国社　5, 15, 30, 84, 193, 195～201, 203,

222, 224, 225, 229, 230, 247, 255, 258, 264, 366
豊国大明神　30, 195, 196, 200
豊臣秀吉　30, 84, 115, 169, 195, 242, 258, 268, 293, 364, 366
豊臣秀頼　193, 214, 218

な

中井家(作事方大工頭〈京方〉)　208, 217, 224, 252, 293
中井長次(作事方大工頭)　242
中井正清(将軍家御大工)　33, 197, 199, 200, 216, 219, 222, 232, 247, 252, 254, 259, 288, 366
中井正知(作事方大工頭)　197
中鉢石町　274, 308, 309, 310, 316, 317, 328, 333, 338, 339
中村家(紀州藩大工頭)　254, 272
中山又蔵(石屋)　251
名古屋東照社(宮)　124, 199, 231, 232, 235, 372
七ヶ所番所同心　167, 折込
南照院　92, 154, 173

に

西町　92, 122, 273〜275, 301, 311, 312, 315, 317〜321, 325, 327, 328, 330, 331, 334〜336, 347, 349, 361, 368
「二十一社記」　69, 70
二十二社　21, 64
日増院　92, 124, 139, 173, 183
日光御殿番　157
日光古町　275, 277, 278, 306, 310, 320, 325, 348
「日光山生岡縁起」　311, 357
「日光山謂記覚」　115, 118, 122, 124, 132, 148, 151, 154, 178, 275, 277, 280, 306, 323, 329, 331
「日光山往古年中行事帳写」　100, 102, 103, 108, 120, 121, 137, 163, 292, 303, 305, 308
「日光山下知条々」　165, 167, 168, 171, 286, 299, 334, 336, 365, 折込
「日光山古絵図」　303
「日光山御神事記」　43, 45, 51, 81, 85, 90, 136
「日光山古図」　312〜318, 321, 325, 348
「日光山志」　276, 277, 303, 308, 355〜357
「日光山祝言」　296, 297
「日光山常行三昧堂新造大過去帳」　94, 106, 117, 121, 140, 171, 177, 182, 357
「日光山条目」　165〜168, 171, 365, 折込
日光三所権現　96, 112, 123, 131, 137, 152, 160, 306
「日光山堂社記」　93, 97
「日光山東照宮御造営帳」　3, 17, 50, 51, 188, 224, 248, 250, 272, 273, 276〜279, 288, 294, 295, 298, 317, 321, 322, 324, 347, 351, 367
「日光山服忌令」(日光山服忌量之事)　108, 296
「日光山法式」　132〜134, 137, 160, 168, 170, 275, 364, 365
「日光山本房并惣徒旧跡之記」　94, 95, 98, 101, 102, 117, 119, 120, 122, 124, 126〜128, 138, 140, 141, 148, 171, 178, 182, 310, 313, 327, 334
「日光山満願寺勝成就院堂社建立旧記」　97, 104, 107, 151, 356
「日光山名跡誌」　355
「日光山略図」　281, 311
日光修験　14, 91, 100, 112, 113, 295
「日光巡拝図誌」　320
日光新町　275〜279, 281, 347, 348, 367
日光神領　122, 132, 133, 135, 146, 148, 154, 164, 165, 167, 282, 328, 330, 337, 折込
日光惣町　3, 16, 17, 27, 273, 275, 299, 300, 302, 328, 330〜335, 337〜339, 343, 344, 347〜350, 362, 367〜369, 372
日光大工　290〜293, 307, 348
「日光東照社祭礼図屏風」　320
「日光之絵図」　304, 305, 312, 315, 317, 348
日光奉行　160, 167, 345, 360
日光目代(山口氏)　73, 92, 122, 130, 139

〜141, 146, 147, 155, 160, 164〜167, 171, 287, 326, 327, 346, 365, 折込
日光門跡　148〜150, 170, 365
新田源氏　57, 59〜61, 66, 71〜73, 78, 79, 88, 240, 363
新田義貞　57〜59

ぬ

塗物店　281, 317

ね

年中行事　11, 41, 122, 123, 128, 136, 160, 163, 164, 166, 170, 198, 238, 280, 286
年頭儀礼　328

は

廃朝　48, 78
拝領屋敷(屋敷拝領)　300, 302, 307, 317〜319, 324, 345
幕府御目付　157
橋本坊　129, 130
鉢石町(鉢石宿)　92, 115, 122, 274, 275, 278, 295, 304, 306〜312, 315〜317, 319, 320, 325, 328, 332〜335, 344, 348, 356, 368
鉢石屋敷(やしき)　99, 310
八州之鎮守　7, 29, 30, 78, 362
八神殿　40
林永喜　30
林鵞峰(春勝・春斎)　49, 182, 197, 341, 343, 344
林羅山(信勝・道春)　48, 49, 51, 65, 70〜72, 133, 191, 192, 325, 342, 343
原町　274, 284, 301, 328, 330
荻垣町　331

ひ

比叡山　103, 117, 118, 124, 125, 127, 138, 145
日吉東照社(宮／近江坂本)　163, 231, 232, 235, 372
東町　92, 273, 274, 336, 349, 368
「引付」(『北野社家日記』)　205〜207, 209, 211, 212, 214, 215, 219, 220, 223, 224, 254, 262, 263, 265, 269
毘沙門堂学問之座論　155, 156
毘沙門堂(門跡)公海　138, 141, 145, 146, 148〜155, 157, 160, 163, 170, 181, 236, 237, 318, 333, 334, 336, 337, 349, 365, 368
日手間　280
人神　203, 264
日野資勝　31, 45, 59, 262, 341
「日野大納言資勝卿記」　38, 45, 59, 85, 88
日用　279, 347, 368
日吉造　194
檜皮大工職　206

ふ

袋町(小袋町)　92, 274, 328〜330
武家昵懇衆　31, 32, 39, 59, 83
武家伝奏　31, 35, 39, 67, 68, 73, 75, 191, 200
藤本院(坊)　92, 118, 128, 139
藤本坊亮安(良安)　128
「武州東叡開山慈眼大師伝」　83, 125, 177, 313
普請奉行　43, 251
「譜牒余録」　89
紛失状　34
文昭院殿御霊屋　187, 233

へ

平内家(作事方大棟梁)　367
平内正信(政信／同上)　197, 225, 247, 255〜257, 260
平内(塀内)吉政　225, 255, 256
別格官幣社　372
弁慶近江(北野社大工職)　208, 219
弁慶家(同上)　208〜211, 214, 217, 218, 252, 254, 259, 366
弁慶小左衛門(同上)　208, 252, 254
弁慶次郎左衛門(同上)　212〜215
弁慶次郎太夫(同上)　252

弁慶新五郎(同上)　211〜215
弁慶新五郎宗久(同上)　210
弁慶新四郎(同上)　217, 219
弁慶仁右衛門(同上)　215, 219
弁慶宗安(同上)　210
「弁草紙」　105, 107, 176

ほ

法会　10, 11, 13, 14, 26, 78, 121〜123, 126, 150, 153, 155, 160, 161, 163, 168〜171
奉幣使　39〜41, 50, 67, 76, 85, 90, 149
法門院(坊)　92, 105, 106, 118, 130, 139, 173, 304
法輪寺(那須佐良土)　120
星野庄右衛門(檜物屋・大輪職人)　293, 折込
法華堂　92, 123, 150〜152, 247, 281, 303〜305, 314, 323
本阿弥光悦　222
本宮　15, 92, 96, 98, 116, 131, 137, 160, 161, 165, 166, 305, 314
本宮上人(大聖)　96, 97, 102, 104, 107, 112, 116, 354
「本宮上人籠山次第」　97, 98, 131
「本光国師日記」　42, 82, 83, 189, 360
本地堂(薬師堂)　6, 33, 34, 38, 40, 47, 82, 123, 161, 162, 340, 341, 343
本多正純　29, 31, 42, 84
本町　92, 274, 284, 301, 302, 328, 330
本坊(本院)　15, 31, 92, 161, 274, 307, 313, 323, 328, 329, 346, 352
本末編成　14, 240, 259, 367, 372

ま

前田玄以　211, 221, 223
曲物町　281
町表　92, 297, 298, 323, 345
町年寄　300〜302, 311, 319, 320, 330, 331
町の重立　300〜302, 324, 325, 330, 331, 349, 368
松平広忠　57, 60, 72, 242
松平正綱　329, 332
松原町　92, 274, 276, 277, 328〜330, 332, 335, 344
曼殊院(竹内門跡・曼殊院宮)　31, 52, 53, 64, 192〜194, 216, 218, 219, 222, 224, 268

み

水戸東照宮(社)　199, 201, 231, 232, 235, 372
源頼朝　150, 360
御橋ノ内在家　306, 307, 312
壬生家(下野)　115, 116, 290, 292, 293, 299, 308, 348
壬生周長　308
壬生大工　291, 292
壬生孝亮　31, 32, 34〜36, 38, 39, 84, 341
壬生忠利　35
宮仕　122, 167, 335, 折込
宮門跡　192, 337
妙道院　92, 104, 105, 126, 138, 139, 160, 166, 169, 313, 326, 329, 364
「妙道院歴代記」　104, 108, 126, 178, 179, 326, 327
妙法坊　99, 118, 120, 121, 124, 292
民衆心性　9, 16, 273, 372

む

向河原町(宮原町)　92, 274, 328, 358
村切　336
無量院(慈眼堂別当)　15, 92

め

明正天皇(上皇)　45, 48, 50, 67, 68, 75, 87, 133, 144, 231

も

木食但唱　237, 239
木造多宝塔(木造宝塔／東照社奥院)　33, 51, 61, 195, 251, 313
紅葉山(江戸城内)　186, 187
紅葉山東照宮(社)　186, 187, 202
森田重次(豊臣家御大工)

193, 205, 214, 215, 218, 219, 265, 268
門跡　13, 31, 46, 49, 52, 73, 91, 134～136, 144～146, 150, 163, 169, 170, 333, 363, 折込
門前町　16, 27, 273, 349, 350, 368, 369

や

八乙女　122, 136, 180
「泰重卿記」　30, 82～85, 202
八棟造　193, 194, 198, 199, 258
山崎太夫(橋掛け長兵衛／神人)　295, 297～299, 354
山大工　295, 297～299
山中療病院(山名道与)　132, 324, 327
弥生会(弥生祭)　137, 147, 153

ゆ

唯心院　92, 154, 173
結城秀康　115
有章院殿御霊屋　187, 231, 233
遊城院(坊)　92, 118, 138, 140
遊城坊昌永　127

よ

養源院　92, 124, 139
吉田家　30, 40, 41, 193, 195, 200, 371
吉田神道　29, 30, 78, 193～196, 199, 200, 203, 258, 260, 362, 366

ら

「洛中洛外図屏風」　194, 197
「羅山林文集」　86, 87, 89, 360

り

立石寺(出羽)　120, 124
竜光院(大猷院別当)　15, 92, 160, 165, 167, 171, 287, 335, 336, 365, 折込
竜蔵寺(御幸町)　274
両側町　273, 304, 315, 318, 322, 324, 331, 348
「凉源院殿御記」　45, 59, 85, 191, 262
霊社　30, 195, 196, 199, 203, 258, 366
良恕法親王(曼殊院宮・竹内門跡)　31, 52, 53, 64, 193, 194, 218, 268
臨時祭(臨時御祭礼)　10, 42, 85, 162
輪王寺宮(輪王寺門跡)　3, 13, 14, 17, 73, 163, 165～168, 170, 171, 328, 330, 334, 344, 364, 365, 369, 372
輪王寺文書　14, 15, 34, 83, 91, 128, 171, 174～176, 179, 181, 313, 350, 355, 357～360

れ

例祭　9～13, 21, 28, 33, 41, 42, 51, 66, 75, 77～80, 89～91, 123, 153, 168, 170, 171, 203, 320, 338, 339, 345, 348, 362～365, 368
霊廟新造停止令　184
例幣使　8, 10, 75～77, 79, 90, 338, 339, 349, 363, 368
連歌会　198
蓮花石町　274, 290, 301, 306, 307, 315, 328, 348

ろ

六職人(御扶持六職人)　166, 282, 284, 286～288, 293, 294, 299, 301, 302, 319, 330, 331, 348, 349, 368, 折込
六供(往生院供僧)　108, 314, 318, 329, 330

わ

和歌山東照宮(社・大権現・紀州東照宮)　199, 201, 231, 232, 235, 237, 239, 254, 372
渡内屋敷(やしき・ワタウチ村)　99, 310～312, 318, 319, 348, 368

◎著者略歴◎

山澤　学（やまさわ・まなぶ）

1970年栃木県生まれ．1993年筑波大学第一学群人文学類卒業，1999年同大学院博士課程歴史・人類学研究科史学専攻単位取得満期退学．博士（文学）．現在筑波大学大学院人文社会科学研究科講師．
主要業績：「門前町日光・西町における曲物職の『職分』の構造」（『社会文化史学』34号，1995年）「森田梅園『百姓耕作仕方控』」（『日本農書全集』39巻，1997年）「元禄期常陸国筑波山周辺における山論の特質――新治郡小幡村を中心に――」（『年報日本史叢』1999，1999年）「上野東叡山における弘前藩津軽家御廟所祭祀の確立過程」（浪川健治編『近世武士の生活と意識』，2004年）「18世紀信濃国における出羽三山修験の存在形態――佐久郡内の湯殿山行人を中心に――」（『信濃』61巻3号，2009年）．

日光東照宮《につこうとうしようぐう》の成立《せいりつ》
――近世日光山《きんせいにつこうさん》の「荘厳《しようごん》」と祭祀《さいし》・組織《そしき》――

2009（平成21）年2月20日発行

著　者　山澤　学
発行者　田中周二
発行所　株式会社　思文閣出版
〒606-8203 京都市左京区田中関田町2-7
電話 075-751-1781（代表）

印　刷
製　本　株式会社 図書印刷 同朋舎

ISBN978-4-7842-1452-5　C3021

山澤　学(やまさわ　まなぶ)…筑波大学人文社会系准教授

日光《にっこう》東照宮《とうしょうぐう》の成立《せいりつ》
—近世《きんせい》日光山《にっこうさん》の「荘厳《しょうごん》」と祭祀《さいし》・組織《そしき》—
(オンデマンド版)

2016年4月30日　発行

著　者　　山澤　学
発行者　　田中　大
発行所　　株式会社 思文閣出版
〒605-0089　京都市東山区元町355
TEL　075-533-6860　FAX　075-531-0009
URL　http://www.shibunkaku.co.jp/

装　幀　　上野かおる(鷺草デザイン事務所)
印刷・製本　株式会社 デジタルパブリッシングサービス
URL　http://www.d-pub.co.jp/

AJ515

ISBN978-4-7842-7004-0　C3021　Printed in Japan